L'UNIVERS,

ou

HISTOIRE ET DESCRIPTION

DE TOUS LES PEUPLES,

DE LEURS RELIGIONS, MOEURS, COUTUMES, ETC.

ILES BALÉARES ET PITYUSES,

PAR M. FRÉDÉRIC LACROIX.

Les îles Baléares sont situées dans la mer Méditerranée, en face et à vingt-deux lieues du royaume de Valence, en Espagne, entre les 39° 6' et 40° 5' de latitude nord, 0° 2' de longitude ouest et 1° de 58' longitude est.

Voici ce que Pline l'Ancien dit de ces colonies :

« Les deux premières îles qu'offre la mer Ibérique ou Baléarique furent appelées par les Grecs *Pityuses*, à cause de leurs bois de pins. Aujourd'hui ce sont les *Ébuses*. Elles ont une ville alliée du même nom ; un bras de mer étroit les isole ; leur étendue est de quarante-six milles ; sept cents stades les séparent de Dianium, ville continentale, qui elle-même est à sept cents stades de Carthagène. Les Baléares en haute mer et Colubraria vis-à-vis de l'embouchure du Sucron sont à égale distance des Pityuses. Les Baléares, si célèbres par leurs frondeurs, furent appelées par les Grecs *Gymnasies*. La grande a cent milles de long et trois cent soixante-quinze de circuit. On y voit Palma et Pollentia, cités romaines, Cinium et Tucis, cités à droit latin. Bocchorum, qui n'existe plus, fut notre alliée. A trente milles de cette île, une moins grande a quarante milles de longueur et cent cinquante de circuit. Ses villes sont Jamnone, Sonifère et Magon. Capraria présente, à douze lieues en mer, des côtes perfides et fécondes en naufrages. Ménariès, Tiquadre et la petite île d'Annibal sont en face de Palma. Suit Colubraria, en grec *Ophiuse*. La terre d'Ébuse met en fuite les serpents ; celle de Colubraria les fait naître ; aussi est-elle redoutée de quiconque n'a pas de terre d'Ébuse. Celle-ci, de plus, est sans lapins, tandis que les îles Baléares voient leurs moissons ravagées par ces animaux. Vingt îlots parsèment encore cette mer peu profonde. »

Des huit îles désignées par le géographe latin, trois nous sont entièrement inconnues aujourd'hui : Ménariès, Tiquadre et la petite île d'Annibal ont sans doute disparu à la suite d'une de ces commotions sous-marines dont la géographie ancienne et de nombreuses observations fournissent des preuves si frappantes.

Peu de contrées ont reçu plus de dénominations que les Baléares. Lycophron les désigne sous le nom de *Chiriades*, à cause des écueils qui les environnent. Deux Pères de l'Église, saint Jérôme et saint Isidore, leur imposèrent ceux d'*Aphrosiades* et d'*Aphro-*

disiades, peut-être parce que les mœurs des habitants de ces îles étaient fort relâchées, ou seulement parce que Vénus y était l'objet d'un culte particulier. Elles furent aussi appelées *Eudemones* et *Axiologues*. Nous avons déjà vu que les Grecs les avaient nommées *Gymnasies*, parce que, s'il en faut croire Diodore de Sicile, les habitants allaient tout nus. Il n'est pas jusqu'à leur nom, plus connu, de *Baléares* qui n'ait été l'objet d'interprétations plus ou moins ingénieuses. Peu satisfaits de la vulgaire étymologie de Βαλλω (lancer), fondée sur l'habileté des habitants de ces îles à lancer des pierres, au moyen de la fronde, quelques auteurs lui ont préféré celle de *Baléa*, nom prétendu de celui de ses compagnons qu'Hercule y laissa pour chef, à l'époque de sa grande expédition dans l'Europe occidentale. Pausanias cherche l'origine de *Baléares* dans le mot syriaque *Balaros*, qui signifie proscrit, exilé, et il avance, sans en donner aucune preuve, que les malfaiteurs étaient transportés dans ces îles.

Quoi qu'il en soit, la géographie moderne comprend sous la dénomination d'îles Baléares, les trois îles de Majorque(1), Minorque et Cabréra, et sous celle, moins généralement adoptée, d'îles Pityuses, Ivisça, Formentera, Conejera, ou *Conigliera*, Bosqua, Esparta, et les autres îlots environnants. Le climat y est tempéré et le sol généralement fertile. Elles produisent du blé, du vin, de l'huile, des oranges, des citrons, des figues, du lin, du chanvre, du safran, etc.... On y trouve quelques forêts, des salines et des carrières de marbre. La pêche et le cabotage y sont très-actifs. Le peuple y parle un dialecte qui paraît n'être autre chose que l'ancienne langue romane-limousine. Il sera plus longuement question de cet idiome dans la description particulière de l'île de Majorque.

Il est assez inutile, à notre avis, de rechercher ici si les premiers habitants des Baléares furent des Rhodiens, comme le veut Strabon, des Grecs de Zante ou des Phéniciens, comme le soutiennent saint Jérôme et Silius. De semblables dissertations, quand elles se fondent sur des données purement hypothétiques, n'ont pour résultat ordinaire que d'obscurcir la question, ou, ce qui est pire, de la résoudre dans le sens de certaines idées préconçues et d'avance bien arrêtées. Quoi qu'il en soit, il est certain que les Carthaginois ne s'emparèrent d'Ivisça, la plus grande des Pityuses, que 663 ans environ avant J. C.; et deux siècles plus tard, ils n'étaient pas encore parvenus à s'établir dans les Baléares. Les peuples de ces îles étaient essentiellement belliqueux. Ils allaient au combat nus et armés seulement d'un petit bouclier, d'un javelot et de trois frondes roulées autour de leur tête et tressées avec une espèce de roseau. Ces frondes étaient d'inégale longueur, et ils se servaient de l'une ou de l'autre suivant l'éloignement du but. On dit que pour former de bonne heure leurs enfants à cet exercice, ils avaient coutume de ne leur donner à manger que le pain qu'ils avaient abattu d'un coup de pierre. Nous remarquerons, en passant, que les mêmes habitudes, sauf la différence des armes, ont été observées chez certaines peuplades sauvages de l'Amérique et de quelques îles de l'océan.

Les peuples baléariques, soit qu'ils fussent alors soumis aux Carthaginois, soit qu'ils fussent simplement leurs alliés, marchèrent avec eux contre les Agrigentins révoltés, et plus tard contre Pyrrhus, qui menaçait la Sicile. Les Romains recherchèrent aussi leur amitié, au temps de la première guerre punique; mais ils restèrent fidèles à Amilcar, dont le glorieux fils vit, dit-on, le jour dans la petite île qui porta depuis son nom et qui n'existe plus. Scipion, à la poursuite d'Amilcar, qu'il venait de battre en Espagne, pille l'île d'Ivisça, dont Rome s'empare bientôt après. Majorque, Minorque et Cabrera, trop faibles pour prendre ouvertement parti contre des ennemis aussi puissants, devenus leurs voisins, se bornent à se détacher de l'alliance de Carthage et à faire respecter leur indépendance; mais n'ayant plus rien à craindre des maîtres de la mer, les habitants de ces îles s'adonnent à la piraterie et commettent des désordres qui servent de prétexte aux Romains pour les asservir complétement. Métellus opère une descente à Majorque.

(1) Prononcez *Mayorque*.

Les insulaires se défendent intrépidement, et, ne pouvant résister, se retirent dans leurs montagnes et dans leurs cavernes. Les historiens portent à trente mille le nombre des Majorquins tués lors de cette conquête, qui valut au consul romain le surnom de *Baléarique*. Les îles Baléares, en y joignant les Pityuses, firent alors partie de la province citérieure ou tarraconaise. Pendant les désordres sanglants qui hâtèrent l'anéantissement de la république romaine, elles perdirent une grande partie de leur population, en s'engageant tour à tour sous la bannière des diverses factions militantes. Sous l'empire elles eurent un gouvernement à part. Cependant, les citoyens étaient obligés d'aller plaider à Carthagène. Durant cette période, il n'est presque pas question des Baléares dans les historiens, si ce n'est sous le règne d'Auguste, et à propos d'une singulière expédition contre les lapins qui désolaient Majorque, expédition sollicitée par les habitants de cette île. L'an 426 de l'ère chrétienne, les Baléares reparaissent dans l'histoire : à cette époque elles passent sous la domination des Vandales. De 798 à 1229, elles deviennent successivement la proie des Maures d'Afrique, des Francs conduits par Charlemagne, des Maures pour la seconde fois, et de Raymond Bérenger, qui confia Majorque aux Génois. Ces derniers en furent chassés par les infatigables Maures, qui ne cédèrent la place qu'à don Jacques Ier, petit-fils d'Alphonse II, roi d'Aragon. « En 1228, don Jayme, dit M. Alexandre de Laborde(1), convoqua la noblesse d'Aragon à Barcelone, et fit un discours qui anima le zèle de l'assemblée. Le clergé seconda cette entreprise; les chevaliers du Temple voulurent en être, et armèrent à leurs frais des cavaliers et des arbalétriers. En vain l'oncle du jeune roi voulut le détourner de cette expédition ; il y persista. On suscita des intrigues : les Aragonais et ceux de Lérida refusèrent de le suivre; mais tout ce qui s'était *croisé* lui resta fidèle. Les Catalans s'y distinguèrent. La flotte partit le 1er septembre 1229. Elle était composée de vingt-cinq gros vaisseaux, de dix-huit tarides, de onze grandes galères et de cent galiotes. L'armée, en tout, était de dix-sept mille hommes. Elle eut à lutter contre la plus violente tempête. On fit toutes les instances pour arracher au roi l'ordre de retourner à Tarragone; mais la fermeté de don Jacques obligea de continuer la route. C'est en bravant la tempête qu'on découvrit Majorque; on ne put descendre au port de Pollença, et on fut contraint de naviguer sur la Palmera. Un Majorquin au service du roi maure passa à la nage de l'île à la flotte, pour avertir le roi d'Aragon qu'il aurait à combattre quarante-deux mille hommes d'infanterie et cinq mille de cavalerie. Le roi le remercia de son zèle, lui promit une récompense, et ordonna le débarquement. La résistance fut grande dans les deux armées ; elles combattirent vaillamment, mais toujours les Maures perdaient plus de monde que les chrétiens. Au bout de quelque temps, le roi maure fut investi dans la ville capitale de Mayorca; on refusa de capituler avec lui; l'assaut fut donné, la ville prise, les Maures exterminés et tout le pays soumis le 31 décembre 1229. » Minorque ne tarda pas à reconnaître l'autorité de don Jacques, surnommé le Conquérant, qui, à sa mort, la laissa à son second fils, avec le titre de roi indépendant. Cette petite royauté excita autant de rivalités et de guerres que s'il se fût agi d'un puissant empire. Don Pèdre d'Aragon, beau-frère de Jacques III, s'en empara enfin en 1343; depuis lors, les îles Baléares ont suivi le sort de l'Aragon, et sont venues se fondre dans la monarchie espagnole.

Il y aurait lieu de s'étonner que tant de dominations diverses, sur un espace aussi resserré, n'eussent laissé aucune trace matérielle de leur durée; mais il n'en est pas ainsi. On trouve dans le territoire d'Alayor (Minorque) un de ces monuments que les gens du pays désignent sous le nom d'*Autels des gentils*, et qui paraissent remonter à la plus haute antiquité. Celui dont nous parlons offre de l'analogie avec les autels druidiques. Il est formé d'énormes blocs de pierres brutes superposés, sans ciment ni mortier. Sa forme est celle d'un cône arrondi par le haut; on remarque à sa base et dans la direction du sud une excava-

(1) *Itinéraire descriptif de l'Espagne*, t. V, 1re partie, p. 5, 3e édit.

tion où l'on ne pénètre que difficilement et qui ne contient rien d'intéressant. Le sommet du cône offre un plateau qui peut donner place à une dizaine de personnes, et auquel on parvient par une rampe d'un mètre cinquante cent. environ. Non loin s'élèvent deux pierres, l'une perpendiculaire et l'autre posée horizontalement sur la première, destinée peut-être à former le thau symbolique égyptien. On a découvert aussi tant à Majorque qu'à Minorque des tombeaux antiques, des figurines de bronze, des vases, des lampes sépulcrales, des urnes cinéraires en terre rougeâtre. On voit aussi à Eufabia les ruines d'une maison de plaisance dont la construction remonte au temps des Maures, et sur le mont Sainte-Agathe à Minorque, existent celles d'un château à qui la tradition attribue la même origine. Quant aux médailles, aucun lieu n'en a fourni proportionnellement autant que les Baléares. On a trouvé à Minorque des monnaies carthaginoises, celtibériennes, grecques, phéniciennes, macédoniennes, romaines, et parmi ces dernières, un grand nombre du temps de Constantin. Les médailles arabes y sont devenues fort rares, attendu qu'étant presque toutes d'argent, elles ont été, en grande partie, fondues. Enfin les amateurs d'archéologie peuvent exercer leur sagacité sur certains vestiges de constructions primitives qu'on doit ranger dans la catégorie des monuments cyclopéens.

Les îles qui forment le groupe des Baléares et des Pityuses, ayant entre elles d'assez notables différences, nous allons donner de chacune une description particulière suffisante pour compléter, avec les renseignements généraux qu'on vient de lire, l'aperçu géographique, historique et statistique que nous essayons de tracer dans cette rapide notice.

BALÉARES.

MAJORQUE. Majorque, la plus considérable des îles Baléares, comme l'indique son nom, est située à quarante lieues à l'est de la côte d'Espagne et à cinquante lieues au sud d'Alger. Suivant le docteur Juan Dameto, historien majorquin, elle a été anciennement appelée *Clumba* ou *Columba*. Aujourd'hui les Espagnols la nomment *Mallorca*. Elle a vingt-deux lieues de longueur de l'est à l'ouest, seize de largeur et cinquante de circonférence. Elle se termine au nord par le cap Formenta, au sud par le cap Salinas, à l'est par le cap Bermejo, à l'ouest par le cap Dragonera, en face duquel est une petite île qui porte le même nom.

Les côtes de Majorque sont découpées par plusieurs baies, dont les trois principales sont : au nord-est celles de Pollenza et d'Alcudia, au sud-ouest celle de Palma. Le sol, généralement montagneux, est traversé du nord-est au sud-ouest par une chaîne assez élevée qui offre plusieurs pics remarquables, entre autres ceux que les habitants désignent sous le nom de Puig-Mayor et de Galatz.

Majorque n'a pas de grands cours d'eau ; on n'y trouve que deux petites rivières, dont l'une, la Rierra, a son embouchure sous les murs de Palma, capitale de l'île. Cependant l'abondance des sources, qui produisent d'assez forts ruisseaux, entretient, surtout dans les localités voisines des montagnes, une température fraîche et une riche végétation. Le climat est doux et salubre ; en général le thermomètre de Réaumur ne descend pas au-dessous de 6 degrés et ne monte pas à plus de 26°. La côte orientale, abritée du côté du nord, souffre peu du froid des hivers ; mais, en revanche, elle est exposée à des coups de vent qui la ravagent. Comme les autres îles de cet archipel, Majorque éprouve, dans certaines années, des pluies d'hiver, qui tombent avec une abondance et une continuité dont on se ferait difficilement une idée.

Le sol des montagnes est pierreux et mêlé d'une terre végétale rougeâtre, tandis que celui des collines est noir, plus humide et moins fertile. Les montagnes renferment, dit-on, quelques filons d'or et d'argent. L'île est plus riche en marbres de diverses couleurs. Elle possède aussi, près de Campos, petite ville située non loin de Palma, une source sulfureuse. Les montagnes, presque toutes couvertes, depuis leur base jusqu'à leur sommet, d'une végétation puissante, fournissent, indépendamment de beaux bois de charpente et de me-

Maison des Grandes Huîtres à Malte.

nuiserie, des sapins propres à la construction des vaisseaux et des chênes verts d'une grosseur surprenante. Les oliviers atteignent des dimensions colossales et produisent d'excellents fruits; pour les garantir des ravages des eaux, qui quelquefois descendent du haut des collines en torrents impétueux, on les entoure de petites murailles, dont la multiplicité donne au pays un aspect singulier.

Les amandiers étalent, au printemps, leurs rameaux chargés de fleurs aussi blanches que l'argent; les oranges charment les yeux et l'odorat par leurs fruits d'or et leurs boutons embaumés; les figuiers ombragent de leurs larges feuilles d'un vert pâle les terrains les plus arides et jusqu'aux rochers, au milieu desquels leurs racines savent se frayer un chemin vers la terre végétale. Le palmier projette son élégante silhouette sur un ciel inondé de lumière; le caroubier élève sur le flanc des collines sa tête toujours verdoyante et parsemée de baies écarlates; le cactus, enfant de l'Afrique, étend sur le sol ses bras épineux et chargés de figues qui sollicitent les ardeurs du soleil; enfin, la vigne couvre les coteaux de ses pampres vigoureux, et, dès le commencement de juillet, offre au promeneur altéré la liqueur rafraîchissante que contient son fruit délicieux.

Cette riche végétation, les montagnes qui accidentent la surface de l'île, l'extrême variété des sites, la vue de la mer, dont l'azur se dessine à l'horizon, la splendeur et la pureté du ciel, tout contribue à faire de Majorque une des contrées les plus pittoresques du monde. Mais ici le pittoresque est d'une nature toute spéciale. « Le caractère du paysage, plus riche en végétation que celui de l'Afrique ne l'est en général, a tout autant de langueur, de calme et de simplicité. C'est la verte Helvétie sous le ciel de la Calabre, avec la solennité et le silence de l'Orient. En Suisse, le torrent qui roule partout, et le nuage qui passe sans cesse, donnent aux aspects une mobilité de couleur et pour ainsi dire une continuité de mouvement que la peinture n'est pas toujours heureuse à reproduire. La nature semble s'y jouer de l'artiste. A Majorque, elle semble l'attendre et l'inviter. Là, la végétation affecte des formes altières et bizarres; mais elle ne déploie pas ce luxe désordonné sous lequel les lignes du paysage suisse disparaissent trop souvent. La cime du rocher dessine ses contours bien arrêtés sur un ciel étincelant. le palmier se penche de lui même sur les précipices, sans que la brise capricieuse dérange la majesté de sa chevelure, et jusqu'au moindre cactus rabougri au bord du chemin, tout semble poser avec une sorte de variété pour le plaisir des yeux (1). »

La beauté du climat et la fertilité du sol ont rendu les Majorquins paresseux et imprévoyants, comme la plupart des peuples à qui la nature offre spontanément les ressources de la vie matérielle. Ajoutez que le voisinage et la domination de l'Espagne n'ont pu qu'augmenter leur indolence et leur inhabileté dans la science agricole. Naguère encore les couvents, les chapitres et les chapelles dévoraient la richesse d'une population malheureuse par sa faute et par celle de ses maîtres. Grâce à cette incurie et à la funeste influence de la métropole, Majorque ne produit pas le quart de ce qu'elle pourrait produire entre des mains actives et expérimentées. Les territoires de Selva, de Juca, de Sansellas, la vallée orientale d'Alcudia, la plaine de Manaco et celle qui s'étend entre Félanice, Montuiri, San Juan et Petra, pompeusement nommées par les Majorquins les *greniers d'abondance* de leur île, et où pour féconder le sol il suffit en quelque sorte de soulever sa superficie, sont loin de fournir à la consommation de la colonie en céréales. On ne trouve de terre bien cultivée que dans la belle vallée de Saler, et encore pourrait-on obtenir de cette localité beaucoup plus qu'on n'en retire.

Quels efforts de travail et d'invention peut-on attendre d'un peuple que l'influence d'un climat énervant et l'insouciance de ses gouvernants livrent à la mollesse et à l'inaction? L'écrivain célèbre que nous avons cité plus haut s'exprime ainsi au sujet de Majorque et des agriculteurs indigènes. « Nulle part je n'ai vu travailler la terre si patiemment et si mollement. Les machines les plus

(1) George Sand, *Un Hiver à Majorque*, t. Ier, p. 23.

simples sont inconnues ; les bras de l'homme, bras fort maigres et fort débiles comparativement aux nôtres, suffisent à tout, mais avec une lenteur inouïe. Il faut une demi-journée pour bêcher moins de terre qu'on n'en expédierait chez nous en deux heures, et il faut cinq ou six hommes des plus robustes pour remuer un fardeau que le moindre de nos portefaix enlèverait gaîment sur ses épaules (1) ».

Malgré cette nonchalance et cette faiblesse physique, les Majorquins récoltent du froment si pur et si fin, qu'il est très-recherché en Espagne, où l'on s'en sert pour faire cette espèce de gâteau blanc et léger qu'on appelle *pan de Mallorca*. Mais la qualité du blé est le fait du sol et non de l'homme, car Majorque n'a jamais démenti le surnom d'*île dorée* que lui donnaient les anciens à cause de sa merveilleuse fertilité.

Les mines d'or et celles de pierres précieuses, dont quelques géographes ont doté cette île, n'ont pas encore été travaillées, si tant est qu'elles existent ; mais, en revanche, on y exploite dans plusieurs contrées des carrières de marbre tigré, rouge et blanc, et une espèce particulière, dont les taches noires et blanches sont de forme elliptique, et qui a reçu, à cause de ce fait, le nom d'*amandrado* (*semé d'amandes*). Des stalactites très-variées, quelques débris de bois fossile, une pierre de taille excellente, des pierres feuilletées, des pierres meulières, des pierres à chaux, des pierres mixtes formées de parties calcaires, vitrifiables et réfrangibles, une pierre sablonneuse qui n'est pas sujette à éclater, des pierres à aiguiser extrêmement fines : enfin des salines naturelles qui n'auraient besoin que d'être exploitées avec intelligence, telles sont les richesses géologiques de Majorque. Le corail qu'on pêche, mais en petite quantité, et seulement pendant les mois de juillet et d'août, dans la baie d'Alcudia, pourrait aussi être utilisé dans un but commercial.

Les bœufs de ce pays sont petits et faibles ; en revanche les porcs sont monstrueusement gros ; Miguel de Vargas, historien de Majorque, cite un de ces animaux qui, à l'âge d'un an et demi, pesait vingt-quatre arrobes, c'est-à-dire six cents livres. Les moutons majorquins portent une toison d'une finesse remarquable.

L'industrie est aussi arriérée à Majorque que l'agriculture. L'île produit de la soie, de la laine et du lin, et cependant ses soieries, ses lainages et ses toiles commencent à peine à sortir de leur médiocrité.

Les Majorquins excellaient autrefois dans l'ébénisterie ; mais ils ont perdu toute leur habileté, et l'on ne trouverait pas dans toute l'île un ouvrier capable de reproduire les merveilleuses ciselures qu'on remarque sur les boiseries de certaines maisons opulentes et de quelques édifices publics.

Le commerce de Majorque se borne à l'exportation de quelques étoffes de laine, d'une assez grande quantité d'amandes, des délicieuses oranges que tout le monde connaît, au moins de réputation, de quelques centaines de barriques d'huile d'olive, des excellents vins de la colonie, et de ces porcs monstrueux dont nous avons parlé. Les huiles sont de mauvaise qualité, à cause de l'imperfection des procédés de fabrication. Quant aux vins, les plus renommés sont : le *Moscatel*, le *Malvoisie*, le *Pampot rodat*, et le *Montona*. Les autres produits du sol et de l'industrie se consomment dans le pays. Malgré le peu d'importance de ce mouvement commercial, les exportations de cette île constituaient encore au profit de ses habitants, il y a quarante ans à peine, un bénéfice de plus de neuf millions de francs sur les importations. Aujourd'hui les Majorquins se ressentent cruellement de l'anarchie et de l'épuisement de l'Espagne. Leur apathie toujours croissante complète leur misère.

Le commerce des bestiaux était autrefois considérable à Majorque. Mais le gouvernement espagnol ayant accordé à des *assentistes* ou fournisseurs le monopole des approvisionnements, ces spéculateurs empêchèrent toute exportation de bestiaux et confisquèrent à leur profit toute l'importation. Il en résulta que les habitants se dégoûtèrent de l'éducation des animaux, qui ne leur donnait plus aucun bénéfice. Un fait qui montre quelle

(1) George Sand, *Un Hiver à Majorque*.

fut l'extinction du bétail dans cette île, c'est que, suivant l'historien Miguel de Vargas, il fut un temps où la montagne d'Arta comptait à elle seule plus de vaches, de bœufs et de taureaux, qu'on n'en pourrait réunir aujourd'hui dans toute la plaine de Majorque. Cet état de choses fut d'autant plus funeste à la population majorquine, qu'il coïncida avec un événement non moins déplorable : lors de l'expédition de Charles-Quint contre Alger, l'Espagne ayant besoin de bois de construction, les charpentiers de la marine dévastèrent les bois de Majorque, qui leur fournirent toute une flottille de chaloupes canonnières. Tous les plus beaux arbres (et dans le nombre se trouvaient des oliviers séculaires qui avaient jusqu'à quatorze pieds de diamètre) furent impitoyablement abattus. Au lieu de chercher à réparer ces désastres, les insulaires, emportés par un mouvement de colère puérile, détruisirent ce qui restait de leurs bois. Il s'ensuivit une misère qui s'accrut du déficit causé par la suppression de toute exportation de bestiaux. Depuis cette époque, les arbres ont repoussé, et les monopoleurs ont disparu. Mais le droit d'exportation n'a été accordé aux Majorquins que pour les pourceaux. Aussi les habitants donnent-ils un soin tout particulier à l'engraissement de cet animal, devenu leur principale richesse. Si l'on en croit un voyageur, le cochon est aujourd'hui l'objet d'une grande vénération et d'une affection profonde de la part des Majorquins. Cette espèce de culte pour un quadrupède immonde, à part ce qu'il peut avoir de ridicule à un certain point de vue, s'explique par l'utilité du pourceau pour ce peuple. Le cochon a sauvé Majorque de l'extrême misère, et Majorque se montre reconnaissante.

Du reste, on peut attribuer en grande partie la stagnation du commerce de Majorque à l'imperfection des voies de communication et des moyens de transport. L'absence de cours d'eau n'y est pas compensée par l'établissement de routes charretières. Tout ce qu'on envoie de l'intérieur à la mer se transporte à dos de mulet ou au moyen de chariots pesants, à roues plates et pleines. Les inconvénients de ces chariots sont encore augmentés par la manière dont les mules y sont attelées : elles portent un joug beaucoup trop long et attaché sur leur cou, comme cela se pratique pour les bœufs, dans d'autres pays.

On conçoit à quel point les transactions commerciales sont gênées par ces difficultés de transport. Outre les obstacles directs résultant du manque de chemins, l'envoi des marchandises à dos de mulet est une entrave sérieuse, en ce qu'il a pour résultat d'augmenter considérablement le prix des denrées d'exportation. Ainsi cinq cents oranges qui se vendent sur place environ trois francs, reviennent à plus du double quand elles arrivent à la côte. Aussi la culture de l'oranger est-elle de plus en plus négligée dans l'intérieur.

Majorque a sans doute été, dans le moyen âge et sous le gouvernement intelligent des Maures, beaucoup plus peuplée qu'elle ne l'est de nos jours; cependant, et malgré les pertes immenses qu'elle a subies sous ce rapport depuis l'installation de la domination espagnole, elle renferme encore un nombre considérable de centres de population. Un auteur espagnol lui donne deux cités, trente-deux villes, beaucoup de villages remarquables, deux mille fermes, mille huit cent soixante-dix-sept maisons de campagne et dix châteaux ou forteresses. Cette énumération est évidemment exagérée, au moins dans les désignations, car les trente-deux villes ne sont en conscience que trente-deux villages, bien suffisants, du reste, pour contenir avec les deux capitales, Palma et Alcudia, les cent soixante mille habitants auxquels on estime la population générale.

Les Majorquins sont en général grands, minces, bien faits, malgré des jambes arquées, et ont le teint basané. Les femmes, dont les beaux yeux noirs, les petits pieds, les mains mignonnes et la taille bien proportionnée plaisent aux étrangers, joignent aux défauts intellectuels de leurs maris toute l'ardeur du tempérament africain.

Le costume des Majorquins, parmi les riches et dans la bourgeoisie, a perdu toute son originalité primitive. Le frac, le chapeau rond, le pantalon étroit et le gilet ont remplacé les amples et riches vêtements espagnols du moyen âge. Les femmes et les paysans sont seuls restés fidèles aux vieilles traditions.

Voici la pittoresque description que George Sand (1) donne du costume des hommes : « Il se compose, le dimanche, d'un gilet (*guarde-pits*) d'étoffe de soie bariolée, découpé en cœur et très-ouvert sur la poitrine, ainsi que la veste noire (*sayo*), courte et collante à la taille, comme un corsage de femme. Une chemise d'un blanc magnifique, attachée au cou et aux manches par un poignet brodé, laisse le cou libre et la poitrine couverte de beau linge. Ils ont la taille serrée dans une ceinture de couleur, et de larges caleçons bouffants, comme les Turcs, en étoffes rayées, coton et soie, fabriquées dans le pays. Avec cela, ils ont des bas de fil blanc, noir, ou fauve, et des souliers de peau de veau sans apprêt et sans teint. Le chapeau à larges bords, en poil de chat sauvage (*moxine*), avec des cordons et des glands noirs en fil de soie et d'or, nuit au caractère oriental de cet ajustement. Dans les maisons, ils roulent autour de leur tête un foulard ou un mouchoir d'indienne en manière de turban, qui leur sied beaucoup mieux. L'hiver, ils ont souvent une calotte de laine noire qui couvre leur tonsure, car ils se rasent comme des prêtres le sommet de la tête, soit par mesure de propreté, soit par dévotion. Leur vigoureuse crinière bouffante, rude et crépue, flotte donc autour de leur cou. Un trait de ciseaux sur le front complète cette chevelure, taillée exactement à la mode du moyen âge et qui donne de l'énergie à toutes les figures. Dans les champs, leur costume, plus négligé, est plus pittoresque encore : ils ont les jambes nues ou couvertes de guêtres de cuir jaune jusqu'aux genoux, suivant la saison. Quand il fait chaud, ils n'ont pour tout vêtement que la chemise et le pantalon bouffant. Dans l'hiver, ils se couvrent d'un froc, ou d'une cape grise qui a l'air d'un froc de moine, ou d'une grande peau de chèvre d'Afrique, avec le poil en dehors. Quand ils marchent par groupes avec ces peaux fauves traversées d'une raie noire sur le dos, et tombant de la tête aux pieds, on les prendrait volontiers pour un troupeau marchant sur les pieds de derrière. Presque toujours, en se rendant aux champs, ou en revenant à la maison, l'un d'eux marche en tête, jouant de la guitare ou de la flûte, et les autres suivent en silence, emboîtant le pas et baissant le nez d'un air plein d'innocence et de stupidité. Ils ne manquent pourtant pas de finesse, et bien sot qui se fierait à leur mine. »

Pour le costume des femmes, nous mettrons à contribution l'*Itinéraire* de M. Alexandre de Laborde. D'après cet écrivain, la richesse des étoffes et des ornements distingue seule les dames de leurs servantes et des paysannes. « La coiffure, nommée *rebozillo*, est formée par une guimpe double. La partie supérieure couvre la tête et s'arrête sous le menton, laissant le visage seul à découvert, puis s'étendant sur les épaules et tombant jusques à moitié du dos, les deux pointes viennent se croiser et s'attacher par-devant. L'habit est composé d'un corset baleiné recouvert en soie noire; les manches, fort étroites et s'arrêtant au pli de l'avant-bras. Ce corset est garni de boucles d'argent ou de boutons. Les femmes de la campagne portent une sorte de collier ; mais ceux des dames sont quelquefois d'une grande valeur. C'est un collier de perles qui, en passant sous le rebozillo, descend très-bas par-devant et se termine par une croix en or ou une médaille. Pour ornement, les femmes riches portent une chaîne d'or qui pend le long du jupon, et quelquefois une chaîne d'or tenant au corset et soutenant un beau médaillon. — Du reste, elles ont tous les doigts couverts de bagues, et font usage de montres, de bracelets et autres bijoux. Lorsqu'elles sortent, elles portent la mantille, comme dans tout le reste de l'Espagne, et prennent à la main, avec leur éventail, un chapelet fort long, orné de glands d'or et d'une croix de ce métal. En général, comme les Espagnoles, les femmes de Majorque aiment à être parfaitement chaussées (1). »

Les Majorquins, comme les habitants des autres Baléares, parlent l'ancienne langue romane-limousine.

(1) *Un Hiver à Majorque*, t. II, p. 76.

(1) *Itinéraire descriptif de l'Espagne*, t. V, p. 47.

Cette langue offre une grande analogie avec les dialectes encore usités dans le Languedoc. M. Tastu, dans une note curieuse imprimée à la suite de l'ouvrage de George Sand, cite des exemples de poésie majorquine qui ne laissent aucun doute à cet égard. Plusieurs vers des cantilènes qu'il rapporte semblent écrits en patois de Montpellier. L'idiome majorquin offre une particularité digne d'observation : indépendamment de l'article *lo*, masculin (le), et *la*, féminin (la) il a les articles suivants : MASCULIN, singulier : *so* (le); pluriel, *sos* (les); — FÉMININ, singulier : *sa* (la); pluriel : *sas* (les). — MASCULIN ET FÉMININ, singulier : *es* (le); pluriel : *ets* (les). — MASCULIN, singulier : *en* (le); FÉMININ, singulier : *na* (la); FÉMININ PLURIEL : *nas* (les) (1).

De toutes les langues romanes, la majorquine paraît être celle qui a subi le moins de modifications; et des deux idiomes parlés à Majorque, à savoir l'idiome populaire et l'idiome aristocratique, c'est le premier qui a le moins varié, comme il arrive presque partout. Ajoutons que la langue des Baléares se prête merveilleusement à la poésie, et seconde singulièrement les inspirations des *troubadours* majorquins. L'écrivain érudit que nous venons de citer donne, au sujet de ces *troubadours* ou improvisateurs, des détails que nous ne voulons point passer sous silence : « C'est à eux, dit-il, que s'adressent ordinairement les amants heureux ou malheureux. Moyennant finance, et d'après les renseignements qu'on leur a donnés, les troubadours vont sous les balcons des jeunes filles, à une heure avancée de la nuit, chantant les *coblas* improvisées sur le ton de l'éloge ou de la plainte, quelquefois même de l'injure, que leur font adresser ceux qui payent le poëte-musicien. Les étrangers peuvent se donner ce plaisir, qui ne tire pas à conséquence dans l'île de Mallorca. »

Si l'on en croit les géographes, les Majorquins sont doux, humains, hospitaliers. Au dire de quelques voyageurs dignes de foi, ce peuple est, au contraire, fort peu affable envers les étrangers, d'une cupidité effrénée, et plein d'une astuce qui indique un fond de caractère essentiellement mauvais. Nous avons toute espèce de raisons pour adopter, avec quelques restrictions toutefois, le témoignage de ces écrivains plutôt que les assertions des géographes; car les voyageurs citent des faits et les géographes se bornent à des affirmations trop vagues pour être prises au sérieux. Il est évident que, sous bien des rapports, les peuples baléariques se ressentent de l'absence de la civilisation; chez eux, comme chez toutes les nations encore dans l'enfance sociale, le moral est en raison de la culture de l'intelligence.

Les Majorquins sont, en outre, fanatiques à l'excès, superstitieux jusqu'à la démence, apathiques jusqu'à la stupidité, d'une ignorance phénoménale et d'une paresse digne de devenir proverbiale. Du reste, il serait injuste de les rendre responsables de ces tristes infirmités intellectuelles et morales. La faute en est à leurs maîtres égoïstes, aux institutions sociales sous le joug desquelles ils restent courbés depuis des siècles, enfin aux autorités locales et au gouvernement de la métropole, qui ne font rien pour instruire et civiliser ce peuple, plus digne de compassion que de blâme. L'extrême misère dans laquelle vivent les Majorquins contribue aussi puissamment à les maintenir dans cette espèce d'affaissement moral qui afflige les regards de l'étranger. Cette misère est occasionnée autant par la triste situation de l'agriculture, de l'industrie et du commerce, que par l'irruption d'un nombre considérable d'Espagnols expulsés de la mère patrie durant les dernières guerres civiles de la Péninsule. Ces luttes sanglantes ont, pendant longtemps, empêché tout mouvement entre la population des Baléares et le continent. Les indigènes restaient tranquillement chez eux, et s'enfonçaient tous les jours davantage dans cette déplorable apathie, que favorisaient d'ailleurs les habitudes de la vie méridionale; une autre cause, plus active et plus prolongée, de la misère et de l'ignorance des peuples baléariques, c'est le nombre, relativement immense, de couvents, qui, pendant plusieurs siècles, a dévoré la substance de cette malheureuse population. Grâce au décret du ministre Men-

---

(1) Voy. la note de M. Tastu dans *Un Hiver à Majorque*, t. II, p. 271.

dizabal, qui a supprimé les couvents dans tous les domaines de l'Espagne, cette cause n'existe plus. Mais on conçoit quelle désastreuse influence a dû exercer sur le moral des Majorquins et sur leur situation matérielle cette armée de moines égoïstes qui se réservait le monopole du bien-être et maintenait soigneusement les indigènes dans une espèce de servage abrutissant. Enfin M. Grasset de Saint-Sauveur, qui a écrit un intéressant ouvrage sur les îles Baléares, signale une dernière cause de cette ignorance et de cette paresse caractéristiques : — c'est l'esprit de domesticité qui règne parmi ces insulaires, et qui les pousse à s'engager avec joie et empressement au service des nobles et des riches. Cet abus, qui était dans toute sa vigueur à l'époque où écrivait le fonctionnaire impérial, existe encore, aussi monstrueux, aussi vivace qu'autrefois.

« Tout aristocrate majorquin a une suite nombreuse, que son revenu suffit à peine à entretenir, quoiqu'elle ne lui procure aucun bien être ; il est impossible d'être plus mal servi qu'on ne l'est par cette espèce de serviteurs honoraires. Quand on se demande à quoi un riche Majorquin peut dépenser son revenu dans un pays où il n'y a ni luxe ni tentations d'aucun genre, on ne se l'explique qu'en voyant sa maison pleine de sales fainéants des deux sexes, qui occupent une portion des bâtiments réservés à cet usage, et qui, dès qu'ils ont passé une année au service du maître, ont droit pour toute leur vie au logement, à l'habillement et à la nourriture. Ceux qui veulent se dispenser du service, le peuvent en renonçant à quelques bénéfices ; mais l'usage les autorise encore à venir chaque matin manger le chocolat avec leurs anciens confrères et à prendre part, comme Sancho chez Gamache, à toutes les bombances de la maison. — Au premier abord, ces mœurs semblent patriarcales, et on est tenté d'admirer le sentiment républicain qui préside à ces rapports de maître à valet ; mais on s'aperçoit bientôt que c'est un républicanisme à la manière de l'ancienne Rome, et que ces valets sont des clients enchaînés par la paresse et la misère à la vanité de leurs patrons. C'est un luxe à Majorque d'avoir quinze domestiques pour un état de maison qui en comporterait deux tout au plus. Et quand on voit de vastes terrains en friche, l'industrie perdue, et toute idée de progrès proscrite par l'ineptie et la nonchalance, on ne sait lequel mépriser le plus, du maître qui encourage et perpétue ainsi l'abaissement moral de ses semblables, ou de l'esclave qui préfère une oisiveté dégradante au travail qui lui ferait recouvrer une indépendance conforme à la dignité humaine » (1).

Ce qui prouve que, dans toute autre condition, le Majorquin parviendrait à vaincre son apathie, et à déployer une activité profitable, c'est que, quand des propriétaires, fatigués de voir la plus grande partie de leurs terres condamnée à une stérilité presque absolue, les vendent en viager à des paysans, ces terres ne tardent pas à prendre, sous l'influence d'un travail plus soutenu et plus intelligent, une physionomie toute nouvelle. Le paysan, intéressé à faire produire au sol tout ce qu'il peut rendre, met tous ses soins à le cultiver. Dans toutes les localités où de pareilles ventes ont eu lieu, les habitudes laborieuses ont succédé à la paresse, et l'aisance à la misère.

Palma, autrefois Luliana, est située au fond de la grande baie dessinée par les caps Blanco et Cala Figuera. Son port, formé par un môle de près de douze cents mètres de longueur, et assez mal défendu par deux forts peu redoutables, est bon et sûr, mais malheureusement trop petit. La ville s'élève en amphithéâtre, et l'aspect qu'elle présente, vue de la baie, est des plus pittoresques. On embrasse d'un seul coup d'œil ses principaux édifices. Ces clochers, ces tours élancées, ce port rempli de navires et que sillonnent de nombreux canots, offrent un spectacle à la fois majestueux et poétique. A la tiédeur de l'air qu'on aspire, on sent qu'on touche à une terre qu'un soleil fécondant échauffe de ses rayons, et où l'oranger n'a rien à craindre du froid des hivers ; terre privilégiée et heureuse entre toutes, si elle n'était pas échue en partage à un gouvernement sans initiative et sans activité.

Les rues de Palma sont en général

(1) Un Hiver à Majorque.

étroites et mal pavées, par suite de l'incurie des autorités. Celles qui sont situées dans la partie basse du port sont plus spacieuses et d'aspect plus gai. On y reconnaît la présence d'une population plus active et plus riche. Deux ou trois places, et notamment celles des Bornes et de Terra Secca, méritent d'être citées, surtout pour leur régularité; la dernière occupe un terrain d'alluvion que couvrait autrefois la mer.

« La cathédrale, dit M. de Laborde, est dans la partie élevée de Palma. Elle est belle, grande et d'architecture gothique. Elle a trois nefs et trois hautes voûtes. La construction en est hardie; et la voûte du milieu, encore plus élevée que les deux autres, est simplement soutenue par deux rangs de sept colonnes. Les vitraux sont magnifiques par la netteté, la finesse et la disposition de leurs couleurs. On entre dans l'église par trois superbes et grandes portes ouvertes dans la façade, à côté de laquelle s'élève un clocher d'une structure si hardie, et orné avec tant de délicatesse, qu'on l'a surnommé la *Tour de l'Ange*. C'est le roi d'Aragon don Jacques le Conquérant qui a fait construire cette église. Le chœur, placé au centre, nuit à la beauté du vaisseau, étant fermé par une espèce de maçonnerie dont les sculptures ne peuvent dédommager du coup d'œil imposant qu'offrirait le vaisseau dans son entier. Entre le chœur et le maître-autel est placé le tombeau du roi Jacques II. » Cette disposition du chœur, contre laquelle M. de Laborde s'élève avec raison, au point de vue de l'art, est presque générale dans les églises gothiques qui existent en si grand nombre dans le royaume d'Espagne. Nous la retrouvons même chez nous, car les jubés étaient tout simplement une clôture, seulement moins complète que l'enceinte de murs ou de boiseries qui enveloppe encore les autres côtés du chœur. Les premiers architectes chrétiens durent s'inspirer du souvenir du temple de Jérusalem, dont le sanctuaire était fermé de toutes parts.

Le portail méridional de la cathédrale de Palma passe pour un des plus beaux échantillons de l'art gothique. Quant au portail principal, on en a muré les portes et la rosace, pour fermer passage au vent de mer qui s'engouffrait autrefois dans l'église et y renversait les vases sacrés au milieu de la messe. Un sarcophage fort simple, et contenant la momie de Jayme II, fils du Conquérant, orne le milieu du chœur.

La fondation du palais du gouvernement, où logent le capitaine général et l'intendant général, remonte, dit-on, au temps où les Maures étaient établis à Majorque. Cet édifice, extrêmement vaste, mais mal distribué, n'offre rien de vraiment remarquable, si ce n'est l'aspect extérieur, qui réalise merveilleusement le type des monuments les plus fantastiques du moyen âge. Il renferme, outre les appartements d'honneur, une chapelle, un arsenal, une caserne, deux jardins, et une prison d'État placée dans une grosse tour carrée.

La maison de la *Contratacion* date du quatorzième siècle. Ce superbe bâtiment gothique peut donner une idée de la puissance à laquelle était un instant parvenu, sous les rois catholiques, le petit royaume de Majorque et Minorque. L'intérieur ne se compose que d'une belle et vaste salle, dont la voûte repose sur six colonnes en spirale. C'était la bourse de Palma, le lieu de réunion des marchands. Un ange sculpté sur la porte d'entrée, les ailes déployées, protégeait l'agiotage. — C'est dans cette immense salle que se donnent aujourd'hui les fêtes et les bals publics.

La plupart des tribunaux de l'île siégent dans l'intérieur de l'hôtel de ville, œuvre du seizième siècle où l'on montre avec orgueil une galerie de portraits représentant les hommes illustres du royaume, depuis Annibal jusqu'au roi Jacques. C'est dans ce bâtiment qu'on voit l'horloge du soleil, aussi appelée *Horloge baléarique*. « On ignore véritablement son origine, dit un voyageur; on ne sait d'où elle vient, ni où elle fut faite. Elle marque et frappe les heures différentes du jour et de la nuit, selon la progression de la marche du soleil, et la différence entre les solstices où les jours se trouvent inverses aux nuits; on peut dire qu'elle est unique dans le monde. » Il faut aussi faire observer que Dameto et Mut, les deux principaux historiens de Majorque, ne font remonter qu'à l'année 1385 l'antiquité de cette horloge. Ils affirment qu'elle fut achetée par des religieux dominicains et placée dans la tour où on la voit aujourd'hui. Elle fonctionnait encore à l'époque du voyage de Grasset de Saint-Sauveur.

Les trente mille habitants de Palma ont à leur disposition une salle de spectacle, où de mauvais acteurs sont en possession de faire rire ou pleurer les Majorquins. Parmi les autres établissements publics, on doit citer deux hospices, sans compter l'hôpital militaire et une maison de détention pour les femmes de mauvaise vie. La création de ce dernier établissement prouve que les mœurs espagnoles, dans leur expression la moins poétique, et les ardeurs du climat, ne sont pas sans influence sur les habitants de ces îles. Toutefois la généralité du libertinage, qui d'ordinaire est un obstacle à la prostitution proprement dite, ne produit pas le même résultat à Palma, qui, sous ce rapport, subit les inconvénients des grandes villes d'Europe, sans en avoir les avantages et les agréments.

L'artiste voyageur qui parcourra les rues de Palma, ne manquera pas d'aller visiter les poétiques ruines de l'ancien couvent de l'inquisition. Ce palais, détruit, il y a quelques années, dans un jour de colère populaire et de violente réaction, fut, dit-on, un chef-d'œuvre, ainsi que l'attestent, au surplus, les élégantes arcades qui s'élèvent encore tristement sur ses décombres, et d'autres vestiges non moins éloquents. On voyait autrefois dans le cloître de Saint-Dominique des tableaux représentant les tortures auxquelles de malheureux Juifs avaient été soumis par ordre des inquisiteurs. Grasset de Saint-Sauveur a pu lire une liste des victimes suppliciées à Mayorque depuis 1645 jusqu'à 1691. Cet horrible martyrologe contenait deux cent soixante et dix noms : voici le texte d'un arrêté du pieux tribunal : « Tous les coupables mentionnés dans cette relation ont été publiquement condamnés par le saint-office, comme hérétiques formels; tous leurs biens confisqués au fisc royal; déclarés inhabiles et incapables d'occuper ni d'obtenir ni dignités ni bénéfices, tant ecclésiastiques que séculiers, ni autres offices publics ni honorifiques; ne pouvant porter sur leur personne, ni faire porter à celles qui en dépendent ni or, ni argent, perles, pierres précieuses, corail, soie, camelot, ni drap fin; ni monter à cheval ni porter des armes, ni exercer et user des autres choses qui, par droit commun, lois et pragmatique de ce royaume, instructions et style du saint-office, sont prohibées à des individus ainsi dégradés; la même prohibition s'étendant, pour les femmes condamnées au feu, à leurs fils et à leurs filles, et pour les hommes jusqu'à leurs petits-fils en ligne masculine; condamnant en même temps la mémoire de ceux exécutés en effigie; ordonnant que leurs ossements (pouvant les distinguer de ceux des fidèles chrétiens) soient exhumés, remis à la justice et au bras séculier, pour être brûlés et réduits en cendres; que l'on effacera et raclera toutes inscriptions qui se trouveraient sur la sépulture, ou armes, soit apposées, soit peintes, en quelque lieu que ce soit, de manière qu'il ne reste d'eux, sur la face de la terre, que la mémoire de leur sentence et de leur exécution. »

Suivant un registre dont l'entrepreneur des démolitions du cloître de Saint-Dominique est resté l'héritier, ce couvent renfermait autrefois les sépultures d'une foule de personnages illustres, entre autres de Nicolas Cottoner, un des plus célèbres grands maîtres de l'ordre de Malte, des Dameto, des Muntoner, des Villalongas, des la Romana et des Bonapart. M. Tastu se fit montrer la tombe armoriée des Bonapart, et en confrontant ses armes avec d'autres armoiries de la même famille retrouvées dans des documents authentiques, le judicieux bibliographe est arrivé à conclure que le nom de *Bonpar*, devenu plus tard *Bonapart*, est d'origine provençale ou languedocienne. En 1511, Hugo Bonapart, né à Majorque, se rendit en Corse comme gouverneur pour le roi Martin d'Aragon; et c'est ce person-

nage qui serait la souche de la famille Bonaparte, ou Buonaparte. *Bonapart* est le nom roman, *Bonaparte* l'italien ancien, et *Buonaparte* l'italien moderne.

Les habitants de Palma signalent encore à la curiosité du voyageur le palais du comte de Montenegro, où l'on trouve une admirable bibliothèque pleine de livres et de documents aussi précieux par leur importance que par leur rareté. Au nombre de ces trésors scientifiques, on remarque une superbe carte nautique manuscrite, de l'année 1439, véritable chef-d'œuvre de dessin, de peinture et de calligraphie. Ce portulan, dont le Majorquin Valsequa est l'auteur, a appartenu à Améric Vespuce, ainsi que le constate une inscription placée au dos de la carte et ainsi conçue : « questa ampla pelle di geographia fù pagata da Amerigo Vespucci CXXX ducati di oro di marco. »

Ne terminons pas cette description rapide des principaux édifices de Majorque sans mentionner le château *de Bélver*, ancienne résidence des rois des Baléares, forteresse antique transformée par les souverains espagnols en prison d'État. Ce fort, qui est en bon état de conservation, est un beau spécimen de l'architecture militaire au moyen âge. Des captifs illustres ont gémi dans ses sombres cachots; nous ne citerons que Gaspar Jovellanos, un des écrivains espagnols les plus renommés, et notre compatriote M. François Arago, secrétaire perpétuel de l'Académie des sciences. On sait que le célèbre astronome fut chargé par Napoléon de la mesure du méridien. Il se trouvait à Majorque en 1808, lors des événements de Madrid et de l'invasion des Français. Le peuple majorquin se vengea sur lui des humiliations infligées à la dynastie espagnole. Il fut poursuivi par la populace furieuse, et livré aux autorités par le commandant du brick espagnol sur lequel il était embarqué, et qui avait été mis à ses ordres. Obligé, pour se soustraire à la fureur de ses ennemis, de se constituer prisonnier dans le château de Bélver, il y resta deux mois, pendant lesquels il apprit qu'on avait plusieurs fois formé le projet de l'empoisonner. Enfin les autorités lui ayant fait savoir qu'elles fermeraient les yeux sur son évasion, M. Arago s'échappa furtivement, et se confia à un matelot majorquin, qui lui avait déjà sauvé la vie en le prévenant des dangers dont il était menacé. Ce marin refusa de le conduire en France, et le débarqua à Alger, où notre compatriote eut à supporter les tortures du plus dur esclavage. On connaît les circonstances, presque fabuleuses, à l'aide desquelles l'illustre savant parvint à recouvrer sa liberté.

Quelques-unes des maisons de Palma sont construites en marbre, et presque toutes sur le modèle de celles des anciens Maures. Au rez-de-chaussée on trouve une porte à plein cintre, sans aucun ornement, donnant dans un vestibule orné de colonnes; en arrière, quelques petites pièces; au premier étage, de grands appartements recevant la lumière à travers de hautes fenêtres, divisées par des colonnes effilées, qu'on croirait d'origine arabe; au-dessus, un grenier où se fait tout le détail du ménage. Ce grenier est, à proprement parler, une galerie offrant une série de fenêtres rapprochées. Un toit très-proéminent, soutenu par des poutres délicatement travaillées, couvre la maison et préserve les fenêtres de l'étage supérieur de la pluie et du soleil. — L'escalier, artistement dessiné et ciselé, est placé dans la cour intérieure. Dans toutes ces habitations on remarque la colonne toscane ou dorienne, et l'on est frappé, dans les demeures de l'aristocratie, du luxe des rampes, des balustrades et en général de tous les détails de sculpture. Au-dessous des maisons ordinaires, il y a, comme à Hambourg, des espèces de caves habitées par des pauvres, et qui ne sont éclairées que par la porte d'entrée. Partout le pauvre est traité de même.

« Le péristyle ou l'*atrium* des palais des *chevaliers* (c'est ainsi que s'intitulent encore les patriciens de Majorque), a, dit George Sand, un grand caractère d'hospitalité, et même de bien-être. Mais, dès que vous avez franchi l'élégant escalier et pénétré dans l'intérieur des chambres, vous croyez entrer dans un lieu disposé uniquement pour la sieste. De vastes salles, ordinairement dans la forme d'un carré long, très-élevées, très-froides, très-sombres, toutes nues, blanchies à la chaux sans aucun ornement, avec de grands vieux portraits de famille tout noirs et placés sur une seule ligne, si haut qu'on n'y distingue rien ; quatre ou cinq chaises d'un cuir gras et mangé aux vers, bordées de gros clous dorés qu'on n'a pas nettoyés depuis deux cents ans ; quelques nattes valenciennes, ou seulement quelques peaux de mouton à longs poils jetées çà et là sur le pavé ; des croisées placées très-haut et recouvertes de pagnes épais ; de larges portes de bois de chêne noir ainsi que le plafond à solives, et parfois une antique portière de drap d'or portant l'écusson de la famille richement brodé, mais terni et rougi par le temps ; tels sont les palais majorquins à l'intérieur. On n'y voit guère d'autre table que celles où l'on mange. Les glaces sont fort rares, et tiennent si peu de place dans ces panneaux immenses, qu'elles n'y jettent aucune clarté. On trouve le maître de la maison debout et fumant dans un profond silence, la maîtresse assise sur une grande chaise et jouant de l'éventail sans penser à rien. On ne voit jamais les enfants ; ils vivent avec les domestiques, à la cuisine ou au grenier, je ne sais ; les parents ne s'en occupent pas. Un chapelain va et vient dans la maison sans rien faire. Les vingt ou trente valets font la sieste, pendant qu'une vieille servante hérissée ouvre la porte au quinzième coup de sonnette du visiteur. »

Alcudia est la seconde ville importante de Majorque. Elle est située sur la côte orientale, au nord-est de l'île, vis-à-vis l'île de Minorque. Elle s'élève en face de la péninsule qui sépare les deux grandes baies d'Alcudia et de Pollenza, nommées aussi, la première Puerto-Mayor (grand port), et la seconde Puerto-Minor (petit port). La baie d'Alcudia est comprise entre les caps Farruch et del Pinar et celle de Pollenza entre ce dernier et celui de Formentelli ou Formentor. La ville est placée à quelque distance de la mer et sur une éminence. On n'est pas d'accord sur l'époque de sa fondation. Les uns la croient très-ancienne ; les autres ne lui accordent une certaine existence comme ville, que depuis la conquête de la colonie par les Aragonais. Ici, aucun monument, à l'exception de l'église Saint-Jacques, ne mérite d'attirer les pas du voyageur, qui n'y trouvera, pour le dire en passant, que de l'eau de citerne fort peu potable. Mille habitants et quarante hommes de garnison, dont le commandement est d'ordinaire confié à un colonel vétéran, sont les tristes restes de la population qui remplissait, il y a cent ans environ, les mille maisons que la ville renfermait à cette époque.

Les principaux bourgs et villages de Majorque sont, en revenant d'Alcudia à Palma par la côte nord :

Pollenza, ancienne colonie romaine, qui fut quelque temps la propriété des chevaliers du Temple. Au nord-ouest de cette dernière est Palomera ou Palumbaria avec un port couvert par une île que les Romains appelaient *Columbria*. Plus à l'ouest, se trouve, abrité par les plus hautes montagnes de Majorque, le petit port de Soller, dont l'entrée est étroite et difficile. C'est là que les barques marchandes viennent charger les oranges qui s'expédient à l'étranger.

Ascorea, bâtie au fond d'une belle et profonde vallée abritée par la chaîne de montagnes qui court vers le nord-ouest. Ce canton privilégié possède les précieux vignobles de Malvoisie et de Montona.

Bunola, fondée par Jacques le Conquérant ; Saint-Martial avec 500 habitants et Alaro qui en compte près de cinq fois autant.

Soler, située près de la vallée la plus agréable de l'île. « Cette vallée, dit M. de Laborde, offre en tout temps l'aspect d'une forêt d'arbres toujours verts, chargés de fleurs et de fruits. Elle a environ trois lieues et demie de circonférence ; son centre est une plaine entourée de hautes collines couvertes de masses d'oliviers et de caroubiers. La plaine est couverte par des orangers et des citronniers arrosés par une infinité de ruisseaux qui se réunissent en un seul auprès de la ville de Soler. » Le bourg, bâti en face de Barcelone, avec un petit port et une population d'envi-

ILES BALEARES.

ron cinq mille âmes, est en quelque sorte un riche couvent de chartreux. Ce fut d'abord un château royal fondé par don Martin d'Aragon. L'église et le cloître méritent d'être visités. La petite ville de Val-de-Musa ou *Mosa*, construite sur une colline, presque en face du couvent, est fière de posséder la maison où naquit sainte Catherine Thomasa, devenue presque la patronne de l'île tout entière.

Banalbufar, à une lieue de l'ermitage de Santa-Maria, et bâtie sur le plateau d'une colline assez élevée dont le versant qui regarde la mer est couvert d'excellents vignobles.

En achevant le tour de l'île par cette côte, on rencontre successivement les petites villes d'Andracio ou Andraig, de Puigpugnent, de Culvia, le petit port de Paguera, et enfin le bourg de Deya, qui n'offrent rien de remarquable, si ce n'est le nombre de leurs chapelles et établissements religieux.

En sortant de Palma, et en suivant les côtes du sud, du sud-est, de l'est et du nord, on trouve d'abord Lluch Mayor, non loin d'une montagne isolée appelée la *Banda*, et au milieu d'une plaine célèbre par la défaite de Jacques III, qui y perdit la couronne. Tout auprès est l'étang de Le Prat, dont les Majorquins aiment mieux se plaindre que se débarrasser. Viennent ensuite Campos (5,000 habitants), puis Santani, Falonichi, Manacor, Arta (8,000 âmes) et les deux villages qui en dépendent, Servera et Cap Pera. Dans le voisinage de ce dernier, on voit encore les ruines d'un château construit par les Maures. A l'ouest de ce canton et au pied des hauteurs qui en accident le terrain, s'étend jusqu'à la rive occidentale de la baie d'Alcudia, une vaste et riche plaine, bien cultivée et couverte d'une infinité de petites villes et de villages, dont les principaux sont Santa-Margarita, Muro, Buger, la Puebla, Campanet, Selva, San Sellas, Inca, Benisalem, Sineu (ces deux derniers bourgs de fondation romaine), et Santa-Maria, avec le petit village de Santa-Eugenia, qui en dépend.

Le rapide résumé que nous avons donné en esquissant l'histoire générale des îles Baléares et Pityuses, nous laisse peu de chose à ajouter en ce qui touche spécialement l'île de Majorque. Nous emprunterons encore ici un fragment du travail de M. de Laborde, qui résume assez nettement et avec concision, les renseignements contenus dans les ouvrages des autres écrivains.

« Le royaume de Majorque perdit beaucoup de son ancienne population, en 1229, par la défaite des Maures et le carnage qu'en firent les chrétiens pour venger la mort du fameux vicomte de Béarn, Guillaume de Moncade, et celle de son frère. L'an 1301, les Juifs ayant été poursuivis en Espagne pour leurs exactions, leur usure et toute la corruption qu'ils y introduisaient, furent également poursuivis dans l'île. Ceux qui ne purent se sauver furent pillés; contraints de se cacher dans les montagnes, ils y périrent en grande partie. Au commencement du quinzième siècle, la famine exerça ses ravages dans Majorque, pendant dix ans, et avec la population tomba le commerce de l'île. En 1403, la crue de la petite rivière de la Rierra fut si forte, qu'elle emporta seize cents maisons et noya cinq mille cinq cents personnes. En 1408 et 1444, eut lieu une semblable catastrophe. La guerre civile succéda à ces fléaux. La première rébellion fut dirigée contre la noblesse; on se battit pendant trois ans. En 1464, toutes les îles Baléares se soulevèrent; une flotte fut armée par les rebelles contre Jean II, et elle était soutenue par une flotte française envoyée par Louis XI, qui voulait se venger de la maison de Navarre; il périt beaucoup d'insulaires. En 1475, la peste fut apportée du Levant chez les Majorquins, et fit un grand ravage. En 1618 et 1635, la Rierra fit un affreux dégât dans l'île : elle inonda les campagnes, et s'éleva fort haut avant de s'écouler dans la mer. La population, tout en s'affaiblissant, n'en fournissait pas moins des troupes; elle avait besoin d'une milice régulière pour défendre ses côtes contre les Barbaresques. La noblesse du royaume de Majorque avait été considérable : on la voit dans l'histoire figurer à la cour de Ferdinand et d'Isabelle; on la voit aussi, dans le seizième siècle, obligée de se défendre contre les paysans révoltés, combattre et se retrancher dans Alcudia, et, au milieu de ce même siècle, combattre, à la tête des milices, contre les Africains qui voulaient envahir l'île. Depuis cette époque, la population de l'île de Majorque eut moins à souffrir des intérêts politiques, mais elle ne se releva point jusqu'au degré où l'on prétend qu'elle fut sous les Maures. »

MINORQUE. Moins grande que Majorque, comme l'indique son nom, montueuse, privée d'eau, quoique placée sous un climat humide, déshéritée enfin des avantages de fertilité et de salubrité dont jouit sa voisine, l'île de Minorque tient pourtant une plus large place dans l'histoire. Elle doit sans doute ce privilège à la configuration très-accidentée de ses côtes, qui offrent aux vaisseaux un grand nombre d'abris vastes et sûrs, ainsi qu'à sa position plus avancée dans la Méditerranée.

Minorque est située à cinquante lieues de la côte orientale d'Espagne, au sud de la Catalogne, et à treize lieues est de Majorque. Elle a douze lieues de long sur quatre de large, et renferme une population d'environ douze mille habitants. Exposées aux vents, qui y règnent avec violence, ses côtes septentrionales présentent un nombre prodigieux de coupures, d'enfoncements et de baies plus ou moins profondes, tandis que ses côtes méridionales, infiniment plus régulières, offrent partout la preuve d'une exposition meilleure.

Le sol des montagnes, fin, léger, tirant sur le noir, est fertile quoique peu profond, tandis que celui des plaines, argileux et froid, ne produit que de mauvais herbages, à peine propres à servir de nourriture aux bestiaux. Aucun cours d'eau digne du nom de ruisseau ne traverse cette île. Ce serait, en un mot, un des pays les moins agréables, si l'art et l'industrie, venant à son aide, n'y eussent dompté la nature.

Les produits minéraux de Minorque se bornent à ses marbres, peu exploités, à quelques mines de fer, fort négligées, à cause de la rareté du combustible, et à deux ou trois mines de plomb complétement abandonnées. Armstrong, qui a visité cette colonie il y a plus de soixante ans, regrettait que les nombreux coquillages et débris de poissons fossiles, « qui se trouvent non-seulement, dit-il, sur la surface des rochers, mais encore bien avant dans la terre, n'eussent pas encore été sérieusement étudiés. » Nous ne pouvons qu'exprimer le même regret. Parmi ces débris fossiles, on peut citer de curieux glossopètres, auxquels les Minorquins donnent le nom de *Langues de serpent*, et d'autres qu'ils désignent sous celui de *Crapaudines*, et qu'ils croient engendrés dans la tête des crapauds.

Les chevaux sont en petit nombre et mauvais, bien que d'assez bonne apparence. On se sert principalement de mulets, qui généralement sont forts et vigoureux. Les ânes de Minorque sont également de belle espèce. Les vaches sont petites, maigres; et l'absence de bons pâturages rend leur lait peu abondant et de mauvaise qualité. Les Minorquins ne coupent point leurs bestiaux; ils emploient, pour les mutiler, le procédé des Maures, qui se bornent à leur écraser les parties génitales. Les porcs et les lapins multiplient prodigieusement et sont de belle espèce. La couleuvre, la vipère, le scorpion, le scolopendre ou mille-pieds abondent à Minorque. Les naturels emploient l'huile d'olive comme spécifique contre la piqûre de ces animaux malfaisants, ce qui indiquerait que leur venin n'est pas dangereux. La plupart des oiseaux et des insectes du continent européen se trouvent dans cette île. Les côtes fourmillent de poissons : la dorade, l'anchois, la donzella, la plie, la sole, la barbue, le carrelet, la lamproie, le congre, l'anguille fournissent abondamment à la subsistance des habitants, et sont même pour eux un objet de commerce. On y pêche aussi le turbot, la sardine, le mulet, dont les œufs salés et séchés font ce que les Minorquins appellent le *botargo*. Le plus commun de tous les poissons de ces parages, désigné par le peuple sous le nom de *poisson de roche*, parce qu'il se tient dans les rochers, mérite d'être particulièrement cité pour ses couleurs admirables : il est diapré de bleu, de rouge et de vert. Parmi les coquillages, on trouve la plupart de ceux qui vivent sur nos côtes méridionales. Il en est un cependant qui offre une particularité digne de remarque : c'est une moule appelée *datyl* par les Espagnols, à cause de sa ressemblance avec la forme d'un doigt. Armstrong, dans son *Histoire naturelle et civile de l'île de Minorque*, dit « que, pour pêcher ce coquillage, on tire de la mer, avec des cordes, de grosses pierres, dans lesquelles on suppose qu'on le rencontrera; on casse les pierres avec des coins de fer, et on voit les datyls, logés au centre du bloc solide dans toutes les directions. Le poisson est enfermé dans deux coquilles semblables, environ de la longueur et de la grosseur du doigt, un peu aplati et à peu près de la même largeur de l'une à l'autre extrémité. » L'historien anglais dit encore à ce sujet : « M. Wyld assure dans une lettre à M. Bay, qu'il a vu des pierres remplies de pholades, dont la surface n'avait aucune ouverture sensible; mais j'ai remarqué dans quelques-unes un petit conduit, dans lequel on pouvait à peine ficher une épingle, et cependant il doit suffire pour recevoir la nourriture dont le poisson a besoin. » M. Wyld ajoute « qu'on sait par expérience que le frai des animaux peut pénétrer dans la substance des rochers. » Nous laissons aux personnes compétentes le soin de décider si les observations qui précèdent peuvent ou non être fondées. — Il est un autre coquillage, qui mérite une mention particulière; c'est celui qui produit la nacre. « La nacre de perle, dit Armstrong, est très-commune à Minorque; c'est la *Pinna magna* des auteurs. Elle a trois pieds de long sur seize à dix-huit pouces de large. Elle a au dedans le même éclat que la nacre de perle; mais elle est rude et couverte de piquants en dehors. Il y a près du joint un flocon de soie jaunâtre, depuis quatre jusqu'à dix pouces de long et de l'épaisseur du doigt. Cette soie, si tant est qu'on puisse l'appeler ainsi, peut se filer, et l'on en a souvent fait des gants et des bas, par curiosité. Le docteur Shaw croit que c'est le *Byssus* des anciens. La pourpre, autrefois si fameuse chez les Tyriens, est abondante dans les environs de l'île. Nous avons vu aussi un grand nombre d'étoiles de mer; mais les espèces en sont peu variées. La plus rare est l'étoile de mer arborisée, que je n'ai jamais pu avoir en entier. »

Bien que le sol de Minorque soit ingrat, il n'en produit pas moins une grande variété de végétaux. Nous passons sous silence l'inutile nomenclature des légumes et des céréales. Quant aux arbres fruitiers, on peut citer entre autres, le carouge, particulier au termino ou canton de Mahon; le reste comme dans les régions méridionales de l'Europe. L'olivier croît sans culture, mais les Minorquins ne savent ni apprêter son fruit ni en extraire l'huile. Le raisin produit du vin excellent et offre, en outre, l'avantage de pouvoir se conserver frais pendant trois et même quatre mois.

« Les Minorquins, qui étaient autrefois si fameux par leur valeur, vivent aujourd'hui dans la plus honteuse indolence. Ils semblent avoir perdu leur courage avec leur liberté, et ils paraissent si peu jaloux de cette dernière, qu'ils ne se mettent nullement en peine de la recouvrer. » Tel est le jugement porté par un écrivain moderne sur le caractère des habitants de Minorque. Mais ces reproches, au fond parfaitement fondés, vont plutôt à l'adresse des différents maîtres de l'île qu'à celle des Minorquins eux-mêmes; car, s'ils ont perdu les bonnes qualités qui les distinguaient autrefois, s'ils sont devenus cupides, orgueilleux, envieux et indolents, c'est à leurs dominateurs successifs, et particulièrement à l'Espagne, qu'ils doivent cette triste métamorphose. La seule privation de la liberté suffit pour démoraliser un peuple : voyez la Grèce, l'Italie et l'Inde. Et le résultat est bien plus déplorable encore, lorsque le peuple vaincu est livré à l'influence désastreuse d'une monarchie fondée sur la superstition, la corruption et le despotisme. Il faut ignorer complétement l'histoire de Minorque, pour faire un crime aux habitants de cette colonie d'avoir oublié leurs vertus primitives. Tour à tour occupée par les Carthaginois, les Romains, les Vandales et les Maures, Minorque n'a cessé, jusqu'à don Pèdre le conquérant, d'être en quelque sorte le jouet des nations belliqueuses dont les vaisseaux sillonnaient victorieusement la Méditerranée. A partir du moment où elle devint, presque en même temps que Majorque, la propriété des Aragonais, nous la voyons commencer une nouvelle série de calamités non moins fatales à sa prospérité et au caractère de sa population. En effet, dans les temps modernes, elle a reconnu pour maîtres, en 1708, les Anglais; en 1756, les Français; en 1782, les Espagnols; en 1798, encore les Anglais; et enfin, depuis 1802, elle obéit à la couronne d'Espagne. Quel peuple eût résisté à l'action de tant de vicissitudes, de tant de civilisations superposées, de tant de volontés différentes se succédant les unes aux autres, chacune avec ses tendances particulières ? En général, il faut se défier beaucoup des jugements des voyageurs sur les nations qu'ils ont visitées. Presque toujours ils les ont appréciées, abstraction faite des circonstances qui les ont modifiées malgré elles ; ces circonstances, ils les ignoraient presque entièrement, et par conséquent ils ne pouvaient savoir si le peuple qu'ils étudiaient s'était développé naturellement ou sous l'influence de certaines situations exceptionnelles et anormales. Telle est, par exemple, l'édifiante habitude des publicistes qui déclarent hardiment les nègres des colonies privés de toute aptitude intellectuelle, sans tenir compte de l'action abrutissante d'un esclavage séculaire.

Les paysans minorquins ont le teint basané ; leur physionomie révèle la passion et la mobilité méridionale. Les femmes ont les traits plus réguliers ; quelques-unes même sont remarquables par l'expression de leurs yeux.

L'habillement des hommes consiste en une jaquette et une camisole, qu'ils lient autour du corps avec une ceinture à réseau ou une grande bande de cuir ; une chemise grossière, un mouchoir de couleur autour du cou, un manteau rouge, un pantalon qui leur descend jusqu'à la cheville, de gros bas, des souliers plats et sans talons, et un chapeau rabattu, complètent l'accoutrement, qui ne laisse pas d'être pittoresque. Le costume des femmes consiste en une camisole d'étoffe noire, ouverte vers le cou et fermée vers le poignet, sur laquelle elles retroussent les manches de leur chemise. Elles mettent par-dessus un jupon d'étoffe de couleur ou de toile peinte, qui tient à la camisole. Elles plissent ce jupon vers les hanches, pour paraître plus grosses, et il est si court, qu'il leur descend à peine jusqu'au gras de la jambe. Elles portent des bas bleus, rouges ou verts avec des coins d'une autre couleur. Leurs souliers sont élevés sur le talon, larges vers les orteils, et percés de plusieurs petits trous ; ce qui leur tient le pied frais et fait qu'elles marchent plus facilement. Leur coiffure est la même que celle des femmes de Majorque.

Nous n'avons pas à écrire les annales particulières de Minorque, trop peu importantes pour être séparées de l'histoire générale des Baléares, dont nous avons donné un aperçu. Nous nous bornerons à raconter un fait, dont la date remonte à l'époque de la dernière expulsion des Maures, et qui montre de quelle façon les souverains entendaient alors les idées de loyauté, de justice, et ce que plus tard on a nommé droit public.

Don Jacques, le conquérant de Majorque, de Minorque et d'Ivica, ayant résolu d'abdiquer et de se retirer dans un cloître, partagea ses États entre ses deux fils, don Jacques II et don Pèdre. Le premier eut pour sa part le royaume de Majorque, et le second reçut l'Aragon. Mais don Pèdre, mécontent de son lot, n'attendit pas la mort de son père pour attaquer et soumettre à son autorité l'île de Minorque, alors entre les mains des Maures, bien plus qu'entre celles de son frère Jacques II. Alphonse, son fils, voulut aller plus loin encore : il résolut d'exterminer les Maures. Ceux-ci, avertis, se hâtèrent de faire venir des secours d'Afrique. Alphonse n'en opéra pas moins la descente qu'il projetait, et défit complètement les Sarrasins. Le chef ennemi et une poignée de soldats qui lui restait se retirèrent dans une forteresse sur le mont Sainte-Agathe, et bravèrent quelque temps les efforts des Espagnols. Réduits enfin à l'extrémité, ils demandèrent à capituler. Les conditions du traité furent des plus dures : tous les Maures sans exception étaient obligés de payer rançon ou de subir l'esclavage. Quatre ou cinq cents seulement purent se racheter; mais Alphonse ne voulut pas admettre une pareille inégalité : au mépris de la foi jurée, il fit noyer pendant la traversée tous les malheureux qui croyaient avoir sauvé à prix d'or leur liberté et leur vie.

Minorque est divisée en quatre cantons ou *terminos* : Ciudadella, Mercadal, Alaïor et Mahon. Le termino de Mahon, situé dans la partie sud de l'île, est environné de tous côtés par la mer. Il est borné au nord par celui de Mercadal, et au nord-ouest par celui d'Alaïor : sa plus grande longueur est d'environ cinq lieues. Le termino d'Alaïor est borné au sud-ouest par la mer, à l'est par le termino de Mahon, au nord par celui de Mercadal, et au nord-ouest par celui de Férarias, qui n'est qu'une annexe de ce dernier. Le canton de Mercadal, le plus grand, quoique le moins peuplé, est borné au nord par la mer, au nord-est par le termino de Mahon, au sud-est par celui d'Alaïor, et au sud-ouest par celui de Férarias. Le château, le port et la ville de Fornella en font partie, et c'est dans ce district que se trouvent la montagne de Sainte-Agathe et le mont Toro, les plateaux les plus élevés de l'île. Le termino de Férarias n'est, à proprement parler, qu'une espèce de bande de terrain qui traverse l'île du sud au nord. Enfin le canton de Ciudadella, qui occupe l'extrémité occidentale de l'île, est baigné de trois côtés par la mer et n'a pour limites, du côté de la terre et à l'est, que le termino de Férarias.

Les produits de ces différentes portions de Minorque étant les mêmes que ceux de Majorque, ce serait tomber dans de fatigantes redites que de faire la description minutieuse des districts énumérés ci-dessus. Le termino de Mahon, ou plutôt la ville de Port-Mahon, mérite seul de nous arrêter quelques instants.

Mahon a été, dit-on, fondée par Magon le Carthaginois; mais ce personnage était-il le père d'Amilcar, ou le frère d'Annibal, ou seulement Magon Barca, qui fit la guerre aux Syracusains? Cette question reste encore douteuse après les dissertations des savants. La capitale est située sur une élévation, en face du port qu'elle domine. Les maisons, construites en pierres (1), sont presque toutes surmontées d'une terrasse, à la mode italienne. Il n'y a point, à proprement parler, de monuments publics à Mahon. Les rues sont étroites et le roc y sert de pavé. Le port, qui a une lieue et demie d'étendue, peut contenir une flotte considérable; mais l'entrée en est difficile. Pour y pénétrer, il faut ne pas perdre de vue le mont Toro, en ligne droite avec le milieu du port, et cela jusqu'à ce que l'on soit à hauteur de l'île du Sang, où est établi un hôpital, construit en 1711 aux frais du chevalier Jennings, pendant l'occupation des Anglais. Il faut encore se garder de trop approcher du fort Philippet, où l'on pourrait se briser contre les pointes d'un écueil caché sous l'eau. Presqu'en face de l'île du Sang et du côté de la ville, est creusée une grotte qu'on appelle la *Caverne aux*

---

(1) Cette pierre a l'avantage d'être facile à tailler au sortir de la carrière et de s'endurcir sous l'action de l'air. On la trouve à une très-petite profondeur et par couches peu épaisses qui fournissent pourtant des quartiers considérables. A l'aide de cette pierre, qui coûte peu, et d'une espèce de gypse particulière à Minorque, les habitants construisent à fort peu de frais et d'une manière à la fois élégante et solide. Ce gypse semble avoir été accordé par la nature à l'île de Minorque pour y compenser le manque de bois de construction. Grâce à cette précieuse ressource, les maçons se passent de bois même pour l'établissement des voûtes, qui presque partout forment les plafonds. Une perche suffit pour ce travail. Le procédé mérite d'être indiqué: après avoir taillé avec beaucoup de soin la pierre qu'ils veulent employer, ils la posent dans l'endroit où elle doit rester à demeure et la soutiennent en l'air par le moyen d'une simple perche. Dès qu'elle est placée, ils mettent du mortier tout autour des jointures en observant de tailler au sommet un petit trou, pour qu'il puisse se répandre en un instant dans toutes les jointures. Une des propriétés de ce ciment est de s'endurcir sur-le-champ et de sceller fortement les pierres qu'il réunit. La perche alors devient inutile; on la retire et on la porte sous une autre pierre. La voûte se trouve achevée en très-peu de temps.

2.

huîtres et qui, n'étant jamais visitée par le soleil, est un lieu extrêmement frais et, par suite, un des plus fréquentés pendant les grandes chaleurs. C'est près de cet endroit qu'a lieu la pêche aux huîtres (1).

Port-Mahon a joué un rôle assez important dans l'histoire moderne. Les Anglais, qui n'espéraient pas encore s'emparer de Malte et en faire leur poste avancé dans la Méditerranée, profitant de l'occasion du secours qu'ils donnaient à Charles III contre Philippe V, petit-fils de Louis XIV, s'emparèrent de Minorque en 1708, et n'épargnèrent aucune dépense, aucuns travaux, pour s'en assurer la conservation. Port-Mahon fut surtout l'objet de leur attention. En 1756, à l'époque où la France songea à le leur enlever, les fortifications entourées de fossés creusés à pic, à vingt et trente pieds de profondeur, recélaient quatre-vingts mines qui en rendaient l'approche impossible ; la citadelle était dans le meilleur état de défense. L'Angleterre redoutait alors une invasion de la part de la France, et dans son empressement à armer ses propres côtes, elle oublia complétement Minorque. Vers la fin d'avril 1756, douze vaisseaux de ligne et quelques frégates, commandés par l'amiral la Galissonnière, débarquèrent dans l'île vingt-sept bataillons sous les ordres du duc de Richelieu. Les Anglais, surpris, n'eurent pas le temps de s'opposer à cette descente. En mai seulement, l'amiral Bing se présenta pour combattre la Galissonnière, qui escortait un nouveau convoi destiné à soutenir les assiégeants. La négligence, quelques-uns ont dit la trahison d'un secrétaire de l'amiral anglais, fit tomber entre les mains du chef de la flotte française le livret des signaux : de sorte que Bing, ne pouvant préparer une manœuvre sans que la Galissonnière fût aussitôt en mesure de la rendre inutile ou dangereuse, fut complétement battu. Cette défaite irrita tellement l'orgueil britannique, que le malheureux amiral, traduit devant une cour martiale, fut condamné à mort et exécuté, bien que les juges l'eussent recommandé à la clémence de George II, bien que la Galissonnière et Richelieu eussent donné de sa conduite les témoignages les plus honorables, et que Voltaire, dont l'influence était alors immense, eût entrepris de plaider sa cause.

Le siége continuait toujours avec vigueur, le canon faisait voler les rochers en éclats ; mais le succès semblait devenir de jour en jour plus problématique. Ce n'était qu'à grand'peine que les assiégeants parvenaient à asseoir quelques batteries sur des plates-formes élevées à force d'art et de patience ; le feu de la place, habilement dirigé, démontait aussitôt les pièces. La garnison avait des vivres pour plusieurs mois ; une nouvelle flotte anglaise allait se présenter sous peu et la ravitailler ; la chaleur était insupportable, et la cour de France, impatiente de fêter un nouveau triomphe, pressait Richelieu d'en finir. Celui-ci craignait le découragement du soldat ; il redoutait surtout l'opinion de l'Europe, attentive à la lutte que soutenaient sur ce rocher les deux grandes nations rivales. En conséquence, il se décida à tenter un de ces audacieux coups de main qui ont été si souvent répétés, et presque toujours avec succès, pendant nos longues guerres de la République et de l'Empire. Maillebois, qui depuis marqua dans l'émigration, le seconda avec talent. La place fut attaquée sur tous les points à la fois. Les Français descendirent dans les fossés, posèrent hardiment les échelles ; officiers et soldats s'y précipitèrent, s'aidant, se portant les uns les autres, et tous les ouvrages extérieurs furent enlevés à l'arme blanche, malgré le feu continuel de l'artillerie anglaise. Cependant la place n'était pas encore prise, et sans la mort du commandant en second, qui seul connaissait le secret des quatre-vingts mines placées sous les remparts dont Richelieu venait de s'emparer, et qui fut frappé au

---

(1) Cette pêche se fait à Minorque d'une façon assez singulière. Il faut être deux plongeurs : l'un se déshabille, attache un marteau à sa main droite, fait le signe de la croix, se recommande à son patron et se jette dans la mer. Ce n'est qu'à dix ou douze brasses de profondeur qu'il trouve les huîtres. Il en détache du rocher autant qu'il peut en porter sur son bras gauche, et, frappant du pied, il remonte sur l'eau. On l'aide à rentrer dans le bateau et, tandis qu'il se ranime en buvant un verre d'eau-de-vie, son camarade s'apprête à faire ce qu'il a fait.

moment même où il allait donner l'ordre d'y mettre le feu, nos soldats auraient fait preuve d'un courage inutile. Cette mort amena la reddition de trois mille Anglais, et Richelieu entra dans la ville le 28 juin 1756.

Reprise un peu plus tard par les Anglais, elle leur fut encore enlevée par le duc de Crillon en 1782, à la suite d'un siége long et difficile. En 1799, Georges III y envoya une flotte pour s'en emparer. « Les Anglais, dit l'auteur du *Dictionnaire des siéges et batailles*, conservaient des intelligences dans une île qu'ils avaient possédée; aussi cette occupation ne leur coûta pas un seul homme; à peine y brûlèrent-ils une amorce...... L'amiral Duckworth et le général Stuart descendirent le 7 novembre dans la baie d'Addaya; des bateaux rassemblés en grand nombre mirent en quelques instants huit cents hommes à terre, qui firent sauter le magasin à poudre et enclouèrent une batterie abandonnée par les Espagnols. Bientôt une nouvelle explosion annonça que les Espagnols avaient évacué aussi le poste des Fournelles, sur lequel on avait dirigé une fausse attaque. Deux mille hommes de troupes espagnoles parurent, et menacèrent d'envelopper la petite troupe des Anglais; mais ils furent repoussés avec perte sur l'aile gauche de leur armée, tandis que le feu de l'*Argo* tenait en échec leur aile droite. Maîtres de ce poste, le reste du débarquement s'opéra, et les Anglais prirent une position qui leur aurait donné moyen de combattre avec avantage, si les Espagnols ne se fussent retirés au commencement de la nuit. Cependant quatre mille Espagnols auraient pu facilement se défendre sur un terrain montueux dont les passages resserrés sont toujours d'un difficile accès. Le colonel Graham s'empara sans coup férir, le 9 novembre, de Mérandal, poste important d'où les Espagnols s'étaient retirés à l'approche des troupes anglaises. Chemin faisant, on fit prisonniers quelques soldats; on prit plusieurs officiers et on s'empara de différents magasins. Ces avantages n'étaient que le prélude de succès plus importants, mais aussi peu disputés. Les Anglais apprirent que le gouverneur espagnol avait évacué Port-Mahon. Le colonel Paget, détaché avec trois cents hommes, s'avança, somma le gouverneur du fort Saint-Charles de se rendre; cent soixante soldats consentirent; la chaîne du port fut levée; les frégates anglaises y entrèrent. » Le reste des opérations militaires dans l'île ne vaut pas la peine d'être raconté; nous partageons sur ce point l'opinion de l'auteur que nous venons de citer, et qui termine ainsi son récit : « Si l'on ne soupçonnait pas quelques intelligences de la part des Anglais avec les forces espagnoles, rien n'égalerait la lâche sottise d'hommes armés, occupant avec des forces supérieures un pays difficile, qui se laissent emporter toutes leurs positions sans coup férir, et se rendent sans avoir connu la force de leurs ennemis. » Ceci se passait du 7 au 13 novembre 1799.

Là se termine l'histoire de Port-Mahon, qui, depuis cette époque, n'a plus dans les fastes de l'Europe qu'un rôle essentiellement pacifique.

CABRERA. L'île de Cabrera, la plus petite des Baléares, est située à quatre lieues environ au sud de Majorque, par les 39° 7′ de latitude nord et 40° de longitude. La traversée entre les deux îles est difficile et dangereuse, à cause des courants, de l'agitation habituelle de la mer, et des nombreux écueils qui défendent les abords de Cabrera. Cela n'empêche pas toutefois les pêcheurs majorquins de venir fréquemment jeter leurs filets dans les eaux poissonneuses de cette île inhospitalière.

Cabrera n'a guère qu'une lieue du sud à l'ouest, pas davantage du nord à l'est, et environ cinq quarts de lieue de l'est à l'ouest. Deux baies principales s'ouvrent sur ses côtes; l'une dans la partie septentrionale, l'autre dans la région opposée. D'autres anses moins considérables, et formées par de petits caps, découpent le pourtour de l'île. Le port est situé au nord-ouest et peut contenir, outre une quarantaine de vaisseaux marchands, un certain nombre de bâtiments de haut bord, à cause de la profondeur des eaux. Son entrée, tournée vers Majorque, est resserrée entre deux montagnes escarpées. Sur la cime de celle de droite, en regardant la mer, on aperçoit les ruines d'un ancien édifice, que l'on prétend avoir été élevé par les Maures, et qui sert à caserner tant bien que mal une quarantaine de soldats, seule garnison de l'île.

Çà et là, sur les côtes, des grottes profondes creusées par la nature au flanc des rochers offrent une retraite sûre aux oiseaux de mer, après avoir longtemps servi de refuge aux corsaires africains. Parmi ces cavernes, on peut citer celle qu'on voit dans la partie ouest, près du port, et qu'on désigne sous le nom de grotte de l'Évêque (*del Obispo*). Ce lieu souterrain, dont l'étendue est assez considérable, est curieux à visiter. Les stalactites de toutes formes qui tapissent ses parois et sa voûte, présentent un coup d'œil magique, lorsque la lueur des torches qui vous éclairent fait briller ces murailles et ces colonnes de cristal de mille clartés étincelantes.

Le sol de Cabrera est extrêmement montueux et presque partout impropre à la culture. Ici l'oranger, qui parfume les vallées de Majorque de ses fleurs embaumées, ne prête pas l'abri de son feuillage au voyageur brûlé par le soleil. Les regards attristés ne rencontrent que des montagnes nues, des plaines arides et des gorges profondes, où de rares bouquets de verdure interrompent parfois la monotonie du paysage. Quelques bois de sapins, sombres oasis jetées dans le voisinage du littoral, sont, avec quelques touffes de buissons desséchés par les ardeurs de l'été, les seuls échantillons de végétation qu'offre cette espèce de Thébaïde.

C'est dans l'île de Cabrera que des milliers de Français, faits prisonniers par les Espagnols, en 1808, subirent une agonie de trois ans, et eurent à supporter les tourments les plus horribles. Cet épisode de nos guerres de la Péninsule est trop intéressant et se lie trop bien à notre sujet, pour que nous n'y consacrions pas quelques colonnes.

Après la honteuse capitulation de Baylen, les prisonniers, qui avaient été cruellement décimés dans les pontons de Cadix, furent envoyés dans l'île de Léon. Mais bientôt les autorités espagnoles trouvèrent leur position trop douce; et il fut décidé qu'on se délivrerait de ce voisinage importun, en leur donnant Cabrera pour prison.

Plus de cinq mille Français, déjà épuisés par l'affreux supplice du bagne espagnol, atteints du scorbut et de la dyssenterie, furent débarqués sur la plage dévorante de la plus petite des Baléares, sans vivres, sans secours d'aucune espèce, sans autres vêtements que ceux dont ces infortunés avaient conservé sur eux les lambeaux. Mais laissons parler l'auteur des *Aventures d'un marin de la garde impériale*[1], qui a peint des couleurs les plus vives les horreurs de son séjour à Cabrera:

« La faim ne devait pas être notre premier besoin; c'était d'abord la soif, comme à bord des pontons. Or, dans l'île, il n'existe qu'une seule fontaine dont l'eau soit douce, limpide, sans saveur et propre à la cuisson des légumes; mais elle est très-peu abondante et sujette à tarir. Chaque compagnie y envoya des hommes de corvée, afin de faire sa provision. On fut étonné de ne pas les voir revenir: c'est qu'en arrivant près de la fontaine, ils l'avaient trouvée assiégée par une foule haletante, et que, pour prendre leur rang à la queue qui s'était déjà établie, ils avaient été obligés de faire le coup de poing; peu s'en fallut qu'en cette occasion on ne s'entr'égorgeât. On n'entendait partout que gémissements et imprécations. Un filet d'eau *pour environ six mille hommes!* manquer d'eau sur un rocher nu, sous un ciel de feu! quel avenir!.... Force fut de préposer un gardien à cette fontaine pendant le jour; pendant la nuit, ce n'était qu'une perpétuelle procession d'hommes attendant, avec une constance inouïe, que leur tour de boire arrivât. Pour que cette disette fût moins affreuse, il aurait fallu ou que, par miracle, une seconde source jaillît de quelque autre coin de l'île, ou que cette énorme réunion d'infortunés fût réduite de moitié. Le miracle ne s'opéra pas; mais par l'effet de la barbarie des Espagnols, la réduction ne devait guère tarder à avoir lieu, et cela n'étonnera pas, après la série des vicissitudes par lesquelles avaient passé ces cinq mille hommes que l'on déportait maintenant

[1] M. Henri Ducor (2 vol. in-8°, publiés en 1833).

dans une solitude où l'on n'eût pas abandonné des forçats. N'oublions pas que la plupart étaient dans un état de nudité presque absolu, que les organisations les plus robustes avaient déjà été fortement ébranlées, et qu'à ce degré d'épuisement où il n'y a plus que le moral qui puisse suppléer au défaut de forces physiques, ils avaient perdu le dernier stimulant, l'espoir de revoir la patrie. Combien d'entre eux, à l'aspect sinistre des rochers de Cabrera, exprimèrent le regret que la mer ne les eût pas engloutis, elle dont la tourmente orageuse n'avait cessé de les menacer pendant trente-six jours qu'avait duré le trajet! »

Cependant les inquiétudes et les angoisses des prisonniers se calmèrent un instant : des barques parties de Majorque leur apportèrent des vivres; mais tout ce que la générosité espagnole avait pu faire, c'était de leur accorder vingt-quatre onces de mauvais pain et quelques poignées de fèves sèches pour quatre jours. Au bout de ce temps, les barques devaient revenir, apportant la même quantité de provisions, et elles revinrent en effet assez exactement.

La privation de nourriture n'était pas la seule que nos compatriotes eussent à endurer; on les avait jetés dans ce désert sans abris, et sans aucuns moyens de se construire des habitations. Dans les premiers temps, ils avaient élevé des huttes de feuillage, mais les grandes pluies avaient pénétré et détruit ces frêles demeures. Ce ne fut qu'avec des peines et après des efforts inouïs que les prisonniers parvinrent à se construire des cabanes plus solides, à l'aide de gros sapins, coupés dans un bois éloigné et transportés à force de bras et par une chaleur étouffante à travers des montagnes escarpées. Bientôt ces petites maisons furent infestées d'insectes incommodes et de rats. Mais ces derniers furent joyeusement accueillis; car ils furent dévorés avidement. Plus tard ce fut le tour des lézards verts et de tous les reptiles qui pullulaient dans cette île maudite. Les malheureux avaient bien pensé à la pêche; mais elle ne fut pour eux qu'une triste ressource, et ils furent réduits à attendre leur subsistance des barques qui revenaient périodiquement. Quand le mauvais temps occasionnait un retard dans l'arrivée des provisions, le désespoir s'emparait d'eux. Une foule affamée montait sur la plus haute montagne et dirigeait des yeux hagards vers le port de Palma, espérant voir poindre sur les flots la voile du navire qui portait leur vie de quatre jours. « Le 25 février 1809, dit l'auteur que nous avons cité plus haut, nous attendîmes vainement que la barque parût, et les jours suivants ne firent qu'empirer notre malheureuse situation. Elle devint affreuse. Ceux à qui il restait encore un peu de force, se traînaient sur les pieds et sur les mains jusqu'au sommet des rochers, pour tâcher de voir si quelque voile ne blanchissait pas à l'horizon. La journée se passait, et ils n'avaient rien aperçu. Bientôt le chemin qui menait au camp fut couvert de nos camarades qui y étaient tombés exténués de besoin. « Arrive-t-elle? » demandaient ceux qui pouvaient encore proférer quelques mots ; d'autres venaient de rendre le dernier soupir; beaucoup étaient en proie au plus profond abattement. Tout à coup, une espèce de frénésie s'empara de ceux qui étaient les moins faibles : ils étaient furieux, et dans la fermentation de leur cerveau, ils parlaient d'enlever à l'abordage les deux canonnières qui nous gardaient. C'eût été tenter l'impossible. Le délire ne fit que s'accroître; tous étaient agités d'une fièvre brûlante; il y en eut qui expirèrent dans des convulsions horribles; des symptômes de rage se manifestèrent chez plusieurs; la pierre, le bois, ils voulaient tout dévorer; on ne pouvait sans danger approcher d'eux pour les secourir. » La barque n'arriva que le Ier mars, après que cent cinquante prisonniers eurent succombé au supplice. Il est impossible d'imaginer une situation plus affreuse. Les Espagnols avaient judicieusement choisi le théâtre de leur vengeance!

Complétons ce tableau lamentable par un nouveau fragment emprunté à l'ouvrage de M. Ducor. « Le tourment le plus horrible, celui qui dominait toutes nos misères, c'était la soif. On ne savait comment se désaltérer; on roulait dans sa bouche de petites pierres ou des débris de coquillages, durant des heures entières; on mâchait une salive épaisse et rare, dont on cherchait à rafraîchir son palais brûlant. Il n'y avait que la natation qui tempérât pour un moment cette cuisante chaleur; mais, tout en nous baignant, la soif nous tuait....... Tant de privations que nous avions essuyées, le malaise présent, l'affreuse chaleur du jour, la fraîcheur des nuits, l'accablante uniformité d'une misère toujours la même, les souvenirs de la patrie et l'ignorance du temps qu'on devait passer dans ce triste asile, finirent par altérer les plus robustes tempéraments, et par enfanter mille maladies. Dès les premiers mois de notre arrivée, il s'était déclaré de nombreuses ophthalmies, occasionnées par la vivacité non interrompue de la lumière solaire; maintenant nous étions assaillis de nouveau par tous les fléaux qui avaient fait de si grands ravages à bord des pontons: c'étaient encore la dyssenterie, le scorbut, les fièvres gastriques, auxquels n'échappaient que ceux qui, ayant eu l'adresse ou le bonheur de sauver quelque argent, pouvaient se procurer auprès des marins espagnols un peu de vin et des végétaux frais. Les uns étaient emportés en peu d'heures : on ne les plaignait pas; d'autres se traînaient languissants jusqu'à ce que, dans une prostration complète, ils tombassent pour succomber. Bientôt on relevait des morts partout, dans les baraques, dans les lieux écartés, sur la côte, sur les montagnes et jusque dans le milieu du camp. La mortalité faisait de tels progrès, que notre aumônier crut, pour l'acquit de sa conscience, devoir en donner avis à la junte, qui mit à notre disposition quelques tentes. On les dressa au sud-ouest de l'île, à peu de distance de la fontaine d'eau douce et de l'endroit où se faisait la distribution des vivres. Ces tentes adossées à des rochers, et sous chacune desquelles on jetait quatre ou cinq malades, furent décorées du nom d'hôpital.

« A peine étaient-elles élevées que je tombai malade, comme pour en faire l'inauguration. On m'y porta les jambes traînantes, et je fus installé dans l'une de celles qui occupaient la hauteur sur la pente de leur emplacement. Notre sort était cruel dans cet hôpital; il fallait encore que les éléments vinssent l'aggraver. Les tentes n'étaient pas debout depuis trois jours, et elles regorgeaient des prisonniers qu'on y avait apportés, quand tout à coup, pendant la nuit, éclata le plus terrible des orages. Des torrents d'eau descendaient avec impétuosité des montagnes : c'était comme un déluge. Nous entendions un bruit; il grandissait autour de nous; il s'approchait : c'étaient d'énormes cascades, qui s'élançaient, qui bouillonnaient avec fracas, au milieu des déchaînements du vent qui sifflait et rugissait; la foudre grondait; il semblait que l'île tout entière fût sur le point de s'abîmer; que toutes les vagues de la mer dussent passer sur elle et la submerger. Enfin les ténèbres se dissipèrent et le calme revint.

« Étonné de ce silence, et plus encore de revoir la lumière, car il me semblait avoir été mille fois englouti, je fis en sorte de me traîner hors de ma tente. Elle était seule!... Seule elle avait été épargnée, grâce à l'épaulement qui la garantissait. Les nappes d'eau qui se précipitaient, qui avaient pris leur cours le long des rochers, avaient tout entraîné, tout balayé dans le choc de leur passage. Les tentes, les paillasses, les malades, tout avait été jeté au loin par la débâcle : c'était un spectacle à fendre le cœur. Pauvres infortunés, qu'on apercevait roulés dans le sable et dans la fange, au pied de la colline ou sur le penchant, ceux-ci morts, ceux-là expirants; quelques-uns gémissant encore et grelottants, car ils étaient trempés et transis; d'autres poussant des cris aigus, parce que dans ce violent trajet, ils s'étaient rompu quelque membre, déchiré les chairs contre quelque angle de rocher ou fait de douloureuses contusions! Mon premier mouvement fut de joindre les mains et de détourner la vue d'un tableau aussi affligeant. Mais la compassion ramena, malgré moi, mes yeux sur ce désastre. J'appelais mes camarades; je voulais les engager à voler avec moi au secours de nos frères. Hélas! je me soutenais à peine et je me faisais illusion sur leurs forces; plusieurs ne m'entendirent pas, tellement ils étaient abattus, absorbés; pas un d'eux ne réussit même à se mettre sur son séant.

« Dès que les tentes furent relevées, on y réintégra les malades qui en avaient été emportés par la tempête. Ce ne fut que le bien petit nombre que l'on parvint à rendre à la santé; les autres succombèrent assez promptement. Durant la première quinzaine, il mourut de douze à quinze individus par jour, et cela seulement dans l'hôpital; personne ne voulait se charger de les enterrer. Pour prévenir les dangers de l'infection, on brûlait les corps; mais il fallut renoncer à cette méthode; outre que ce spectacle était affreux, souvent la combustion n'était pas complète, et l'on retombait dans l'inconvénient des émanations putrides. On fut donc forcé de revenir à l'usage d'enterrer, et cette fois, chacun sentit qu'il était de l'intérêt de tous de se conformer à la nécessité. La difficulté du transport fit choisir pour la sépulture un endroit peu éloigné de l'hôpital; on l'appela la *vallée des Morts*; elle se remplit bientôt; mais les fosses, à raison de la nature du terrain, et surtout à cause du manque d'outils convenables pour le creuser, avaient peu de profondeur. Aussi par les fréquentes averses qui tombaient, était-on souvent obligé de recouvrir les cadavres. »

Les officiers ne cessaient de réclamer auprès des autorités de Majorque et de solliciter des secours que l'humanité la plus vulgaire ne pouvait refuser à ces malheureux. Leurs plaintes furent enfin écoutées, du moins en ce qui les concernait personnellement. Ils furent transportés à Palma. Le peuple de cette capitale voulut les massacrer; ils furent assiégés dans leur prison; heureusement le gouverneur leur ménagea les moyens de se sauver, et ils furent immédiatement renvoyés à Cabrera.

Au milieu de tant de tortures physiques, le caractère français ne se démentit pas. L'auteur de l'ouvrage cité rapporte un fait qui serait incroyable, si l'histoire ne nous fournissait pas des exemples aussi surprenants de la force des instincts nationaux. Les prisonniers établirent des cantines, des salles de spectacle et de bal et une loge maçonnique. Ce grotesque amas de huttes fut décoré du nom pompeux de *Palais Royal*. Il est impossible d'être plus de son pays.

La faim et le désœuvrement donnèrent lieu à un accident fort singulier et qui mérite d'être mentionné.

« A peu près à une demi-lieue au sud-est de Cabrera, existe une autre île, qui nous présentait l'aspect d'une touffe de bois incessamment battue par les ressauts et les bouillonnements tumultueux d'une vague écumante sur un fond de rochers à fleur d'eau. Nous ne pensions pas qu'il prît jamais à aucun de nous la fantaisie d'aller dans cet endroit. Cependant, un dragon nommé Coutant, homme déterminé s'il en fut, et des plus habiles nageurs, se mit en tête de faire le trajet. Il parvint dans l'île; et, après avoir forcé un épais fourré de broussailles, il reconnut qu'elle était pleine de gibier : l'hirondelle de mer et surtout le lapin s'y montraient à foison. Il en tua un grand nombre, seulement avec un bâton, et revint bientôt traînant à la remorque le produit de sa chasse posé sur une espèce de radeau en roseaux qu'il s'était attaché au corps.

« Coutant eut des imitateurs. Tout ce qu'il y avait de bons nageurs voulut à son tour descendre dans l'île. Les premiers à la visiter furent ceux d'entre nos malheureux camarades que nous appelions les *Tartares*, parce qu'ils mangeaient en vingt-quatre heures leurs rations de quatre jours, et que n'ayant point de camp spécial, ils rôdaient sans cesse, cherchant à assouvir leur faim. Plusieurs périrent dans le trajet; mais les plus entreprenants de cette troupe nomade, qui menait la vie du désert, n'en prirent pas moins l'habitude d'aller tendre des collets à l'îlot, que nous nommâmes *l'Ile-aux-lapins*. Souvent il leur arriva d'y être surpris par une grosse mer et d'y rester une semaine entière, sans autres vivres que le gibier cru qu'ils avaient pris. »

Nous terminerons ici nos citations et la peinture des souffrances de nos compatriotes à Cabrera. Sur huit mille Français déportés en deux fois dans cette île, quatre mille environ y trouvèrent une mort affreuse. Ceux qui survécurent ne furent échangés qu'à la fin de l'année 1811.

Nous nous sommes peut-être un peu

trop étendu sur ce sujet; mais nous avons pensé qu'on lirait avec intérêt le récit des douleurs dont ce rocher, tristement célèbre, a été le théâtre. La fibre nationale s'émeut toujours en présence de pareils tableaux; et d'ailleurs, cette lamentable histoire fait indissolublement partie des annales des îles Baléares.

Avant de quitter ce premier groupe d'îles et de passer aux Pityuses, n'oublions pas de mentionner Dragonera, îlot situé à la pointe ouest de Majorque, et qui a tout au plus trois quarts de lieue de longueur.

PITYUSES.

Le nom donné par les Grecs à ces îles indique leur aspect général; car πιτυς signifie *pin*, et πιτυοῦσα *abondante en pins*. On compte deux principales Pityuses : Iviça ou Hiça (en latin *Ebusus*) et Formentera, désignée par les Romains sous le nom de Pityusa minor. Ces deux îles, et celles de moindre importance qui les avoisinent, ont toujours suivi le sort des Baléares, et n'ont, par conséquent, pas d'histoire particulière. Leurs habitants, ceux d'Iviça surtout, ont la réputation d'être braves; et, bien qu'ils ne tiennent guère la mer que pour pêcher ou pour opérer des transports entre des points très-rapprochés, ils passent pour être excellents marins. Ce qui les distingue le plus de leurs voisins de Majorque et Minorque, c'est d'abord une espèce de patois auquel ils tiennent beaucoup, et dont ils se servent entre eux; en second lieu, la couleur particulière et l'étoffe du rebozillo adopté par leurs femmes. Cette coiffure est plus généralement jaune à Iviça; et on en voit beaucoup faits de gros drap du pays, au lieu de toile des Indes ou de mousseline.

L'île d'Iviça est située à vingt et une lieues de Majorque, à vingt-cinq lieues du cap Saint-Antoine, en Espagne, à quinze lieues de Minorque et à quarante-six lieues du cap Tenez, sur la côte d'Afrique; elle a tout au plus sept lieues de long sur quatre et demie de large, et présente un développement de vingt-deux lieues de côtes. Son sol, élevé au-dessus de la surface de la mer et accidenté par un grand nombre de petites montagnes, serait extrêmement fertile s'il était cultivé avec plus de soin et d'intelligence; toutefois, dans son état actuel, il donne d'assez belles récoltes en blé, huile et vin. Les pâturages y sont excellents, et le bétail y est nombreux et de bonne espèce. Le produit le plus important est le sel; on en recueille, dans un des quartiers de l'île, jusqu'à cent vingt-cinq mille kilog. C'est là, avec une petite quantité de laine, le seul article qui soit livré au commerce en dehors de la colonie, attendu que la sortie des grains, de l'huile et du fruit, est sévèrement prohibée. Le système de prohibition n'a été appliqué nulle part de façon à en faire mieux ressentir toute l'absurdité : en effet, tandis qu'à Iviça le laboureur ne sait que faire de son grain, l'habitant des îles voisines est obligé d'en aller acheter en Afrique à un prix élevé; il en résulte perte d'argent pour l'agriculteur d'Iviça, pour le Majorquin et le Minorquin, et en définitive, perte bien plus grande encore pour le trésor espagnol.

L'île est divisée en cinq *quartones* ou quartiers qui sont : la Plaine de la ville, Sainte-Eulalie, Balanzar, Pormany et les Salines. Il n'y a qu'une ville et trois ports, dont un, celui de San-Michela, dans le quartone de Balanzar, ne reçoit que de très-petits bâtiments. La capitale, Iviça, est bâtie, comme Alcudia, sur une hauteur en face de la mer. Elle est le siège du gouvernement de l'île et d'un évêché. Sa population, y compris celle de l'Oravalle, bourg qui en dépend, peut être évaluée à environ quatre mille âmes.

Son port, situé au sud-est, pourrait, quoique mal entretenu, contenir une escadre assez nombreuse. Il est abrité de tous les côtés, excepté de celui du nord-est. Les Anglais s'en emparèrent en 1706; mais il a été rendu à l'Espagne.

La ville n'offre rien de remarquable. Nous citerons cependant, pour la singularité de ses revenus, l'église Saint-Elme, située dans le faubourg. Les matelots qui entrent dans le port doivent au chapitre le quart du profit de leurs courses. On voit que le clergé d'Iviça n'entend pas raillerie sur la dîme. La fondation d'Iviça est attribuée par quelques écrivains aux Phéniciens et remonterait à 663 ans avant J. C., tandis que d'autres ne vont pas au delà des Carthaginois. Ces deux opinions s'appuient également sur le nom d'Ebusas ou d'Ebusus qui fut, suivant eux, donné à la ville par les deux peuples en question. Quoi qu'il en soit, après avoir appartenu aux Carthaginois, aux Romains et aux Maures, elle tomba au pouvoir de l'archevêque de Tarragone, qui, sous le nom de don Jayme Ier d'Aragon, en fit la conquête et l'ajouta à son diocèse.

Quartone de la Plaine de la ville. Ce district, qui contient une population d'environ neuf cents âmes, répartie dans plusieurs petits hameaux disséminés sur une étendue d'une lieue et demie, fournit une centaine d'hommes pour la milice chargée de la sûreté du pays.

Quartone de Sainte-Eulalie. Situé entre ceux d'Ivica et de Balanzar, ce quartier, divisé en deux paroisses, Saint-Jean et Sainte-Eulalie, occupe un territoire de quatre lieues, et compte quatre mille habitants qui ne sont pas réunis dans des villages et fournissent sept cents miliciens.

Quartone de Balanzar. Il confine aux trois précédents, a trois lieues d'étendue, contient une population de deux mille âmes et fournit trois cents hommes pour la milice. A une petite distance, on trouve l'anse qui lui a donné son nom ; et, au fond de la baie, à l'embouchure de deux ruisseaux, le port de San-Michela, dont nous avons parlé.

Quartone de Pormany. Il touche à ceux de Balanzar, des Salines et d'Iviça. Il a quatre lieues de long et environ deux mille habitants qui fournissent un contingent de cent cinquante hommes. Le sol est généralement montueux ; mais on y trouve une plaine très-fertile. Au nord-ouest d'Iviça est Porto-Magno ou Pormany, ou encore port Saint-Antoine. Les petites îles Cunilleras, placées devant son entrée, en rendent l'accès difficile en tout temps ; mais, pendant la mauvaise saison, il ne peut recevoir que des bâtiments de très-faible tonnage.

Quartone de las Salinas. Renfermé entre les districts de Pormany et d'Iviça, il n'a que deux lieues d'étendue et une population de neuf cents âmes. C'est dans ce quartier, comme l'indique son nom, que se fait la récolte du sel marin, principal objet de commerce pour les habitants.

La seconde des Pityuses, l'île Fomentera, est au sud de celle d'Iviça, à une lieue un quart du cap Falco. Elle a trois lieues de long de l'est à l'ouest, et sa largeur varie de deux lieues à un quart de lieue. Sa population est de douze cents individus. Elle fournit du bois et de la pierre, et l'on y trouve plusieurs puits d'eau douce et potable. Quelques géographes ont confondu cette île avec celle d'Ophiusa, que les Romains nommèrent Colubraria, et qui, située sur les côtes du royaume de Valence, porte aujourd'hui le nom de Moncalobrer. L'opinion qui attribue la formation de cette île à quelque révolution qui l'aurait détachée d'Iviça, dont le sol a beaucoup de rapport avec le sien, nous paraît mieux fondée.

On remarque à Fomentera quelques ruines qui ont fait conjecturer que les Romains y avaient établi une colonie.

Une foule d'îlots se pressent autour des deux grandes Pityuses. Quelques-uns sont assez grands pour qu'on s'en serve comme de lieux de pâturage, mais aucun n'est habité. Nous nous bornerons à indiquer le nom et la position des principaux.

A l'ouest s'élèvent les trois Conejeras, dont la plus grande a une demi-lieue de long ; les deux autres sont la Bosqua, plus petite de moitié, et l'Esparta, qui tient, sous ce rapport, le milieu entre les deux autres.

Près du port d'Iviça, on trouve trois îlots appelés les *Portes d'Iviça :* les deux premiers sont plus particulièrement désignés sous le nom d'*îlots Noirs*, et le dernier sous celui d'Esponja. Au delà est Grossa ; à l'est Santa-Eulalia et *Arabi* ; plus loin l'îlot de Tacomago, et enfin les Margueritas, non loin du Pic-Nono, qui, sous la forme d'un cône hardi, s'élève sur les flots, tout fier de sa vigoureuse végétation.

FIN DES ILES BALÉARES.

ILE
DE SARDAIGNE,

PAR

M. LE CHEVALIER G. DE-GRÉGORY,

PRÉSIDENT HONORAIRE DE LA COUR ROYALE D'AIX EN PROVENCE, MEMBRE DES ACADÉMIES
D'ARCHÉOLOGIE DE ROME, DE TREJA, DES SCIENCES DE TURIN, DE CHAMBÉRY, DES
SOCIÉTÉS D'AGRICULTURE DE ROME, PARIS ET TURIN, ETC.

PARIS,
FIRMIN DIDOT FRÈRES, ÉDITEURS,
IMPRIMEURS-LIBRAIRES DE L'INSTITUT DE FRANCE,
RUE JACOB, N° 56.

M DCCC XXXIX.

TYPOGRAPHIE DE FIRMIN DIDOT FRÈRES,
RUE JACOB, N° 56.

L'UNIVERS,

OU

HISTOIRE ET DESCRIPTION

DE TOUS LES PEUPLES,

DE LEURS RELIGIONS, MOEURS, INDUSTRIE, COSTUMES, ETC.

SARDAIGNE,

Par M. le chevalier G. DE-GRÉGORY,

PRÉSIDENT HONORAIRE DE LA COUR ROYALE D'AIX EN PROVENCE, MEMBRE DES ACADÉMIES D'ARCHÉOLOGIE DE ROME, DE TREJA, DES SCIENCES DE TURIN, DE CHAMBÉRY, DES SOCIÉTÉS D'AGRICULTURE DE ROME, PARIS ET TURIN, ETC.

§ I.

Description topographique de l'île, population et mœurs sardes.

L'ILE de Sardaigne, quoique placée si près de la France et de l'Italie, est cependant très-peu connue; sa description pittoresque est donc utile, je dirai plus, nécessaire. Le premier qui, de nos jours, ait décrit cette île fertile et remarquable par sa civilisation, comme par la fierté des mœurs de ses habitants, fut le président Azuni, notre collègue, en 1810, au corps législatif; après lui vinrent le chevalier Mimaut, consul de France, et le baron Manno, directeur des affaires de sa nation, à Turin, et dernièrement, en 1826, le chevalier Albert Ferrero de la Marmora d'une famille vercellaise, qui depuis le douzième siècle (*) fut illustre dans les sciences et les arts. C'est dans les ouvrages de ces savants distingués que nous avons puisé notre description; car les histoires anciennement rédigées par Carillo, Vico, Fara, Vitalis, Mattei, Gazano, et Cambiagi, sont remplies de traditions fabuleuses sur l'origine des Sardes et sur les premiers temps de leur civilisation. Nous allons entreprendre notre tâche, en suivant la méthode de ceux qui nous ont précédé dans la publication de cette Revue de l'Univers, où le pittoresque orne et embellit la sévérité de l'histoire, et qui est déjà si répandue dans les deux hémisphères; nous nous efforcerons de répondre aux désirs de ses nombreux lecteurs.

L'île de Sardaigne est placée à cinquante-huit lieues de distance des côtes d'Afrique, au milieu de la Méditerranée, entre le 38e et le 42e degré de latitude, depuis le cap Teulada jusqu'à l'île de la Madeleine, entre le 5e et le 7e degré de longitude, depuis le cap Comino jusqu'au cap Caccia. Elle a une étendue de 145 milles géographiques; sa largeur est de 78 milles, et sa superficie de 999 milles carrés, y compris les îlots adjacents. La Sardaigne jouit généralement du climat tempéré qui est la condition de sa position géographique; et la partie septentrionale de l'île rappelle même celui

(*) Voyez *Storia della Vercellese letteratura ed arti*, t. IV, que nous avons publiée en 1824. Turin, avec 40 portraits.

des plus belles contrées de l'Italie. Les pluies sont rares; ensuite l'inconstance de son climat est un grand inconvénient pour la santé des habitants.

Les vallées sont arrosées par deux grandes rivières : le Tyrso, qui prend sa source à Monte-Acuto, et va se jeter dans les marais d'Oristano; et la rivière de Flumendosa, qui descend des montagnes de Genargento pour tomber près de Muravera (voy. la carte, planche 1) dans la Méditerranée : ce fleuve est plus impétueux que le Tyrso; il traverse souvent d'étroits précipices, et, dans le temps de ses débordements, il cause des dommages aux campagnes limitrophes.

Nous avons reproduit la carte géographique du chevalier Carbonazzi, élève de l'Ecole polytechnique en 1809, aujourd'hui inspecteur du génie civil à Turin. C'est lui qui a construit la route royale qui conduit du cap Cagliari au cap Sassari. Cette route commencée d'après l'ordre de l'excellent roi Charles-Félix de Savoie, dernier rejeton de la branche aînée de la plus illustre, de la plus ancienne dynastie des souverains d'Italie, fut terminée par ordre du roi Charles-Albert de Savoie-Carignan, appelé au trône de ses aïeux en vertu de la loi salique, lequel, par de sages édits, vient de donner à la Sardaigne une organisation judiciaire et administrative qui contribuera à l'accroissement de ses richesses et de sa population.

L'île est protégée par des tours placées de distance en distance pour défendre les habitants des côtes contre les incursions des barbaresques; mais cette défense est inutile maintenant que le roi de France a détruit la puissance d'Alger, et le sera pour toujours, si les Français persistent dans la grande idée d'une colonisation si utile pour y attirer la population européenne, devenue surabondante depuis vingt-quatre ans de paix non interrompue. La position de la Sardaigne au midi de l'île de Corse favorise les relations commerciales, et lorsque le grand projet de réunir la mer Rouge à la Méditerranée par l'isthme de Suez sera accompli, moyennant un canal ou un chemin de fer, alors la Sardaigne, découpée par un nombre considérable de golfes presque tous à l'abri des vents du nord (*), deviendra par sa position l'échelle la plus commode pour le commerce de toutes les nations.

On a cru bon d'ajouter sur la carte, en les indiquant par le signe ✠, les golfes et les ports les plus fréquentés par les bâtiments commerçants, et qui servent d'abris aux nombreuses flottes des différentes puissances. Nous noterons ici que le golfe de Cagliari, qui se trouve au midi de la ville, où il forme un demi-cercle de 35 milles, est reconnu pour un des plus vastes et des plus sûrs de l'Europe, à cause des trois côtes dont il est environné et du banc de sable qui ferme les deux tiers de son entrée, de sorte que plusieurs flottes en même temps peuvent s'y mettre à l'abri et hiverner en toute sûreté. C'est là que l'empereur Charles-Quint, à l'époque de sa célèbre expédition de Tunis et de la Goulette, ordonna la réunion des flottes espagnole, portugaise et napolitaine, avec les galères de Gênes, de Rome, de Malte et de Venise, et que toutes ensemble séjournèrent en sûreté fort longtemps (voyez planche 1).

L'île est partagée en deux parties, l'une au midi, *Capo Cagliari*, l'autre au nord, *Capo Sassari*, et séparée de la Corse par le détroit de *Saint-Bonifacio*. Le pays n'est pas hérissé de grandes et hautes montagnes qui s'abaissent vers la mer, et la nature ne l'a pas envahi dans ses soulèvements, d'après le système de M. Élie de Beaumont; mais son climat tempéré est malsain au midi, et bon au nord, si l'on excepte les marécages d'Oristano, dont on espère l'assainissement par le moyen d'un *emissarium*, tel que celui que le

---

(*) Pausanias, liv. x, Phocide, chap. 18, dit que la Corse empêche par ses hautes montagnes l'arrivée des vents du nord en Sardaigne, ce qui, à notre avis, rend l'air malsain; mais, d'autre part, la Corse empêche aussi que la grêle ne puisse se former, et ne tombe en neige sur les récoltes.

CAMPAGNE

Idole en bronze.

pape Pie VI a pratiqué pour les marais Pontins.

Le cap méridional, découvert, aride, pauvre de végétation, est dévoré par l'ardeur du soleil. C'est là que les maladies mortelles, dites de *l'intempérie*, les fièvres pernicieuses et putrides, emportent les malades dans les vingt-quatre heures, comme il arrive très-souvent à Rome, dans ses campagnes, et dans les terres marécageuses de la Toscane, depuis le mois de juillet jusqu'au mois de novembre de chaque année. Ainsi, d'après l'historien géographe *Pomponius Mela*, on peut dire avec raison qu'en Sardaigne la terre vaut mieux que l'air sarde ; c'est ce que le Dante, au chapitre XXIX de l'Enfer, nous atteste :

Qual dolor fora, se degli spedali
Di Valdichiana tra 'l luglio e 'l settembre,
E di Maremma e di Sardigna i mali
Fossero in una fossa tutti insembre ;
Tal' era quivi e tal puzzo n'usciva,
Qual suol venir dalle marcite membre.

Ces maladies sont produites par les exhalaisons marécageuses tout à fait analogues à celles des marais Pontins, et plus encore par des vents froids qui soufflent inopinément dans la nuit, au milieu des grandes chaleurs, détruisent les tempéraments les plus forts et terrassent l'homme le plus robuste ; car ces exhalaisons pestilentielles enveloppent l'atmosphère et agissent sur l'économie, de la même manière que dans les pays des rizières, lorsque la police rurale, par défaut de surveillance, ne s'oppose pas à la stagnation des eaux sur les champs (*). Les capitanats d'Oristano et de Cagliari sont les plus infectés ; et, pour purifier l'air, on y fait des feux considérables ; on brûle dans les champs toutes les mauvaises herbes : précautions qui sont d'une grande utilité dans les pays sujets à des contagions

(*) Voyez le livre : *Solution du problème économico-politique concernant la conservation ou la suppression de la culture du riz en Lombardie, avec l'indication des moyens propres à former des rizières, sans porter atteinte à la salubrité publique*, par le chev. De-Gregory, vol. in-8. Turin et Paris, 1818.

Le cap septentrional est suffisamment arrosé ; il compte un assez grand nombre de rivières et de ruisseaux d'eaux vives, qui descendent des montagnes et de ses collines boisées, lesquelles fournissent en abondance un combustible excellent à la ville et à la partie de la côte d'Italie appelée *la rivière* de Gênes.

Une importante question de géologie se présente ici : celle de savoir si la Sardaigne était anciennement contiguë à la Corse. Nous n'entrerons pas dans l'exposé des opinions émises par les savants, qui croient avec fondement que l'espace occupé aujourd'hui par la Méditerranée ne formait dans les premiers âges du monde qu'un seul continent, qui fut violemment disjoint par les irruptions de l'Océan entre les colonnes d'Hercule, comme plus anciennement encore arriva la séparation de l'Amérique et de l'Asie au détroit de Behring ; nous dirons seulement avec Buffon, Cetti et Besson, que, d'après l'aspect des lieux, la nature des terrains et la correspondance des montagnes, il est très-probable que les deux îles étaient unies par le détroit de Saint-Bonifacio.

Nous ajouterons ici que le célèbre géologue l'abbé Giovene de Molfetta avait reconnu en 1807, que dans la mer Adriatique il existe des bancs de tuf fluvial, ce qui l'amena à conjecturer avec les savants Thompson et Patrini, que ce golfe n'existait pas dans l'origine, et qu'il fut formé par une révolution terrestre. Aussi le chevalier Ferrero, dans ses observations, a-t-il reconnu que la chaîne centrale des montagnes qui traversent la Sardaigne comme un véritable noyau primitif, se trouve dans la même direction que la chaîne centrale des montagnes de la Corse, ce qui confirme de plus en plus l'ancienne unité des deux îles.

La population de la Sardaigne, au temps des Romains, pouvait monter à deux millions d'âmes ; et Polybe atteste que cette île était très-peuplée. Sous la domination espagnole, elle ne comptait plus que trois cent vingt-sept mille habitants ; et elle doit au duc de

Savoie, nommé roi de Sardaigne en 1720, d'avoir porté à cinq cent mille, sa population, qui est cependant aujourd'hui diminuée par les émigrations commerciales; car le pavillon sarde sillonne toutes les mers, et donne la prospérité à beaucoup de côtes maritimes.

Si les nations ont plus ou moins conservé leurs mœurs, leurs habitudes, leur caractère primitif, en raison de leur isolement des hordes du Nord qui ont inondé le midi de l'Europe, notamment l'Italie, et croisé les races par leurs mariages, à cet égard, les Sardes, d'un caractère fier, courageux et sobres, ont peu souffert de l'invasion des Vandales, des Goths et des Sarrasins; ils ont conservé dans leurs vêtements, dans leurs habitudes, des souvenirs de la domination romaine ou de la fierté carthaginoise, au point d'être considérés, les uns comme Africains et les autres comme Italiens, ce peuple ayant appartenu à différents gouvernements dont nous donnerons l'histoire et les mœurs diverses.

Le peuple sarde, par la singularité de ses mœurs, par son indépendance d'esprit, par la haute opinion de soi-même, par son hospitalité généreuse et cordiale, forme à lui seul une nation distincte qui fait partie de la grande famille européenne, dont l'existence sociale se confond dans les nuages des premiers âges du monde. Il fut autrefois célèbre, et à travers le cours des siècles il a conservé, et il conserve encore la trace vivante de son âge antique et originel, si l'on en croit les traditions historiques les plus reculées. Lorsque Cicéron, dans son oraison en faveur d'Émilius Scaurus, citoyen romain qui, en l'an 700 de Rome, avait été justement accusé de concussion et de rapine durant son proconsulat de la Sardaigne, accuse les Sardes d'être menteurs, d'être descendants des Phéniciens toujours rebelles, toujours turbulents, et comme les Africains, toujours ennemis des Romains (voyez Peyron, *Fragmenta Ciceronis*), l'orateur éloquent a fait comme tous les avocats, il a jeté sur les plaignants toute la défaveur; mais il faut dire ici que les Romains qui traitèrent constamment les Sardes en peuple conquis, et firent de la Sardaigne un lieu d'exil et de détention pour les condamnés, y transportèrent les mœurs des criminels de toute l'Italie.

Nous présentons la Sardaigne comme une toile peinte à grands traits, qui doit contenir le clair et l'obscur des vicissitudes d'un peuple, dont l'origine se perd dans le chaos des temps fabuleux, semblable en cela aux premiers habitants de l'Italie, nonobstant les recherches du savant Micali. Ce fut lorsque l'horizon historique s'éclaircit par la civilisation des peuples des côtes de la Méditerranée que les Sardes devinrent l'objet de la conquête des Carthaginois et des Romains, à mesure que la rivalité des deux grandes nations prenait de la consistance et que la victoire les favorisait tour à tour.

§ II.
Origine des anciens peuples sardes. Temps fabuleux et historiques.

C'est le propre de tous les peuples, comme des familles, d'ambitionner une origine directe, de la plus haute antiquité : aussi, quelques auteurs donnent aux Sardes une origine phénicienne, sur la seule considération que ce peuple était navigateur; d'autres, une origine étrusque, parce que les Tyrrhéniens, conduits dans cette île par Phorcus, donnèrent à ses naturels le nom de Sandaliotes, nom tiré de la configuration topographique de l'île même, qui représente une *sandale* plutôt que la plante d'un pied (*), comme l'Italie a la forme d'une botte de cavalier, et la Belgique celle d'un lion, d'où est venu le nom de *Leo Belgicus* (**).

A l'entrée des montagnes, entre les villages de Laconi et de Serri, on

---

(*) Pline, liv. III, chap. 8, dit : *Sardiniam ipsam Timæus Sandaliotin appellavit ab effigie soleæ.*

(**) Voyez *Cæsii Leo Belgicus*, 1660, *apud Elzevirios*, livre qui fait partie des quatre-vingt-cinq volumes des républiques.

voit une construction singulière, qu'une vieille tradition du pays fait appartenir à un temps fabuleux, et qu'on appelle le palais de Méduse, fille du roi Phorcus, chef de la colonie étrusque qui dut occuper la Sardaigne dix-sept siècles avant l'ère vulgaire. C'est une espèce de château taillé dans le roc avec assez d'art, inaccessible par derrière, lisse et poli sur le devant, qui n'a qu'une seule fenêtre vers son sommet avec un anneau de cuivre attaché à la muraille : on ne peut le voir qu'à l'extérieur, attendu que les éboulements de terre en empêchent l'entrée. Des archéologues attribuent au moyen âge cette construction très-curieuse.

Un historien moins romantique, Sylvius Italicus, fait dériver le nom de Sardaigne de *Sardus*, chef de Libyens, qui vint donner des lois aux naturels de cette île fertile, et leur imposa son propre nom que, par reconnaissance, ils ont conservé jusqu'à nos jours. C'est au cap dit de la *Frasca* que se trouvait, si on en croit le géographe Ptolémée, le tombeau élevé par les habitants à la mémoire de leur législateur, *Sardus Pater*, qu'on honora longtemps sous le nom d'Hercule.

On ne saurait préciser l'époque de la descente que fit dans le midi de la Sardaigne, au dire de l'historien Pausanias, un Ibérien nommé Norax, prétendu fondateur de la ville ruinée de Nora, ville qui occupait la partie méridionale de l'île sur le territoire de Saint-Effisio, tout près du village de Pula, à sept lieues de Cagliari. Son identité, dit le chevalier Ferrero, est aujourd'hui reconnue par des inscriptions nouvellement découvertes. C'est dans cette région que l'on voit bien distinctement les restes d'un ancien aqueduc romain superposé à une *noraghe*, qui en cet endroit tient lieu de pilier. Aristote, dans son livre *de Mirabilibus*, avait parlé des héros qui dorment dans la Sardaigne, ajoutant qu'on voyait là, aux temps de Jolas, neveu d'Hercule, des constructions très-anciennes.

Les noraghes, dit Manno, sont de célèbres tombeaux énigmatiques des chefs des tribus, et des pyramides bizarres, que l'on compte au nombre de plus de trois mille en parcourant l'île sarde, car le seul territoire de Nulvi, près du village de Sorso, en contient cent et plus. Nous observerons à ce propos que l'Amérique (notamment le Mexique et le Pérou) est couverte de noraghes qu'on assure être composées de pierres, très-semblables par leurs dimensions à celles de la Sardaigne. Ces monuments éternels, à cause des énormes masses de pierres enchevêtrées les unes avec les autres, s'élèvent en cônes solides par des bâtisses à sec (voy. *pl.* 2), et leur architecture originale prouve l'enfance de l'art de bâtir; elle remonte à la plus haute antiquité. La noraghe dite de l'*Argentiera* est garnie de pierres blanches qui lui donnent la forme d'une grosse tour sépulcrale ; celle de *Santo Santino*, si magnifique, est une des plus curieuses et la mieux conservée. Nous sommes redevable à M. Crivellari, qui a parcouru toute l'île, du dessin de la planche que nous publions; il nous a dit être descendu avec beaucoup de peine dans plusieurs de ces monuments qui sont presque inhabitables, et ne servent que de refuge aux bergers. On regrette ici que le célèbre antiquaire M. Petit-Radel, de l'académie des inscriptions, ait cru pouvoir assimiler ces bâtisses aux murs de Ferentino et de Fondi, les premiers décrits et publiés par madame Dionigi, Romaine, les autres visités par nous-même, en 1814, attendu que ces derniers sont composés de masses bien plus énormes, de trapèzes liés entre eux. Dans les temps antiques on croyait plus solide cette manière de bâtir, et les hommes employés à transporter de si gros blocs de pierre, désignés sous le nom de Cyclopes, firent donner à ces constructions le nom de murs cyclopéens.

Ces tombeaux, appelés par les Sardes *nuraghes* ou *noraghes*, ont jusqu'à cinquante pieds de hauteur dans leur état de construction et quatre-vingt-dix pieds de diamètre; ils se terminent en cône surbaissé et sont en général construits en pierres calcaires, mais quelques-uns en granit mal taillé et sans aucun ciment. La porte d'entrée est formée par une architrave plate; elle est aussi très-étroite et basse comme celle du tombeau de Cyrus décrite par Arrien. En examinant l'intérieur de ces monuments, on y voit des niches ou *columbaria*, comme dans les plus anciens tombeaux de Rome, ce qui prouve jusqu'à l'évidence que ces édifices ont servi de sépultures, cependant avec quelque différence, car les *columbaria* romains contenaient seulement les urnes cinéraires, tandis que les noraghes étaient construites pour recevoir les corps humains tout entiers, ce qui est en rapport avec les mythologies égyptienne et chinoise. La croyance religieuse débitait et débite encore à la Chine que l'âme ne se sépare point du corps avant son entière consomption, lorsqu'il a été conservé dans la tombe. On a trouvé dans quelques noraghes des crânes humains, probablement de personnes qui y furent ensevelies dans des temps modernes. L'origine de ces tombeaux est, avec quelque raison, attribuée à l'Ibérien Norax, chef d'une colonie, et nous croyons qu'il a été enterré dans un mausolée de forme cylindrique, et que ces tombeaux prirent de là en Sardaigne la dénomination de *noraghes*, car, dans l'île de Minorque, il existe des monuments tout à fait semblables auxquels on donne un autre nom. D'autres ont supposé que les noraghes avaient été anciennement construites par les pâtres du pays pour se mettre à l'abri des injures du temps; mais on observe que ces monuments sont presque tous auprès des villes, et construits non pas dans le voisinage des rochers, mais dans des lieux où il n'existe pas de pierres de cette forte dimension.

Laissant de côté toutes les traditions incertaines, l'histoire parle de l'arrivée en Sardaigne de ces malheureux Grecs, expulsés de Troie vers l'an 1184 avant l'ère chrétienne. Montesquieu nous apprend d'après Aristote que le grand Aristide avait donné à cette colonie grecque les principes de l'agriculture; que les Carthaginois, très-entreprenants, lorsqu'ils furent assez forts pour tenter des conquêtes, occupèrent la partie méridionale de la Sardaigne, et fondèrent la ville de *Kalaris*, Cagliari (*), ville importante, séparée de l'Afrique par une espèce de grand canal que traversent sans cesse les navires commerçants.

Les Carthaginois prirent possession de toute la Sardaigne vers l'an 528 avant J. C., et y restèrent pendant trois siècles, sans pouvoir consolider leurs conquêtes autrement que par des actes de barbarie, tels que de faire abattre les vignes, les arbres fruitiers, et d'obliger les malheureux habitants à se réfugier dans des cavités creusées au milieu des rochers.

La première expédition faite par les Carthaginois en Sardaigne fut sous la conduite de *Machcos*, auquel les Sardes, aidés par les Corses, opposèrent une ferme résistance, et qu'ils obligèrent de retourner à Carthage avec les débris de ses troupes.

Quelque temps après, le gouvernement de Carthage voulut tenter une nouvelle expédition contre l'île de Sardaigne, sous les ordres du général Asdrubal; celui-ci fut non-seulement battu sur terre et sur mer, mais encore blessé assez grièvement dans une bataille.

L'historien Cambiagi donne les détails d'une expédition vigoureuse opérée sous la direction du même Asdrubal, avec des soldats que les Carthaginois prirent dans l'Espagne, déjà tombée sous leur domination. L'île fut attaquée sur plusieurs points au moment où les Sardes ne s'attendaient pas à de telles hostilités: le carnage fut épouvantable; les uns plièrent sous le joug du sénat de Carthage, et les autres se sauvèrent dans les montagnes, où ils menèrent une vie nomade, ne vivant que de lait et de la chair de leurs troupeaux, n'ayant pour s'habiller que les peaux de leurs brebis. Ce sont ces montagnards qui, toujours persécutés, sont cependant indiqués dans les anciennes his-

(*) *Claudien de bello Gildonico.*

toires comme des peuples pasteurs, ne vivant que de pillage et de la moisson des cultivateurs de la plaine.

L'historien Azuni atteste qu'en outre on défendit aux Sardes toute sorte de commerce avec les étrangers, et qu'on faisait noyer ceux qui venaient dans l'île pour trafiquer avec les gens du pays; attestation appuyée par l'autorité d'Aristote, de Polybe et de Strabon.

L'aveuglement cruel de la politique carthaginoise appela les Romains à recueillir les fruits d'une stupide férocité; ils tendirent la main aux opprimés. Maîtresse de la Sicile par la victoire remportée sur Hiéron, tyran de Syracuse, la république tourna ses vues vers la Sardaigne, qui se trouvait en état d'insurrection permanente contre ses oppresseurs, et elle décréta la guerre aux Carthaginois.

Alors les Romains vainqueurs ordonnèrent au consul Lucius Cornelius Scipio de faire la conquête des îles de Corse et de Sardaigne en l'an 494 de Rome, et une paix provisoire fut conclue avec leurs rivaux, les Carthaginois, qui payèrent deux mille deux cents talents de contribution (onze millions de francs).

Les Romains, maîtres du littoral et de la ville de Cagliari, ne purent pendant longtemps, comme les Carthaginois, soumettre les peuplades indépendantes des montagnes, peuplades entremêlées de réfugiés troyens, étrusques et d'autres bannis. Les mêmes Carthaginois, pour se venger, excitèrent, vers différentes époques, à la révolte ceux qui, parmi ces Sardes rebelles et toujours jaloux de leur indépendance, avaient été vaincus par les Romains.

La première révolte éclata vers l'an 235 avant l'ère vulgaire. T. Manlius Torquatus, ayant battu les insulaires, retourna bientôt à Rome pour obtenir les honneurs du triomphe.

Deux ans après, les Sardes, à l'exemple des Corses, se soulevèrent de nouveau; mais le sénat envoya contre eux Pomponius Matho, qui triompha sans cependant les dompter, car, l'année suivante, ils reprirent les armes. Le pays fut pacifié ensuite par ce consul, qui, en l'an 231, publia, d'après l'ordre de la république, la réunion de la Sardaigne aux provinces romaines.

La révolte du prince sarde Harsicoras, chef d'un petit État dans les montagnes, fut excitée par les Carthaginois, sous la direction d'Asdrubal Calvus: ils ravagèrent les terres de tous ceux qui n'étaient pas leurs partisans. Le sénat expédia de nouveau Torquatus: celui-ci, arrivé dans l'île, plaça son camp en face de celui du prince rebelle, qui s'occupait dans les montagnes à faire des levées de soldats. Son fils Hiostus, jeune, courageux, attaqua les Romains, mais il fut battu, et se retira avec ses soldats en désordre. Une affaire générale eut ensuite lieu après la jonction des Carthaginois; les deux armées se battirent avec acharnement; Hiostus fut tué et le père se donna la mort.

Manlius Torquatus, victorieux, poursuivit les débris des vaincus, soumit les villes entraînées à la révolte, imposa des contributions, et détruisit la ville de Cornus, résidence du prince rebelle.

La sévérité du général romain assura la tranquillité et la paix dans l'île pendant de longues années; mais les exactions et les concussions des préteurs firent enfin éclater une révolte générale; le sénat expédia alors Titus Sempronius Gracchus, lequel, comme on lit dans Tite-Live au liv. XLI, chap. XVII et XXVIII, après deux campagnes et plusieurs batailles, fut victorieux, soumit à l'obéissance toutes les tribus sardes qui s'étaient révoltées, et leur imposa une contribution en argent et en denrées. Après la pacification de cette province, Gracchus envoya à Rome deux cent trente otages pour annoncer au sénat cette heureuse nouvelle, obtenir pour lui les honneurs du triomphe, et solliciter la permission de revenir avec son armée. Le sénat, après avoir entendu la députation sarde dans le temple d'Apollon, accorda cette double demande; il ordonna que quarante des plus fiers ennemis fussent sacrifiés, et que Sempronius restât dans l'île avec son armée pendant l'année entière (*).

Rome demeura enfin triomphante des Carthaginois, et, après la destruction de Carthage, la destinée de la Sardaigne fut fixée : elle forma une partie intégrante de cette grande nation, à l'exception toutefois des peuplades montagnardes, qui furent appelées *Balari* ou *Barbari*. On envoya en Sardaigne plusieurs préteurs, dont le plus probe fut Cato Marcus Porcius dit le Sévère, l'ami du poëte Q. Ennius, Calabrois établi dans cette île, et que Caton conduisit à Rome avec lui vers l'an 170 avant l'ère chrétienne. Le sénat, pour opérer une fusion complete, éleva au rang de cités romaines les villes principales de Kalaris, Sulcis, Neapolis, Rosa, Nora, Olbia, Forum Trajani. Pour tenir en respect les nouveaux citoyens, deux colonies romaines furent fondées, l'une à Usellis, l'autre à Turris, et par l'amalgame politique des deux peuples on obtint la paix des familles.

Les destructions du temps, et plus encore les dégradations opérées par la main de l'homme, ont renversé les précieux édifices de l'antiquité dans l'île de Sardaigne ; cependant, on remarque encore aujourdhui à Cagliari les restes d'un ample amphithéâtre, et à Nora de vastes aqueducs ruinés, ce qui prouve que les Romains ne portèrent pas à ce pays moins d'intérêt qu'à tous ceux de leur domination,

(*) Ce que Tite-Live raconte au chapitre XXVIII, doit se rapporter, à notre avis, non à une nouvelle rébellion des Sardes, comme quelques historiens ont pensé, mais au triomphe qui fut accordé à Gracchus précédemment, parce qu'il avait en différentes batailles tué ou fait prisonniers plus de quatre-vingt mille rebelles. Pour concilier les faits des deux chapitres, il faut observer que Tite-Live, au chapitre XXXI, dit que M. Aurèle, préteur, fut, après Gracchus, envoyé en Sardaigne avec une légion nouvelle ; en conséquence, l'inscription placée dans le temple, et transcrite au chapitre XXXVIII, doit être attribuée au triomphe décrété par le sénat.

qu'ils décorèrent de si beaux monuments.

Les bains d'eaux minérales et les thermes construits par les Romains étaient magnifiques et ornés de marbres. On trouve à Codrongianos des restes des anciens thermes dits *Aquæ hypsitanæ*. Le pont sur le Turritano est un ouvrage romain. A Terranova, qui est l'ancienne Olbia, et à Sassari, on voit de vieux aqueducs qui ne sont cependant ni aussi conservés, ni aussi curieux que ceux de la ville de Cagliari, dont l'eau était prise à cinq lieues de distance de la capitale, à la suite de travaux d'une grande difficulté que les barbares ont presque ruinés, mais dont on admire encore les débris.

Jules César, après son triomphe sur Pompée, au retour de l'expédition d'Égypte, s'arrêta un mois à Cagliari ; il mit une contribution d'un million de francs sur la ville de Sulcis (*), qui avait donné asile à la flotte de Nasidius et fourni des vivres et des secours à ce partisan de Pompée. Octave, lorsqu'il fit le partage de l'empire avec M. Antoine, se réserva la Sardaigne à cause de sa fertilité. Tibère fut peu favorable aux Sardes : sous prétexte de confectionner des ouvrages publics, il envoya quatre mille juifs pour être employés à de rudes services, et il infecta le pays d'une foule d'hommes corrompus. Voyez Tacite, Annales, liv. 2.

Il paraît même qu'au temps de Tibère la Sardaigne eut un préteur particulier, et que son gouvernement fut séparé de celui de la Corse, qui, jusqu'alors, n'avait formé qu'une seule province. Le gouvernement de Rome, très-sage et très-politique, mit un grand soin à établir en Sardaigne et à y maintenir des moyens de correspondance, ce qui a contribué à la prospérité et à la tranquillité publique. Jetons un coup d'œil sur l'itinéraire d'Antonin, et nous verrons combien de routes

(*) L'ancienne position de cette ville est presque ignorée, et les savants diffèrent d'opinion à cet égard.

unissaient entre eux les différents villages. Des pierres milliaires qu'on découvre à chaque instant, ainsi que plusieurs débris de voies romaines, surtout dans la partie centrale de l'île, viennent à l'appui des récits des historiens anciens.

Vers l'an 303, le christianisme s'établit en Sardaigne apportant avec lui l'égalité évangélique; bientôt sous l'empereur Dioclétien, il y eut de nombreux martyrs, parmi lesquels on citait saint Efisio, qui est aujourd'hui le protecteur de cette île.

Efisio était un des généraux de l'empereur qui fut envoyé en Sardaigne avec des troupes pour réduire les chrétiens. A peine arrivé dans l'île, il fut converti lui-même par ceux qu'il venait combattre, et, la croix à la main, il marcha contre les barbares de l'intérieur toujours indomptables; mais, après les avoir battus, il fut forcé de les laisser avec leurs idoles et leur indépendance.

Dioclétien, informé de la conversion à la religion chrétienne de ce général, le livra aux bourreaux, et Efisio reçut la mort avec intrépidité.

La politique romaine voulait établir partout dans les provinces conquises l'unité de religion : on imposa donc aux Sardes les divinités de Rome, sans toutefois arracher les insulaires à la dévotion qu'ils ont conservée pour *Sardus Pater*, qu'ils adoraient sous la forme d'Hercule. Les historiens n'ont point parlé de la religion primitive de ce peuple; mais, d'après l'idole que le chevalier Ferrero la Marmora nous a présentée (planche 3), on peut penser qu'ils avaient avec les Carthaginois des croyances communes. En effet, l'idole en bronze que nous donnons représente l'Hercule sarde avec sa massue et le bâton pastoral qui indique la protection accordée par *Sardus* à l'agriculteur et au berger, professions qui forment la richesse principale de la Sardaigne. La tunique dont l'idole est revêtue est semblable à celle qui a été conservée par quelques paysans sardes, comme nous le ferons observer plus bas.

Avant de parler des vicissitudes souffertes sous ces barbares par les Sardes, il est important de donner une idée de leur ancienne industrie agricole, de leurs revenus et de leur religion sous la domination romaine.

Rome tirait de la Sardaigne une assez grande quantité de miel, dont la saveur était un peu amère, à cause des fleurs des plantes aromatiques sur lesquelles les abeilles le recueillaient; on tirait aussi de la cire et une énorme contribution en blé, par la dîme sur la récolte, ainsi que cela se pratiquait dans les provinces dites *Decumanæ*, contrairement à l'usage suivi pour celles qui payaient les impôts en argent, et qui étaient désignées sous le nom de *Stipendiariæ provinciæ*.

§ III.

Des invasions des barbares du Nord, des Maures ou Sarrasins.

Après huit siècles de domination romaine, à la chute du vaste empire, les Sardes furent, comme l'Italie, opprimés par les barbares du Nord qui, les uns après les autres, de la Scandinavie et des autres régions septentrionales, descendirent de leurs forêts pour revêtir les manteaux des Césars si richement brodés et s'emparer des trésors du grand empire.

A la mort de Valentinien III, vers l'an 455, le roi Genséric, à la tête d'une armée considérable de Vandales, réduisit, en l'an 456, les Sardes à l'esclavage, jusqu'à ce que Bélisaire, vainqueur du roi Gélimer, eût envoyé Cyrille pour occuper la Sardaigne. Les Goths, commandés par Totila, s'emparèrent aussi de cette île, en l'année 547, mais ils en furent chassés par Narsès au bout de cinq années.

Il ne paraît pas que les Lombards aient étendu leur domination sur l'île de Sardaigne, et c'est au pape Grégoire le Grand que cette île en est redevable : en effet, en l'an 598, ayant appris qu'Agilulphe, duc de Turin, époux de la célèbre Théodelinde, veuve d'Autharis, roi de Lombards, méditait une descente dans l'île, Grégoire s'empressa d'en prévenir l'évêque Genuario, qui fit aussitôt prendre les armes au peuple sarde pour sa défense.

L'histoire de la Sardaigne offre peu d'intérêt jusqu'à l'année 720, époque de l'invasion des Maures ou Sarrasins, qui dévastèrent tous les monuments et opprimèrent le peuple. Ce fut alors que Luitprand, roi des Lombards, envoya aux Sardes des secours d'hommes et d'argent, à l'aide desquels ils parvinrent à chasser les Maures vers l'an 739; mais les luttes continuelles avec les Maures d'Afrique, déjà dominateurs en Espagne, obligèrent les Sardes, en 815, à se mettre sous la protection de Louis le Débonnaire, roi de France, empereur d'Occident, qui envoya en 820 une escadre, commandée par Boniface, comte de Lucques, pour exterminer les pirates sarrasins. Louis le Pieux exerça quelque juridiction dans cette île par la confirmation, en faveur de l'église romaine, des donations qu'avait faites en Sardaigne Charlemagne son prédécesseur. Celui-ci, en effet, pour consolider la paix et rendre le peuple plus obéissant, après avoir détrôné son beau-père Didier, dernier roi lombard, avait confié aux évêques le gouvernement politique, pouvoir bientôt reconquis par le peuple, qui le mit entre les mains des représentants de la république, sous le nom de *podestats* ou de *juges*, ou sous d'autres titres. Les Sardes crurent devoir aussi en cela imiter les républiques d'Italie du moyen âge : le clergé et le peuple élurent des chefs stationnaires, et l'île fut partagée en quatre petits États. Cette division affaiblissant les forces nationales, appela de nouveau les Maures, et le kalife Moez-Ledin-Allah, en 970, fit une descente dans la Sardaigne, où il exerça pendant trente ans son autorité royale.

Le pape Jean XVIII, prévoyant les malheurs qui résulteraient pour l'Italie, de l'installation des musulmans en Sardaigne, d'où ils pourraient à leur aise exercer la piraterie, publia un bref par lequel il accorda, en l'an 1004, l'investiture de l'île à l'heureux guerrier qui parviendrait à la délivrer des Maures. En 1017, les Pisans et les Génois y tentèrent, sans beaucoup de succès, une expédition ; ce fut alors que le pape Benoît VIII prêcha une croisade pour la délivrance de l'île ; mais les Pisans, déjà maîtres de l'île, furent repoussés par Musset venu d'Afrique : enfin Léon IX prêcha une nouvelle croisade, et le roi Musset, fait prisonnier, mourut à Pise, âgé de plus de quatre-vingts ans.

§ IV.
De la domination des Pisans, des Génois et des empereurs d'Allemagne en Sardaigne.

La guerre contre les Maures étant terminée, les Pisans rentrèrent alors dans la paisible possession de la Sardaigne, où ils établirent des fiefs qu'ils donnèrent comme récompense à leurs alliés les Génois, sans cependant partager le pays avec leurs confédérés, comme M. Sismondi a cru devoir l'affirmer. Ils distribuèrent seulement l'île en quatre provinces gouvernées de nouveau par des juges, citoyens pisans, installés à Cagliari, à Torres, à Gallura et à Arborea, lesquels s'arrogèrent bientôt des droits de suzeraineté; ils renoncèrent encore à l'usage de leur nom de famille, désormais au-dessous de leur nouvelle dignité, quelque honorable que ce nom pût être ; et, comme pour embrouiller à plaisir les fastes contemporains, ils ne gardèrent plus que le prénom en y joignant le titre de la province qui leur obéissait, à l'instar des princes souverains et des évêques : ainsi, le premier juge de Cagliari, en l'année 1050, s'appelait *Torchitorio*, celui d'Arborée *Mariano*, celui de Torres *Gonnario*, et celui de Gallura *Manfredi*. Le pape Grégoire VII, écrivant aux juges sardes, les prie de conserver à l'église romaine l'attachement que leurs ancêtres lui portaient, ce qui prouve que ces places furent héréditaires. C'est en 1066 que, par leurs rivalités, les juges donnèrent ensuite naissance aux factions guelfe et gibeline, qui pénétrèrent comme une épidémie dans cette malheureuse contrée, et divisèrent entre eux les Pisans gibelins et les Génois guelfes ou papistes. En 1158, l'empereur Frédéric Barberousse déclara que la Sardaigne lui appartenait, et il accorda le titre de roi à un de ces juges, à celui d'Arborée, nommé Barison, moyennant le prix de quatre cents marcs d'argent; ensuite il accorda le même titre au duc Guelfe, son oncle, et enfin il vendit la Sardaigne aux Pisans pour treize mille marcs d'argent, ce qui fut le motif d'une nouvelle guerre entre les chefs de cette république et ceux de Gênes. Ceux-ci, qui avaient prêté à Barison l'argent pour payer le prix dû à Frédéric, ne pouvant installer Barison à Oristano, le tinrent à Gênes prisonnier pour dettes pendant huit ans, jusqu'au payement de l'argent prêté.

Les pontifes romains, Innocent III et Grégoire IX, élevèrent aussi des prétentions sur cette île, et la donation que la belle Adélasie, veuve d'Ubalde, l'un des derniers *juges* de Gallura et de Torrès réunis, avait faite de la Sardaigne au saint-siége, en 1239, fut annulée par le successeur à l'empire. En 1238, Frédéric II fit épouser cette veuve à son fils naturel, le malheureux Enzius, auquel on donna le titre de roi de Sardaigne. Après la mort horrible de ce roi, qui périt en 1273 près de Bologne, dans une cage de fer où il avait été misérablement enfermé, les hostilités entre les Pisans et les Génois recommencèrent, et les premiers furent enfin obligés, en 1295, de céder le château de Cagliari, dans lequel ils avaient élevé les trois grosses tours rougeâtres (voyez planche 4) construites en pierres dures et compactes de la nature du marbre, qu'on y voit encore aujourd'hui, et d'abandonner plusieurs bastions de cette belle ville, dont la situation est si agréable lorsqu'on vient de la mer. Elle s'élève en amphithéâtre depuis le quartier de la marine qui borde le pont, jusqu'au sommet de la colline où est placé le château (*).

(*) Cagliari, aujourd'hui la capitale de

Avant de parler de la domination aragonaise sur la Sardaigne, nous croyons utile, pour l'intelligence de cet abrégé historique, de donner la série chronologique des juges ou seigneurs qui dominèrent dans les quatre

l'île, fut fondée bien après Olbia (petit village appelé maintenant Terra Nuova), par les premiers colons de l'île. Les Romains ornèrent cette ville d'un vaste amphithéâtre, d'un immense aqueduc et de plusieurs autres monuments dont on peut voir encore les ruines. Le point de vue de Cagliari, pris du côté des promenades publiques, offre le tableau le plus agréable; son entrée par le faubourg Stampaces est imposante, les rues principales sont larges, et les maisons sont embellies par de magnifiques balcons à l'italienne. La place de Saint-Charles est décorée de la statue en bronze du feu roi Charles-Félix, tribut de reconnaissance justement dû à ce roi; on y voit aussi la première borne de la grande route que ce monarque a fait construire: là se trouve la station des diligences qui transportent les voyageurs jusqu'à Porto Torres.

Le château ou *castello* renferme sur le plateau de la colline le plus agréable des quatre quartiers de la ville où résident les autorités, la noblesse et les riches bourgeois. C'est dans le palais royal, vaste et majestueux édifice, sur lequel flotte le pavillon bleu, emblème de la souveraineté de l'auguste maison de Savoie, que le roi Charles-Emmanuel IV et ses quatre frères sont venus dernièrement séjourner; le vice-roi y tient sa représentation. Le bastion de Sainte-Catherine sert de promenade d'hiver; on y voit les restes des fortifications espagnoles.

Cette capitale possède une académie d'agriculture, une imprimerie royale, un musée d'histoire naturelle, un autre d'antiquités nationales, ce dernier formé aux frais du roi Charles-Félix, enfin une université royale des études, qui fut fondée dans le septième siècle. En 1788, le poète Berlendis Ange, professeur d'éloquence, y fit prospérer l'étude de la belle littérature.

Le vaste port de Cagliari reçoit et exporte chaque année, terme moyen, pour la valeur de sept millions de livres sardes (la livre sarde équivaut à la livre tournois). Pour se préserver des contagions, à un quart de lieue du port et de la maison de santé, on a construit un lazaret où les bâtiments sont tenus de faire quarantaine.

judicats, titre modeste, et adopté pour ne pas blesser l'enthousiasme des peuples d'Italie, qui ambitionnaient l'ancien régime municipal, comme nous l'avons déjà fait observer. Les premiers juges étaient nommés par le clergé et le peuple pour deux ans; mais ensuite, après des discussions politiques, les constitutions civiles furent violées par la force militaire, et les juges furent élus à vie, et plus tard, par testament, ils disposèrent de cette dignité en faveur de leurs enfants, comme Barison et Torchitorio nous en fournissent l'exemple. Il paraît certain que, même avant le onzième siècle, des chefs politiques et militaires ont défendu les côtes de l'île des incursions; cependant les historiens n'ont pas donné leurs noms. Nous nous bornerons à la chronologie la plus certaine, à partir du onzième siècle de l'ère vulgaire.

1° JUDICAT DE CAGLIARI, COMPOSÉ DE DIX-SEPT CANTONS.

An 1059. Torchitorio I, juge.
1071. Onroco ou Oroco.
1080. Arzone, père de Constantin.
1089. Constantin I, roi et juge.
1103. Turbino de Lacone, usurpateur.
1108. Torchitorio II, ou Mariano.
1130. Constantin II, mort sans enfants.
1141. Salucio di Lacone.
1164. Pierre, fils de Gonnario, juge de Torres.
1191. Guillaume de Massa, qui expulsa son prédécesseur.
1215 Benoîte, épouse de Barisone, fille de Pierre.
1218. Ubalde Visconti, Pisan, fils de Lambert.
1239. Guillaume II de Massa.
1253. Jean ou Chiano, son fils.
1258. Guillaume III, dit Cepola, fils de Rufo, dernier roi de ce judicat.

2° JUDICAT D'ARBOREA (*), CHEF-LIEU ORISTANO AVEC QUINZE CANTONS.

An 1050. Mariano I, de Zari.
1073. Orzocorre I, juge.
1081. Torbeno, fils de Niballa et du précédent.
1096. Orzocorre II, époux d'Orru Marie.
1102. Comita I, Orru, beau-père.
1120. Gonnario, époux d'Orru Hélène.
1131. Constantino II.
1140. Comita II, son fils.
1158. Barisone, roi de Sardaigne, fils du précédent.
1186. Pierre I avec Ugone I Babo (**).

(*) Les historiens croient qu'on a donné à cette contrée le nom d'*Arborea*, parce que dans ce judicat il existe beaucoup d'arbres.

(**) Le consul Burano de Gênes mit en possession par un compromis les deux juges

1191. Pierre I avec Ugone II, son fils.
1211. Constantino II.
1230. Pierre II.
1252. Comita III.
1253. Guillaume, comte de Capraja.
1282. Mariano II, dit Donicello, Pisan.
1299. Chiano, fils de Mariano, ou bien Tosorato de l'Uberti.

3° JUDICAT DE TORRES OU LOGADORO, COMPOSÉ DE VINGT CANTONS.

An 1050. Gonnario I.
1058. Comita I.
1063. Barisone, roi de Sardaigne.
1069. Tanca André.
1073. Mariano I, roi.
1112. Constantin I.
1127. Gonnario II de Torres, mort moine à Clairvaux.
1164. Barisone II, frère de Pierre.
1190. Constantin II.
1191. Comita II, usurpateur.
1218. Mariano II, père d'Adélasie.
1233. Barisone III, son fils, qui fut assassiné dans une rébellion.
1236. Adélasie avec Ubalde de la Gallura.
1238. Adélasie avec Enzius, enfant naturel de Frédéric II.
1272. Zanche Michel, dernier roi. Voyez le Dante, chant XXII, Inferno.

4° JUDICAT DE GALLURA, AYANT DIX CANTONS; CHEF-LIEU AMPURIA, VILLE DÉTRUITE.

An 1050. Manfredi, envoyé par les Pisans.
1058. Baldo ou Ubaldi.
1073. Ubaldo, premier roi.
1079. Saltaro, son fils, mort sans enfants.
1092. Torgodorio, excommunié dans le concile provincial de Torres.
1116. Ottocorre di Gunale.
1160. Constantin II di Lacone.
1173. Barusone, fils du précédent, roi de la Gallura.
1203. Lambert Visconti, Pisan.
1211. Comita II de Torres, usurpateur, aidé par Guillaume de Cagliari.
1218. Ubald, mari d'Adélasie.
1257. Jean ou Chiano Visconti.
1282. Nino ou Ugolin de Scotti, Pisan, époux de Béatrix d'Este.
1300. Jeanne, fille de Nino.

On a fait des recherches sur l'étymologie historique du nom de *juge* ou *podestat*, dignité judiciaire et suprême qui était, depuis Othon le Grand, confiée par les consuls des républiques italiennes, ou par le conseil des anciens, à un étranger, et pendant un temps limité, afin d'empêcher l'usurpation du pouvoir et la vénalité dans l'exercice de la justice. Frédéric Ier

qui se disputaient le pouvoir, en les obligeant à payer à la république génoise une dette qui, par la mort de Barison le père, restait encore à acquitter.

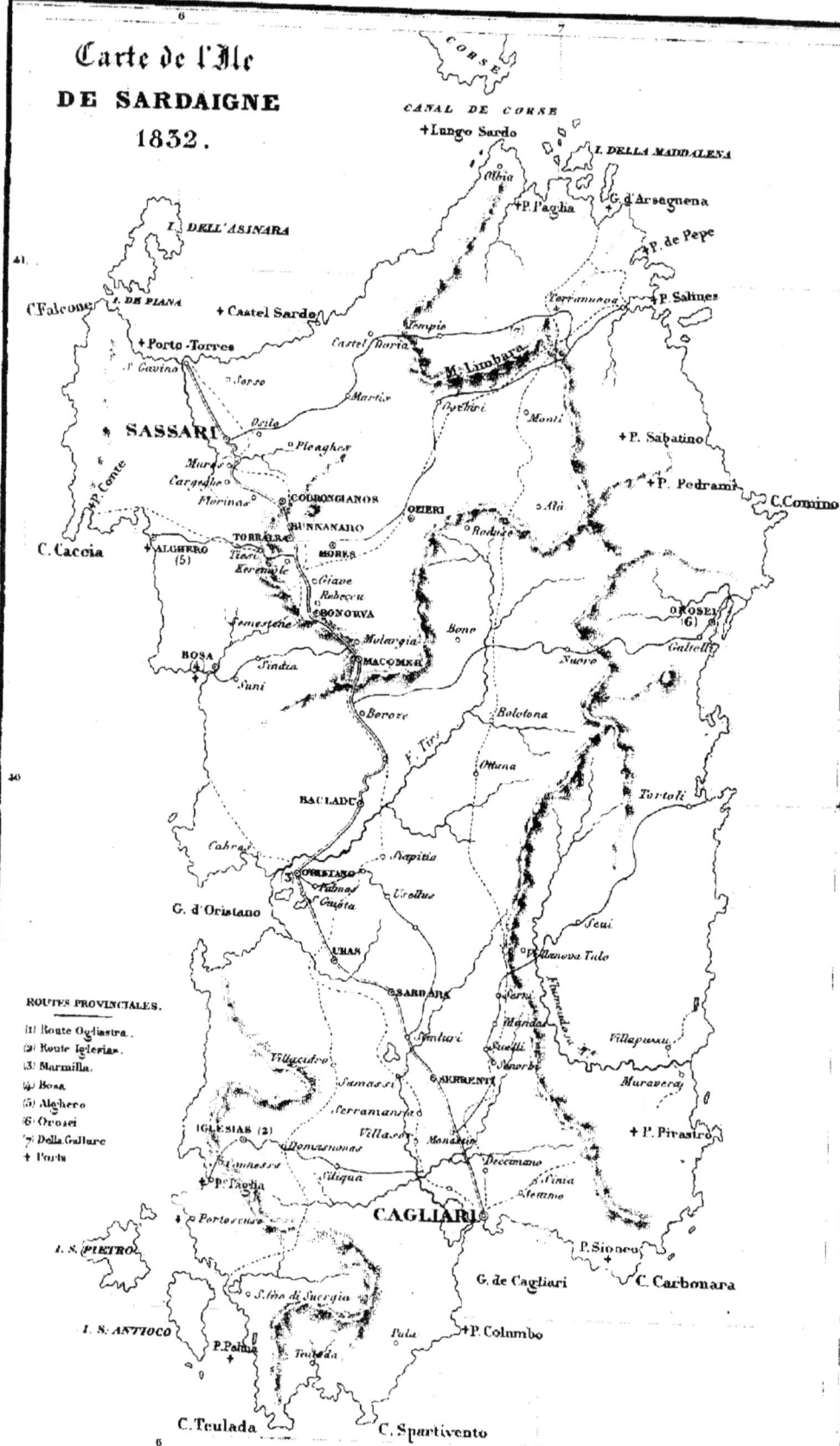

Barberousse, homme d'un grand génie, ne pouvant, par la force des armes, apaiser cet esprit d'indépendance et de liberté que la ligue des villes lombardes avait depuis le onzième siècle constamment excité, renonça, par le traité de Constance de l'an 1183, à toutes ses prétentions royales, en retenant le droit de nomination des podestats. C'est cette autorité que les Pisans et les Génois, en délivrant la Sardaigne des Maures, ont, à notre avis, exercée pendant quelque temps. D'après les statuts, le juge ou podestat ne pouvait accepter aucun présent quelque petit qu'il fût; il ne pouvait exercer le moindre commerce, il ne pouvait dîner en ville; il était tenu de convoquer une assemblée de jurés dans les affaires majeures. Après l'expiration du temps, il était assujetti à une enquête publique en présence des huit syndics de la communauté. Ces statuts étaient sages, mais il ne faut pas croire qu'ils aient été observés par les juges de la Sardaigne comme ils furent pendant longtemps maintenus par les podestats des républiques lombardes, car nous voyons par l'aperçu historique et par le précédent tableau chronologique, que les juges sardes ambitionnèrent bientôt le pouvoir royal et l'hérédité de cette suprême magistrature, et la faculté de réunir sur une seule tête plusieurs *judicats*. Cette ambition fut la cause de guerres de rivalité entre les quatre chefs des provinces et entre les Pisans et les Génois, rivalité d'où naquit une certaine apathie des peuples, et ce défaut d'accord dans l'intérêt commun qui appela bientôt la domination ou la tyrannie espagnole, cause de la diminution constante de la population et de la richesse nationale.

§ V.

Domination des rois d'Aragon et d'Espagne en Sardaigne.

La puissance des Pisans étant un peu déchue, le pape Boniface VIII en profita; professant les mêmes principes que Grégoire VII, il déclara la Sardaigne son patrimoine, et il en offrit en 1297 l'investiture à Jacques II, roi d'Aragon, sous la condition qu'il lui prêterait un hommage annuel, et qu'il irait faire une croisade en la terre sainte. En 1306, une flotte aragonaise fut expédiée pour faire la conquête de la Sardaigne; mais les Pisans, qui étaient encore en possession d'une partie de l'île, ainsi que les Génois, se voyant menacés, conclurent une trêve de vingt-cinq ans; et ce ne fut qu'en 1323 qu'une nouvelle flotte aragonaise de soixante galères, sous les ordres de l'infant don Alphonse, prince royal, accompagné de *Donna Teresa*, sa femme, et de la fleur de la noblesse et des plus braves guerriers de l'Aragon, de Valence et de la Catalogne, mouilla le 13 juin devant Oristano (*).

Dans le vaste golfe de cette ville, Alphonse, fils de Jacques, débarqua vingt-cinq mille hommes et trois mille cavaliers; cependant cette force n'aurait pu suffire à l'entreprise, mais Alphonse eut recours à la corruption, et, ayant gagné plusieurs seigneurs pisans et génois qui étaient établis dans l'île, notamment les Arborei, les Malaspina, les Roccabeti et les Doria, il s'empara de Cagliari, ville principale du royaume, après la mort du brave amiral Mainfroi de la

---

(*) Cette ville (planche 5), fondée vers l'année 1070, bâtie et agrandie aux dépens de l'antique cité de *Torres*, détruite par les Sarrasins, était beaucoup plus peuplée à l'époque du *judicat* d'Arborea. On voit encore des pans de ses anciennes murailles et deux pentes, dont une conduit au port: l'autre, surmontée d'une tour, offre à la vue la cloche de la ville du côté de la route de Cagliari. Le mauvais air fut cause de la dépopulation de cette ville; elle ne compte plus aujourd'hui que six mille habitants. Les oranges, les grenades, les melons et tous les légumes y sont, grâce à la fertilité du sol, d'une grosseur étonnante et d'une qualité supérieure. Le seul édifice remarquable à Oristano est la cathédrale, grande et belle, ornée d'un clocher isolé dont l'architecture est élégante. Le territoire de cette province est le plus abondant en grains. C'est en cette ville qu'on a établi les plus magnifiques magasins de prêt de blé aux agriculteurs.

Gherardesca. Les Pisans furent forcés, par le traité de 1324, d'abandonner la possession de cette île si avantageuse pour leur commerce.

Le roi d'Aragon, homme plein de sagesse, récompensa les Arborei et les autres seigneurs de son parti; il caressa même, en bon politique, ses ennemis, en sorte qu'une nouvelle tentative de la part des Pisans échoua; et en 1326, la Sardaigne resta définitivement à l'Espagne.

Les Aragonais, devenus par les droits de conquête et de convention, souverains de la Sardaigne, s'occupèrent de la soumettre tout entière et d'y établir une sorte de régime constitutionnel en faisant l'ouverture du parlement des cortès.

Alphonse IV qui remplaça son père, le roi Jacques, décédé en 1328, fit tous ses efforts pour établir la paix entre les Arborei et les Doria; mais sa mort, arrivée en 1356, et une peste affreuse, causèrent de graves maux à la Sardaigne. Don Pedro, dit le *Cérémonieux*, son successeur, vint à Cagliari; et le 15 avril, jour de Pâques en 1355, il publia une nouvelle constitution, par laquelle il appela les hommes les plus éclairés et les plus riches de la Catalogne, d'Aragon et de Valence, à résider en Sardaigne et à participer au gouvernement représentatif des cortès, afin de prévenir par ce moyen les maux que l'absence des feudataires causait aux habitants du pays.

Les Arborei se soulevèrent de nouveau à Oristano, où Hugues IV, juge de la ville, fut massacré par les révoltés, qui, dans une assemblée nationale, proclamèrent la république. Donna Éléonore sa sœur, épouse de Brancaléon Doria, revendiqua le trône pour son fils; elle fut, par la charte dite *de Logu*, la législatrice des Sardes, qui, depuis 1421, ont conservé jusqu'à nos jours les institutions des cortès, toutefois avec quelques modifications.

Le quinzième siècle fut remarquable par la naissance de plusieurs femmes célèbres dans l'île de Sardaigne : après Éléonore, nous signalerons Jeanne Ire (*), reine de Naples, si fameuse par ses quatre mariages, par ses crimes et par ses malheurs; Marguerite, reine de Danemarck, dont la politique parvint à réunir, par l'acte de Calmar, la Norwège et la Suède; Philippine qui, ayant appris que les Écossais venaient d'envahir le royaume d'Angleterre en l'absence d'Édouard IV son mari, marcha elle-même à la tête de son armée, fit prisonnier le roi David II avec la fleur de la noblesse écossaise et le conduisit en triomphe à Londres. Nous ajouterons à ces héroïnes sardes la fille du bon roi René, Marguerite d'Anjou, quoique d'une époque plus récente. Cette femme forte et courageuse, après avoir soutenu avec fermeté dans douze batailles les droits de son mari et de son fils, après avoir vu le premier lâchement assassiné, le second poignardé de sang-froid par le cruel duc de Glocester, devenu depuis l'infâme Richard III, cette femme, dis-je, fut emprisonnée dans la tour de Londres, puis réduite à dévorer ses chagrins dans l'asile que Louis XI lui donna en France; cette princesse mourut en 1482 à Dampierre près de Saumur.

Le décès d'Éléonore transmit le trône à Mariano V, son fils, qui mourut sans enfants; alors la noblesse appela à la succession un neveu d'Éléonore, le vicomte de Narbonne Lara François. Celui-ci, ne pouvant se soutenir, vendit sa possession au roi d'Aragon, qui, après bien des difficultés, paya la somme de cent mille florins d'or au vicomte Lara, et devint possesseur du trône de Sardaigne. Alphonse V, dit le Sage, visita l'île, et en 1421 convoqua à Cagliari le parlement des cortès; il étendit à tout le royaume la charte d'Éléonore, il éta-

---

(*) C'est pour amuser cette reine lascive que Jean Boccace, appelé à sa cour vers 1374, récitait ses historiettes galantes; mais pour ne pas reprocher à Jeanne ses crimes si odieux, il ne lui aura certainement pas raconté les infortunes de la vertueuse Griselda, si fidèle à son mari.

blit ensuite une administration uniforme et régulière, en laissant aux Sardes les places et les emplois les plus importants. A cette époque, on vendait misérablement les peuples pour de l'argent comme des troupeaux. En 1458, l'Aragon et la Sardaigne eurent à déplorer la mort d'Alphonse le Magnanime, de ce roi qui ne craignait pas de parcourir seul les rues de la capitale, et qui répondait à ses courtisans, à ses ministres, et à tous ceux qui s'efforçaient de l'éloigner de ses sujets pour que la vérité ne fût pas connue de lui : *Un père a-t-il rien à craindre au milieu de ses enfants? Ne suis-je pas là dans ma famille?* paroles mémorables, louable exemple à suivre!

Le successeur fut don Jean II, lequel, après avoir gouverné pendant quelque temps la Sardaigne en paix, fut attaqué par les troupes des Arborei, seigneurs d'Oristano ; ceux-ci, après quelques victoires, furent ensuite battus par de nouvelles troupes venues de la Sicile, et leur famille s'éteignit.

Le roi d'Aragon réunit alors la Sardaigne tout entière à sa couronne et prit le titre de marquis d'Oristano, titre qui appartient encore aujourd'hui au roi de Sardaigne, prince du Piémont.

Ferdinand le Catholique, héritier de don Jean, après avoir détruit le royaume de Grenade, dévoré par des dissensions intestines et par la corruption morale, fixa l'organisation politique de la Sardaigne, en abolissant les priviléges et la puissance des feudataires pisans et génois, qui fomentaient les désordres et tentaient une révolte à leur profit; il bannit les juifs qui, par des usures énormes, appauvrissaient les familles; et, comme la population était beaucoup diminuée, il obtint du pape Alexandre VII la réduction des siéges épiscopaux jusqu'alors trop multipliés.

La découverte du nouveau monde éleva l'Espagne au plus haut degré de richesses, dont la Sardaigne eut aussi sa part, en raison de l'étendue de son commerce maritime, car les Sardes furent toujours des navigateurs entreprenants et intrépides.

A cette époque remonte aussi la découverte des Indes orientales par le navigateur Vasquez Gama. Elle fut aussi très-avantageuse au commerce des Sardes, qui déployèrent plus d'activité, animés qu'ils étaient par l'attrait des richesses orientales dont on vantait l'éclat.

La fille de Ferdinand le Catholique, la princesse Jeanne, mariée à Philippe Ier d'Autriche, donna pour successeur au trône de l'Espagne, des Deux-Siciles et de la Sardaigne, Charles-Quint, qui, ayant pris pour conseiller et grand chancelier le célèbre cardinal Arborio Mercurin de Gattinara en Vercellais, parvint à s'établir l'arbitre des royaumes et à assigner une nouvelle époque à l'histoire moderne.

La Sardaigne, sous un vaste empire tel que celui de Charles-Quint, ne formait qu'une très-petite portion ; cependant, en 1519, d'après les sages conseils du même cardinal Arborio Mercurin de Gattinara (*), grand chancelier, l'empereur ordonna que les cortès sardes fussent assemblées. La nation ayant pris dès lors une attitude forte, en donna une preuve en 1527, lorsque la guerre divisait l'empereur et François Ier; c'est alors qu'une flotte française, commandée par André Doria, débarqua sur les plages de Longo-Sardo une armée de quatre mille hommes, qui, sous les ordres du général Renzo Ursino da Ceri, firent inutilement le siège du château Aragonée : toujours repoussés par les habitants, ils se dirigèrent sur la ville de Sassari qu'ils occupèrent un instant ; mais ils furent bientôt obligés de regagner leurs vaisseaux, après avoir perdu beaucoup de soldats.

Les Sardes doivent à ce grand empereur, qui vint les visiter escorté par la plus puissante et la plus brillante

---

(*) François Ier, en 1525, était prisonnier à Madrid, et la duchesse d'Alençon, pour obtenir la délivrance du roi son frère, fit de vains efforts auprès de Mercurin de Gattinara. Voyez t. II, *Storia della Vercellese letteratura* de 1824.

armée navale réunie dans le port de Cagliari, 1° la punition des vice-rois, qui, à l'exemple des anciens préteurs romains, avaient opprimé les insulaires; 2° le mélange de la noblesse espagnole et de la noblesse sarde, avec privilége pour les seuls nobles habitants de l'île; 3° le droit d'être jugés, même pour crime de lèse-majesté, par sept de leurs pairs. C'est lui aussi qui, par son expédition (*) de Tunis, en 1535, délivra les côtes de la Sardaigne et ses ports, des incursions continuelles des pirates barbaresques qui furent détruits, en 1541, par une armée stationnée en la ville d'Alghero. Après l'abandon inconsidéré de l'empire et du trône par ce grand monarque, en 1557, les pirates reparurent. L'abdication de Charles-Quint étonna l'Europe tout entière; son empire fut partagé entre Ferdinand son frère et Philippe II son fils, qui, outre les Espagnes avec le Portugal, posséda la Sardaigne, à laquelle, après avoir, en 1564, établi à Cagliari le magistrat *della reale udienza*, il donna des lois très-importantes. C'est lui qui, au moyen des cortès, introduisit d'utiles réformes, en législation criminelle, par l'abolition de la peine du talion et de ces tourments affreux qui subsistèrent longtemps ailleurs, en agriculture, par les progrès qu'il fit faire à la plantation des arbres, et l'encouragement des semis; mais le régime dotal, introduit au préjudice des malheureuses filles, rendit les garçons moins actifs au travail.

Dans les dernières années du seizième siècle, Philippe III succéda à son père, et parvint à chasser entièrement les Maures d'Espagne; il propagea l'instruction en Sardaigne par la fondation d'une université à Cagliari, en 1604; activa le commerce par l'introduction de nouvelles fabriques et manufactures, et encouragea l'agriculture par la nomination d'un censeur pour l'exécution des règlements; enfin il ordonna au gouverneur général, le duc de Gandia, de convoquer en 1615 les cortès du royaume.

Le gouvernement de Philippe IV, qui occupa le trône de 1621 à 1662, n'offrit rien de remarquable pour la Sardaigne, sinon la promulgation d'une loi qui obligea les cultivateurs à greffer les oliviers sauvages, sous peine d'amende, et la publication de la collection des sanctions pragmatiques des rois d'Aragon, réunies, en 1633, dans un code par François Vico, jurisconsulte et historien.

Les Sardes, fidèles à leur roi, chassèrent, en 1637, le comte de Harcourt qui s'était emparé d'Oristano, et l'obligèrent à regagner la flotte française qui, dans la guerre d'alors, avait tenté un coup de main sur l'île, et qui fut repoussée par les seules troupes nationales (*).

Sous la régence d'Anne d'Autriche, pendant la minorité de Charles II son fils, une scène tragique eut lieu dans cette île vers l'an 1665. Le trésor de l'Espagne était vide; le vice-roi, gouverneur de la Sardaigne, avait demandé aux cortès un subside extraordinaire de quatre-vingt mille écus, qui fut refusé, parce que, comme les états le représentèrent, le pays avait eu à souffrir pendant trois années du fléau des sauterelles, fléau qui vient ordinairement de l'Afrique. Le marquis Laconi, homme d'une modération et d'une probité à toute épreuve, avait conseillé qu'on accordât le subside avec des conditions : mais les autorités, fières et hautaines, reçurent mal la députation, refusèrent de traiter, et le malheureux marquis fut assassiné. Le gouverneur, soupçonné d'être l'agent de cet acte de cruauté, fut massacré en plein jour dans les rues de Cagliari (**). La nouvelle de tous ces faits

---

(*) D'après l'historien Grégoire Leti, dans cette expédition on délivra onze cent dix-neuf Sardes qui étaient dans l'esclavage. Il était réservé à Charles X de détruire en 1830 la piraterie barbaresque.

(*) L'historien Canales nous a donné les détails de ce fait d'armes. Vol. in-8, 1637.

(**) L'historien Manno donne le nom des conjurés, qui appartenaient aux premières familles de l'île.

arriva bientôt à Madrid; alors la reine envoya M. de Saint-Germain, homme fier et capable, qui se rendit maître des conjurés. Trahis par d'Alvesi, qui leur fit croire une nouvelle insurrection, ils quittèrent Nice, et furent massacrés dans la petite île de Rossa (*), près de Castel Sardo et de Porto Torres, l'ancienne *Turris Lybia*, dont l'archevêché a été transporté à Sassari, belle capitale de Logudoro, située sur la pente douce d'une petite montagne qui porte son nom (planche 6 (**)).

Pendant quatre siècles la Sardaigne resta sous la domination espagnole; et Charles-Quint, ce prince d'une si grande activité et si bien secondé par d'excellents ministres, fut le seul, comme nous l'avons remarqué, qui vint la visiter en personne.

Au commencement du dix-huitième siècle, la Sardaigne occupa une place plus digne dans les pages de l'histoire européenne : érigée en royaume, elle plaça sa couronne royale sur la tête d'un prince d'une des plus augustes et plus anciennes dynasties qui, depuis le dixième siècle, dominait en Savoie. Ce prince, depuis l'an 1050, époque de son mariage avec Adélaïde, marquise de Suse, s'était établi à Turin, où il avait obtenu le titre marchional de la belle Italie.

Un roi espagnol avait, comme nous l'avons vu, donné, en 1355, à la Sardaigne, un gouvernement représentatif; et cinquante ans après, tandis que l'Angleterre était livrée aux horreurs de la guerre civile, signalée par des roses blanches et par des roses rouges, une reine magnanime, la célèbre Éléonore Arborée, publia, sous le nom de *Carta costituzionale*, une législation civile et criminelle qui fit honneur à la nation. Cette charte est encore en vigueur aujourd'hui, toutefois avec des modifications que nous énoncerons plus tard.

Quoique les rois d'Espagne fussent, dans ces derniers temps, seigneurs des Deux-Siciles, du duché milanais et de l'Amérique méridionale, cependant, malgré l'étendue et la grandeur de leur puissance, ils regardèrent toujours la Sardaigne avec un œil de prédilection, et ces deux nations conservèrent une fierté de mœurs et des habitudes tout à fait analogues. L'autorité royale, modifiée, comme nous avons vu, par les notables dans la discussion des intérêts de l'État, était exercée par un vice-roi qui avait la suprême administration civile et politique; il était cependant obligé de conférer avec les juges de l'audience royale, lorsqu'il s'agissait de traiter une affaire d'un grand intérêt, ou d'exercer le droit de grâce.

Cette magistrature avait le droit d'inspection sur les personnes que les feudataires désignaient pour rendre justice, et par la voie d'appellation elle corrigeait leurs jugements; elle surveillait aussi leurs mœurs et leur conduite personnelle.

La fin du dix-septième siècle fut mémorable par une peste affreuse qui réduisit la ville de Cagliari à la moitié de sa population, et par la mort du roi Charles II, prince faible et irrésolu, qui laissa, en novembre 1700, ce fameux testament, dans lequel il appelait au trône d'Espagne le petit-fils de Louis XIV, le duc d'Anjou : testament qui alluma la guerre sanguinaire dite guerre de la *succession*.

Bientôt commencèrent en Italie les hostilités des Austro-Sardes contre les Franco-Espagnols. En 1706, le prince Eugène de Savoie, général en chef,

---

(*) Le seul marquis de Cea, vieillard respectable, fut conduit en triomphe à Cagliari, et y fut, comme noble, condamné à la décapitation.

(**) Sassari forme un amphithéâtre qui ravit la vue; ses coteaux sont couverts d'oliviers, d'orangers, de cédrats, de vignes et d'arbres fruitiers, et sa plaine est appelée le paradis terrestre de la Sardaigne. Les sources d'eau de fontaine sont nombreuses, et celle d'*Acqua Chiara*, située à quelque distance de la ville, était fort estimée par les anciens Romains, qui y avaient construit un aqueduc, dont on voit encore les ruines, pour l'usage de la colonie de *Turris Lybisonis*, dont parlent les auteurs.

remporta une éclatante victoire, à la suite de laquelle il délivra non-seulement la ville de Turin, mais il occupa l'Italie tout entière.

§ VI.
De la cession de l'île au roi de Sicile Victor Amédée II, de Savoie.

A la fin du dix-septième siècle, la mort sans enfant du roi Charles II, de ce dernier rejeton de la branche d'Autriche qui régnait en Espagne, donna des droits à la couronne à Louis XIV, à l'empereur d'Autriche, au roi de Bavière, au roi du Portugal et au duc de Savoie, qui mirent en avant leurs prétentions comme parents plus ou moins proches du défunt. Le meilleur droit appartenait à la France, car pour elle subsistait le testament du 2 septembre 1700, par lequel Charles II appelait au trône d'Espagne le duc Philippe d'Anjou, en lui substituant les autres prétendants sus-nommés, et avec défense de réunir les deux couronnes. Le petit-fils de Louis XIV prit le nom de Philippe V, et fut reconnu par les Espagnols et par les Sardes. Une guerre très-vive continuait en Italie et en Flandre entre les Autrichiens et leurs alliés contre la France et l'Espagne; mais le peuple sarde ne prit aucune part aux événements avant l'année 1707, dans laquelle il accorda des subsides à son souverain Philippe V. La rivalité entre deux familles puissantes éclata aussi dans l'île, celle du marquis de Laconi, fidèle à Philippe, contre la famille de Villasora, partisan des Autrichiens et de l'archiduc : les deux factions troublèrent la paix, et la présence de la flotte anglaise décida la victoire en faveur de l'archiduc Charles d'Autriche, qui occupa Terre-Neuve pendant que les Anglais bombardaient la ville de Cagliari; ce fut alors que le duc d'Autriche bouleversa les rangs de la noblesse en distribuant des titres à profusion. Le roi de Portugal et le duc de Savoie abandonnèrent bientôt le parti de la France et de l'Espagne; *car les gouvernements n'ont point de parents,* disait le duc de Savoie avec raison, et il dut consentir à ne pas défendre la cause de ses propres filles pour l'avantage des peuples. Les Français prirent successivement possession de la Savoie et de plusieurs villes du Piémont; mais, après les pertes éprouvées au siége de Verrue en 1705, après la bataille donnée en 1706 par le prince Eugène de Savoie, et après la délivrance du siége de Turin, ils se retirèrent au delà des Alpes. En 1709, le froid et la famine contrarièrent les projets du grand monarque, qui fut forcé de demander la paix aux Hollandais qu'il avait autrefois traités avec tant de hauteur; mais ses propositions étant repoussées, Louis XIV, à la demande de son petit-fils, envoya en Espagne le duc de Vendôme, qui triompha des Autrichiens commandés par l'archiduc Charles; et, en 1711, la mort de l'empereur Joseph Ier d'Autriche, et les victoires du duc de Vendôme changèrent la fortune et la malheureuse position de Philippe V. Ce même archiduc Charles, devenu empereur sous le nom de Charles VI, quitta l'Espagne pour aller à Vienne, et les Anglais reconnurent qu'il y avait de la folie à épuiser leurs trésors dans le but d'accumuler plusieurs couronnes sur la tête du nouvel empereur.

Les plénipotentiaires de la France et de l'Angleterre ouvrirent les conférences à Utrecht le 29 janvier 1712; et, par le traité de paix signé en 1713, les Anglais eurent Minorque et Gibraltar; on assigna le royaume de Naples et la Sardaigne à l'Autriche; l'île de Sicile au duc de Savoie pour prix de son alliance avec l'Autriche, laquelle, mécontente du partage, entretint la guerre civile en Catalogne jusqu'en 1715, époque de la mort de Louis XIV. Albéroni, homme de génie, protégé par la reine Élisabeth, parvint à être nommé premier ministre, et fut revêtu du manteau de cardinal. Il réforma la politique du cabinet espagnol; et, tandis que l'Autriche était aux prises avec le Sultan, et que la France était embarrassée dans les querelles de la régence et dans les projets de rétablir les Stuarts sur le trône

SARDAIGNE.

d'Angleterre, Alberoni fit en secret partir une flotte du port de Barcelone pour surprendre les Autrichiens à Cagliari, où, le 13 septembre 1717, ils firent leur entrée après plusieurs jours de combat; alors les Autrichiens se retirèrent en Corse. Les Espagnols, fiers de cette première conquête, enlevèrent ensuite, en 1718, la Sicile au duc de Savoie par l'occupation de Palerme, et, en 1719, l'empire d'Autriche, la France et la Grande-Bretagne, s'unirent dans une triple alliance pour déconcerter les vastes projets du cardinal Alberoni, et ils déclarèrent la guerre à l'Espagne, dont le premier objet fut de jeter des troupes en Sicile, de demander le renvoi de l'audacieux ministre, et d'engager Victor-Amédée à prendre en échange la Sardaigne avec la même souveraineté, sauf la réversibilité du royaume sur l'Espagne, à défaut de successeurs mâles dans la dynastie savoyarde. On régla les détails de l'évacuation de la Sardaigne par une convention en vingt-quatre articles, dans l'un desquels il était dit, selon Mimaut, que le nouveau roi promettait solennellement la conservation et l'observation des lois fondamentales, priviléges, statuts et coutumes du royaume.

Victor-Amédée II, représenté par le général Desportes, prit possession de la Sardaigne par acte du 8 août 1720; placé désormais au rang des têtes couronnées, sans autre ambition, il fut médiocrement satisfait d'un arrangement qui mettait fin aux troubles d'Europe, et s'empressa d'améliorer l'état d'une population depuis si longtemps abandonnée, appauvrie, et qui lui était à charge.

Le nouveau roi envoya le baron de Saint-Rémy pour organiser l'administration; il fit généreusement la remise aux Sardes du don qui, d'après les anciens usages, lui était dû à son avénement au trône; et, pour préserver ses nouveaux sujets des malheurs de la peste qui dépeupla Marseille en 1720, il établit une magistrature sanitaire avec un sage règlement qui fut longtemps en vigueur.

Le roi écrivit au baron de Saint-Rémy : 1° de ne pas examiner les opinions politiques, mais bien la capacité et la probité des personnages aspirant aux emplois; 2° de ne pas heurter les étiquettes et les anciens usages; 3° de ne pas changer l'idiome catalan vulgaire pour introduire tout à coup la langue italienne, qui est peu à peu devenue la langue nationale.

Les immunités ecclésiastiques protégeaient les criminels; il fallut un concordat. Le marquis Ferrero d'Ormea fut envoyé à Rome, et Benoît XIII ayant entendu les projets loyaux du savant magistrat, se leva de son siège pour l'embrasser, charmé de sa franchise et de sa probité.

Victor-Amédée II abdiqua, en 1730, le trône en faveur de Charles-Emmanuel, prince de Piémont, son fils.

La royauté de Charles-Emmanuel III fut la source d'une éclatante prospérité pour l'île, car à peine monté sur le trône en 1730, il encouragea les sciences, les lettres et les arts, par une sage réforme des universités de Cagliari et de Sassari; il établit ensuite une administration des hôpitaux, un système monétaire duodécimal; il encouragea le mariage des pauvres filles en leur accordant une dot de 200 livres. Il fonda de plus les magasins de prêt du blé, fondation qui fut très-avantageuse et qui augmenta les produits agricoles, moyennant la subvention faite annuellement aux laboureurs d'une quantité de blé nécessaire pour la semaille, qu'on rendait à l'État au moment de la récolte.

L'établissement en Sardaigne des offices d'*insinuations*, ou dépôts de tous les actes des notaires, ordonné par l'édit de 1738, fut l'une des plus belles institutions d'Europe : c'est là qu'on conserve le double des actes qui assurent la succession des familles et la propriété immobilière.

La paix de 1738 augmenta les États du roi des provinces de Tortona, Novara, et la richesse du trésor royal fut utile à la Sardaigne. Par des moyens énergiques, furent détruites plusieurs bandes de brigands et de malfaiteurs, qui, ayant encouru la disgrâce de la justice, s'étaient retirés dans les montagnes pour se soustraire aux poursuites.

La poste aux lettres, institution inconnue aux Sardes, fut établie en 1739, et le commerce et les relations des familles en reçurent une plus grande activité. Pour animer l'esprit belliqueux des nobles Sardes, le roi, à l'occasion de la nouvelle guerre en 1744, ordonna la création d'un régiment national qui a toujours existé depuis la paix signée en 1748.

Le génie de Charles-Emmanuel III, secondé par les ministres d'Ormea, S. Laurent, de Gregory et Bogini, fut particulièrement dirigé vers les institutions de la paix. La Sardaigne était son objet de prédilection; et sa mort, ainsi que la retraite de Bogini, furent deux malheurs irréparables pour la nation sarde.

L'historien Manno, t. IV, p. 290, attribue au ministre Bogini la nouvelle législation sur le système monétaire suivie en 1768 dans les États du roi de Sardaigne. Il ajoute que par la protection accordée à la Sardaigne, la population de trois cent soixante mille habitants fut portée à plus de quatre cent trente mille à la mort du roi Charles-Emmanuel.

Victor-Amédée III succéda à son père en 1773 : alors l'administration ne fut pas aussi active, car il changea trop souvent de ministres, et les vice-rois exerçaient un pouvoir arbitraire. On accordait un sauf-conduit aux criminels, même l'impunité, pour faire tomber d'autres coupables entre les mains de la justice, ce qui démoralisa le peuple et lui inspira l'idée de la vengeance, idée déjà en rapport avec ses mœurs.

L'invasion des armées françaises dans la Savoie et dans le comté de Nice, en septembre 1792, fut suivie du projet d'une descente en Sardaigne, projet qui fut mis à exécution par le contre-amiral Truguet vers la fin de la même année (28 décembre), avec une escadre de trente bâtiments de guerre, dans le but de s'emparer de l'île, tandis que le roi soutenait avec peine une guerre malheureuse pour tâcher d'empêcher la descente en Piémont des deux armées républicaines maîtresses des Alpes et des Apennins. Les Sardes, abandonnés à eux-mêmes, résolurent de résister à l'ennemi commun; ils attaquèrent quarante soldats français, qui, débarqués d'une frégate, occupaient le pont de Sainte-Catherine, joignant l'île de Saint-Antioche à la grande île dans le golfe de Palmas. Cette attaque fut opérée par sept paysans à cheval, sans ordre, mais avec une telle impétuosité, qu'aux premiers coups de fusil ils tuèrent dix ennemis, en blessèrent plusieurs, et mirent l'épouvante parmi les autres.

Un seul des sept guerriers sardes survécut, et, revêtu des dépouilles de trois soldats, ce nouvel Horace vint recevoir les félicitations du camp tout entier, témoin de cette action.

L'escadre française s'éloigna, et revint, le 23 janvier 1793, se placer à l'entrée de la rade de Cagliari. Le contre-amiral Truguet envoya des parlementaires qui furent reçus par une décharge de mousqueterie. L'escadre fit le siége de la place, et pendant quarante-huit heures lança plus de quinze mille projectiles, croyant opérer une révolte en faveur de l'étendard tricolore; mais les Français voyant que les assiégés répondaient vigoureusement à l'attaque, en conclurent qu'ils avaient été trompés. Alors l'amiral ne pouvant prendre la ville, ordonna le débarquement sur la plage de Quarto, qui fut opéré sans résistance, car la cavalerie volontaire et la milice nationale se retirèrent près des petits forts. Les Français craignant d'être enveloppés par ces troupes, dont ils avaient éprouvé les rapides évolutions, et d'être trahis, comme on disait alors, reculèrent en désordre, et, se prenant pour des ennemis, ils se fusillaient les uns les autres. Un fait digne de remarque, (ajoute Mimaut), c'est que dans le nombre des militaires qui faisaient partie de ce corps anarchique, composé à la hâte de gardes-côtes et de volontaires marseillais, se trouvait un jeune officier d'artillerie, qui de-

puis est devenu le héros de la France. Nous regrettons ici que le chevalier Manno ait limité son histoire au premier jour du règne du roi Victor-Amédée III, et nous ait privés de ces faits historiques (*).

L'amiral Truguet ayant été rallié par l'escadre de Latouche-Tréville, qui venait de Naples, ordonna le 15 février une nouvelle attaque contre Cagliari, et par un feu bien dirigé ruina plusieurs maisons et le fort de Saint-Élie. Les assiégés étaient réduits à la dernière extrémité, lorsqu'une tempête horrible mit la flotte hors de service, et on put à grand' peine opérer l'embarquement des troupes françaises, qui se dégoûtèrent de cette entreprise.

C'est alors que le roi Victor-Amédée fit inviter les Sardes, par une députation des chefs insulaires, à demander des faveurs : cette députation, arrivant à Turin, sollicita le rétablissement des anciennes cortès fondamentales composées du clergé, de la noblesse, et des communes ; elle demanda aussi les priviléges analogues. Ce système représentatif, propre à différentes nations, était dû aux Goths, si mal à propos calomniés par l'ignorance et par le préjugé, car ils apportèrent le système et les constitutions primitives des peuples de la Scandinavie et de la Germanie, ces mêmes constitutions dont Tacite fit le plus grand éloge après nous en avoir donné une exacte description.

Le conseil des ministres du roi, Victor-Amédée, après plusieurs discordantes délibérations, et après avoir fatigué la députation par un long séjour dans la capitale, la renvoya sans aucune concession, ce qui donna lieu en 1794 à une insurrection à Cagliari, insurrection dont le résultat fut l'expulsion de tous les nombreux employés piémontais qui se trouvaient dans l'île. A ces troubles en succédèrent d'autres, jusqu'à ce que le bon roi eût, le 9 juin 1796, accordé une amnistie et sanctionné la réunion des cortès décennales.

(*) Mimaut s'est trompé : ce fait militaire s'est passé à la Madelaine.

En octobre de la même année, Charles-Emmanuel IV, dit le Pieux, succéda à son père, mort affligé par les revers d'une guerre qui épuisa toutes les ressources de l'État, et le premier acte du nouveau roi fut la paix de Chérasco, signée le 5 avril 1797 par le général français Clarke et le marquis Asinari de Saint-Marsan, le même qui fut ensuite, en 1813, ambassadeur de Napoléon à Berlin, homme rempli de talents diplomatiques. La paix faite avec beaucoup de bonne foi par Charles-Emmanuel ne fut pas de longue durée, car le 8 décembre de l'année suivante, le roi se vit contraint de quitter son trône ainsi que la capitale, et il se rendit à petites journées à Livourne, escorté par des troupes françaises ; là toute la famille royale, composée de Charles-Emmanuel IV et de la vénérable Clotilde de France, sœur de Louis XVI, son épouse, du duc et de la duchesse d'Aoste et d'un fils qu'il perdit ensuite, des princes du Montferrat, de Maurienne, de Genevois, tous frères du roi, du duc et de la duchesse de Chablais et de madame Félicité, leurs oncle et tantes, s'embarqua pour la Sardaigne, le 24 février 1799, sur l'invitation d'une députation des trois *stamenti*, députation venue à Livourne pour offrir hommage et hospitalité à leur souverain ; ce ne fut que le 3 mars qu'il débarqua à Cagliari, où il fut reçu non-seulement avec les égards dus à son malheur, mais avec l'enthousiasme de la joie populaire qu'excitaient son arrivée et celle des princes, les Sardes oubliant en fidèles sujets toutes les dissensions des années précédentes.

§ VII.

Émigration et résidence dans l'île du roi Charles-Emmanuel IV.

La conduite des Sardes envers cette infortunée famille royale, partie de Turin sans ressources, fut admirable et respectueuse. Le roi, à son arrivée à Cagliari, chercha à diminuer sa maison en nommant le duc d'Aoste gouverneur du cap Cagliari, et le duc de Maurienne du cap de Sassari : ce dernier prince mourut en la ville d'Alghero, en septembre de l'année 1799; et dans la cathédrale lui fut érigé un magnifique mausolée en marbre, exécuté à Rome par le sculpteur Festa d'Asti : il représente la statue de la Sardaigne assise sur une gerbe de blé, pleurant la mort de son excellent gouverneur (*). Lorsque tout espoir de retourner en Piémont fut éloigné par la bataille de Marengo, le roi Charles-Emmanuel, qui, en 1799, était revenu en Toscane d'après l'invitation du général russe Souvarof, se trouvant de plus en plus affligé de la perte irréparable qu'il venait de faire à Naples, dans la personne de la vénérable Clotilde son épouse, abdiqua, en 1802, tous ses droits au trône en faveur du duc d'Aoste, et déclara vouloir se retirer à Rome dans un couvent. Le nouveau roi, nommé Victor-Emmanuel, retourna, en 1806, avec la reine et ses enfants, à Cagliari, où, par une sage administration, il captiva l'amour des Sardes, qui défendirent l'île avec courage contre toutes les attaques du puissant Napoléon, qui prétendit en vain se faire reconnaître empereur des Français par la cour sarde, tandis qu'il l'était par les deux mondes.

Ce monarque aurait régné tranquillement en Sardaigne, dit le chevalier Ferrero, et il aurait pu tourner ses soins vers l'administration de la justice, l'encouragement de l'agriculture, etc., etc., si les entreprises des corsaires barbaresques n'eussent de temps en temps compromis la sûreté et la santé des habitants des côtes. Ce fut enfin par les soins du duc de Genevois, Charles-Félix, que, en 1815, eut lieu en Barbarie, le rachat des captifs enlevés dans l'île de Saint-Pierre après plusieurs combats avec les galères sardes, qui se couvrirent de gloire. C'est à ce prince, vice-roi et capitaine général, que la Sardaigne doit incontestablement (dit le chevalier Mimaut) l'extinction graduelle de la haine des Sardes envers les Piémontais; antipathie qui remontait à d'anciennes fautes commises dans le choix des fonctionnaires. L'ascendant qu'on disait exercé sur l'esprit de Victor-Emmanuel par quelques personnes de son conseil privé, donna lieu, en 1813, à une révolution anti-piémontaise, qui avait pour but d'arrêter et de déporter les favoris de la cour, mais qui fut étouffée dans le sang des coupables.

Le traité de Paris, en 1814, ayant rétabli le *statu quo* de 1789, la famille royale devait rentrer en possession de ses États de terre ferme; Charles-Emmanuel IV confirma son abdication, se consacra plus que jamais tout à la sainte religion, et, ayant renoncé au monde, voulut rester à Rome, où il vécut très-modestement, comme un simple particulier, depuis l'époque de son abdication jusqu'à sa mort, arrivée le 21 mai 1819.

Le roi Victor-Emmanuel débarqua à Gênes, et, le 20 mai 1814, fit son entrée solennelle à Turin. Dans sa nouvelle prospérité, il n'oublia pas les Sardes : il leur laissa comme gouverneur général, avec pleins pouvoirs, la reine, et, un an après, il nomma son frère unique, Charles-Félix, duc de Genevois, qui, par sa modération, sa prudence et sa justice, se fit beaucoup estimer et aimer, jusqu'à ce que, la paix étant bien consolidée par le traité de Vienne de 1815, il crut pouvoir rejoindre son frère à Turin. Le comte Taon de Pratolongo, en 1816, fut le premier vice-roi de Sardaigne, et le chevalier Roger de Cholex l'intendant général : tous deux gouvernèrent et administrèrent les Sardes avec beaucoup d'intelligence; mais il était réservé au même duc de Genevois, monté contre sa volonté sur le trône, en 1821, par suite de l'abdication réitérée de Victor-Emmanuel, il était réservé à ce prince de faire aux Sardes les plus grands biens. C'est à ce roi, conseillé par le même comte Taon, alors gouverneur de Tu-

---

(*) Nous avons vu à Rome, en 1813, cette statue que le roi Murat voulait acheter au prix de quinze mille francs; mais le sculpteur piémontais, fidèle à son engagement, refusa cette offre, quoique malheureux.

rin, grand maréchal de Savoie, et par le chevalier de Cholex, devenu ministre de l'intérieur, que la Sardaigne doit : 1° un code dans lequel les anciennes lois ont été mises en ordre pour faciliter l'administration civile et judiciaire; 2° l'organisation des tribunaux de préfecture et de justice de paix, telle qu'elle fut adoptée par le Piémont en 1822; 3° l'établissement des bureaux des hypothèques, bureaux qu'on avait supprimés en 1814 dans les Etats de terre ferme, et que Charles-Félix, dans sa sagesse, crut convenable de rétablir, pour garantir les propriétaires et les commerçants; 4° la fondation d'une société d'agriculture regnicole; enfin la construction d'une route royale qui partage l'île en deux portions, depuis le cap Cagliari jusqu'au cap Sassari, et facilite ainsi les communications intérieures, comme on le voit sur la carte topographique (planche n° 1) que nous devons à l'obligeance du chevalier Carbonazzi. Cette route royale digne des Romains a de plus l'avantage de mettre en communication, par terre, les deux ports les plus commerçants de l'île, savoir, celui de Cagliari avec Porto Torres, l'un des plus sûrs de la Méditerranée (planche 7), et qui est à peu de distance de la ville de Sassari, la seconde ville de la Sardaigne, qui a été bâtie avec les ruines de *Turris Lybisonis*, et où l'archevêché fut transporté en 1441, car la ville de Torres était presque entièrement dépeuplée.

Ce sont les Génois qui, en l'année 1166, ont pris et barbarement ruiné cette ancienne ville romaine, fournie d'un grand aqueduc de plusieurs milles de long, dont on admire les restes, ainsi que d'un temple de la Fortune, et d'une basilique ornée de colonnes, dont deux sont près de la douane de Porto, et deux autres à l'église de la *Consolata*.

Porto Torrès, qui était auparavant un misérable village cité par son insalubrité, a acquis depuis une grande importance, soit par la création de la route centrale, soit par l'établissement d'un magnifique bateau à vapeur appartenant au roi, qui de Gênes, en vingt-quatre heures, amène les voyageurs à ce port, et à Cagliari en double temps. Cette communication est très-utile pour le commerce même; elle est facilitée encore par une diligence française qui part deux fois la semaine et arrive en trente-six heures à la capitale du royaume. La population de la nouvelle ville de Porto Torres monte déjà à plus de quatre cents habitants, et sa position facilitera son accroissement.

Le roi Charles-Félix voyant s'éteindre en lui la ligne directe des ducs de Savoie, et que la loi salique, cette loi si salutaire à la paix intérieure d'un État, appelait au trône de ses aïeux son cousin le prince Charles-Albert de Savoie-Carignan, il invita celui-ci à visiter de son vivant encore la Sardaigne, où il fut reçu comme prince héréditaire, et où il a vu de ses propres yeux et considéré les abus du libre parcours, très-nuisible à l'agriculture; les exigences des feudataires, surtout des Espagnols, qui vexaient les paysans par leurs *regidors* et *podataires*; l'inégalité de la distribution des impôts, et la nécessité d'un cadastre qui limitât les propriétés; enfin l'urgence d'abolir les taxes sur l'industrie.

A la mort de Charles-Félix, monarque plein de justice, mort arrivée à Turin le 27 avril 1831, le nouveau roi marcha sur les traces de son prédécesseur; et la Sardaigne, aujourd'hui gouvernée par notre concitoyen et notre collègue, en 1813, au corps législatif, le chevalier D. Gaspard Montiglio d'Ottiglio et de Villanova Vercellais, vice-roi, obtient tous les jours de nouveaux règlements, et l'on espère que, lorsque les grandes masses de propriétés seront partagées, que la noblesse sarde ne dédaignera pas les opérations de commerce, en suivant l'exemple de la noblesse génoise, si riche et si puissante, on espère que l'agriculture amènera alors une plus forte population, et que la Sardaigne redeviendra fertile et florissante, comme elle le fut au temps de César-Auguste.

Parmi les lois les plus importantes publiées dans ces derniers temps en Sardaigne, par le roi Charles-Albert, nous croyons utile de signaler :

1° L'édit royal du 19 décembre 1835, par lequel le roi manifeste le vif désir de porter son royaume au degré de prospérité qui lui est dû par la position géographique de l'île, par la fertilité de son sol et par l'industrie de ses habitants : il a établi une délégation pour recevoir la consigne de toutes les terres féodales, et des titres de propriété originaires ou conventionnels, de tous les droits dont ils jouissent.

2° En conséquence de la consigne ordonnée, tandis qu'un délai fut accordé aux feudataires espagnols pour remplir leur tâche, le roi, par son édit du 12 mai 1838, a cru bon d'abolir de suite toute juridiction féodale civile et criminelle, comme aussi tout droit compétent aux seigneurs, lesquels ont été bornés aux seuls titres honorifiques; et, par l'édit royal du 13 janvier 1839, il ordonna qu'une taxe d'indemnité fût payée aux feudataires par les communes, d'après la distribution territoriale.

3° Les Sardes doivent aussi à l'amour paternel du nouveau roi l'abolition du service personnel auquel ils étaient obligés pour l'exploitation, l'enlèvement et le transport du sel dans les magasins royaux, servitude qui fut abolie par patentes, le 5 avril 1836.

4° Par les patentes du 10 novembre de la même année, les conseils municipaux furent réorganisés, les archives des communes assises dans un meilleur ordre, et les actes de leurs délibérations réunis et placés dans des armoires.

5° Sur les traces lumineuses du roi Charles-Emmanuel IV, on a établi une règle pour obtenir un compte exact et annuel de l'administration *del Monte granatico e del Nummario* de la Sardaigne, afin d'avantager l'agriculture par des subventions en grains et en argent, au moment des semailles, subventions dont les bienfaits sont évidents, comme nous l'avons annoncé. Nous n'oublierons pas d'annoter ici que, tandis que dans les villes les plus civilisées d'Europe la contagieuse petite vérole fait aujourd'hui des ravages, la vaccination fut introduite et encouragée par un décret du chevalier Montiglio d'Ottiglio, vice-roi, en date du 23 mars 1836.

Par ce décret, d'après l'édit royal de 1828, il est ordonné à tous les médecins et chirurgiens d'exhorter les parents à présenter leurs enfants aux bureaux de vaccination, au printemps et en automne seulement, car dans les chaleurs de l'été, comme dans les grands froids, l'opération serait dangereuse ou nulle.

Les curés, que l'on voit dans les pays de lumières être contraires aux bienfaits de la vaccine, sont en Sardaigne les premiers à persuader leurs paroissiens du grand avantage qu'il y a d'arrêter par la vaccination une maladie contagieuse, qui, dans le dernier siècle, moissonnait la moitié des enfants; enfin il est ordonné que les intendants des provinces n'expédieront pas le mandat pour le payement des traitements, aux officiers de santé, sans le certificat des maires constatant les moyens employés pour la vaccination.

§ VIII.

De la grande route royale, en Sardaigne, de 1829, ordonnée par le roi Charles-Félix.

En 1820 (*), l'intendant général des ponts et chaussées de Turin envoya l'ingénieur Carbonazzi, dans l'île de Sardaigne pour explorer le terrain. Celui-ci trouva partout une douce hospitalité et une sécurité parfaite dans le centre de l'île, mais il n'aperçut plus toutes les traces des anciennes communications romaines; il lui fallut aller à cheval pour reconnaître pas à pas le terrain où la nouvelle route devait passer. A son retour à Cagliari, le 15

(*) Au moment où nous imprimons cet ouvrage, nous lisons avec plaisir la loi votée aujourd'hui, 17 juin 1839, par le chambre des députés, qui accorde cinq millions pour ouvrir deux grandes routes en Corse.

juin de la même année, il présenta au vice-roi le plan qu'il avait conçu de faire une route centrale avec des routes de communication aux villes et communes. Le congrès permanent de Turin donna son avis en faveur du projet Carbonazzi, projet que le roi Charles-Félix, à son arrivée dans la capitale, lorsque les troubles de mars 1821 eurent été apaisés, approuva par une ordonnance du 27 novembre. La route royale de Cagliari à Sassari fut alors commencée; elle fut partagée en plusieurs sections, savoir, de Cagliari à Monastir (planche 8), à Serrenti, à Oristano; de cette ville à Macomer, à Codrongianus, position charmante, où la route fait insensiblement le tour de la montagne isolée dite Monte Shato, qui forme un pain de sucre, et de là à la ville de Sassari et Porto Torres, parcourant deux cent quarante-cinq mille mètres, c'est-à-dire cent vingt-sept milles d'Italie; et les dépenses n'excédèrent pas quatre millions de francs. Cette route n'était pas encore terminée en 1828, que déjà plusieurs autres routes furent tracées dans les provinces d'Iglesias, d'Ogliastra, de Bosa et d'Orosei, aboutissant toutes à la route centrale; et les villages percent actuellement des communications utiles à leur commerce, tandis qu'une compagnie vient d'établir une messagerie qui transporte, comme nous avons dit, d'un cap à l'autre de l'île les voyageurs et les effets de commerce. On a découvert des traces de routes romaines allant du port de Nurri à Sadali, à Seni, et l'ingénieur en chef s'est convaincu que les anciens avaient suivi la même ligne que celle tracée par lui pour la construction de cette magnifique route, qui éternisera le nom du roi qui l'a ordonnée, et qui donnera une nouvelle vie à une population laborieuse et misérable, à cause de la difficulté qu'elle éprouvait à vendre ses productions.

Certainement, aujourd'hui, la prise et la conservation d'Alger, la destruction de la piraterie des Arabes d'Afrique, l'établissement du royaume de la Grèce, l'un des fastes les plus glorieux de notre siècle, la civilisation croissante de l'Égypte, et enfin la facilité des communications pour activer le commerce extérieur avec Gênes et les autres ports de l'Italie, de la France, et de la malheureuse Espagne, les expéditions même aux Indes, tout cela doit contribuer à la prospérité de la Sardaigne.

Après avoir désigné les stations de la grande route royale, l'ordre des choses exige que nous parlions des villages les plus remarquables, et des villes qui se présentent aux voyageurs. Le premier est Monastier, village peu considérable, mais très-pittoresque; on y voit les difficultés que l'ingénieur Carbonazzi a dû vaincre, et les fortes dépenses nécessitées par la construction d'un pont en pierre de seize mètres de corde d'une construction vraiment romaine, pour porter le nivellement de la route jusqu'à la crête de la montagne (planche 8), et de là parvenir à Serventi et à la ville d'Oristano, dont nous avons déjà donné la description. Nous arrivons par une montée de six cent cinquante-quatre mètres au-dessus du niveau de la mer, au village de Macomer, village mémorable dans les fastes sardes, car les historiens attestent qu'en 1347, près de ce village, eut lieu la bataille que les frères Doria, maîtres d'Alghero et de Château Genois, donnèrent à Gernod, fils du lieutenant général espagnol, qui, par son audace, périt victime avec l'élite de la noblesse espagnole. Les secours arrivèrent, et la ville de Sassari fut bientôt délivrée, tandis que les Doria se réfugièrent sur les galères génoises, qui s'éloignèrent en mer.

La position de Macomer fut fortifiée en 1411, comme la clef très-importante pour pénétrer dans le judicat des Arborei; les constructions furent ordonnées par le vicomte Americ de Narbonne, juge d'Oristano, afin de s'opposer aux Doria et à leurs compagnons. Enfin Léonard d'Aragon, marquis d'Oristano, vers l'an 1478, ambitieux de dominer toute la Sardaigne, se fortifia à Macomer, où il fut battu, et conduit prisonnier avec ses enfants à Valence.

En suivant la route, nous arrivons

au village de *Codrongianus* (planche 9), fort d'une population de quatorze cent soixante et quatorze habitants, où le chemin, en faisant le tour du *Monte Shato*, espèce de pyramide tronquée à la moitié de sa base, présente un point de vue très-agréable, et une descente facile au milieu d'oliviers et d'arbres fruitiers, pour de là arriver à la ville de Sassari et à Porto Torrès, par le tracement du profil général de cette grande route royale.

§ IX.
Des routes de communication avec la grande route royale.

La route royale dont nous venons de parler n'aurait pas entièrement atteint le but conçu par le sage roi Charles-Félix, sans l'accomplissement des routes provinciales, que le même ingénieur Carbonazzi fut, en 1830, chargé d'établir.

La première route entreprise fut celle dite de l'Ogliastra di Monastir à Serri, d'une étendue superficielle de trente-huit mille mètres, en passant par Senorbi et Mandas. On voit quelles furent les difficultés vaincues pour arriver à Monastir (planche 8), petit village au sommet de la montagne. Cet arrondissement, qu'on appelle Ogliastra, est un des arrondissements les plus vastes; le tribunal préfectorial et l'intendance sont dans la ville de Lanusei. Le pays est montagneux, mais cependant assez arrosé par des torrents et des ruisseaux qui lui donnent une grande fertilité. Il produit en quantité des figues, des cerises, des oranges, des limons, du maïs, des citrouilles d'un poids de trente livres, des pastèques, des melons, du vin qui passe pour être le meilleur de l'île après celui de Cagliari, et des truffes blanches comme celles du Piémont. La principale richesse de cette population, qui monte à vingt-cinq mille âmes, consiste dans les oliviers dont le pays est ouvert; et le gouvernement n'a qu'à mettre des prix pour le perfectionnement de leur greffe, on obtiendra alors une riche branche de commerce. L'Ogliastra possède encore des mines d'argent et de plomb : sur le territoire de Talana, on voit des traces de la fameuse mine d'argent, qui donnait, dit-on, le produit de soixante et quinze pour cent. Quant aux mines de plomb, elles sont plus abondantes dans la Sardaigne que celles de fer dans l'île d'Elbe, car on en rencontre, pour ainsi dire, à chaque pas, et la galène la moins avantageuse donne presque toujours cinquante à soixante pour cent; elle contient, en outre, une once et demie d'argent par quintal.

Les Romains tiraient de la minière de Monteponi une grande quantité de plomb pour leurs usages, et l'île de Saint-Antioche, où était la très-ancienne ville de Sulci, portait le nom d'*Insula Plombea*, à cause de l'abondance du plomb qu'elle produisait.

Ces avantages naturels du pays sont malheureusement détruits par l'insalubrité de l'air, qui se trouve en proportion de la fécondité du sol, et fait de l'Ogliastra une véritable plaie dans la saison des intempéries.

La seconde route conduit à la ville d'Iglesias, forte de six mille âmes, avec un évêché qui a un superbe palais et une cathédrale très-petite, où la seule chapelle riche est celle de Saint-Antioche; elle est située dans le fond d'une belle vallée formée par des collines, arrosée et fertile en productions de toute espèce. Cette ville est la capitale d'une province très-petite, administrée par un intendant, mais elle est abondante en oranges, surtout à Domus-Noas, où existe la très-célèbre grotte d'*Acqua Rutta*, que les voyageurs vont visiter comme un objet de curiosité, car elle traverse la montagne et met en communication deux vallées. Cette route se termine vis-à-vis de l'île de S. Antioco, ancienne colonie carthaginoise, placée sur les débris de laves, de brèches et autres productions volcaniques, avec de nombreuses grottes où on fait à la lumière la chasse aux palumbes.

La troisième route est dénommée *Della Marmilla*; elle conduit à Usellus, village qui occupe une partie de la place que tenait la colonie romaine, et de là à Oristano, capitale de la province la plus riche et la plus fertile de l'île. La plaine produit des graines de la plus parfaite qualité; toutes les variétés de vins, parmi lesquelles on distingue la Vernaccia; de l'huile, des fruits excellents, et les plus belles espèces de plantes potagères. Les deux étangs de Santa-Giusta et de Sassu, qui en font partie, ont des pêcheries d'un très-grand rapport : les boutargues (œufs de poissons salés confits dans du vinaigre) que l'on en tire forment un commerce assez considérable, et les huîtres de Terralba sont fort estimées des gourmands.

On voit à Marrubio, entre ces deux lacs, des vestiges d'anciens bains romains d'eaux thermales qu'on appelait *Aquæ Neapolitanæ*.

La ville d'Oristano, dont nous avons donné la description, était la capitale des juges Arborées, qui, d'abord chefs de la république, devinrent ensuite, comme en Italie les Visconti, les Malatesta, les della Rovere, les chefs dominateurs. Cette ville, maintenant le centre des communications des deux caps; la même ville, qui était autrefois le lieu de passage des voyageurs à cheval, est aujourd'hui la station d'une diligence périodique qui traverse l'île avec rapidité.

On a essayé, il y a une cinquantaine d'années, d'acclimater dans les environs d'Oristano le mûrier blanc qui nourrit les vers à soie; mais, malgré les encouragements du vice-roi, cette culture n'a pas réussi à cause de l'excessive chaleur du climat; ce qui arrive aussi dans d'autres pays par suite du froid. Ce fait prouve que les nations comme les familles ont besoin les unes des autres, car *non omnis fert omnia tellus;* et si une nation avait dans son sein toutes les productions d'agrément, telles que la soie, le sucre, le coton, l'indigo, etc., elle se trouverait alors isolée, et son industrie ne trouverait plus de débit, faute d'échange, pour activer la balance commerciale.

Près du village de Cabras, très-renommé pour la grosseur et la bonté de ses raisins secs, on voit Nurachi, qui a un marais d'une lieue de circuit. Là les paysans sont souvent effrayés dans la nuit par des bruits diaboliques sourds et prolongés. Il est à supposer qu'il existe un gouffre dans lequel se précipitent rapidement, par intermittence, des eaux souterraines, lorsque les pluies ou la fonte des neiges en ont augmenté le volume. C'est ce qu'on observe dans la fontaine intermittente de l'abbaye d'Alte-Combe, sur le lac du Bourget, où l'eau fait des éruptions dans la vallée avec un bruit plus ou moins fort, suivant l'impétuosité de l'évacuation des eaux.

Cette même route de Mermilla aboutit à la ville d'Ales, chef-lieu de canton dépendant du tribunal d'Oristano, siége épiscopal qui possède la plus belle église cathédrale de la Sardaigne; église construite dans le seizième siècle aux frais d'un ancien marquis de Chirra. Près de cette ville on trouve Usellus, où était la colonie romaine, *Colonia Usellia*, qui servit à repeupler l'île dévastée par les Carthaginois.

C'est dans la province d'Oristano, tout près du village Sardara, au pied de la montagne, qu'existe l'établissement des eaux minérales et thermales les plus fréquentées par les habitants de l'île, où l'on peut venir chercher la guérison d'une maladie sans crainte d'en contracter une autre par le mauvais air. On aurait seulement à désirer plus de commodité pour les malades et plus d'agrément pour tous. Une chose particulière et bien digne de remarque, c'est que les œufs ne cuisent pas dans cette eau thermale, quoiqu'au degré de l'eau bouillante; les animaux qui y tombent périssent en peu d'instants. L'eau qui déborde du bassin forme une boue salutaire dans plusieurs maladies; elle serait bien plus active et efficace si on avait là, comme aux thermes d'Acqui en Piémont, des plongeurs, habitués à descendre dans le bassin, afin d'y puiser, avec des seaux, la boue miraculeuse pour les blessures, les fractures et pour les rhumatismes.

En voyageant dans le pays, dit de Montréale, on trouve la peuplade des Valentini, dont parlent Pline et Ptolémée : son chef-lieu était *Valentia*, aujourd'hui réduite au petit village de Leaconi, d'après les conjectures des archéologues.

Dans l'intérieur de cette province demeurent les descendants de ces anciens montagnards, qui surent défendre si courageusement leur liberté contre les Carthaginois et contre les Romains; de ces anciens montagnards appelés, comme nous l'avons déjà dit, *Balari* ou *Barbari*, et dont les femmes sont plus pudiques que partout ailleurs, si l'on en croit le rapport du poëte Dante, chant XXXII du *Purgatoire :*

Che la Barbagia di Sardigna assai
Nelle femine sue è più pudica
Che la Barbagia dov' io la lassiai.

il est consolant de voir que les descendants de ces héros de la liberté nationale, dans la *Barbagia Ollolai*, connaissent encore les mœurs de leurs ancêtres et leurs vêtements, méprisant l'inconstance de nos modes ridicules qui changent à chaque âge et à chaque révolution politique.

Nous terminerons la description des richesses de cette province d'Oristano en indiquant que, dans l'arrondissement d'Oziernali, qui fait partie du domaine de la couronne sarde, se rencontre la race des beaux chevaux sardes dont on se sert pour l'armée.

La quatrième route provinciale aboutissant à la route royale est celle de Bosa, qui passe par Suni, par Sindio, et va à Macomer; elle est comprise dans la province d'Oristano. La ville de Bosa, résidence d'un évêque et d'un juge de paix, ne contient que six mille habitants commerçants très-actifs. Elle n'a pas été construite à la même place que l'ancienne ville, dont on voit les ruines à deux milles de distance; cependant elle est la plus malsaine de l'île, à cause des exhalaisons de la fangeuse rivière le Temus, qui baigne ses bords. Bosa était, au commencement du douzième siècle, un fief des Malaspina qui bâtirent la cathédrale en 1112; mais les juges Arborées les chassèrent, et ces derniers furent opprimés et asservis par les Aragonais.

Dans cet arrondissement il existe un canton appelé Meilogn, le pays de miel, parce qu'on y récolte une grande quantité de cette substance qui forme une branche de commerce très-considérable.

La cinquième route provinciale est celle d'Alghero, ville de sept mille six cent vingt-neuf habitants, avec un évêque, un intendant et un juge de paix, ressort du tribunal de Sassari. Cette route traverse le territoire de Putifigari, descend à Iteri, à Tiesi, à Toralba, et se termine à la grande route royale. Cette province est située à la partie occidentale de la Sardaigne; et la ville d'Alghero fut bâtie au commencement du douzième siècle par les Doria de Gênes, alors très-puissants au cap supérieur, qui la possédèrent jusqu'en 1353, qu'elle se rendit aux Aragonais, après un combat naval entre la flotte combinée des Aragonais et des Vénitiens contre les Génois.

Les Espagnols firent d'Alghero une place forte que le roi de Sardaigne a augmentée de plusieurs moyens de défense; ils contribuèrent aussi à l'embellissement de la ville, dont la cathédrale est surmontée d'un clocher très-élégant et fort élevé.

Le peuple a conservé le dialecte catalan du moyen âge, qui a offert une multitude de mots pour ainsi créer les trois langues filles de la latine, qui, au quatorzième siècle, prirent une forme, et entravèrent les progrès des sciences.

C'est à Porto-Conte qu'existe le meilleur mouillage pour les bâtiments de guerre, car le port sous les murs de la ville ne sert qu'au petit commerce des vins, des huiles et du corail, dont la pêche attire une assez grande quantité de barques.

La grotte de Neptune, qui se trouve à douze milles (six lieues) d'Alghero, à droite de la magnifique rade de Porto-Conte, est remarquable par la beauté de ses stalactites et par son issue qui aboutit à un lac d'eau salée

SARDAIGNE.

qu'on peut appeler le lac d'Averne. La nature a placé de chaque côté de la grotte d'énormes colonnes que douze personnes réunies ne pourraient embrasser : elles soutiennent une voûte élevée, et nous rappellent très-bien les anciens temples égyptiens. En pénétrant dans cette caverne, les prodiges se multiplient, et l'on y voit toutes sortes de figures fantastiques, tandis que la voûte est ornée d'énormes stalactites. Cette grotte curieuse est regardée comme une des plus belles d'Europe ; mais son accès difficile fait qu'elle n'est pas souvent visitée.

La sixième route part d'Orosei ; elle va de là à Oliena, territoire célèbre par ses vins et par une très-vaste caverne inaccessible, de laquelle sort un torrent dit l'Orosei ; ensuite elle passe à Galtelli Nuoro, chef-lieu d'arrondissement, devenu siége épiscopal ; puis traverse Illarai, Balatona, Silanus, Bortigali et Birori, pour rejoindre la grande route royale au pied de Macomer.

L'ancien chef-lieu d'arrondissement était autrefois la ville de Galtelli, alors siége épiscopal ; mais elle est aujourd'hui réduite à huit cents habitants, car on compte six villages détruits faute de population, quoique le pays soit fertile en grains, en vins, en fromages et en miel : c'est aussi là qu'on fait les jambons renommés de Pâques.

La septième et dernière route est celle de la Gallura, vaste campagne abondante en nombreux troupeaux de toute espèce, dont les Corses limitrophes s'approvisionnent. Cette route facilite aussi les communications avec la très-intéressante île de la Madeleine de seize milles carrés de superficie, laquelle est habitée par une colonie corse depuis le dix-septième siècle ; elle fut augmentée aux temps de la révolution française par des conscrits réfractaires. La ville dite la Madeleine est bien construite ; dans son église, on conserve la croix et les chandeliers en argent donné par l'amiral Nelson, et la municipalité possédait la première bombe tirée à vide en 1793 par le grand Napoléon pour effrayer les habitants, bombe qui fut indignement vendue à un Anglais pour le vil prix de trente écus.

La route provinciale va jusqu'au golfe de *Terra Nova*, bâtie avec les débris de l'ancienne Olbia ; sa population est de deux mille habitants, logés dans des maisons rurales bien alignées et blanchies. Là on aperçoit encore les restes de cette cité, que *Lucius Cornelius Scipio* n'osa pas attaquer sans les renforts obtenus de la république romaine. C'est dans la plaine d'Olbia que le général carthaginois, le vieil Hannon, fut tué, et qu'il a reçu les honneurs funèbres dus à la valeur vaincue. Par les lettres de M. Cicéron à son frère *Quintus*, il résulte que celui-ci fut préteur à Olbia, et que Cicéron lui conseilla de se défier du climat de la Sardaigne. En parcourant cette route, on peut voir les ruines pyramidales de *Castel Doria*, de cet emblème de l'ancienne féodalité génoise, qui défendit avec courage l'indépendance sarde contre les Aragonais. On voit aussi le *Castel Sardo*, la meilleure forteresse de l'île, de deux mille habitants, siége de l'évêque d'Ampurias, ville depuis longtemps ruinée. La route arrive à Tempio, ville épiscopale avec un tribunal de préfecture, une intendance, et une population de dix mille âmes. La ville est bâtie en pierres de granit, et la salubrité de l'air contribue à la vivacité des habitants, les premiers qui ont clos les champs rendus plus fertiles, et qui ont ainsi secoué le système féodal. Cette route passe à Oschiri près d'Ozieri, et arrive à Bonannaro, non loin de la grande route royale. Le département de la Gallura est regardé comme le plus montueux de l'île : sa principale richesse consiste en troupeaux de chèvres et de cochons, nourris dans d'épaisses et vastes forêts, et dans de grandes vallées riches en excellents pâturages, et en denrées de toute espèce.

L'île de Corse, qui n'en est séparée que par le petit détroit des bouches de Bonifacio, en tire ses provisions de viandes fraîches et salées. Tempio est le chef-lieu de toute la Gallura, de ce malheureux pays qui offre le plus de traces des maux de la guerre des Doria, des Pisans, des Guelfes et des Gibelins : c'est à Tempio que réside l'évêque, le commandant et l'intendant de la province ; il s'y trouve aussi une nombreuse noblesse avec des idées espagnoles.

On regarde les habitants de Tempio comme les plus beaux, et la fraîcheur des femmes est renommée ; mais malheureusement le peuple, trop porté à la vengeance, tient beaucoup des mœurs corses ; il se fait la guerre non-seulement de famille à famille, mais encore de peuplade à peuplade, comme des sauvages.

Quelquefois, à Tempio, on voit au point du jour les habitants de deux hameaux couchés aux deux extrémités de la place publique, où ils attendent le moment de signer une trêve ; et, lorsque par des homicides ils se sont déclarés bandits, ils se réfugient alors dans un lieu impénétrable, sur une montagne escarpée appelée *Cucum*.

La route, en descendant, arrive à Orzieri, ville de huit mille habitants avec une intendance, ancien chef-lieu du capitanat de Monte-Acuto, et siége épiscopal de l'évêque de Bisarcio, ville ruinée dont il n'existe plus que la cathédrale. Le *campo d'Ozieri*, formé par une vallée de cent milles carrés de superficie, abonde en grains et en bétail.

Telle est la description que nous avons voulu donner, seulement par aperçu, d'un pays très-peu connu, et qui formait autrefois le grenier des Romains, et l'ambition des petites républiques génoise et pisane.

Ceux qui étaient contraires au tracement d'une route centrale, avec ses embranchements pour les chefs-lieux des provinces, qui la croyaient inutile, car on peut, disaient-ils, communiquer par mer, seront, nous l'espérons, convenus du fait, que le premier bonheur d'une nation est d'avoir des facilités de communications pour le bien de la civilisation, de l'industrie, et du commerce intérieur et étranger.

§ X.
De l'agriculture, du climat et des costumes usités dans les provinces de la Sardaigne.

La terre en Sardaigne est très-fertile, et donne, dans divers endroits, jusqu'à cinquante pour un boisseau de blé (dit Carbonazzi dans son rapport officiel); de plus, la douceur du climat y fait croître un pacage très-abondant. Cependant le laboureur sarde travaille beaucoup et gagne peu, maltraité par les fermiers, par les agents des seigneurs espagnols, qui possèdent une grande portion de l'île en fiefs *rects et propres*, ou en majorats. Les bergers ou pâtres forment une population de nomades dispersés sur la surface de l'île : les uns sont propriétaires de leurs troupeaux, les autres n'en sont que les dépositaires. Ces pâtres errent d'un endroit à l'autre en toute sûreté, car il n'existe pas de voleurs sur les chemins ; ils conduisent leur famille en emportant leurs hardes, et construisent des cabanes (*), qu'ils abandonnent ensuite pour se porter ailleurs. Ils sèment un peu d'orge, de blé ; se nourrissent de gibier, boivent du lait, et fabriquent des fromages qu'ils vont vendre dans les villes voisines.

La vie patriarcale est dirigée par le chef de la famille, qui, éloigné des églises, fait le sermon à ses enfants ; et on trouve là des mœurs qui peuvent servir de modèle aux citoyens corrompus par les plaisirs des villes. Que ne reste-t-il pas à faire sur une surface fertile anciennement peuplée de deux millions d'habitants, et aujourd'hui réduite à un quart de sa population primitive, de sorte que l'on ne compte plus que mille habitants par lieue carrée.

(*) Il ne faut pas confondre les cabanes très-souvent construites à l'aide de grosses pierres cyclopéennes avec les Noraghes ; il faut prendre garde aussi de ne pas trop assigner à d'anciennes constructions des monuments modernes, comme ont fait quelques auteurs.

SARDAIGNE.

Dans plusieurs ouvrages de voyageurs en Sardaigne, on accuse les Sardes d'être portés à la fainéantise, qui est occasionnée par la chaleur du climat ; mais ces voyageurs n'ont pas examiné les habitudes de cette nation comme l'a fait le chevalier Jean Carbonazzi, directeur de la grande route royale, qui resta dans l'île pendant onze années. Cet observateur intelligent nous atteste que le Sarde, doué d'une grande vivacité d'esprit, joint à l'envie d'apprendre, une excessive activité dans l'ouvrage. En effet, par le moyen de cette population qu'on accuse à tort de paresse, Carbonazzi dit, dans son rapport, avoir, en sept cents journées de travail, fait exécuter cent vingt-sept milles de la route royale, n'ayant employé dans les cas de plus grande urgence que six mille Sardes de tout âge et de tout sexe. Il rend justice au courage de ces ouvriers, qui, faute d'habitations, se couchaient en plein air, sur la terre nue, et qui demeuraient pendant plusieurs semaines enveloppés dans leurs capotes, avec un peu de feu aux pieds en hiver, sans se plaindre des souffrances. Nous avons vu, dit-il, dans les heures du repos journalier, les jeunes filles, après leur repas qui est très-sobre, danser joyeusement sur le terrain mobile même que leurs bras ont transporté ; nous avons aussi admiré l'intelligence avec laquelle les hommes exécutaient des travaux à l'aide d'instruments qui leur étaient entièrement inconnus.

Ce qui manque à cette nation, c'est une instruction populaire non écrite, mais indiquée par des faits et par l'expérience ; il lui faut une amélioration dans l'éducation primitive, de la protection pour l'industrie agricole : le gouvernement parviendra, du moins on l'espère, à cette amélioration sociale avec une constante volonté.

La pluie est rare en Sardaigne ; elle ne continue jamais pendant toute une journée, et celle qui tombe dans l'espace d'une année entière ne s'élève pas à six pouces.

Les orages et la grêle, qui font ailleurs tant de ravages, n'arrivent jamais en été à cause des grandes chaleurs, mais bien à la fin de l'hiver et aux premiers jours du printemps : et la grêle, qui tombe ordinairement sous forme de grésil, ne porte aucun dommage aux fleurs ni aux plantes.

L'*intempérie* ou *mauvais air* dans certaines localités, surtout dans les parties basses et marécageuses, commence au mois de juin et se prolonge jusqu'aux premiers jours de décembre (*) : elle produit des fièvres putrides et pernicieuses avec délire qui sont souvent mortelles, ou bien laissent de longues traces de malaise. Les paysans en souffrent moins que les étrangers ; et le mauvais air ne porte point préjudice aux fruits ni aux blés, car il est démontré qu'ils sont aussi bons que dans les autres pays. Les cultivateurs souffrent moins de l'intempérie, moyennant les précautions qu'ils prennent de ne pas travailler dans les heures plus chaudes, de se retirer au coucher du soleil, et de ne pas s'exposer à la fraîcheur de la nuit (**) : aussi ne sont-ils assujettis qu'à des fièvres intermittentes, comme dans les pays de rizières ; et à ce propos Pline dit, livre 18, que les habitués vivent même dans des climats pestilentiels.

On peut se faire une assez bonne idée de l'intensité des rayons du soleil aux temps du solstice, dans le rapport de l'ingénieur Carbonazzi, qui nous atteste avoir observé au champ de Sainte-Anne le phénomène connu sous

(*) Dans la campagne romaine, le mauvais air commence en juillet et se termine avec les pluies de septembre, de manière que le mois d'octobre est le plus beau et le plus gai de l'année.

(**) C'est la fraîcheur des nuits en juillet et août qui, dans les pays des rizières, comme aussi dans la campagne romaine, produit les fièvres intermittentes et pernicieuses. Des propriétaires charitables accordent à leurs laboureurs en Lombardie du vin et une capote de laine dans les mois susdits, et la prétendue pestilence des rizières n'attaque pas leur santé. Voyez l'ouvrage de la culture du riz de 1818.

le nom de *mirage*, phénomène observé pour la première fois par les armées françaises en Égypte : car il voyait sur le terrain aride un air enflammé comme s'il sortait d'un four, air qui ôte habituellement la respiration et porte la faiblesse dans les organes, amène aussi l'intempérie dans les localités des marais ou des fontaines sulfureuses. L'administration du génie civil vient d'opérer l'assainissement de plusieurs localités à Serrenti, à Abbassanta ; et il s'est formé une société pour le desséchement des terres marécageuses de Sanluri, terres dont on retirera de grands avantages non-seulement pour l'agriculture, mais encore pour la santé, car les plantations d'arbres et les végétations absorberont les miasmes pestilentiels, ainsi que l'expérience l'a prouvé ailleurs.

Ce qui fait un admirable coup d'œil, ce sont au mois de mai les champs de blés dont l'étendue est immense eu égard à la minorité de la population, et on trouve là une preuve de l'activité du laboureur sarde, lequel est obligé de faire à la terre la même culture qu'en France et en Italie, et de baigner de sueurs le pain qu'il mange. La moisson se fait en juin, ensuite les gerbes sont amoncelées en rond, et l'on fait courir des chevaux qui broient l'épi, et en font sortir le grain.

Les instruments aratoires n'ont pas été perfectionnés depuis le temps des Romains : ils sont fort mal construits et difficiles à manier. A la planche 10 on voit le chariot et la charrue sarde, qui ne sont pas des modèles de construction ; le chariot sarde le *plaustrum* des Romains. Nous espérons que la société royale d'agriculture établie à Cagliari, et pourvue des moyens nécessaires, s'occupera des besoins des localités, et ne perdra pas son temps, comme ailleurs, à donner de simples théories, lesquelles sont souvent émises par des savants sans expérience et qui n'ont jamais eu de propriétés agricoles.

Une grande amélioration dans le bétail, notamment parmi les vaches et les bœufs, est nécessaire ; il faut croiser les races (*), comme on fait dans plusieurs endroits, car c'est une des branches les plus précieuses pour l'agriculture. Le savant Cetti a calculé que dans les meilleurs pâturages, cent vaches, confiées à la garde du pâtre le plus soigneux, et avec la température la plus favorable, ne produisent en une année qu'une trentaine de veaux, un millier de livres de fromage, et environ soixante livres de beurre, auquel sa rareté donne beaucoup de prix, quoiqu'il ne soit pas aussi bon que le beurre de la Lombardie ou de la Normandie.

La culture des terres souffre notablement de la faiblesse et de l'exiguïté des bœufs de labour, car dans plusieurs endroits on est obligé d'adopter une petite charrue proportionnée à leur taille et armée d'un soc de huit pouces seulement, qui trace péniblement un sillon sans profondeur ; et conséquemment la terre est mal cultivée. Le soleil d'été vient tout brûler et tout dessécher ; les troupeaux ne trouvent bientôt sur la terre aride que des plantes dures ; et dans l'hiver, dépourvus de fourrage et de toit, ils sont réduits au dépérissement. Des prairies artificielles pourraient donner de bon foin, qui préserverait les Sardes d'être obligés à nourrir le bétail dans le *campidano* avec des fèves et de menus grains. L'état actuel des propriétés et la situation des fortunes rurales en Sardaigne nous font conclure avec Pline, que *latifundia Italiam perdidere*, car, jusqu'à ce que les troupeaux de chaque commune cessent d'appartenir seulement à sept ou huit personnages, il ne sera pas possible d'apporter un remède au mal et de relever l'agriculture : donnez-moi, dit Filangeri (**), un arpent de terre avec lequel puisse vivre un ménage, et je vous établirai une famille.

(*) Dans le Valais nous avons observé avec plaisir que les Crétins ont presque disparu, quand Napoléon eut ouvert la grande route du Simplon.

(**) Voyez *Scienza della legislazione*, 1784. Milano.

Le dialecte sarde est le *calarietan*, qui termine les mots par des voyelles, ou par les consonnes T ou S, et dérive de la langue latine. M. Carbonazzi atteste avoir entendu prononcer des phrases latines par les montagnards sardes : ce fait est confirmé par le chevalier Ferrero, qui cite l'exemple suivant : un paysan avait perdu un pigeon, et il demanda à son voisin : *Columba mea est in domu tua?* Dans l'île de la Madeleine, peuplée par une colonie corse et par des émigrés de la Grèce, on a conservé quelques mots grecs, comme le mot *icon*, une image; mais il est resté certainement peu de traces de cette langue.

Nous dirons que le calarietan, dialecte doux et expressif qui tient de l'espagnol, de l'italien et du latin, est le plus répandu dans la bonne société, notamment à Cagliari; tandis que le catalan est parlé correctement dans la ville d'Alghero, l'italien à Sassari, et que le patois génois est propre à l'île de Saint-Pierre, comme l'atteste le P. Madao, qui nous a donné une collection de poésies sardes très-curieuses.

Des écoles primaires, dans lesquelles on enseignera aux Sardes en langue italienne, qui est celle du gouvernement, les principes des devoirs de l'homme religieux et social, et où on leur donnera un catéchisme agricole très-simple, qui ne soit pas embrouillé de termes et de nomenclatures de la nouvelle chimie, formeront la base des progrès industriels d'un peuple qui, comme nous allons le démontrer, a conservé les habitudes, les vêtements et le caractère de ses anciens dominateurs, qui leur a aussi emprunté divers idiomes mêlés d'expressions barbaresques dans la partie orientale de l'île, et d'expressions italiennes ou espagnoles dans les autres parties, de manière que dans chaque province on trouve un langage différent.

Réduisez à son unité l'intelligence de la langue italienne, et alors l'agriculture, par un échange mutuel des connaissances utiles, se perfectionnera et la prospérité publique ira croissant. Des compagnies de desséchement amélioreront l'air dans les environs d'Oristano et dans la ville même devenue presque inhabitable; elles rendront à la culture des étangs qui deviendront aussi fertiles en productions utiles que les terrains environnants; on desséchera près du village de Nurachi le lac, ou plutôt le marais de ce nom, qui a une lieue de circuit, et qui, comme nous l'avons déjà dit, fait la terreur des paysans par les affreux rugissements qui en sortent pendant la nuit, et avec une telle intensité que les troupeaux mêmes en sont épouvantés. Près de la grande route royale, l'étang de Sanluri (voy. *pl.* n° 1), ayant en superficie quatre mille arpents et plus, qui s'étendent jusqu'à Sardara, Villacidro, Serramanna et Serenti, vient, d'après le projet de Carbonazzi, d'être mis en exploitation par une société de trois cents actionnaires sous le patronage du duc de Savoie Victor-Emmanuel, jeune espérance des États sardes. Dans les terrains déjà défrichés on a fait de grandes plantations en mûriers, en ormeaux, en arbres fruitiers : on a fait venir des taureaux de la Suisse pour améliorer le bétail, et cette ferme modèle ne peut que prospérer. Si le chariot sarde et la charrue, qui est encore l'*aratrum* simple des Romains, dont les différentes parties portent les noms anciens de *vomerus*, *dentalis*, *timo*, *stiva* (*pl.* 10), et si l'attelage des bœufs, pour lequel un grand prix vient d'être établi par la société agraire de Paris, parviennent à être améliorés, l'agriculture fera de grands progrès.

On espère que les riches propriétaires de la Sardaigne introduiront dans le département de la Gallura, déjà si fécond en nombreux troupeaux de toute espèce, la race des mérinos; alors les laines de la Sardaigne soutiendront la concurrence, sinon avec les laines de l'Espagne, au moins avec celles de la Romagne, laines qu'on emploie avantageusement dans la fabrication des draps nécessaires à l'habillement des militaires et de la classe des laboureurs.

Par l'envoi d'étalons arabes, les

trois races de chevaux *ordinaires*, et même des *gentiles* et des *nobles*, comme on les appelle dans le pays, seront améliorées, et bientôt disparaîtront tout à fait ces chevaux sauvages, que l'on chasse, comme en Russie, pour en avoir la peau et la chair, réputée excellente.

Si les paysans négligent le croisement des races, s'ils préfèrent aux étalons étrangers le cheval du voisin, il faudra par des prix vaincre cette négligence. Les avantages résultant de la vente, lorsque l'éducation des chevaux sera plus soignée, améliorera leur race notamment pour ceux de la classe rustique, qui sont d'une nécessité absolue.

Les chevaux de cette classe *ordinaire* sont assez bien faits, mais ils n'ont guère plus de quatre pieds de hauteur; quelques-uns même sont plus petits, et on peut les appeler des *bidets d'allure*. Ces animaux, qui constituent la monture favorite des paysans, font sans peine au pas d'amble, comme des chiens, quatre lieues à l'heure sans s'arrêter; ils sont donc aussi utiles et plus sûrs qu'un chemin de fer. Les chevaux de race *gentile* sont plus estimés; ils sont mieux nourris, et les propriétaires des juments sont de riches villageois qui ont des troupeaux de plus de trois cents têtes avec des étalons de bonne espèce; mais on désirerait à ceux-ci une taille un peu plus élevée, et une tête moins grosse et moins pesante. Pour en perfectionner la race, on avait établi à la Tancaregia, près de Pauli Latino, un haras qui a été ruiné : il avait servi de modèle à ceux de Chiaramonte, de Bonnari et de Bonorva. Au moyen d'étalons andalous, on est parvenu à avoir d'excellents chevaux de quatre pieds et plus de hauteur, qui sont également beaux et bons pour le manége, pour la course, pour la selle et pour la voiture. Ces chevaux, appelés de race noble, sont très-sobres et infatigables, car ils peuvent marcher sept heures de suite sans s'arrêter, et maintenant, en moins de trente heures, ils parcourent la magnifique route royale du cap Cagliari au cap de Sassari. C'est dans ces deux villes qu'ont lieu les grandes courses à certaines époques de l'année, et les étrangers y jouissent avec plaisir d'un double spectacle : on admire la vitesse et l'impétuosité des chevaux en même temps que l'audace des cavaliers (*).

Le travail le plus pénible, pour les chevaux sardes, est celui de battre le blé (voy. *pl.* 14) dans le fort des chaleurs de l'été.

La récolte commence vers la fin de juin, et on transporte aussitôt les gerbes sur l'aire près d'une poutre; là, on les entasse les unes sur les autres, avec les épis droits, et elles forment un cercle de plusieurs mètres de corde; à cette poutre, on attache cinq, sept, jusqu'à neuf chevaux, qu'on fait aller au grand trot, et en trois heures la graine est tombée; on sépare alors la paille, et, le jour suivant, on entasse dans le grenier environ quatre cents boisseaux de blé très-propre et sec. Les chevaux souffrent de ce travail, ils deviendraient même tout à fait aveugles si on n'avait pas la précaution de les changer de place, et de les faire reposer pour empêcher l'afflux du sang vers la tête.

Nous avons déjà annoncé l'espoir que l'on conçoit de voir améliorer dans le département de la Gallura les troupeaux de moutons indigènes; nous terminerons cet article en démontrant l'avantage que procurent à la Sardaigne ces bêtes d'un si grand rapport.

A l'exemple des anciens colons grecs, qui, réfugiés dans des cavernes et des rochers pour conserver leur indépendance, y vivaient du lait et de la chair de leurs brebis, dont le goût est excellent à cause des herbes aromatiques qui croissent sur les montagnes, les habitants des *barbargies*, qui se disent les enfants légitimes des anciennes colonies, s'appliquent beaucoup à l'éducation des troupeaux : ils descendent en hiver dans les plaines

(*) La seule ville d'Asti, en Piémont, depuis Charlemagne, conserve ses courses de chevaux entiers : la fête est fixée au premier mardi de mai de chaque année.

SARDAIGNE
Agriculteurs Sardes.

méridionales, et y louent des pâturages qui rapportent un revenu assuré aux propriétaires et aux pasteurs.

Par une sorte de phénomène, un troupeau de brebis donne en ce pays plus de lait qu'un pareil nombre de vaches, et on fait avec ce lait des fromages salés qui se vendent à l'étranger et dont le poids monte à quarante mille quintaux.

La laine a six pouces de longueur, et chaque mouton en fournit de quatre à six livres par tonte. Quoique cette laine soit un peu dure, attendu qu'on ne fait rien pour l'améliorer, on en fabrique des draps grossiers à l'usage des montagnards.

Les bergers industrieux forment avec des peaux de brebis un habillement qui est le plus antique costume national, dont nous avons donné le dessin aux planches nos 10 et 11.

Parmi les béliers, il s'en trouve souvent qui ont quatre et même six cornes. On les croit de race égyptienne.

En continuant le système d'améliorer les races par l'introduction des moutons purs d'Espagne et de Barbarie, la Sardaigne, qui possède toutes les productions nécessaires à la nourriture de ses habitants, pourra rivaliser un jour avec les nations les plus commerçantes du monde.

La division des terrains communaux vient d'être, par un édit du roi Charles-Albert du 26 février 1739, autorisée et sanctionnée entre les particuliers, afin de rendre ces terres plus productives, afin aussi de prévenir les procès et plus encore les rixes entre les habitants des communes limitrophes.

La sagesse du législateur n'a pas voulu troubler tout individu qui avait, de bonne foi, déjà cultivé un terrain communal ou domanial, et qui l'avait défriché et rendu fertile.

Pour parvenir avec ordre et justice au partage des biens *communaux* en friche, il a établi que les seuls habitants ou les propriétaires dans la même commune y auraient droit, ajoutant que les biens *domaniaux* incultes seraient aussi accordés aux particuliers du pays et aux militaires en retraite qui voudraient y prendre domicile et devenir agriculteurs.

Par un règlement il permet même aux étrangers la culture des terres, et il fait une dotation aux écoles normales d'agriculture. Il prescrit aux autorités sardes de veiller à ce que les biens à partager ne se réunissent point dans les mains des spéculateurs, et que la redevance annuelle soit modique, moyennant une prompte culture.

Vous trouvez là cette loi agraire que les économistes recherchent sans savoir la concilier avec le respect dû à la propriété.

La principale vertu que l'on se plaît à signaler parmi les mœurs des Sardes, c'est la sincère cordialité avec laquelle ils accordent l'hospitalité aux voyageurs dans cette île où l'on trouve difficilement des auberges : tous les étrangers éclairés qui ont parcouru la Sardaigne s'accordent pour mentionner l'heureux accueil qu'ils y ont trouvé. Cette hospitalité, d'origine primitive, toute simple, sans ostentation, rappelle les vertus et les mœurs des anciens peuples ; elle est un goût, je dirais presque un besoin inné chez le Sarde : vous pouvez loger avec sûreté, même dans la cabane d'un bandit qui s'est sauvé au milieu des montagnes après avoir tué son rival ; car le crime d'assassinat pour vol est très-rare, et la cupidité de l'argent, vice si universellement répandu, n'a pas encore pénétré dans le cœur du Sarde.

Lorsque vous entrez dans le palais d'un noble ou d'un riche propriétaire pour demander la faveur d'un logement, le domestique vous baise la main et vous présente à son maître, qui dit à l'étranger : *Bene arrivato, s'accommodi*, c'est-à-dire : Vous avez fait bon voyage, asseyez-vous ; il ajoute : *Ma maison est petite, mais acceptez mon bon cœur*. Toute la famille fête le nouvel hôte, qui devient bientôt le maître de la maison.

M. Valéry, dans la description de son voyage, fait l'éloge de cette hospitalité : il observe que la vie animale est très-peu coûteuse ; qu'une fortune, même médiocre, est suffisante aux propriétaires, et qu'ils n'ont pas besoin de onze mille porcs, comme en possède le comte Orru, l'un des plus riches seigneurs de la Sardaigne. Chaque famille a un moulin portatif pour moudre le blé qu'elle récolte, et elle pétrit elle-même son pain ; les poissons d'eau douce et de mer se vendent trois sous au plus la livre, et la chair des animaux ne se paie qu'un sou : on dîne à midi et on soupe très-tard, comme dans les anciens temps.

Les édifices sont en général construits en briques cuites ou crues, en pierres ou tufs suivant les localités ; les maisons des paysans, dans la partie méridionale, n'ont en général ni portes ni croisées sur la rue, mais on entre par une basse-cour qu'il faut traverser dans sa longueur pour arriver à la maison, qui n'a qu'un seul étage, et chaque chambre a son entrée par un balcon extérieur. Ces habitations sont plus propres que celles de plusieurs villes ; on remarque aussi la propreté qui règne dans la demeure des pâtres de la Nurra, de la Gallura et des insulaires de Saint-Pierre et de la Madeleine. Le plus beau mobilier des paysans consiste en assiettes de faïence, et même de porcelaine peinte, placées sur des étagères ; en pièces carrées de papier peint qui forment des tableaux ; en un petit miroir, fixé si haut à la muraille que les femmes ne peuvent point en faire usage ; en vingt-quatre chaises d'un goût très-ancien, qui charmeraient les fashionables de nos jours ; en un grand coffre en noyer grossièrement sculpté, et une table ronde très-basse. Les lits sont presque généralement garnis de rideaux, qui préservent des insectes et des cousins fort nombreux dans les localités humides. L'usage du lit avec des matelas est réservé aux personnes mariées ; les garçons, les filles et les serviteurs dorment toujours sur des nattes de jonc : le seul lit nuptial est le plus élégant, mais on le conserve pour les étrangers auxquels on donne l'hospitalité.

La cuisine des seigneurs et négociants tient du goût espagnol et du goût italien : au dîner on aime à couvrir la table de beaucoup de plats, et surtout de mets composés de viandes, comme en Lombardie.

Lorsqu'un étranger arrive, aux principales fêtes et au moindre événement heureux, aussitôt on prépare de grands repas, et on tue un cochon de lait, le meilleur mets national. Les Sardes mangent beaucoup, sont friands de poissons et de gibier ; quoi qu'on en dise, ils détestent les grenouilles, et jouissent du plaisir de la société sans cependant s'enivrer comme dans plusieurs autres pays.

Les pâtres et tous les campagnards excellent dans l'art de bien rôtir les viandes et de les faire cuire sous les cendres. Pour cette dernière opération, ils creusent dans la terre un trou qu'ils tapissent de feuilles, puis y placent la chair de l'animal qu'ils veulent faire cuire, et même l'animal entier, sans prendre la peine de l'écorcher ; ils le recouvrent d'une couche légère de terre, sur laquelle ils allument un feu très-vif pendant quelques heures. Cette méthode est pratiquée surtout par les voleurs de bétail, qui cachent ainsi le produit de leur vol en même temps qu'ils le font cuire. Les propriétaires vont à la recherche de l'animal perdu, et souvent ils en demandent compte en vain aux voleurs eux-mêmes, qui leur font la politesse de les faire asseoir près du feu sous lequel cuisent les moutons. La chair ainsi préparée est d'un goût excellent : les cerfs, les daims, les mouflons et les sangliers qui abondent dans l'île sont souvent rôtis, suivant la méthode des pâtres, sur le terrain même où s'est faite la chasse.

Tandis que les personnes aisées et les voleurs de moutons mangent des viandes délicieuses, les pauvres, et surtout les femmes de plusieurs contrées, se nourrissent, au printemps et pendant une partie de l'année, de tiges les moins fibreuses du chardon sauvage, qui sont nourrissantes, de fenouil romain, de la pulpe du margallon (*chamergis humilis*), de fruits de cactus (*fica morisca*), etc. La simplicité de la vie est telle dans plusieurs villages de l'O-

SARDAIGNE.

gliastra, que les habitants mangent du pain fait avec de la farine de glands bien cuits et réduits en bouillie, et ces glands ne sont pas ce fruit très-doux du *quercus ballota* dont les armées espagnoles ont tiré un grand parti pendant leur domination dans l'île; ce sont des glands pareils à ceux qui servent à engraisser les cochons. Lorsque la bouillie de farine de glands a acquis une certaine consistance, elle est versée sur une table où l'on a répandu de la cendre pour que la *polenta* ne s'y attache pas; et afin de la rendre un peu moins désagréable au goût, on l'assaisonne avec du lard fondu. Si le P. Madao eût mangé de cet aliment détestable, et même nuisible à la santé, comme le chevalier Ferréro en a essayé, il n'aurait pas témoigné tant de vénération pour cet antique usage maintenu par la nécessité.

A la cordiale hospitalité des Sardes il faut joindre leur charité envers les malheureux : ainsi, lorsqu'un berger a éprouvé des pertes, l'usage l'autorise à faire une quête de bétail dans son canton ou chez les voisins de sa commune. Chaque camarade lui donne au moins une bête jeune, et en peu de temps il possède un troupeau d'une certaine valeur, sans avoir contracté d'autre obligation que celle de rendre le même service à ses voisins qui tomberaient dans le malheur. Il faut souhaiter que ce bon exemple d'une sage institution ne dégénère pas en abus.

L'habillement, tant des hommes que des femmes, varie suivant les localités : dans les montagnes, il rappelle les anciens costumes des Carthaginois, des Romains et des Espagnols (voyez *planche* 11). L'habit des cultivateurs, et même des chasseurs, a conservé la forme du *thorax* des anciens : c'est une espèce de soutanelle très-étroite, sans manches, telle qu'on la voit dans l'idole en bronze représentant *Sardus Pater* (*) (*planche* 3), et formant un tablier double qui descend jusqu'aux genoux. Cette soutanelle faite de cuir tanné, avec ou sans son poil, qu'on laisse au dehors, s'endosse comme un gilet. Les avantages de ce surtout sont de défendre la poitrine contre les changements subits de température, contre le mauvais air, les brûlants rayons du soleil et même contre la pluie.

L'homme ainsi habillé, la tête couverte du bonnet phénicien, tel qu'on le voit dans l'idole de bronze, a quelque chose d'imposant et nous rappelle ce qu'Élien, liv. XVI, raconte, d'après Nymphodorus, « que l'habillement des indigènes sardes était fait de peaux dont ils se couvraient, mettant le poil en dedans pendant l'hiver et en dehors pendant l'été. »

Le vieillard que l'on voit assis (*planche* 11) porte une capote blanche appelée en sarde *saccu de coperrir*, et dessus, un châle très-long qui couvre les épaules : c'est le vrai *sagum* des Romains. Cet habillement est en usage chez les campagnards, notamment chez les pâtres nomades; il est attaché au devant de la poitrine, à l'aide d'une agrafe.

L'homme avec le bonnet phrygien (*) et une longue simarre noire à capuchon et à manches, qui était jadis en usage à Rome sous le nom de *lacerna cucullata*, aujourd'hui appelée en sarde le *cabanna*, est un habitant de la province d'Iglésias, dans le nord de l'île.

Les indigènes du cap Sassari portent la *cabanella*, vêtement noir qui ne va qu'aux genoux et qu'on peut considérer comme la *chlamys* romaine. Ce vêtement, vil et grossier, est aussi porté par des propriétaires riches, mais avec des formes plus élégantes, et surtout par les chasseurs, comme on le voit dans la gravure (*pl.* 11).

L'homme placé (*planche* 11) plus loin est vêtu d'un surtout à capuchon pointu, tout à fait semblable à celui des marins génois : cette veste est nommée par les Sardes *capotta serenica* ou *salonica*, nom qui dérive d'une mode de Salonique. Cette capote est

(*) L'évêque Frédéric Munsters de Zeeland croit que c'est un dieu kabire ; voyez sa dissertation.

(*) Ce bonnet est très-usité parmi les Sardes.

très-utile dans les pays où l'atmosphère est sujette à de nombreuses variations ; quoique faite de drap grossier de couleur chocolat, on garnit cette capote avec luxe pour l'usage des gens aisés, surtout dans la province du Campidano, et aussi pour les chevaliers, les notaires et les bourgeois du cap Cagliari.

Les pêcheurs de l'étang de Cagliari et quelques marins portent un pantalon et une petite veste assez élégante, et des souliers à grandes boucles d'argent, comme les paysans *transteverins* de Rome (*planche* 11).

Les bourgeois et une partie des agriculteurs se rasent et réunissent en tresses leurs longs cheveux; mais les montagnards, et surtout les pâtres de la *Barbagia* et de la *Gallura*, laissent ordinairement croître leur barbe et flotter leurs cheveux sur les épaules, en signe de l'ancienne liberté, et ils font usage de bonnets coniques avec la pointe recourbée et tombant en avant ou sur le côté, quelquefois repliée dans la bande frontale (*pl.* 11); alors le bonnet prend la forme d'un cône tronqué. On y adapte aussi des rubans, qui se lient sous le menton. Cette dernière coiffure date de l'antiquité la plus reculée, conformément à ce qu'on voit sur l'idole de *Sardus Pater* et sur une médaille d'Espagne tracée dans le volume 2e du savant Flores, *Medallas de las colonias d'España*.

Dans les plaines exposées à l'ardeur du soleil, les campagnards font usage de grands chapeaux de paille ou de feutre, pour se préserver de l'*intempérie* des fièvres pernicieuses ; dans les villes, les employés portent l'épée avec l'habit élégant, et ils attachent une grande importance à leur ancien costume du siècle dernier, époque où tous les employés allaient à leurs bureaux et en société avec le chapeau sous le bras et l'épée au côté, signe distinctif des hommes de qualité.

La chasse constitue l'exercice favori des Sardes, qui manient leurs petits fusils avec une adresse toute particulière.

Lorsqu'un Sarde est complétement armé, il a, dans sa ceinture, un grand couteau entre le sabre et le poignard ; c'est dans cet attirail qu'il part pour la chasse aux bêtes fauves, telles que cerfs, daims, et autres. Cette partie de plaisir se fait, presque dans tous les villages, aux premiers jours de Pâques ; et on en offre le produit au prédicateur du carême dans chaque paroisse, comme un hommage de satisfaction.

Avant l'affranchissement de tout service féodal, les vassaux étaient obligés, à certaines époques, d'aller à la chasse pour plaire à leurs seigneurs : cette chasse se faisait à cheval ; et, dans cette occasion, on admirait l'adresse des Sardes, tant pour diriger leurs chevaux au milieu des rochers et des broussailles, que pour affronter les dangers sur des terrains presque impraticables, où ils galopaient sans étriers.

Un exercice très-usité parmi les campagnards, c'est la lutte à coups de pied, tandis que les Anglais la pratiquent à coups de poing. L'historien Mamelli, en 1785, nous a donné la description de cette lutte dans laquelle les deux combattants, chaussés de gros souliers, s'appuient chacun sur les épaules de deux *parrains*, et, élevant leurs pieds par derrière, commencent à lutter jusqu'à ce que l'un des deux s'avoue vaincu, soit par la douleur, soit par les blessures.

Un divertissement plus agréable est le bal dit de la *ronda* : chaque homme tient sa danseuse, et forme une grande ronde avec beaucoup de grâce et d'adresse. Les personnes mariées ou les filles fiancées peuvent placer leurs mains paume contre paume, et entrelacer leurs doigts ; mais malheur au garçon qui en agirait ainsi avec une fille qu'il ne serait pas disposé à épouser, ou avec la femme d'un autre ; il serait certain d'attirer sur lui une *vendetta*.

Les auteurs sardes prétendent que le *ballo tondo* leur vient des Grecs : dans cette danse difficile, il faut former le pas et effectuer certains mouvements du corps et des bras en cadence avec la musique.

Avant de parler de la noce sarde, il

faut dire quelques mots du *compérage* à la Saint-Jean d'été. Deux personnes de sexe différent, par une convention faite deux mois d'avance, se choisissent pour compère et commère de la Saint-Jean : au jour de la fête, les deux compagnons vont à une petite église, suivis d'un nombreux cortége; en arrivant, la commère dépose contre la porte un vase de bois, dans lequel elle a semé, à la fin du mois de mai, une grande pincée de froment, lequel a déjà produit une belle touffe d'herbes. Cette offrande est faite au Précurseur du Sauveur; alors tout le cortége mange, en pleine campagne, une grande omelette aux herbes; les danses finissent par un rondeau où l'on chante : Vivent les *compère et commère de Saint-Jean;* ces liens d'amitié, qui unissent les deux familles, durent toute l'année sans la moindre mésintelligence.

Les demandes en mariage se font par l'entremise directe des parents, et le père, ou le tuteur du garçon, se rend dans la maison de la demoiselle pour annoncer l'intention du fils, et s'exprimant en style oriental : *Je viens*, dit-il, *chercher une génisse blanche et d'une beauté parfaite que vous possédez, et qui pourrait faire la gloire de mon troupeau et la consolation de mes vieux ans.* Les parents de la demoiselle répondent dans le même style figuré; ils feignent d'abord de ne pas comprendre; enfin ils amènent par force la fille désirée; l'orateur alors frappe des mains, et s'écrie : *C'est celle que je souhaite;* on règle aussitôt les affaires d'intérêt et l'échange des cadeaux : à un jour fixé d'avance, le père de l'époux part de sa maison, avec un cortége de parents et d'amis, pour apporter en grande pompe les cadeaux destinés à l'épouse; on laisse frapper plusieurs fois à la porte; enfin le père demande à haute voix, de l'intérieur, ce qu'on lui veut et ce qu'on apporte; le cortége répond à haute voix : *ondras et virtudis*, nous apportons honneur et vertu; alors les portes s'ouvrent, le maître accueille avec cordialité, et conduit le cortége dans une salle où se trouve toute la famille en habit de parure : cet ensemble forme un fort beau coup d'œil.

Les femmes sardes sont, en général, plus richement habillées que les hommes, et leurs costumes varient suivant chaque province. Celles du cap méridional portent un jupon et un tablier de velours cramoisi, ou vert, ou bleu, ou en drap écarlate très-fin; le corset et les garnitures du tablier et du bas du jupon sont en satin broché d'or et d'argent; de plus, elles décorent leur cou d'un riche collier en or qui tombe sur la gorge, et leurs doigts sont chargés de différentes bagues en or et en pierreries (*pl.* 12). Les femmes du cap Nord se distinguent par leur corset à manches fendues et par un linge blanc qu'elles portent sur la tête, et qu'elles couvrent d'un voile rouge les jours de fête et de noce.

Avant le mariage, l'époux doit faire blanchir sa maison; la fiancée doit en fournir tout le mobilier; il constitue sa dot, que l'époux va ensuite chercher lui-même avec une quantité de chariots précédés de musiciens et d'un cortége de garçons et de filles, parés de leurs plus beaux habits, chargés de rapporter les objets fragiles, tels que miroirs, tableaux (qui représentent les saints dont les époux reçurent le nom), verres et porcelaines. Les filles portent sur leur tête les oreillers garnis de rubans roses et de fleurs avec des feuilles de myrte; la cruche en cuivre, dont la mariée doit se servir, est confiée à la plus jolie fille. L'époux donne un reçu du trousseau et monte à cheval devant les chariots qui transportent le lit complet, les chaises, les meubles, le linge, la batterie de cuisine, et les autres ustensiles de ménage, notamment des quenouilles avec leurs fuseaux, dont une est garnie de chanvre ou de lin, pour indiquer à la femme qu'elle doit travailler pour sa famille. Enfin, on donne à l'épouse une provision de blé, avec la meule et tout ce qu'exige la panification : cette marche est fermée par l'âne patient, qui doit servir à moudre le grain; il est aussi orné de rubans et sert à égayer les spectateurs.

Les bans ayant été publiés trois fois à l'église, lorsque le jour du mariage est arrivé, l'époux, accompagné d'un ecclésiastique du village et de ses parents, va chercher sa fiancée : celle-ci, avant de quitter la maison paternelle, se met à genoux et demande à sa mère sa bénédiction ; la mère la fait relever, la consigne au prêtre venu avec l'époux, et l'on se rend à l'église au son des cloches, en deux troupes séparées. Après la messe, on revient à la maison de la nouvelle mariée, où le déjeuner est servi ; les mariés, assis à côté l'un de l'autre, doivent, conformément aux anciens usages, manger ensemble, se servir de la même écuelle et de la même cuiller.

A un signal donné, on arrache l'épouse des bras de ses parents pour l'asseoir sur un cheval richement harnaché, et la porter en pompe au logis marital (*pl.* 12). Elle est parée d'une robe d'écarlate brodée à fleurs, avec un tablier blanc et une jupe verte, la tête couverte d'un chapeau noir garni de rubans et de plumes, avec un voile blanc ; elle porte des souliers de velours noir garnis de boucles d'argent : à son cou se déploie un riche collier de perles et de corail qui laisse pendre une magnifique croix d'or. Ainsi vêtue, l'épouse est placée sur la selle de son cheval à la manière anglaise, sans tenir les rênes ; le mari lui donne la main droite, et de l'autre côté est un palefrenier qui conduit son cheval par la bride. Le cortége est souvent suivi par une cavalcade nombreuse précédée de joueurs de flûte et autres instruments ; des jeunes gens s'amusent à tirer des coups de pistolet en signe de joie. La mère de l'époux reçoit sa belle-fille à la porte de la maison, et lui offre sur un plat, du blé et du sel, en témoignage de l'hospitalité qu'on lui accorde, d'après les anciens usages. En descendant de cheval, l'épouse baise la main de ses nouveaux parents en signe de soumission ; ensuite elle est introduite dans sa *domu et lettu* (*), la chambre

(*) C'est-à-dire dans la chambre nuptiale, mot d'origine latine et d'après l'usage des anciens Romains.

nuptiale. Dans quelques villages, la belle-mère reçoit l'épouse avec un verre d'eau qu'elle répand dans la chambre ; car, de même que l'eau féconde la terre, ainsi sa belle-fille doit féconder et propager sa famille.

Dans quelques provinces où l'on observe l'ancienne étiquette dans toute sa sévérité, l'épouse reçoit les visites de noces sans parler pendant toute la réception ; le soir, on donne un bal terminé par un souper, dans lequel les mariés renouvellent l'exemple de leur bon accord, en mangeant dans le même plat avec une seule cuiller. Cette cérémonie recommence à tous les événements heureux de la vie, la naissance d'un garçon, la cinquantaine du mariage et autres circonstances semblables.

On dit que les Sardes sont jaloux ; cependant leurs femmes sont, en général, très-fidèles, et il est rare qu'on voie convoler en secondes noces, même ces belles villageoises de Calabras, qui, suivant M. Valery, homme de bon goût, ne le cèdent en rien aux Frascatanes ; car par leur teint blanc, par leurs yeux azurés et par leur taille déliée, elles peuvent rivaliser, dit-il, avec les Géorgiennes.

Lorsque la tombe vient renfermer toutes ces beautés, les cérémonies funèbres commencent conformément à des coutumes qui remontent à la plus haute antiquité. C'est à Tempio que l'usage des pleureuses s'est maintenu jusqu'à présent : ces femmes, parentes ou salariées, sont vêtues de noir comme des religieuses, et, tenant à la main un mouchoir blanc, elles entrent dans la chambre où le corps est placé, le visage découvert et la tête tournée vers la porte ; là, elles poussent un cri de surprise, elles pleurent, elles menacent le ciel, et lui reprochent d'avoir enlevé une personne si bonne, si bienfaisante et si utile à sa famille. Aux funérailles d'un homme tué par son ennemi, on pousse des hurlements affreux ; ce n'est plus alors un son lugubre qui fait couler les larmes, ce sont des cris de rage et de désespoir, ce sont des sentiments de haine et de vengeance dont la famille du mort est agitée contre l'assassin. Dès lors, comme en Corse, les parents laissent croître la barbe jusqu'à ce que cette vengeance soit accomplie, conformément au quatrième livre de Moïse, chap. XXXV, art. 17, où il est dit : *Le parent du mort tuera l'homicide aussitôt qu'il l'aura pris*, doctrine des juifs envoyés par Tibère dans l'île, mais que les nouvelles lois divine et civile ont répudiée, et que l'éducation publique doit faire disparaître.

Dans plusieurs cantons, la veuve de l'homme tué par son ennemi se pare de ses plus beaux habits, laisse tomber sa chevelure sur les épaules, et, accompagnée des plus proches parents, elle va chez le juge du canton en demander vengeance; ensuite on la reconduit à la maison, où elle prend le deuil pour toute sa vie. La couleur du deuil est le noir; les règles sont strictement observées, et les veuves, dans plusieurs pays, s'enveloppent la tête d'un drap jaune qui leur cache les trois quarts du visage. Dans le village de Bonorva, nonobstant la défense de l'Église, l'épouse inconsolable se frappe, se déchire, se fait des contusions, des plaies qui l'obligent à garder le lit pendant plusieurs jours.

On a prétendu que les Sardes, dans les anciens temps, avaient la coutume de tuer leurs vieillards; mais la fausseté de cette assertion, dit le chevalier Ferrero, a été déjà démontrée par plusieurs écrivains; cependant il ajoute qu'il ne peut pas laisser ignorer que, dans quelques cantons de l'île, des femmes étaient spécialement chargées de hâter la fin des moribonds : on leur donnait le nom de *Accabadures*. Cet horrible emploi a heureusement disparu de nos jours.

Nous avons cherché à rassembler plus de détails sur cette dernière coutume; mais il ne nous a pas été possible de recueillir des faits qui appuient la mauvaise opinion qu'on pourrait avoir des anciens Sardes à cet égard.

§ XI.

De la pêche du thon et du corail.

Dans l'état primitif, l'homme observa l'industrie et l'adresse des animaux, et parvint bientôt, par sa propre intelligence, à triompher de tous les obstacles que lui opposaient la force des uns, l'agilité des autres; il alla chercher les poissons même dans leur propre élément.

Afin d'arriver sans danger à leur but, les pêcheurs inventèrent les appâts à la ligne, les filets, et une multitude d'instruments ingénieux, qui, suivant les localités, furent mis en usage pour surprendre les poissons et les tirer de leur profonde retraite; dès lors la pêche devint un art rival de l'agriculture, par le profit et les aliments qu'elle donne.

Parmi les différentes pêches inventées jusqu'ici, la plus surprenante et la plus lucrative est, sans contredit, la pêche des thons, qui se fait au moyen de madragues (*pl.* n° 13) construites avec des câbles et des filets. Elle démontre jusqu'où peut aller l'industrie de l'homme.

Tandis que, par insouciance, les Sardes laissent aux pêcheurs étrangers le profit de la pêche des poissons ordinaires, ils donnent tous leurs soins à la pêche du thon (*scamber thynnus Linnei*), pêche non moins importante qu'agréable et qui se fait dans une délicieuse saison.

Cette pêche qui s'ouvrait, du temps du P. Cetti, à la fin d'avril, aujourd'hui ne peut avoir lieu qu'en mai; elle remonte aux temps les plus anciens. La chair délicate de ce poisson était autrefois si renommée, que plusieurs pays, tels que l'Espagne, l'Italie et Byzance, firent graver sur leurs monnaies l'image du thon. Les Grecs le consacrèrent à Diane. Il était de rigueur, à Carthage, de faire manger du thon aux époux avant leur union, sans doute à cause de sa vertu prolifique, et Galien cite comme le meilleur le thon salé de Sardaigne. L'empereur Caracalla récompensa d'un écu d'or chaque vers d'Oppien sur la pêche du thon.

Aujourd'hui, déchu de ses honneurs divins, sans avoir rien perdu de ses droits à la reconnaissance des gourmands, le thon enrichit la Sardaigne autant que son agriculture. Nous ignorons quelle a été l'industrie de la pêche dans le moyen âge, mais elle fut reprise avec activité, au dix-septième siècle, par Pierre Porta, marchand qui mérita, en 1603, d'être nommé baron de Teulada. Le thon a une forte puissance de natation ; elle lui permet de suivre sans fatigue, à de grandes distances, les vaisseaux, pour manger et dévorer les matières animales qui sont jetées par le matelot et dont ce poisson est très-friand. On a remarqué à Dieppe, en juin 1838, un thon qui avait dix pieds de long et pesait onze cents livres. Il en est peu de pareille dimension.

Quelle que soit la cause de l'entrée annuelle d'une quantité prodigieuse de thons dans la Méditerranée, il est hors de doute, selon les observations des marins, qu'après avoir franchi le détroit de Gibraltar, pour trouver sur les côtes d'Europe, d'Asie et d'Afrique, des aliments plus abondants, et une température plus propre aux dépôts de leurs œufs fécondés par les mâles, les thons se divisent en deux bandes, dont l'une se dirige à droite, vers l'Afrique, tandis que l'autre se porte à gauche, vers les côtes de l'Europe ; elles suivent la même direction jusqu'à la pointe de Byzance, que Pline nomma la *corne d'or*, endroit où Aristote dit que se faisaient de grandes pêches de thon. A l'automne, ils se répandent dans la mer Noire et dans la mer d'Azof.

Les deux bandes de thons voyageurs tombent dans les madragues des salines de Sassari, et d'autres positions au nord de la Sardaigne, notamment dans le détroit de l'île Asinara, l'ancienne *Herculis Insula*, qui a trente milles de circonférence, ou bien dans les madragues du midi, à Porto Paglia, et particulièrement à l'île de Saint-Pierre, qui a une population de trois mille habitants, et dont le port est très-fréquenté à l'occasion de la pêche du thon.

Les Espagnols et les Portugais avaient anciennement établi des madragues avec succès, mais elles dépérirent après le tremblement de terre de 1755, qui renversa la ville de Lisbonne. Comme les thons marchent toujours à une profondeur de cent pieds dans les mers, ce tremblement de terre par lequel fut refoulée, de l'Afrique contre l'Europe, une immense quantité de sable et d'autres matières qui élevèrent considérablement le fond des mers d'Espagne, fit prendre aux thons une autre direction. Dès lors, ils se portèrent vers la Sardaigne, en sortant du détroit de Gibraltar, où les Anglais exploitent à présent avec avantage cette branche d'industrie.

On assure qu'autrefois on pêchait jusqu'à cinquante mille thons, dont plusieurs pesaient de trois cents jusqu'à douze cents livres ; mais ce nombre est aujourd'hui réduit de beaucoup. Les naturalistes ont reconnu cette diminution, et l'attribuent à la variation des vents, ainsi qu'à la chasse que leur livrent les grands chiens de mer ; mais ces causes ne seraient qu'accidentelles, et peuvent être susceptibles de changement.

La pêche du thon en Sardaigne commence au mois de mai, comme nous l'avons dit ; c'est alors que les côtes où sont établies les madragues deviennent des endroits fréquentés, de véritables marchés. De toutes parts, arrivent des bâtiments chargés de sommes d'argent pour l'achat du thon salé. Les Sardes, curieux de jouir des plaisirs de la pêche, accourent en foule de l'intérieur de l'île, et ils sont reçus avec générosité par les propriétaires de la pêche (*), qui non-seulement offrent aux visiteurs une table très-splendidement servie, mais, en outre, au moment du départ, font à chacun d'eux le cadeau d'une quantité de poisson pro-

---

(*) Aux beaux jours de la madrague de l'île de Piana, lorsqu'elle était exploitée directement par le marquis Pez de Villamarina, notre ami et collègue au doctorat en 1792 à l'université de Turin, il régnait dans sa maison une sorte de magnificence et de prodigalité.

portionnée à la qualité de la personne, ne fût-ce qu'un paysan. Le chef des pêcheurs a la direction suprême de la pêche et une autorité absolue sur tous les journaliers; c'est à lui de disposer, d'ordonner, de juger et même de châtier, sans que personne puisse se plaindre, ni murmurer de son immense pouvoir; aussi choisit-on toujours pour ce poste important l'homme le plus habile et le plus probe, car c'est de lui et de son intelligence que dépend l'heureuse issue de la pêche.

Tout le mois d'avril est employé pour les préparatifs nécessaires à la formation et au rassemblement des filets qu'on doit jeter à la mer. Au troisième jour de mai, le travail devient plus pressant : c'est en effet dans ce jour qu'on doit tracer la madrague (voy. *planche* 13); ce que les Sardes appellent *incrocciare la tonara*. Cette cérémonie se fait en présence du chef des pêcheurs, qui l'exécute avec le plus grand appareil, car elle consiste à tracer sur la mer l'endroit où il doit placer le filet : ainsi, de même que l'architecte, au moyen de pieux et de cordes, désigne à terre le plan sur lequel il doit élever son édifice, de même le chef des pêcheurs trace sur l'eau sa madrague par le moyen de deux cordes qu'on appelle *intitole*, cordes qu'il arrête en lignes parallèles, et qui représentent les deux côtés du grand parallélipipède du filet. La madrague est une grande pêcherie qu'on établit principalement à l'île d'Asinara et à celle de Piana, aux salines près de Porto Torrès (*), et autres points de la Sardaigne. On peut regarder la madrague comme un grand parc établi en pleine eau, dans lequel le poisson est conduit par une *chasse* ou une cloison de filets qui s'étend jusqu'à la côte. Nous ne sommes pas tout à fait d'accord avec Duhamel sur la figure de la madrague; mais ce savant n'a vu que celle de Bandola en Provence, et non celles de la Sardaigne, où se fait la plus grande pêche de thons : c'est surtout dans cette île que l'industrie de l'homme se signale.

Le lendemain de cette première opération, on plonge le filet, c'est ce qu'on appelle *mettere la rete a bagno*, autre opération qui s'exécute à l'aide de plusieurs bateaux destinés à cet objet, et avec beaucoup de solennité.

En examinant le plan et le profil de la *planche* n° 13, on verra la forme et la grandeur du filet, qu'on peut regarder comme un édifice très-hardi planté au milieu de la mer. Les dispositions de filets pour la pêche du hareng et de la merluche, mises en comparaison, ne sont, pour ainsi dire, que des jeux d'enfants.

L'endroit de la mer où l'on jette le filet a pour le moins cent pieds de profondeur, car le thon ne vient jamais à la surface de l'eau; et, pour l'attraper, il faut que le filet touche le fond de la mer, et qu'il se replie sur lui. Toute l'enceinte de ce grand filet, qu'on appelle *isola*, est divisée en différentes chambres faites en jonc de mer, excepté la chambre de *mort*, n° 1, laquelle est formée par un filet de chanvre à mailles solides et étroites; car, en la tirant du fond de la mer, elle doit soutenir tout le poids des poissons qui s'y trouvent renfermés; elle est bordée à la tête et aux pieds par de grosses et doubles cordes. Il y a, en outre, une chasse appelée *Queue*, n° 8, et *Codarde*, n° 9, laquelle est formée d'un même filet qui se déploie de la madrague jusqu'à terre, et qui a environ douze cents pieds de longueur. Il sert à conduire les thons qui passent entre la côte et la madrague, et à les faire entrer dans la chambre n° 5, comme Duhamel l'explique dans son ouvrage sur les arts et métiers.

Tous les filets qui forment la madrague sont assujettis au fond de l'eau par un poids énorme de lest de pierres, et tenus verticalement au moyen de plusieurs nattes de liége d'un pied carré.

(*) Les hommes des madragues de Porto Torrès et de Porto Scuso, propriétés du marquis Pasqua, viennent de la rivière de Gênes avec leur directeur; ils sont logés, nourris; pour trois mois on leur donne 80 fr. en argent, solde modique, si l'on considère les fatigues et même les périls auxquels ils sont exposés.

Les parois sont affermies par un grand nombre de cordes fixées d'un bout sur la corde qui borde la tête des filets, et de l'autre amarrées à une ancre mouillée au fond de la mer.

Tout ce grand établissement, retenu seulement par des câbles qui répondent à des ancres, est assez solide pour résister à l'impétuosité des vents, aux courants de la mer et aux efforts des gros poissons qu'il renferme.

Duhamel n'a donné que cinq chambres à ses madragues, tandis que celles de la Sardaigne en ont sept comme celles de Tunis. Voyez *pl.* 13.

Les thons commencent par entrer dans la grande chambre n° 5, dont la porte leur est toujours ouverte; de là le poisson passe dans les autres chambres du levant, n°s 6 et 7, et du couchant, n°s 3 et 4, que l'on ferme lorsque la quantité des thons est abondante. Quand le chef de la pêche juge qu'un nombre suffisant de poissons est entré, alors il fait ouvrir la dernière chambre qu'on appelle *ponente*, n° 2, ou chambre du couchant, dans laquelle il fait passer les thons destinés pour la chambre de la boucherie ou de la mort (Duhamel, Traité des pêches). Le lendemain de cette opération, si le temps est favorable et si la mer est calme, le chef se porte sur la madrague avant l'aube; et, pour déterminer les thons à entrer dans cette chambre de mort, n° 1, dont la porte s'ouvre à son ordre, il jette parmi eux une pierre enveloppée d'une peau de mouton noire : les thons s'effrayent, et, cherchant une issue, entrent dans la chambre fatale. Si ce moyen ne suffit pas, le chef se sert alors d'un filet nommé *lagarre*, qui, en rétrécissant la chambre du couchant, n° 2, presse les thons les uns contre autres, et les force d'entrer dans la boucherie. Alors, le chef de la pêche arbore le pavillon blanc, et invite les propriétaires et les ouvriers à venir exécuter la grande opération de boucherie, appelée la *mattance* en Italie.

Pour l'exécuter, on commence par tirer du fond de la mer la chambre de mort, n° 1, qui, à cause de son grand poids, ne s'élève que très-lentement.

Tout en la tirant, les ouvriers reçoivent les filets dans des bateaux jusqu'à ce que le poisson se trouve enfin presque à la surface de l'eau. C'est alors que les hommes embarqués sur les deux grands bateaux du chef, et le *palischelmo*, armés de bâtons avec des crocs ferrés, commencent à tuer les thons, qui, de leurs larges queues, frappent l'eau, et la font jaillir à quinze pieds de hauteur. Ils les harponnent sur leurs bateaux, et ensanglantent la mer agitée par les efforts de ces gros poissons qui résistent au combat, au milieu des acclamations et des cris de joie des spectateurs qui se réjouissent devant un des plus grands spectacles qu'offre l'industrie humaine. Les cris des pêcheurs, leur adresse, leur activité, les bonds terribles que font les thons pour s'élancer hors du filet, et qui vont quelquefois tomber vivants dans les bateaux, rendent cette scène très-animée pour les acteurs et les spectateurs. Duhamel prétend que les thons, lorsqu'ils sont effarouchés par les pêcheurs ou par les requins, se plongent au fond de l'algue, y mettent leur tête, et ne remontent que le jour suivant.

La *mattance* ainsi accomplie, plusieurs bateaux remorquent les deux grandes barques jusqu'au lieu de la boucherie de terre, située au bord de la mer, sous de grandes halles. C'est là qu'on commence par couper la tête au poisson, ensuite un seul portefaix se charge du thon le plus énorme, qu'il porte au magasin, où il est suspendu par la queue (*). C'est là aussi qu'on coupe les thons en morceaux pour préparer ce que nous appelons du thon mariné, qui reçoit différentes salaisons : une partie est apprêtée à l'huile, l'autre au sel pur, la troisième au vinaigre. Les œufs sont salés à part; on jette les têtes et les os dans de grandes chaudières pour en extraire l'huile de thon; enfin, pour que rien ne soit perdu, les mêmes os secs sont encore jetés sous la chaudière pour alimenter le feu.

Le produit annuel de la pêche du

(*) Voyez *pl.* 13.

SARDAIGNE.

thon en Sardaigne est d'environ trente-deux mille poissons : les madragues des salines de Sassari et de Porto-Sueto de l'île Piana sont les plus lucratives. Le chanoine Raymond Valle voulant obtenir l'agrégation au collége des lettres et arts à l'université de Cagliari, la description de la pêche du thon lui fut assignée pour sujet de poëme. Nous regrettons de ne pas donner ici cette composition, qui contient une description exacte et élégante de ce genre de pêche.

Pêche du corail.

Il n'y a point de production maritime sur laquelle les naturalistes anciens et modernes aient autant écrit que sur le corail. La structure et la forme de cette substance, qui ressemble à un arbrisseau dépouillé de ses feuilles, ce tronc d'où partent les branches latérales, cette espèce d'écorce qui le recouvre, tout enfin concourait à nous induire en erreur et à le faire prendre pour un végétal.

Bernard de Jussieu a enlevé au corail le nom de plante maritime pour lui substituer celui de polypier.

La pêche du corail en Sardaigne commence à la fin d'avril ou en mai, et finit en septembre. La plus grande abondance de cette production animale se trouve dans les mers de Castel Sardo, d'Alghero, de Bosa, et des îles de Saint-Pierre et Sant'Antioco. C'est cependant près de l'île Asinara que se trouve le meilleur corail de la Méditerranée.

Pour pêcher le corail, on attache deux chevrons en croix ; on les appesantit avec un gros morceau de plomb pour les faire plonger au fond de l'eau ; des ouvriers tortillent négligemment du chanvre de la grosseur d'un pouce, dont ils entourent les chevrons, qui ont aussi à chaque bout un petit filet en forme de bourse ; puis ils attachent ce bois à deux cordes dont l'une tient à la proue, et l'autre à la poupe de leur bateau. Ils plongent ensuite cette machine dans la mer, et la laissent aller à tâtons au courant et au fond de l'eau, afin qu'elle s'accroche sous les avances des rochers : le chanvre s'entortille alors autour des branches du corail qu'il rencontre fixé sur les rochers ; à l'aide des cordes, on tire ensuite les chevrons, et on arrache les branches du corail qui restent attachées à la filasse, d'où elles tombent dans la bourse, ou dans la mer lorsqu'elles sont trop grosses. Des plongeurs vont aussitôt les y chercher (*).

Le naturaliste Fratielli rapporte dans un mémoire que le corail croît en peu d'années, et qu'il se gâte, se pique en vieillissant.

Il y a plusieurs qualités de corail : le plus estimé est gros, d'un rouge de sang ; celui de la seconde qualité n'est pas bien gros, mais il est entier et d'une belle couleur ; quant au corail de la troisième qualité, c'est celui qui est tombé de sa tige et qui a blanchi.

§ XII.

Des animaux indigènes les plus rares de l'île sarde. — Du mouflon mâle et femelle.

Pline le naturaliste nous dit que le mouflon, *ovis aries fera*, ne se rencontre que dans la Sardaigne ; mais Buffon ajoute que *l'ophion* dont parlent les anciens Grecs, et qui est cité par Pline, n'est autre chose que l'*ovis ammon* de Linnée, le mouflon d'aujourd'hui, eu égard autant aux caractères distinctifs de cet animal, qui ont pu être confondus par les anciens avec ceux du cerf, qu'à la ressemblance du nom donné à ces animaux.

Le mouflon que la Sardaigne possède

(*) En 1828, cent quatre-vingt-dix bateaux de différentes nations sont entrés dans le port d'Alghero, et le corail exporté s'est élevé à plus de deux cent cinquante mille francs. La pêche du corail remonte au delà de l'année 1372, dans laquelle don Pierre d'Aragon affranchit tous les habitants des droits, afin d'accroître l'importance de cette branche d'industrie. Le corail algherois est abondant et le meilleur de toute la Méditerranée. Il égale aussi en beauté celui de l'île de l'Asinara.

fut assimilé par Pausanias à ces béliers qu'on voit, dit-il, figurés sur les ouvrages en terre de fabrique Éginète; il habite particulièrement les montagnes de la Nora, d'Iglesias, de Benlada, de Patada, de l'Oliastra et de Lerrono.

Sa forme extérieure (*pl.* n° 15) s'accorde parfaitement avec celle du cerf, auquel d'ailleurs il ressemble par son poil et sa vivacité, quoiqu'il soit un peu plus sauvage, car il habite les endroits les plus solitaires et les plus escarpés des montagnes. Pausanias dit qu'il surpasse en vitesse tous les animaux sauvages.

La taille du plus gros des mouflons approche de celle du daim; il a les cornes au-dessus des yeux, comme le bélier, et il porte aussi les oreilles extrêmement droites. Il est très-léger à la course, mais se fatigue promptement lorsqu'on le poursuit en plaine. Les mouflons marchent ordinairement par troupe de cent, dont le plus vieux est le conducteur. Ils s'apprivoisent facilement et s'attachent à l'homme et aux chevaux, comme le mouton.

Buffon, très-attentif à simplifier la création et à écarter cette multiplicité d'êtres introduite dans l'histoire, conseille avec raison aux naturalistes de faire leurs efforts pour trouver dans tous les genres l'espèce primitive et mère; et en parlant du mouflon, il dit qu'il le croit un bélier sauvage.

La femelle du mouflon est un peu plus petite que le mâle; elle n'a point de cornes, ce qui fait une grande différence (*pl.* n° 15): elle est plus douce et plus apprivoisée.

Du seps.

Le seps est une espèce de lézard long comme un serpent, dont les pattes sont presque invisibles. Les naturalistes l'appellent *lucerta chalcidia*, parce qu'il porte sur le dos des lignes couleur d'airain (*pl.* 16, n° 3).

Cet animal, qui forme l'anneau entre les quadrupèdes et les reptiles, dit Lacépède, est assez fréquent en Sardaigne; il a douze pouces et plus de longueur, et quinze lignes de circonférence au dos, qui est recouvert d'écailles rhomboïdales. Ses oreilles et ses yeux sont petits; ses deux premières pattes sont fort rapprochées de la tête, tandis que les deux autres sont placées près des hanches, ou au commencement de la queue, qui est blanchâtre et très-pointue. Son ventre est d'un blanc clair; ses narines sont placées à l'extrémité du museau.

Le peuple attribue à ce lézard une puissance venimeuse; mais il n'y a pas d'exemple d'accident causé par cet animal, comme l'atteste le savant Thunberg. Une des particularités les plus remarquables de l'île, et dont elle est peut-être le seul exemple, c'est l'absence de tout animal venimeux et de bêtes féroces depuis les temps les plus anciens. Pausanias et Silvius Italicus ont fait la même observation. On remarque aussi que les chiens, malgré la grande chaleur et la sécheresse du climat, n'y sont pas sujets à la rage. Dans un pays brûlant, et où les chiens sont aussi multipliés, il n'y a pas eu, de mémoire d'homme, d'accident de cette maladie. On attribue cette faveur à l'absence des loups; car, en général, ce sont eux qui communiquent la rage aux chiens.

Le tiligugu (*pl.* 16, n° 2).

Il a fallu conserver le nom de tiligugu sous lequel est connu ce lézard, parce que Linnée ne paraît pas l'avoir exactement décrit parmi les quarante-quatre différentes espèces dont il a composé ses quatre classes de lézards.

Lacépède, en parlant du mobonge des Antilles, prétend que ce lézard est tout à fait le même que le tiligugu de Sardaigne, décrit par le naturaliste Cetti; mais en les comparant l'un avec l'autre, ils paraissent assez différents : en effet, la tête du tiligugu est avancée, contiguë au corps, un peu courte et aplatie des côtés; la mâchoire supérieure est égale à l'inférieure; les narines sont ovales et amples, la langue en forme de cœur, les dents courtes et égales, les yeux placés à la base de la tête, proche du bord; les oreilles larges, posées aux angles des mâchoires. Le corps est un ovale

SARDAGNE.

oblong, à l'exception du dos qui est angulaire; la queue ronde et pointue; les pattes de devant sont très-peu éloignées de la tête, et couvertes d'écailles comme le reste de l'animal.

Ce reptile grimpe sur les arbres et sur les maisons; il fait du bruit au changement de temps, de même que la grenouille, car il est très-sensible à l'humidité et à la sécheresse. Il n'est pas dangereux, mais, lorsqu'on l'irrite, il se jette avec hardiesse sur celui qui le provoque.

Du vautour barbu (pl. 16).

Les vautours connus en Sardaigne sont de quatre espèces, savoir : le griffon, le vautour blanc, le noir, et le vautour barbu, ainsi nommé par Linnée, à cause d'une longue barbe de crin qui lui pend de la mandibule inférieure (*pl.* 16, n° I.).

Ce vautour, le *gypœtes barbatus* de Cuvier, long de quatre pieds et dix pouces depuis la tête jusqu'à la queue, est de tous celui qui a le plus de rapport avec les aigles, car il est entièrement couvert de plumes; son port est noble et fier : il diffère cependant de l'aigle par sa taille, par la forme de son bec, par ses yeux saillants, par le creux qu'il porte au bas de l'œsophage, bien plus encore par son organisation intérieure, et enfin par ses habitudes.

Buffon ne croyait pas que le vautour barbu se trouvât aussi en Sardaigne (*), comme l'expérience nous l'atteste.

§ XIII.

De la végétation de l'île sarde.

La végétation du nord de l'île de Sardaigne peut se comparer à celle de la Corse, et la végétation du cap méridional à celle de l'Afrique; celle du centre à celle de la Provence. Il est à remarquer ce que Pausanias nous dit à l'égard des végétaux : *Il y a dans l'île*

(*) Nous avons, en 1797, offert à notre Académie des sciences de Turin, un tableau contenant le vautour barbu en relief, par nous préparé d'après la méthode du naturaliste professeur Giorna.

sarde une seule espèce de plante dont le venin soit mortel; elle ressemble à l'ache, et ceux qui en mangent meurent, à ce qu'on dit, en riant. C'est pour cela qu'*Homère*, et ceux qui l'ont suivi, donnent le nom de rire sardonique à ceux qui en sont atteints. Dioscoride a laissé une description inexacte de cette plante, qu'Apulée appelle l'herbe scélérate, Linnée *ranunculus bulbosus*, et les professeurs de Turin, Alione et Moris, *ranunculus peucedanifoliæ*, plante aquatique et propre à la Sardaigne centrale.

M. de Candolle pense que la plante désignée par Pausanias est le *ranunculus sardous* ou *philonotis*.

Quant au rire sardonique, dont Cicéron parle dans la lettre XXV, liv. 7, à Fabius Gallus, il n'est pas naturel aux Sardes, qui sont d'un caractère franc et constant. Le rire sardonique est plus propre aux mœurs des nations civilisées, qui, à la sincérité du cœur, ont substitué la politesse et une grâce d'affectation.

La végétation de la Sardaigne est prodigieuse. Nous avons déjà signalé la fertilité du sol à l'égard du blé, le *trique*, mot sarde corrompu du latin *triticum*, lorsque la plante n'est pas attaquée par des brouillards, qui diminuent la graine, ni par les sauterelles, transportées dans l'île par des vents d'Afrique, ce qui arriva en 1825, année pour les Sardes d'une grande calamité.

Le maïs, ou blé de Turquie, est cultivé dans les plaines d'Oristano et autres cantons à l'abri de la sécheresse. Ce sont les Sarrasins (*) qui apportèrent de l'Orient cette plante fertile.

Les fèves, dont les paysans font une consommation notable pour leur famille et pour la nourriture des animaux de charge, sont semées en novembre au cap Cagliari, plutôt qu'au printemps, car les vents secs en empêchent la culture. Au cap Sassari, qui est plus humide, on les sème en mai, comme en Lombardie.

(*) Voyez *De la culture du maïs et de son utilité pour l'économie animale*, par le chevalier de Grégory. 1829, Paris.

La vigne donne aux Sardes les vins précieux appelés le muscat blanc ou malvasia, meilleur que celui d'Asti, le canonao rouge et noir, la vernaccia blanche et très-claire, comme les vins du Rhin et de Champagne.

L'olivier est la plante qui convient le mieux aux terres sardes, et sa culture fut encouragée par des titres de noblesse et des récompenses accordés par le roi Victor-Emmanuel pendant son séjour dans l'île durant l'émigration.

Les amandiers, les orangers et les limons y prospèrent, et la vallée de Milis, dont nous reparlerons, est appelée, par le savant Cetti, le jardin des Hespérides, à cause de l'abondance de tous les fruits et de citronniers. Le tabac de l'île ne le cède en rien aux meilleurs tabacs d'Espagne et de Turquie. Il est plus fin, d'un jaune plus clair, et doit être laissé deux ans en fermentation. Il forme une branche des revenus royaux.

La garance, *rubia tinctorum* de Linnée, croît naturellement dans plusieurs provinces; on se sert de cette racine, qui donne un rouge écarlate, pour les toiles et laines à l'usage des paysans, et sa bonté n'est pas connue à l'étranger.

Le liége, dont l'île abonde, le safran, la soude, auraient besoin, pour être mieux exploités, d'encouragements de la part du gouvernement. Il devrait en être de même pour la culture du coton et pour l'éducation des vers à soie. Déjà on a planté une quantité prodigieuse de mûriers blancs et noirs dans différents cantons; mais les chaleurs des mois de mai et juin sont aussi préjudiciables à cette chenille industrieuse que les inconstances de température le sont dans d'autres contrées.

Nous avons indiqué, page 25, quelques-uns des avantages que la situation actuelle des affaires politiques peut assurer à la Sardaigne. Nous ajouterons plusieurs développements.

La Méditerranée est sillonnée aujourd'hui en tous sens par les divers pavillons de l'Europe. Lorsque le commerce avec Alger sera établi sur des bases durables, lorsque la paix sera donnée à l'Orient, les bâtiments de tous les pays afflueront encore plus dans la Méditerranée. Les Génois, qui jouiront naturellement de priviléges en Sardaigne, puisqu'ils sont sous la même domination, y apporteront des capitaux au lieu du joug de fer qu'ils y faisaient peser auparavant. Cagliari en rapport, par les routes nouvelles, avec toute l'île, deviendra un lieu favorable aux *radoubs* au renouvellement des approvisionnements et des munitions, et présentera, dans son port, de bien plus grandes ressources que Malte et que la Sicile qui n'a pas encore reçu, et qui ne recevra probablement que très-tard une pareille direction. Le gouvernement piémontais est un gouvernement sage, modéré, et ami de ses peuples : il a commencé à reconnaître tout le prix de la Sardaigne civilisée. L'île a reçu de bonnes lois, des communications faciles; la population agreste, retenue dans les montagnes, s'est accoutumée à visiter paisiblement les plaines : les étrangers voudront et pourront parcourir les diverses provinces de ce petit royaume : nous rapporterons ici un chapitre du voyage récent de M. Valery, qui seul suffit pour exciter l'enthousiasme de ceux qui veulent admirer un des plus imposants spectacles de la nature :

Milis ou la forêt d'orangers.

« C'est le premier jour du mois de mai, par un temps magnifique, que je visitai les jardins ou plutôt la forêt d'orangers de Milis, l'ornement de la Sardaigne, qui compte au delà de cinq cent mille arbres, et dont les approches me furent annoncées par une brise embaumée.

« Ce bois, ceint de collines qui l'abritent, et dont je parcourus pendant plusieurs heures les délicieux ombrages et les taillis touffus, était alors animé par le chant des oiseaux et le murmure des mille petits ruisseaux qui arrosent le pied de ces arbres toujours altérés. Une couche solide de fleurs d'orangers jonchait le sol : je marchais, je glissais sur cette *neige odorante;* si j'écartais les branches pour percer le taillis, les fleurs jaillis-

SARDAIGNE

1. Chambre de mort.
2. Chambre de ponent.
3. Pastarda.
4. Bordonale de ponent.
5. La grande ou foradrice.
6. Bordonale du Levant.
7. Chambre du Levant.
8. Chiuse.
9. Codarde.

saient en l'air et me caressaient le visage. Cette fleur précieuse, qui, dans les somptueuses orangeries de nos châteaux, se pèse et se vend, ici exhale d'inutiles parfums, tombe à terre, et forme un épais et doux tapis de grandes herbes aromatiques mêlant une agréable et forte odeur à l'odeur plus suave de l'oranger. L'abondance des fruits est prodigieuse. Quelquefois de longs bâtons de sarments soutiennent les branches pliant sous le faix des oranges et des citrons, qui montent, année moyenne, à près de dix millions. On est comme ébloui par tous ces globes rouges ou dorés, ardente végétation suspendue en festons et en guirlandes. »

L'introduction de l'oranger en Sardaigne remonte aux époques du deuxième ou troisième siècle. Les jardins de Milis, dont la terre, particulièrement propre à ces plantations, est fine et douce au toucher, s'étendent pendant l'espace de trois milles, et ils offrent plus de trois cents vergers. Un des plus beaux, le jardin du chapitre de la cathédrale d'Oristano, n'est affermé que huit cents écus, à peu près quatre mille francs. Quelques arbres ont donné jusqu'à cinq mille oranges; les poëtes ont vanté le jardin des Hespérides, fort inférieur, sans doute, à celui d'Oristano, qui a plus de dix mille arbres, dont plusieurs, au dire traditionnel des paysans, compteraient plus de sept siècles. C'est dans le jardin du marquis de Boyl que je trouve le plus grand des arbres de Milis, décoré du titre de *roi des orangers;* un homme ne peut l'embrasser; et ce bel arbre, au parfum, à la douceur et à l'éclat de ses fruits et de ses fleurs, joint la hauteur et la majesté du chêne.

La forêt de Milis est par cela un des points de la Sardaigne qui appelle le plus l'exploitation d'industriels intelligents, soit par la création de distilleries de fleurs d'orangers, soit par celle de fabriques de produits chimiques, propres à l'impression des étoffes de soie, de laine et de coton.

Les champs balsamiques, les féeries de Milis mériteraient seuls le voyage de la Sardaigne. Nous avons si près de nous ce spectacle qu'on croirait un rêve des *Mille et une Nuits!*

Nous nous sommes plu à prédire le sort futur de la Sardaigne. Ce n'a pas été sans plaisir que nous avons annoncé ses destinées propres à augmenter la gloire de ses rois, et ce qui est en même temps aussi désirable, la prospérité et le bonheur d'un peuple longtemps calomnié, et susceptible de prendre part aux plus heureux progrès de la civilisation moderne.

FIN.

L'UNIVERS,

ou

HISTOIRE ET DESCRIPTION

DE TOUS LES PEUPLES,

DE LEURS RELIGIONS, MOEURS, COUTUMES, ETC.

HISTOIRE DE LA CORSE,

DEPUIS LES TEMPS LES PLUS ANCIENS JUSQU'A NOS JOURS,

PAR C. DE FRIESS-COLONNA.

INTRODUCTION GÉOGRAPHIQUE.

La Corse est, après la Sicile et la Sardaigne, la plus grande des îles de la Méditerranée : elle a quarante-cinq lieues de long, sur vingt-trois de large. Les Français en firent la conquête en 1769. On verra dans le courant de cette histoire par quelles vicissitudes elle a passé avant d'appartenir à la France. On parle en Corse la langue italienne, et c'est, après la Toscane, la Romagne et les États de Lucques, le pays où cet idiome est le plus pur.

La Corse est un véritable pays de montagnes. C'est là un de ses caractères distinctifs. Deux chaînes principales la divisent, l'une dans le sens transversal de l'ouest-sud-ouest à l'est-nord-est, du mont Saint-Antoine, au-dessus de Belgodère, au Monte-Coscione, au-dessus de Zicavo ; l'autre dans le sens longitudinal, parallèlement à la côte, du nord au nord-est, depuis le Cap-Corse jusqu'au Fiumorbo. La première, beaucoup plus considérable que la seconde, et par sa hauteur et par l'espace qu'elle occupe, est presque entièrement composée de terrains granitiques ; la seconde, de terrains stratifiés. Le Monte-Doro, le Monte-Cinto et le Monte-Rotondo, dont la hauteur est d'environ 2,700 mètres, appartiennent à la chaîne de montagnes du système transversal. Le sommet le plus élevé de la chaîne de montagnes du système longitudinal ne s'élève guère au-dessus de 1,200 mètres. Cependant la cime du San-Petrone, au-dessus de la Porta, atteint 1,650 mètres.

La nature des lieux a porté les habitants de la Corse à partager leur île en deux grandes parties, que sépare la chaîne de montagnes du système transversal dont nous venons de parler, dans la direction du nord-ouest au sud-est.

Cette division, adoptée de temps immémorial, a toujours porté et porte encore le nom de *Deçà des Monts*, pour la partie comprise du nord au midi, entre la pointe du Cap-Corse et le fleuve de Solenzara, et depuis la mer de France jusqu'à la mer de Toscane, de l'ouest à l'est ; de *Delà des Monts*, pour la partie qui se trouve entre le Fango, la chaîne de montagnes du système transversal et la Solenzara, du nord au midi ; la Méditerranée et cette même chaîne de montagnes, de l'ouest à l'est.

Le *Deçà des Monts*, beaucoup plus ouvert que le *Delà des Monts*, est aussi

1re *Livraison.* (CORSE.)

1

beaucoup plus étendu. Plus voisin de l'Italie, et en contact, pour ainsi dire, journalier avec elle, il lui a emprunté quelque chose de sa civilisation.

Le *Delà des Monts*, pays excessivement boisé et très-montagneux, brûlé dans ses plaines par le soleil et les vents d'Afrique, a conservé longtemps une physionomie sauvage que la civilisation française n'a pu encore faire disparaître.

Ce que M. Jean Reynaud a dit de la végétation de la Corse peut aussi bien s'appliquer au *Deçà* qu'au *Delà des Monts*. « La végétation y offre des caractères intermédiaires entre ceux de la végétation du midi de la France et de l'Italie. Les oliviers et les vignes sauvages, les myrtes, les lauriers-roses, les chênes-lièges, les cactus, les aloès, quelques rares palmiers, sont ce qui frappe le plus les yeux du voyageur qui vient de France. On a fait quelques essais pour acclimater en Corse les plantes intertropicales. Les essais faits en petit, et dans des jardins publics ou particuliers, ont assez bien réussi; mais on aurait tort d'en conclure que ces plantes puissent jamais devenir en Corse l'objet d'une grande culture : elles y demandent des ménagements tout spéciaux, et il n'y a, comme nous l'avons dit, que quelques points du littoral où elles puissent prospérer. Les céréales, le riz, la garance, les oliviers, les citronniers, la vigne, sont le principe de la véritable richesse agricole de la Corse, dans tous les lieux où le sol n'est pas trop montueux pour leur convenir. C'est donc sur le développement de ces plantes, et non sur de vaines espérances d'indigotiers, de caféiers, de cannes à sucre, que l'attention du gouvernement et des industries doit se porter. Bien que la Corse n'ait pas été destinée par la nature à devenir jamais un pays bien fertile, il y a certainement d'immenses bénéfices à en tirer par une sage exploitation de la plaine et des vallées. Les eaux propres aux irrigations y sont abondantes. Peut-être serait-il convenable d'étendre les essais qui ont été faits, à diverses reprises, sur les semis de cotonniers : il serait possible que la Corse, dans les localités bien situées, pût tirer de cette plante précieuse un revenu considérable et d'une haute utilité pour l'industrie du midi de la France (*a*).

« Les forêts de la Corse, ajoute M. Reynaud, sont peut-être les plus belles qu'il y ait au monde, sinon sous le rapport de l'étendue, du moins sous celui de la magnificence. Sans parler de ces majestueuses forêts de châtaigniers qui occupent les pentes peu élevées, et dont la fécondité est si prodigieuse, qu'une population considérable n'a pas besoin d'autres champs, les hautes montagnes de la Corse nourrissent des forêts de chênes, de hêtres, de sapins, et surtout de pins larix, propres aux constructions les plus magnifiques (*b*). Il semblerait que la nature, donnant à la Corse les havres les plus multipliés et les plus spacieux qu'il y ait sur aucune côte de la Méditerranée, eût voulu lui donner aussi toute la charpente nécessaire pour une marine puissante. Il peut sembler extraordinaire au premier abord que ce petit peuple, ainsi isolé au milieu de la Méditerranée, et entouré de tant de circonstances favorables à la navigation, soit demeuré montagnard et ne se soit point fait navigateur. Mais le développement de la marine demande des conditions particulières de commerce et de puissance que la Corse n'a jamais eues jusqu'à présent, et qui ne se manifesteront qu'à mesure que la France s'y constituera plus efficacement, et prendra sur la Méditerranée le rang qui lui appartient (*c*). »

Sous le rapport minéralogique, la Corse est sans contredit le pays le plus riche de l'Europe. M. Gueymard, ingénieur en chef des mines, l'a appelée l'Élysée de la belle géologie. Dans un rapport qu'il fit en 1820 à la suite d'un long voyage dans l'île, il disait : « Je me suis souvent servi de l'expression que cette île était l'Élysée de la belle géologie, et plus je voyage, plus je reconnais que nulle part il n'existe d'aussi beaux produits. La Corse renferme les plus jolies roches et des roches uniques. C'est dans

---

(*a*) *Encyclopédie nouvelle*, t. IV, p. 60 et suiv.
(*b*) D'après le procès-verbal de délimitation, terminé en 1839 par M. Racle, l'État possèderait en Corse un sol forestier de 150,000 hectares.
(*c*) Il est question, depuis quelque temps, de faire d'Ajaccio une succursale du port maritime de Toulon.

l'existence de ces roches précieuses que réside la richesse minéralogique de la Corse. L'architecture et les beaux-arts trouveraient sur ce point du globe des variétés presque infinies de roches pour construire des palais, des monuments, et pour en décorer l'intérieur. »

DE LA DIVISION TERRITORIALE DE LA CORSE JUSQU'A L'ORGANISATION ACTUELLE.

Les Romains, ayant fait la conquête de la Corse, la soumirent ainsi que la Sardaigne au gouvernement d'un même préteur. Les auteurs latins citent deux villes importantes, Aléria et Mariana, dont il reste aujourd'hui encore quelques vestiges, fondées par Marius et Sylla, avec des colonies de vétérans romains. Quant aux autres cités et bourgades dont il est fait mention, il serait assez difficile, non-seulement de donner une idée quelconque de leur importance, mais même d'indiquer d'une manière exacte, pour le plus grand nombre, leur emplacement. Du reste, les Romains ne nous ont rien laissé sur la division territoriale du pays et sur son administration intérieure. Comme on le verra dans le courant de cette histoire, on a fort peu de données sur ce qui se passa en Corse dans les premiers siècles du moyen âge. Au onzième siècle eut lieu, pour la première fois, une division importante dans l'île de Corse. Tout le pays compris depuis la chaîne de montagnes du système transversal jusqu'à Brando se déclara indépendant, sous le nom de *Terre de Commune*, s'organisa et appela un prince étranger pour le gouverner. Alors s'établit, d'une manière certaine et régulière, une division qui se continua jusqu'au seizième siècle. Le pays d'au *Delà des Monts*, sous la dépendance de ses seigneurs, ne reconnut d'autre division que celle des fiefs qui le composaient. Dans le *Deçà des Monts*, il y eut deux grandes divisions, la *Terre de Commune*, se régissant d'une manière indépendante, et le *Cap-Corse*, soumis à des seigneurs féodaux. Ces trois grandes parties de la Corse se subdivisaient en provinces, les provinces en pièves, et les pièves en paroisses. La province comprenait un certain nombre de pièves, et les pièves un nombre indéterminé de paroisses. Il n'y a rien aujourd'hui qui ait remplacé les provinces, qui ont servi à former les arrondissements. Quant aux pièves, elles ont été remplacées par les cantons, et les paroisses par les communes :

Au temps de Filippini, la Corse se divisait aussi en cinq évêchés ou juridictions ecclésiastiques qui embrassaient tout le pays. Comme ce régime s'est conservé à peu près le même jusqu'à l'arrivée des Français, nous allons donner ici le passage dans lequel Filippini résume la position géographique de l'île de Corse, au seizième siècle.

« La Corse fait donc trente mille feux, divisés en soixante-six pièves, quarante-cinq pour le *Deçà des Monts*, vingt et une pour le *Delà des Monts*, et toutes relevant de six évêchés. Le premier de ces évêchés est celui de Mariana, qui contient les seize pièves suivantes : Tomino, Luri, Brando, Lota, Orto, Mariana, Bigorno, Caccia, Quadro ou Casinca, Tavagna, Moriani, Ostriconi, Tovani, Sant-Andrea, Giussani, et Casacconi; il a mille écus d'or de revenu. 2° Vient ensuite l'évêché de Nebbio, qui rend plus de quatre cents ducats, et qui comprend cinq pièves : Canari, Nonza, Rosolo, Sanquilico et Santo-Pietro. 3° Puis celui de Sagona, qui rend environ cinq cents ducats, et qui comprend dix pièves, savoir : Pino, dans la Balagne, Olmia, Calenzana, Chiomi, Vico, Amitro ou Sagno, Paomia, Cinarca, Soroinsù, Cruzini et Sevindentro. 4° Puis le petit évêché d'Accia, qui vaut un peu plus de deux cents ducats de rente, et qui ne renferme que deux pièves, celle d'Ampugnani et celle de Rostino; mais Nebbio et Accia ont été réunis, comme on peut le voir dans un livre des dîmes du pape. 5° L'évêché d'Aléria, dont le revenu est de deux mille écus, et qui renferme dix-neuf pièves, savoir : Giovellina, Campoloro, Verde, Opino, la Serra, Bozio, Alesciani, Orezza, Vallerustie, Talcini, Venaco, Rogna, la Cursa, Covasina, Castello, Aregno, Matra, Niolo et Carbini au delà des monts. 6° Enfin, l'évêché d'Ajaccio, dont le produit est de mille ducats, et qui renferme douze pièves, celles d'Ajaccio, Appietto, la Mezzana, Celavo, Cauro, Ornano, Talavo, Cruscaglia, Veggeni,

1.

Valle, Attallà. On doit observer que les pièves se comptent d'une certaine manière par les évêques, pour ce qui tient au spirituel, et d'une autre manière par les collecteurs d'impôts, pour ce qui est du temporel (1). »

Après la conquête des Français, en 1769, la Corse fut déclarée pays d'états et divisée en neuf juridictions, qui eurent chacune un tribunal de première instance, et l'on établit à Bastia une cour d'appel, sous le nom de Conseil supérieur. Du reste, on conserva l'ancienne division en pièves et en communes. Les neuf juridictions dont nous venons de parler étaient les suivantes : 1° *Ajaccio*, comprenant les pièves de Cinarca, Mezzana, Tavaco, Celavo, Talavo, Ornano, et Sanpierro ; 2° *Aléria*, comprenant Campoloro, Tavagna, Moriani, Alesani, Verde, Serra, Cursa, Coasina ; 3° *Ampugnani*, formé des pièves d'Ampugnani, Orezza, Vallerustie, Rostino, Casacconi, Casinca ; 4° *Bastia*, comprenant Lota, Brando, Luri, Rogliano, Canari, Nonza ; 5° *La Balagne*, dont les pièves étaient : Aregno, Sant-Andrea, Tuani, Giussani, Ostriconi, Pino, Olmi ; 6° *Le Nebbio*, qui comprenait les pièves d'Oletta, Murato, San-Pietro, Patrimonio, Mariana, Bigorno, Canale ; 7° *Corté*, ayant Talcini, Venaco, Bozio, Caccia, Castello, Giovellina, Niolo, Rogna ; 8° *La Rocca*, comprenant les pièves de Sartène, Tallano, Porto-Vecchio, Veggiano, Istria, Carbini, Scopamene, Bonifacio ; 9° *Vico*, qui renfermait les pièves de Cruzini, Soroingiù, Sevinfuori, Sevindentro, Soroinsù. La Corse resta ainsi divisée jusqu'à la révolution française, époque à laquelle, ayant été déclarée partie intégrante du territoire français, elle forma un département et fut organisée en districts et communes. De 1793 à 1811, elle forma deux départements, celui du Golo et celui du Liamone. Le premier comprenait les trois arrondissements de Bastia, Calvi et Corté ; le second, ceux d'Ajaccio, Sartène et Vico. En 1811, les deux départements furent réunis en un seul, et l'on supprima l'arrondissement de Vico. C'est l'organisation actuelle.

La Corse forme donc aujourd'hui un département divisé en cinq arrondissements, savoir : Ajaccio, chef-lieu de préfecture, Bastia, Calvi, Corté, Sartène. Elle comprend 61 cantons, 346 communes, et environ 200,000 habitants. Elle a une cour royale siégeant à Bastia, et à Ajaccio un évêché suffragant de l'archevêché d'Aix. Elle forme la dix-septième division militaire.

DEÇA DES MONTS.

Comme nous l'avons dit, la Corse se divise géographiquement en deux grandes parties, le *Deçà des Monts* et le *Delà des Monts*. Le *Deçà des Monts*, beaucoup plus considérable en étendue que le *Delà des Monts*, renferme trois arrondissements : Bastia, Calvi et Corté. Le *Delà des Monts* n'en renferme que deux : Ajaccio et Sartène.

Nous suivrons, pour la description topographique, cette division, qui est la plus naturelle, quoiqu'elle ne soit pas la division administrative.

ARRONDISSEMENT DE BASTIA.

L'arrondissement de Bastia est le plus populeux de la Corse : on y compte 60,000 habitants, répartis en 12 cantons subdivisés en 72 communes : il renferme les anciennes provinces du Cap-Corse, du Nebbio, la Casinca, une partie d'Ampugnani et Cervione. C'est l'arrondissement le mieux cultivé et le plus riche en industries diverses. Il est borné au nord et à l'est par la mer de Toscane, à l'ouest par la mer de France, au sud-ouest par la Balagne, au sud et au sud-est par l'arrondissement de Corté.

Bastia, chef-lieu de l'arrondissement, la ville la plus considérable de la Corse, sous le rapport de la population et du commerce, renferme environ 15,000 habitants. Pendant les longues guerres qui ont agité la Corse, elle a presque toujours appartenu aux Génois, qui y tenaient une forte garnison ; elle se divise en deux quartiers, l'ancien et le nouveau, *Terra-Vecchia* et *Terra-Nuova*. La vieille ville est bâtie sur une éminence, du côté de la terre ; ses rues sont étroites et d'une pente très-rapide. La nouvelle ville, assise au bord de la mer, se distingue par l'élégance de ses constructions et par son pavé, construit en pierres de Brando, dalles magnifiques, ressemblant à du marbre jaspé. Bastia ren-

(1) Filippini, *Ist. di Corsica*, t. I, p. 126. Édit. de Pise, 1827.

ferme plusieurs églises dans le goût moderne de l'Italie, remarquables par la richesse des dorures et des boiseries. Cette ville a été et sera peut-être toujours la plus commerçante de la Corse. Située en face de l'Italie, avec laquelle elle a de fréquents rapports, entourée de villages populeux et riches, elle trouve un débouché certain à son commerce d'importation et d'exportation. Les chambres viennent de voter trois millions pour l'amélioration de son port, qui, offrant désormais un mouillage sûr, développera le mouvement maritime et créera pour la ville des ressources ignorées.

Le Cap-Corse fournit en très-grande abondance des fruits que l'on exporte et du vin cuit dont le débouché se trouve en Italie, où, après l'avoir manipulé, on le débite comme vin d'Espagne. Les habitants du Cap-Corse sont en général fort doux et très-industrieux : ils aiment le commerce et les dangers de la mer; ils font le cabotage avec l'Italie et la France. Un certain nombre d'entre eux émigre tous les ans pour l'Amérique, où quelques négociants de cette province ont fait des fortunes colossales.

Le territoire du Cap-Corse, formé généralement de terrains intermédiaires, dont la roche principale est le schiste talqueux, ne permet guère d'autre culture que celle des arbres fruitiers et de la vigne. Il renferme plusieurs mines de fer, d'antimoine, de plomb argentifère, de manganèse oxydé noir, susceptibles d'exploitation.

Le Nebbio est riche en oliviers, en fruits et en céréales : ses habitants paraissent avoir perdu le caractère turbulent et factieux qu'ils avaient au temps de Filippini; il jouit aujourd'hui d'une assez grande tranquillité. Cette province, où la culture est très-avancée, est malheureusement sous l'influence des marais insalubres de Saint-Florent, ancienne ville, aujourd'hui presque abandonnée, et qui cependant pourrait acquérir une grande importance.

La Casinca est, relativement à sa population et à son étendue, la plus riche province de la Corse : elle produit en très-grande quantité des céréales, des fruits, des vins; ses jolis villages respirent le bien-être et l'abondance. Le voisinage de Bastia, la commodité des routes et de la mer, les relations établies depuis longtemps avec le continent, ont adouci les mœurs de ses habitants.

L'arrondissement de Bastia est le plus civilisé de la Corse, civilisation qu'il doit à son activité commerciale et à son voisinage de l'Italie.

ARRONDISSEMENT DE CORTÉ.

L'arrondissement de Corté est le plus étendu de la Corse : il a pour limites à l'ouest-nord-ouest la Balagne, et au sud le fleuve de Solenzara; il suit la chaîne de montagnes du système transversal dans le sens de l'ouest au midi. La mer de Toscane le limite à l'est; au nord-nord-est, il confine avec l'arrondissement de Bastia par les Costières, Ampugnani et Campoloro. Il est formé de cette partie de la Corse anciennement appelée *Terre de Commune*, et qui renfermait, entre autres provinces, Venaco, Fiumorbo, Rogna, Campoloro, Bozio, Alesani, Orezza et une partie d'Ampugnani. Sa population est de 50,000 habitants, répartis en 102 communes, renfermées en 15 cantons.

L'arrondissement de Corté, quoique le plus vaste de la Corse, en est en même temps le moins riche. Cela tient à ce que, d'une part, les terrains de l'intérieur sont maigres, peu fertiles et coupés de montagnes généralement dénudées; et d'autre part, à ce que l'immense plaine d'Aléria, qui avoisine la mer, et qui pourrait à elle seule nourrir toute la Corse, n'est cultivée qu'en partie, à cause des marais qui la couvrent et en rendent le séjour presque mortel.

Corté, qui est le chef-lieu de l'arrondissement, ne contient guère que 3,000 habitants. Paoli y avait établi le siége du gouvernement national. Par sa position centrale, cette ville aurait influé sur le reste de l'île, et la civilisation aurait rayonné du centre aux extrémités, au lieu de venir des extrémités au centre, ce qui ne pourra se faire que très-lentement. Corté paraît avoir été entièrement oubliée par l'administration. Si l'on y avait placé le siége de quelque administration importante, cela eût été d'un grand avantage pour les habitants de la Corse entière, obligés quelquefois à des déplacements considérables. Bastia et Ajaccio ont jusqu'ici tout absorbé. Serait-ce par hasard parce que Corté ne fournit qu'un petit nombre d'électeurs et qu'elle n'est d'aucune valeur pour la députation? Si cela était, nous ne pourrions que déplorer la condition de ce pays, auquel se rattachent des souvenirs précieux de dévouement à la France, et qui est admirablement placé pour devenir le foyer le plus puissant de civilisation de la Corse.

Les provinces les plus remarquables comme caractère que renferme l'arrondissement de Corté sont le Niolo, Orezza et le Fiumorbo.

Le Niolo, situé dans les hautes montagnes limitrophes de la Balagne, est sans contredit le pays le plus original de la Corse, tant à cause de l'âpreté de la nature physique qu'à cause des mœurs de ses habitants. La végétation y est celle des pays du Nord. La terre, couverte de neige une grande partie de l'année, fournit cependant du seigle et quelque peu de blé. On y trouve les deux lacs d'Ino et de Creno, qui sont comme les deux grands réservoirs de la Corse. Le premier donne naissance au Golo, qui, allant de l'ouest au nord-est, se jette à la mer dans la plaine de Mariana; le second donne naissance au Tavignano et au Liamone. Le Tavignano descend rapidement et presque à pic dans la direction de l'ouest à l'est, reçoit dans sa course la Restonica et le Vecchio, et va se jeter dans la mer à Aléria. Le Liamone prend une route opposée, descend d'abord dans la direction de l'ouest, puis, déviant de son cours, va se jeter à la mer au sud-ouest, dans une plaine à laquelle il a donné son nom.

Les Niolini (habitants du Niolo) sont presque tous grands et bien faits; ils ont les yeux bleus, les cheveux blonds, et en général le type des hommes du Nord, ce qui se rencontre beaucoup plus communément en Corse qu'on ne se le figure ordinairement. Ils sont vêtus à l'ancienne mode du pays, en drap de poil de brebis tissu par leurs femmes. Ils sont presque tous bergers et essentiellement nomades. Ils parcourent avec leurs troupeaux tout l'arrondissement de Corté, et un peu aussi ceux de Calvi et d'Ajaccio. Ils ne rentrent guère chez eux qu'une ou deux fois par an et ne quittent ce genre de vie que lorsque la maladie ou l'extrême vieillesse les condamnent au repos. Les Niolini ne se nourrissent que de laitage et de châtaignes, qu'ils peuvent se procurer partout en échange de fromage, et dont le transport d'ailleurs n'est pas embarrassant. Ils couchent sur la dure et n'ont souvent pour s'abriter que leur *pelone*, manteau à capuchon, usité par tous les bergers de l'île et par la plupart des paysans. Les femmes du Niolo ont conservé leur ancien costume, qui est une robe montante et à petit corsage, en drap corse pour les pauvres, en drap vert ou noir de fabrique étrangère pour les femmes aisées, et en une petite coiffe de drap ou de velours, qui ressemble assez à une calotte.

Les habitants d'Orezza, renfermés dans un territoire ingrat, et n'ayant d'autre ressource que celle de leurs châtaigniers, se sont adonnés à l'industrie; ils sont, en général, muletiers. Ils fabriquent aussi des meubles et des ustensiles de ménage dont ils fournissent presque toute la Corse. Il y a quelques années qu'Orezza était le seul pays de la Corse où l'on fabriquât du fer. Orezza possède plusieurs sources d'eaux minérales acidulées se rapprochant de celles de Vichy. On y trouve aussi des carrières de vert antique, facile à travailler, et dont on fait de jolis ouvrages.

Le Fiumorbo, province fort étendue, confine au nord avec la plaine d'Aléria, qui a été longtemps sa tributaire, à l'ouest avec les montagnes du sytème transversal, au sud avec l'arrondissement de Sartène, et à l'est avec la mer. Ce pays renferme beaucoup de bois et des plaines d'une grande fertilité.

Les habitants du Fiumorbo avaient autrefois une détestable réputation, justement méritée par leurs brigandages à main armée sur leurs voisins. Ils étaient dans l'habitude d'arriver en très-grand nombre, au moment de la récolte des blés, dans la plaine d'Aléria, d'y charger leurs bêtes de somme et de s'en retourner chez eux sans crainte d'être inquiétés. Ils devaient à la nature des lieux qu'ils habitaient de vivre dans l'impunité. Le Fiumorbo était aussi le refuge des bandits qui se trouvaient traqués dans les autres parties de l'île. Depuis quelque temps, cet état de choses a changé. Le gouvernement a fait des travaux qui ont, pour ainsi dire, renouvelé la face du pays (e). On a percé des routes, bâti des casernes, créé des postes militaires, établi des écoles, réprimé avec sévérité le brigandage et encouragé l'industrie. Les défrichements, qui s'y sont multipliés, offrent assez de ressources aux habitants pour qu'ils n'aient plus besoin de leurs voisins. Aujourd'hui le Fiumorbo est aussi civilisé que les autres parties de l'île, et l'on peut y voyager avec la plus grande sécurité. On trouve dans cette contrée, à l'endroit appelé Pietra-Pola, des eaux thermales merveilleuses pour les maladies cutanées.

ARRONDISSEMENT DE CALVI.

Le troisième arrondissement du *Deçà des Monts*, le moins considérable en étendue et en population, est celui de Calvi. Il ne renferme qu'une population de 22,000 habitants, et n'est formé que d'une seule province, la Balagne, à laquelle on a joint la pieve de Giussani, une des plus riches en bestiaux de la Corse. Il est borné au nord par la Méditerranée et l'arrondissement de Bastia; à l'est, par les montagnes du système transversal; à l'ouest, par la mer; et au sud, par l'arrondissement d'Ajaccio.

On a dit que la Balagne était le jardin de la Corse, et cela a été vrai pendant longtemps; aucune partie de l'île n'est, en effet, encore en ce moment, mieux cultivée, et nulle part on n'a su tirer un meilleur parti du terrain, assez maigre d'ailleurs. Mais la Balagne est aujourd'hui ce qu'elle était il y a vingt-cinq ans, ce qu'elle sera encore longtemps: elle est à peu près arrivée au plus grand développement agricole qu'elle puisse atteindre, parce qu'elle est limitée par l'étendue et la nature de son sol; tandis que les autres parties de la Corse, où la terre est beaucoup plus fertile, s'améliorent tous les jours davantage, et offrent des ressources inépuisables à l'industrie.

La Balagne se divise naturellement en deux parties, la Balagne supérieure et la Balagne inférieure. La première comprend les villages renfermés entre le mont Saint-Antoine et la mer, du nord-est au nord-ouest, et entre le fleuve d'Ostriconi et Lumio, du nord au midi. Elle est arrosée par le fleuve Regino, qui la traverse en courant sans la fertiliser: sa principale richesse consiste en oliviers.

L'Ile-Rousse (*f*), petite ville qui renferme 1,500 habitants, peut être considérée comme la capitale de la Balagne supérieure: elle n'était, au commencement du gouvernement de Paoli, qu'une petite bourgade de pêcheurs. Paoli, que l'obstination de Calvi avait irrité, encouragea de toutes ses forces la colonisation de l'Ile-Rousse, et réussit assez bien pour voir de son vivant ses espérances réalisées. Il avait dit qu'en fondant l'Ile-Rousse, il plantait les fourches qui devaient servir à pendre Calvi (*ho piantato le forche per impiccar Calvi*). L'Ile-Rousse est devenue bientôt, en effet, par sa position le centre du commerce de la Balagne. Les villages des environs y ont envoyé leurs huiles; de riches négociants s'y sont établis, et y ont commencé des bâtisses qui ont été toujours en augmentant. Aujourd'hui, c'est une des plus jolies villes de la Corse, et l'on estime à plus d'un million l'exportation qu'elle fait annuellement des huiles.

Non loin de l'Ile-Rousse est une petite ville tombant en ruine, appelée l'Algajola, et dans le territoire de laquelle se trouvent les carrières de granit rosé dont on a fait le soubassement de la colonne Vendôme, et dont on fait aujourd'hui la colonne destinée au monument de l'empereur à Ajaccio.

La Balagne inférieure est bornée, au nord-est, par le Monte-Grosso, suite de la chaîne de montagnes du système transversal, et au nord-ouest, par la mer; elle est séparée au nord, de la Balagne supérieure, par un rameau du Monte-Grosso, sur lequel sont assis Lumio, Monte-Maggiore, Cassano, Zilia, etc.; au midi, la plaine du Marsolino la limite avec le *Delà des Monts*. Quoiqu'elle possède un assez grand nombre d'oliviers, elle en a beaucoup moins cependant que la Balagne supérieure; en revanche, elle est

---

(*e*) On commença à s'occuper du Fiumorbo en 1826; et cette province dut une grande partie de ses améliorations à l'intelligente et active administration de M. le sous-préfet Arman.

(*f*) On lui a donné ce nom d'un petit îlot, roc de couleur rougeâtre qui se trouve en face de la ville, à une distance de quelques mètres.

plus riche en céréales, en vins et en bois.

Calvi, ancienne ville très-forte, bâtie sur un rocher qui s'avance en pointe dans la mer, et chef-lieu de l'arrondissement, ne renferme guère plus de 1,500 habitants. Cette ville, colonisée autrefois par les Génois, auxquels elle demeura toujours attachée, a montré envers la France un rare dévouement, qui justifie l'inscription gravée depuis des siècles en lettres d'or sur sa porte d'entrée : *Civitas Calvi semper fidelis*. En 1794, elle était occupée par les troupes républicaines.

Lorsque les Anglais cherchèrent à s'en emparer, elle se défendit vaillamment contre la flotte qui l'attaquait par mer et contre les batteries anglaises, placées sur le Mozello, qui la foudroyaient du côté de la terre. Elle reçut plus de quatre mille bombes, qui abîmèrent toutes les maisons et en firent un monceau de ruines. Le commandant de la garnison, Casabianca, voyant qu'une plus longue résistance, non-seulement devenait impossible, mais qu'elle serait infructueuse, obtint une capitulation honorable, dans laquelle il fut dit que l'inscription ne serait point effacée.

Calvi ne s'est point relevée de ses ruines, et c'est vraiment un triste spectacle que de voir ces maisons criblées par les bombes, dont les pans de murailles portent encore çà et là des vestiges d'anciennes peintures, et sur lesquels croissent les plantes parasites des tombeaux abandonnés.

Les habitants de la Balagne sont actifs et très-industrieux. La plupart sont *tragolini*, c'est-à-dire muletiers. Dans les années de récolte médiocre, ils vont vendre leur huile sur tous les points de la Corse. Quand leur provision est épuisée, ils chargent sur leurs mulets la denrée abondante en l'endroit où ils se trouvent, et vont la revendre ailleurs, avec quelques sous de bénéfice. Pendant la saison des vendanges, ils accourent avec leurs mulets dans les lieux où les moyens de transport sont rares, et se font payer assez cher leurs services.

L'abondance des huiles et l'industrie des *tragolini* font entrer beaucoup d'argent en Balagne, et cette richesse a donné au pays un aspect d'aisance et de bien-être qui ne se rencontre nulle part ailleurs dans le département, si ce n'est dans la Casinca.

Les habitants de la Balagne ont des mœurs douces et polies. Ils se ressentent beaucoup du continent italien, avec lequel ils ont eu longtemps de fréquents rapports. Isolés, pour ainsi dire, du reste de la Corse par de hautes montagnes et des espaces immenses de terres incultes, ils se sont formés par le commerce et par le contact des étrangers qui tous les jours viennent s'établir chez eux.

DELA DES MONTS.

ARRONDISSEMENT D'AJACCIO.

Le *Delà des Monts* ne renferme que deux arrondissements, celui d'Ajaccio et celui de Sartène. Ajaccio comprend les anciennes provinces de Vico de Cinarca et d'Ornano. Sartène est presque entièrement formé des anciennes seigneuries d'Istria et de la Rocca.

L'arrondissement d'Ajaccio renferme une population de 48,000 habitants, répartis en douze cantons, divisés en soixante-douze communes. Il est borné, au nord, par l'arrondissement de Calvi et par les montagnes du système transversal, qui le séparent de celui de Corté, dans le sens du nord-est au sud-est; au sud, par l'arrondissement de Sartène; à l'ouest, par la mer.

Ajaccio, chef-lieu du département, patrie de l'empereur Napoléon, renferme environ 10,000 habitants : elle est située au fond d'un golfe majestueux, et possède un des plus beaux ports de la Méditerranée. Les Romains l'appelaient *Urcinum*, à cause des poteries que l'on y fabriquait; elle était autrefois située plus au nord, à l'endroit que l'on appelle Castel-Vecchio, et où l'on a trouvé encore des vestiges d'anciennes habitations et d'anciennes sépultures. Le marais des Salini, desséché seulement depuis quelques années, en rendait le séjour très-dangereux. C'est ce qui, joint à des motifs politiques, engagea, en 1495, la compagnie de Saint-Georges à faire bâtir quelques maisons sur la langue de terre qui s'avance dans la mer. Les habitants de l'ancien Ajaccio l'abandonnèrent sans difficulté, pour aller s'établir dans un lieu qui leur offrait de précieux avantages.

Jusqu'à l'arrivée des Français, en

1764, la ville d'Ajaccio n'offrit rien de remarquable. Sa cathédrale, monument du seizième siècle, était, avec le séminaire, le palais épiscopal et le collége des jésuites, les seuls édifices qu'elle possédât. Après la conquête, la ville commença à sortir de l'étroite enceinte dans laquelle elle se trouvait renfermée : ses murs furent abattus ; les jardins qui l'entouraient durent se reculer, pour faire place à la route royale qui devait relier Ajaccio à Bastia, en traversant l'île du nord-est au sud-ouest. Une caserne spacieuse fut bâtie sur le bord de la route, au coin de la place Saint-François. L'ancien couvent des frères mineurs devint un hôpital.

Quelques nouvelles bâtisses commencèrent à donner à la ville un autre aspect. Cependant, ce ne fut guère que dans les dernières années de l'empire, et sous la restauration, que la ville prit une extension vraiment surprenante.

On construisit un quai, qui malheureusement est resté inachevé. Des deux côtés de la route royale, et tout autour de la place de l'Orme, au milieu de laquelle s'élève une gracieuse fontaine, on bâtit de très-belles maisons. Sous l'administration de M. de Lantivy, dont le zèle était si ardent, furent jetés les fondements de la préfecture, du théâtre et de l'hôtel de ville. Ces trois monuments, achevés aujourd'hui, forment le plus bel ornement de la ville, et ne seraient déplacés dans aucune ville secondaire de France. La préfecture surtout est magnifique et admirablement bien située. La voûte du théâtre est bâtie en pierres de taille et très-bien disposée pour l'acoustique. Depuis quelques années, Ajaccio a vu s'augmenter ses monuments. Le grand et le petit séminaire, la caserne de la gendarmerie et l'école normale pour les instituteurs primaires, le palais Fesch, ont encore reculé et embelli la ville. Chaque jour s'élèvent de nouvelles bâtisses élégantes et commodes, qui semblent inviter la population à quitter les vieux quartiers, pour jouir de l'air et des commodités de la vie. Le centre de la ville va être bientôt déplacé, car, depuis quelque temps, il tend à se porter vers la grande route et le faubourg. La sévérité de la loi sur les servitudes militaires, empêchant la construction ou la réparation des bâtiments dans un certain rayon, a contribué et contribue beaucoup tous les jours à ce déplacement.

Cette ville possède une bibliothèque, fondée sous l'empire par les soins de Lucien Bonaparte, et enrichie depuis de dons particuliers, et un musée de mille tableaux, légués par le cardinal Fesch, à qui la ville doit beaucoup de reconnaissance.

Ajaccio, dont les rues larges et droites sont pavées en très-beau granit, et qui possède deux belles promenades, l'une au nord, plantée d'orangers sauvages, l'autre du côté de l'ouest, au bord de la mer, est non-seulement la plus jolie ville de la Corse, mais elle ne tardera pas à devenir une des plus jolies villes de la France.

Si l'on fait d'Ajaccio, comme il en est question depuis longtemps, comme l'exige l'intérêt général, une succursale du port maritime de Toulon, cette ville joindra bientôt à la beauté du séjour les ressources des grands centres d'activité.

Les provinces qui composent l'arrondissement d'Ajaccio sont abondantes en toutes espèces de produits agricoles. Cependant, elles fournissent plus particulièrement d'excellents vins et des céréales qu'on exporte à Marseille.

La province de Vico, qui, du fleuve de Liamone s'étend jusqu'à la Balagne, est riche en blés et surtout en bois. C'est dans cette province que se trouvent les forêts de Perticato, Libio, Tritore, Aïtona. Guagno, village considérable, presque entièrement peuplé de bergers, produit en très-grande abondance des châtaignes et des fromages. Dans son territoire se trouvent des eaux minérales, excellentes pour la guérison des douleurs rhumatismales et pour les blessures. L'administration de la guerre y envoie tous les ans un très-grand nombre de militaires blessés.

La Cinarca, séparée de la province de Vico par le Liamone, et très-célèbre par ses seigneurs féodaux, qui l'ont possédée jusqu'au milieu du quinzième siècle, s'étend depuis la mer jusqu'au Monte-d'Oro, et se trouve limitée, à l'est, par la Gravona : elle abonde en vins, réputés des meilleurs de la Corse, en céréales et en châtaignes.

Entre la Gravona, qui prend sa source au Monte-d'Oro et commence à couler au-dessous de Boccognano, et l'ancienne province d'Ornano, se trouve un pays assez étendu, dans lequel sont deux des plus gros villages de la Corse, Boccognano et Bastelica, l'un et l'autre peuplés en majeure partie d'habitants nomades, presque tous bergers ou laboureurs, résidant l'hiver à la plaine et l'été à la montagne. Boccognano et Bastelica sont très-renommés pour leurs troupeaux, leurs fromages et leurs châtaignes. Aujourd'hui, la population de ces deux cantons tend évidemment à abandonner la montagne pour s'établir dans les plaines qui avoisinent la mer.

La province d'Ornano, formée de l'ancienne seigneurie de ce nom, est riche en céréales, en fruits, oliviers et bois de futaie : elle exporte fort peu; mais ces productions suffisent à la population qu'elle renferme : elle possède une très-grande quantité de terres en friche, qui pourraient devenir un puissant élément de richesses. L'arrondissement d'Ajaccio est le plus étendu de la Corse, après celui de Corté, puisqu'il s'étend de la forêt de Perticato au golfe de Valinco, et des montagnes du système transversal à la mer. Quoique très-montagneux, il renferme néanmoins des plaines étendues et fertiles, comme celles de Liamone et de Campo dell'Oro : il est suffisamment arrosé par des cours d'eau, qui le sillonnent en tous sens, et possède une très-grande quantité de terres en friche. Il renferme, en outre, les plus belles forêts de la Corse, Aïtona et Vizzavona, dont l'exploitation utile à l'État et aux particuliers, en créant des industries nouvelles, augmenterait la prospérité du pays.

ARRONDISSEMENT DE SARTÈNE.

L'arrondissement de Sartène est formé, comme nous l'avons dit, des anciennes seigneuries d'Istria et de la Rocca : il est borné, au nord, par l'arrondissement de Corté, et par celui d'Ajaccio dans la direction du nord-nord-est; à l'ouest, par la Méditerranée; au sud par le détroit de Bonifacio, qui le sépare de la Sardaigne; et à l'est, par la mer de Toscane. Il ne renferme que 26,000 habitants, répartis en 43 communes; mais il pourrait aisément en contenir quatre fois autant.

Sartène, petite ville située dans la vallée du Valinco, sur un chaînon qui la sépare de celle de l'Ortolo, est le chef-lieu de la sous-préfecture : elle renferme environ 3,000 habitants. La population tend à s'y accroître chaque jour davantage. Il est à regretter que l'administration ne songe pas à faire quelques améliorations indispensables : les prisons y sont dans un tel état que les individus condamnés à quelques jours d'emprisonnement préfèrent se faire bandits que d'y être renfermés.

Propriano, petite bourgade assise au bord de la mer, à un myriamètre environ de Sartène, sert de port à cette ville et à la plus grande partie de l'arrondissement, qui y apporte ses objets d'exportation. Si l'on parvenait à en rendre l'air moins insalubre, Propriano ne tarderait pas à prendre de l'extension et à devenir un des centres les plus actifs du commerce de la Corse.

L'arrondissement de Sartène est relativement le plus riche de la Corse, et sa richesse ne peut qu'aller en augmentant; il produit en très-grande quantité des céréales et des huiles qu'on exporte; de très-bons vins, des fruits et des bestiaux. C'est bien la partie la plus fertile de la Corse; et l'on peut, sans trop se compromettre, avancer que dans quelques années il n'y aura pas d'arrondissement agricole en France qui l'égale en richesses. Il est à déplorer que les divisions intérieures soient souvent un obstacle au développement de l'agriculture et de l'industrie. Les *vendette*, qui ont affligé et affligent encore cet arrondissement, y ont un caractère particulier qui ne se rencontre dans aucune autre partie de l'île. Ce sont en général les familles riches et influentes dans le pays qui sont en inimitié, et les membres de ces familles exercent ordinairement eux-mêmes leurs vengeances, sans avoir recours au bras d'un sicaire, comme cela arrive malheureusement quelquefois ailleurs.

L'arrondissement de Sartène renferme trois ports d'une haute importance pour notre marine, Valinco, Santa-Manza et Porto-Vecchio : les deux premiers sur la route de l'Afrique, le troisième en face de l'Italie.

Au sud de l'arrondissement de Sartène et à l'extrémité de l'île de Corse, se trouve la petite ville de Bonifacio, bâtie au dixième siècle par le comte Boniface, et colonisée plus tard par les Génois, auxquels elle resta constamment dévouée. Bonifacio soutint, en 1420, un siége mémorable contre Alphonse le Magnanime, roi d'Aragon, qui ne put s'en rendre maître. Elle possède des archives assez intéressantes pour le commerce et pour la constitution des municipalités au moyen âge. Elle se trouve bâtie sur une des grottes les plus curieuses de la Corse : ses habitants se ressentent toujours de leur origine, et parlent encore le génois.

C'est dans l'arrondissement de Sartène que se trouvent les seules carrières qui existent au monde de granit orbiculaire gris, une des plus belles productions du règne minéral, mais que sa dureté ne permet pas de travailler facilement.

MŒURS.

On a beaucoup parlé et l'on parle beaucoup encore de la sauvagerie des mœurs corses, et l'éternelle *vendetta* a donné matière à plus d'un voyageur et d'un romancier d'exercer son imagination. Certes, si l'on compare les mœurs du paysan corse aux mœurs élégantes et polies de la société parisienne, on trouvera une différence notable. Mais que cette comparaison s'établisse aussi pour la Haute-Loire, le Puy-de-Dôme, les Bouches-du-Rhône, et l'avantage restera encore à la Corse. Un ridicule assez commun à nos voyageurs parisiens, c'est de prendre Paris pour modèle en toute chose et de trouver mauvais que l'on ne soit pas servi dans une auberge de village comme au Rocher de Cancale. La Corse est certainement encore, au jour qu'il est, un pays exceptionnel, mais beaucoup moins exceptionnel qu'on veut bien le dire : elle se trouve en ce moment dans un état de crise entre les mœurs anciennes, qui se perdent tous les jours davantage, et les mœurs nouvelles, qui font de très-grands progrès. Dans cinquante ans, avant même peut-être, la physionomie physique et morale de ce pays aura complétement changé; et ce sera alors, nous croyons pouvoir l'affirmer, un des départements les plus avancés de la France. Car, si le Corse quitte ses vieilles mœurs pour en embrasser de nouvelles, il voudra avoir, en celles-ci, la dernière perfection. Pour ce qui est du moment présent, nous croyons être dans le vrai en soutenant que l'on a beaucoup trop exagéré le mal qui se commettait en Corse, et que l'on s'est beaucoup trop hâté de généraliser sur des faits qui pouvaient bien n'être que des exceptions. Nous ne voulons cependant pas nier l'existence malheureusement trop réelle de la passion de la vengeance, qui au fond n'est que l'exagération du sentiment du juste, mais qui n'en est pas moins une plaie terrible pour ce pays. Quoique cette passion se soit beaucoup modifiée, surtout dans les parties qui avoisinent les villes, néanmoins elle forme toujours le côté le plus saillant du caractère national. Nous croyons cependant que cela peut et doit changer rapidement, et qu'une administration intelligente et bien intentionnée peut, sans sortir des lois constitutionnelles, renouveler la face du pays et faire de la Corse un département aussi florissant et aussi civilisé que les départements du Nord.

Nous venons de donner une description géographique des parties les plus importantes de la Corse. Nous regrettons que l'espace dans lequel nous sommes obligé de nous renfermer ne nous permette point d'entrer dans de plus grands détails sur un pays où la nature est si riche, le soleil si beau, le ciel si pur, et dont les habitants ont des vertus antiques qui en font un peuple à part dans notre Europe civilisée. Le royaume de Corse est aujourd'hui un département français. La couronne souveraine qui faisait l'orgueil de Gênes, et l'autorisait à demander au Vatican les honneurs dus aux monarques, s'est effacée devant la glorieuse couronne de la France. La Corse ne regrette pas son passé : elle ne croit point avoir déchu en étant appelée à faire partie intégrante du plus beau royaume du monde, après celui du ciel (g). Lorsque la députation corse vint assurer Louis XV des sentiments qui ani-

(g) Grotius, *de Jure Belli et Pacis*, Epist. ad *Ludovicum XIII*.

maient le pays envers la France, l'évêque de Sagone, qui portait la parole, dit au roi : « La nation corse a donné dans les « siècles passés des preuves éclatantes « de constance et de valeur; elle se fera « une gloire dans les siècles à venir de « consacrer ces deux belles qualités au « service de son bien-aimé souverain et « de la nation la plus grande, la plus « brave et la plus polie de l'univers. « Tel fut toujours le désir de nos pères, « et les annales de votre monarchie le « prouvent d'une manière incontesta- « ble. »

La Corse n'a pas attendu des siècles pour remplir fidèlement ses promesses; elle a donné Napoléon à la France, et ses enfants ont versé glorieusement leur sang pour la patrie. En retour de ses services et de son dévouement, n'est-elle pas en droit de demander quelque chose? Son sol est vaste et fertile; ses forêts, peut-être les plus belles du monde, sont d'une richesse inappréciable; ses havres les plus rapprochés du continent et les plus sûrs de la Méditerranée; ses habitants, Français par le cœur et l'esprit autant que les plus chers enfants de la France. Pourquoi donc la négliger et l'abandonner ainsi? Si, depuis l'empire, on avait fait pour la Corse, pour cette terre qui ne cessera jamais d'être France, le dixième de ce qu'on a fait depuis quinze ans pour l'Algérie, elle serait aujourd'hui le pays le plus florissant de la Méditerranée et le grenier d'abondance de nos provinces du Midi. Espérons que, longtemps oubliée, la Corse attirera désormais les regards du gouvernement. Déjà des routes royales sillonnent l'île. Il ne reste plus pour assurer sa prospérité qu'à exécuter deux opérations également importantes, le desséchement des marais et l'exploitation des forêts (h). La première, si impérieusement réclamée par l'humanité, en appelant les populations des montagnes dans la plaine, donnera des bras à l'agriculture et créera de nouvelles cités. La seconde, en assurant la conservation des forêts, permettra à la France de se passer des nations étrangères pour ses bois de construction, et la Corse pourra bien être alors ce que pensait le duc de Choiseul, *plus utile à la France que ne l'était ou ne l'aurait été le Canada.*

LIVRE Ier.

Depuis les temps les plus anciens jusqu'aux invasions des Sarrasins.

L'origine des peuples de la Corse, comme celle de tous les peuples primitifs, est incertaine et ne saurait être fixée d'une manière positive. Le nom même de cette île, appelée (1) *Cyrnos* par les Grecs, est un sujet de controverse, qui

---

(h) Les marais sont le plus grand obstacle au développement de l'industrie agricole, et occasionnent une grande mortalité; ils infectent toutes les parties de l'île qui avoisinent la mer. Ils couvrent une superficie de terrain de 3,313 hectares et ont une hauteur moyenne de 6 mètres. Les plus considérables sont sur la côte de l'est : les étangs de Biguglia, de Diana, d'Urbino, de Palo, de Balistro, les marais del Sale et de Porto-Vecchio. — Sur la côte de l'ouest, l'étang de Taravo, les marais de Pero et de Chioni. Sur celle du nord-ouest et du nord : les marais de Galeria, Calvi et Saint-Florent. — On ne saurait se faire une idée des maladies qu'occasionne le séjour dans le voisinage de ces marais.

Les laboureurs, qui sont obligés de travailler les plaines qui les avoisinent, s'estiment fort heureux lorsqu'ils en sont quittes pour quelques mois de fièvres. En 1829, le conseil de révision trouva, dans le seul canton de Venaco, plus de trente fils de veuves dont les maris étaient morts pour avoir travaillé à Aléria. A Calvi et à Saint-Florent, les quatre cinquièmes des soldats sont pendant l'été hors d'état de faire le service.

(1) Aucun historien n'a jusqu'à ce jour donné une étymologie satisfaisante des noms de *Cyrnos* et de *Corse*. Les uns assurent que Cyrnus était un fils d'Hercule, qui donna son nom au pays que nous connaissons. Les autres, et Samuel Bochart est de ce nombre, prétendent que le nom de Cyrne voulant dire, en langue phénicienne, *couvert de forêts*, ce nom dut être imposé à la Corse d'aujourd'hui par les voyageurs phéniciens, qui furent frappés de la richesse de ses forêts. — Quant au nom de Corse, il y a également des historiens qui veulent qu'il ait été donné à la Corse par Corsus, fils d'Hercule; Bochart le fait dériver d'un mot phénicien, qui voudrait dire *cornue*, nom qui lui aurait été imposé à cause des nombreux promontoires qui s'avancent en pointe dans la mer, et des pics élevés qu'on aperçoit de loin, avant de l'atteindre. Filippini rapporte deux versions, que nous croyons devoir transcrire ici, pour faire voir jusqu'où peut aller la manie des étymologies. Voici la première : Une femme de Ligurie, appelée *Corsica*, ayant suivi un taureau qui se rendait à la nage dans une terre inconnue, fut rejointe par ses parents, qui, étant arrivés sur ses traces dans un pays de très-belle apparence, et où les pâturages étaient excellents, s'y établirent et appelèrent ce pays *Corsica*, du nom de la femme qui les y avait attirés. La seconde est qu'un neveu d'Énée appelé *Corsus*, ayant enlevé une nièce de Didon, appelée *Sica*, s'enfuit dans l'île à laquelle il donna le double nom de *Corsica*.

prouve l'impossibilité d'en donner une explication exacte. Toutefois, comme, en abordant l'histoire d'un pays, il est utile, ne serait-ce que pour satisfaire la curiosité, de connaître ce qui a été conjecturé ou écrit sur les premiers temps de son histoire, nous donnerons ici, d'une manière succincte, les diverses opinions relatives à l'origine des peuples de la Corse et aux temps qui ont précédé l'invasion romaine.

CHAPITRE Ier.

LA CORSE AVANT LES ROMAINS.

La tradition la plus accréditée chez les auteurs de l'antiquité, c'est que la Corse a été colonisée par les Phéniciens, qui se seraient en même temps établis en Sardaigne. Ils auraient été conduits dans ces deux îles par un fils de l'Hercule conquérant de l'Espagne et de l'Italie. C'est à cette époque que l'on fait remonter la fondation d'Aléria, qui a été, pendant longtemps, la plus considérable des villes de la Corse. Cependant, il est à présumer que les Phéniciens n'ont pas été les seuls étrangers colonisateurs de l'île; il faut admettre que les habitants de l'Italie et en particulier les Étrusques, à cause du voisinage, y ont envoyé de nombreuses colonies. Les peuples de la Grèce songèrent aussi à s'y établir. Hérodote rapporte qu'après la défaite de Crésus, Cyrus ayant chargé Harpage, son lieutenant, de faire la conquête de l'Ionie, celui-ci vint mettre le siége devant Phocée. Il ne demandait aux Phocéens que de le reconnaître pour maître; mais les Phocéens, redoutant l'esclavage, préférèrent abandonner leur ville. Ils s'embarquèrent de nuit, avec toutes leurs richesses, et se dirigèrent vers Chios. Ils demandèrent à acheter les îles OEnusses; et comme on ne voulut pas les leur vendre, ils firent voile pour la Corse, où, vingt ans auparavant, ils avaient bâti la ville d'Alalie. « Lors-« qu'ils furent arrivés en Cyrnos, ajoute « Hérodote, ils élevèrent des temples et « demeurèrent cinq ans avec les colons « qui les avaient précédés; mais, comme « ils ravageaient et pillaient leurs voi-« sins, les Thyrrhéniens et les Carthagi-« nois mirent en mer soixante vaisseaux. « Les Phocéens, ayant aussi, de leur « côté, équipé pareil nombre de vais-« seaux, allèrent à leur rencontre sur la « mer de Sardaigne. Ils remportèrent la « victoire, mais elle leur coûta cher, « car ils perdirent quarante vaisseaux, « et les vingt autres ne purent servir « dans la suite, les éperons ayant été « faussés. Ils retournèrent à Alalie, et, « prenant avec eux leurs femmes, leurs « enfants et tout ce qu'ils purent em-« porter du reste de leurs biens, ils « abandonnèrent l'île de Cyrnos, et « firent voile vers Rhegium. (1) »

Cette tentative de colonisation de la part des Grecs d'Ionie est la seule dont fasse mention Hérodote. Quant aux autres auteurs de l'antiquité, tels que Strabon, Pausanias, Pline l'Ancien, Diodore de Sicile, comme ils sont venus beaucoup plus tard et dans la période purement romaine, ils n'ont guère parlé des temps primitifs, et, s'il leur est arrivé de le faire, ce n'est évidemment que par tradition et d'une manière peu certaine. Aussi l'histoire de la Corse n'offre-t-elle rien d'intéressant et de véritablement historique jusqu'au temps où les Romains songèrent à la conquérir. A partir de cette époque, elle devient positive; et l'on trouve dans la tradition romaine les particularités qui la regardent.

CHAPITRE II.

EXPÉDITIONS DES ROMAINS DANS LA CORSE.

(494-591 de Rome.)

Au temps de la rivalité de Rome et de Carthage, la Corse eut à subir le sort des provinces méditerranéennes. Sa position avantageuse entre l'Italie et l'Afrique, la fertilité de son sol et la richesse de ses forêts, qui pouvaient être d'un si grand secours à une puissance maritime, la rendirent un objet de convoitise pour les deux peuples. On a dit que les Carthaginois la possédèrent très-longtemps; cependant, rien ne le fait présumer, et il est à peu près certain qu'ils n'y firent jamais d'établisse-

(1) Hérodote, liv. I, § 156.

ment sérieux. Quant aux Romains, ils y firent huit expéditions, et livrèrent bien des combats avant de s'en rendre entièrement maîtres.

La première expédition romaine dont il soit fait mention est celle que le consul Lucius Cornélius Scipion fit en l'an 494 de Rome ; il y détruisit, dit Florus, la ville d'Aléria, et frappa ainsi de terreur les autres habitants (1). Cependant, cette terreur dont parle Florus n'amena aucun résultat pour les Romains, car le reste du pays ne se soumit point, et, tandis que le consul était occupé en Sardaigne, les Corses reprirent Aléria, d'où ils chassèrent les Romains. Ceux-ci avaient beaucoup trop à faire en ce moment chez eux pour songer à réparer leur défaite ; mais, lorsqu'ils eurent conclu la paix avec les Carthaginois, ils se préparèrent de nouveau à envahir la Corse.

Ce fut environ vingt ans après la première expédition que le consul Caïus Licinius Varus, après avoir fait de grands préparatifs, se disposa à passer dans cette île. Comme l'impatience des Romains était très-grande, et que d'ailleurs le nombre de vaisseaux était insuffisant pour transporter toute son armée, le consul n'attendit pas d'avoir rassemblé tout son monde, et fit partir une première division, sous les ordres de son lieutenant Marcus Claudius Glica. Débarqué en Corse, à la tête de forces assez considérables, Glica crut pouvoir, sans attendre l'arrivée du consul, livrer le combat aux indigènes. L'issue de ce combat lui fut funeste. Enveloppé de toutes parts par les Corses, il éprouva une sanglante défaite, et il allait être taillé en pièces, lorsqu'il proposa aux Corses de traiter avec lui ; ceux-ci y consentirent. Mais ce traité, honteux pour les Romains, ne fut point approuvé par le consul, qui, arrivé quelque temps après, et ne voulant pas reconnaître ce qui avait été fait par son lieutenant, recommença les hostilités, battit les Corses en différentes rencontres, les obligea à se retirer dans les montagnes et soumit une grande partie du plat pays.

De retour à Rome, Licinius demanda les honneurs du triomphe, qui lui furent refusés. Quant à Marcus Claudius Glica, qui avait conclu le traité, le sénat le renvoya en Corse, en le mettant à la disposition des insulaires ; il croyait par là réparer la violation faite au traité par Licinius Varus. Les Corses, n'ayant rien à reprocher à Glica, qui, pour sa part, avait observé les conventions, le renvoyèrent au sénat, disant qu'ils n'avaient point à venger sur un innocent l'injure faite par le consul. Le sénat comprit parfaitement la conduite des Corses ; mais, persistant dans son système de considérer Claudius Glica comme seul coupable, ayant agi sans pouvoirs, il le condamna à mort, et son corps fut jeté aux gémonies (1).

Cependant, les Corses, se voyant attaqués sans motifs par les Romains, songèrent à leur créer des ennemis et à secouer leur joug.

La Sardaigne, ainsi que la Sicile, avait été cédée aux Romains par les Carthaginois ; mais cette cession n'ayant pas été consentie par les peuples de ces îles, il existait un grand mécontentement parmi eux. Les Corses s'entendirent avec les Sardes, et les deux peuples se soulevèrent en même temps contre les Romains, qu'ils obligèrent à se renfermer dans les villes du littoral. A cette nouvelle, le consul Manlius Torquatus partit en toute hâte, avec une armée considérable, et comprima le soulèvement dans les deux pays. Toutefois, comme cette soumission n'était point complète, les Romains décidèrent qu'il serait fait contre ces deux peuples une expédition générale pour les soumettre entièrement.

Le consul Spurius Carvilius et le préteur P. Cornelius partirent, à la tête de troupes nombreuses. Le premier se rendit en Corse, le second en Sardaigne. Spurius Carvilius n'avait pas encore commencé ses opérations en Corse, lorsqu'il fut instruit du mauvais état de l'armée romaine en Sardaigne. Le préteur P. Cornelius venait d'y mourir de

---

(1) Florus. *Epist.* liv. 89.

(1) *M. enim Claudium senatus Corsis, quia turpem cum his pacem fecerat, dedit : quem ab hostibus non acceptum, in publica custodia necari jussit et factum ejus rescidit, libertatem ademit, spiritum extinxit, corpus contumelia carceris et detestanda ignominia gemoniarum scalarum nota fœdavit.* Valer. Max. lib. VI, cap. 3.

la peste, qui s'était déclarée dans son armée. Les Sardes, profitant du trouble qu'avait occasionné cette mort et de l'abattement des légions romaines, les avaient attaquées avec succès et étaient sur le point de les détruire entièrement. Si l'on voulait éviter la honte d'une défaite et sauver les restes de cette armée, il fallait voler immédiatement à son secours. C'est ce que fit sans hésiter Carvilius. Son arrivée releva le courage abattu des Romains et diminua la confiance des Sardes. Cependant ceux-ci firent bonne contenance vis-à-vis de l'armée consulaire; mais ils furent bientôt après battus et défaits complétement. Toutefois, les Romains ne se firent point d'illusion sur le succès qu'ils venaient d'obtenir; car, l'année suivante, ils envoyèrent dans ce pays une armée considérable, sous les ordres des consuls E. Lepidus et P. Malleolus. Les Sardes opposèrent comme de coutume une vive résistance, et ne furent point soumis; mais les Romains pillèrent leurs villes et en emportèrent un riche butin. Comme ils s'en retournaient sur leurs vaisseaux, ils furent assaillis par une affreuse tempête dans les mers de la Corse, et obligés de prendre terre dans cette île. Les Corses, instruits de ce qui s'était passé en Sardaigne, et s'attendant à être attaqués à leur tour, étaient sous les armes; ils profitèrent de la position critique des Romains, tombèrent tout à coup sur eux, en firent un grand carnage, et s'emparèrent de tout leur butin.

A la nouvelle de ce désastre, les Romains résolurent de tirer vengeance des peuples de la Sardaigne et de la Corse; et dès que les nouveaux consuls furent entrés en charge, ils reçurent ordre de faire voile vers ces deux îles.

M. Pomponius Mathus, qui avait déjà fait la guerre en Sardaigne et avait triomphé des Sardes, fut désigné pour la conquête de ce pays. L'autre consul, Caius Papirius, se rendit en Corse : ayant débarqué ses légions dans la partie nord-ouest de l'île, il trouva les Corses prêts au combat, dans un lieu que les Romains appelèrent le champ des Myrtes. L'engagement fut terrible. La discipline romaine triompha de la valeur tumultueuse des Corses.

Vaincus dans la plaine, ceux-ci se retirèrent dans les montagnes. Le consul voulut les y poursuivre; mais, dès qu'il fut engagé avec son armée dans les gorges, il se vit attaquer de toutes parts. Ses soldats, harassés de fatigues et mourants de soif, tombaient sous les coups des indigènes. La défaite du consul était imminente s'il persistait à combattre. Il vit sa position, et jugea à propos d'offrir la paix. Quoique la position des Corses fût très-avantageuse et qu'ils eussent pu facilement anéantir l'armée romaine, ils écoutèrent néanmoins favorablement les propositions de Papirius et traitèrent avec lui.

Quelle était la nature de ce traité? c'est ce qu'on ignore. Quelques auteurs pensent, d'après la conduite tenue par les Romains vis-à-vis des Corses, qu'il eut pour résultat de les admettre au nombre des alliés de la république, et de les faire entrer dans la confédération du peuple romain, de sorte que Rome n'aurait exercé à leur égard qu'une sorte de protectorat. Ce qui semble confirmer cette opinion, c'est que, tant que dura la république, la Corse ne reçut ni préteur ni proconsul, ce qui n'avait pas lieu pour les provinces conquises. Quoi qu'il en soit, il paraît que le traité de Papirius convint aux Corses, car, pendant près de cinquante ans, ils vécurent en paix avec Rome. Ce ne fut que vers l'an 572 qu'ils se soulevèrent de nouveau pour des causes que l'on ignore complétement.

Marcus Pinarius, préteur de Sardaigne, reçut ordre de passer en Corse pour comprimer la révolte. Les Corses allèrent à sa rencontre, mais ils ne purent résister aux légions romaines, et furent entièrement défaits. Tite-Live rapporte (1) que deux mille des leurs restèrent sur le champ de bataille; les autres se soumirent, donnèrent des otages et s'engagèrent à payer une contribution de cent mille livres de cire (572).

Sept ans après cette soumission, il y eut un nouveau soulèvement. Le préteur de Sardaigne, Attilius Serranus, pensant pouvoir l'étouffer dans son principe, passa en Corse avec des troupes

(1) Tit. Liv. l. XL, c. 34,

insuffisantes; il ne put y obtenir aucun succès, et, comme son armée s'affaiblissait de jour en jour, il envoya demander du secours à Rome. Ce ne fut cependant que l'année suivante que C. Cicereus, ayant été nommé préteur de Sardaigne, fut chargé en même temps de soumettre la Corse. Cicereus se rendit d'abord en Sardaigne, y rassembla de nouvelles troupes, qui, jointes à celles qu'il avait amenées d'Italie, formèrent un corps d'armée considérable; puis il passa en Corse.

Les Corses, enhardis par leurs récents succès et par leur grand nombre, livrèrent bataille aux Romains. La victoire, longtemps indécise, se déclara pour ces derniers. Les vaincus perdirent, au dire de Tite-Live, sept mille hommes et près de deux mille prisonniers; ils demandèrent la paix, qui leur fut accordée, et ils durent payer une contribution de deux cent mille livres de cire (580) (1). Cette soumission des peuples de la Corse ne fut que provisoire; dix ans après ils se soulevèrent de nouveau. Soit que ce soulèvement fût plus considérable que les précédents, soit que les Romains voulussent en finir avec la Corse, ils envoyèrent dans cette île une armée consulaire sous les ordres de M. Terentius Talna (590). Cette fois encore le sort des armes favorisa les Romains; il paraît que la victoire remportée par Talna fut assez importante pour qu'on lui accordât les honneurs des prières publiques. En apprenant cette heureuse nouvelle, dit Valère-Maxime, Terentius Talna ressentit une joie si vive qu'il en mourut subitement (2).

Les Corses profitèrent de cette circonstance pour attaquer les Romains. Le sénat fut alors obligé d'envoyer dans l'île un capitaine d'une grande valeur, Scipion Nasica: on ignore entièrement quels furent les résultats qu'il y obtint et comment il se fit que les Corses rentrèrent sous l'obéissance romaine. L'absence de documents historiques nous laisse à cet égard dans la plus grande obscurité : ce que nous savons, c'est que les Corses, désormais soumis à la république, cessèrent de l'inquiéter par leurs continuels soulèvements (1).

CHAPITRE III.

LA CORSE ROMAINE.

(591 de Rome, 450 après J. C.)

Ce fut sous la domination paisible et incontestée de Rome que Marius et Sylla fondèrent, à des époques rapprochées l'une de l'autre, deux puissantes colonies, qui devinrent bientôt florissantes et fournirent à la métropole une partie des blés dont elle avait besoin. Marius fut le premier qui, vers l'an 660, envoya en Corse une colonie, laquelle bâtit à l'embouchure du Golo la ville de Mariana. Quelques années plus tard (673), Sylla, imitant Marius, fit passer à Aléria un certain nombre de vétérans et de citoyens romains, et leur distribua, selon Florus, les terres autrefois conquises (2). Cette période de l'occupation romaine paraît avoir été la plus heureuse de la Corse dans l'antiquité. Ses plaines étaient soigneusement cultivées, sa population nombreuse. Elle comptait, selon Pline, trente-trois cités, dont plusieurs faisaient du commerce. Pendant de longues années elle jouit d'un calme parfait; mais les dissensions qui agitèrent l'empire romain après la mort de César vinrent de nouveau la troubler.

Sextus Pompée, qui, à la tête d'une flotte considérable, dominait en maître dans la Méditerranée, l'enleva à Octave, à qui elle était échue en partage (712). Mettant à profit les bois de la Corse,

---

(1) Tit. Liv. l. XLII, c. 7.
(2) *Marcus Terentius Talna consul, collega Tiberii Gracchi consulis, cum in Corsica, quam nuper subegerat, sacrificaret, receptis litteris decretas ei a senatu supplicationes nunciantibus, intento illas animo legens, caligine orta ante foculum, collapsus mortuus humi jacuit, quem quid aliud quam nimio gaudio enectum putemus.* Valer. Max., lib. IX, cap. 12.

(1) Ce que nous venons de raconter de la résistance opposée par les Corses aux Romains nous a été transmis par les historiens de Rome. Comme dans leurs récits ceux-ci ne s'occupent généralement que des faits qui ont motivé les expéditions, dès que la lutte vient à cesser, ils ne parlent plus des peuples soumis. Aussi, à partir de cette époque, n'est-il plus question de la Corse que par accident.
(2) Florus, *Ep.*, liv. 89

Sextus augmenta sa flotte et inquiéta tellement les triumvirs qu'il les obligea à traiter avec lui. Le gouvernement de la Sicile, de l'Achaïe, de la Sardaigne et de la Corse lui fut attribué : mais la trahison de Menedorus, son lieutenant, fit passer de nouveau la Corse à Octave et commença sa ruine (714).

La Corse suivit alors le sort du reste de l'empire jusqu'au moment où Othon et Vitellius se disputèrent le pouvoir. Dans cette circonstance, elle embrassa d'abord le parti d'Othon, comme le firent la Sardaigne et les autres îles voisines. « Mais la témérité du procura-
« teur Decimus Pacarius, dit Tacite, fail-
« lit lui être funeste, témérité qui,
« dans le choc d'une si grande guerre,
« ne devait rien produire en résultat,
« et qui fut fatale à lui-même. En ef-
« fet, en haine d'Othon, il résolut
« d'aider Vitellius des forces de la Corse :
« vain secours, même s'il se fût réalisé.
« Ayant convoqué les principaux de
« l'île, il leur exposa son dessein. Clau-
« dius Phirricus, commandant des ga-
« lères qui s'y trouvaient en station,
« et Quinctus Certus, chevalier ro-
« main, osent le contredire ; il les fait
« massacrer. Épouvantés de leur mort,
« ceux qui étaient présents et toute cette
« multitude sans expérience, disposée
« à s'associer aveuglément à toutes les
« frayeurs, prêtèrent serment à Vitel-
« lius ; mais, dès que Pacarius com-
« mença à faire des levées et à fatiguer
« d'exercices militaires ces hommes
« sans civilisation, détestant ce joug
« inaccoutumé, ils considérèrent quelle
« était leur faiblesse, que c'était une
« île qu'ils habitaient, qu'ils étaient
« loin de la Germanie et de la protec-
« tion des légions, que la flotte avait
« saccagé et dévasté des pays que pro-
« tégeaient des cohortes et de la cava-
« lerie. Leurs opinions changèrent
« tout à coup. Sans recourir toutefois
« à la force ouverte, ils choisirent un
« moment propice à leur complot. Pa-
« carius avait éloigné sa suite : il fut tué
« dans son bain, nu et privé de tout
« secours ; ils égorgèrent aussi ses in-
« times, et leurs têtes, comme celles
« des ennemis, furent portées à Othon
« par les meurtriers eux-mêmes ; ils ne
« furent ni récompensés par Othon ni
« punis par Vitellius, et, dans cette pro-
« digieuse confusion de toutes choses,
« ils restèrent oubliés au milieu de
« plus grands criminels (1). »

Le parti d'Othon se maintint jusqu'à l'arrivée de Vespasien au pouvoir. La Corse suivit alors l'exemple du reste de l'empire, et il ne fut plus question d'elle jusqu'au partage qui eut lieu entre les enfants de Théodose ; elle fut comprise alors dans l'empire d'Occident.

CHAPITRE IV.

LA CORSE SOUS LES BARBARES.

(456-557 ap. J. C.)

Lorsque les Barbares commencèrent leurs irruptions en Italie, ce pays, par des raisons qu'il ne nous convient pas d'énumérer ici, se trouva sans défenseurs. Beaucoup de Romains, pensant, avec juste raison, être plus en sûreté en Corse que sur le continent, s'y réfugièrent avec leurs richesses (2). Ils furent en effet à l'abri des incursions, tant que les Barbares n'eurent point de moyens de transport ; mais dès qu'ils s'en furent procurés, les îles de la Méditerranée ne furent pas plus en sûreté que le continent.

Ce furent d'abord les *Vandales*, qui, sous les ordres de Genséric, n'ayant pu s'emparer de la Sicile, envahirent la Corse (458 après J. C.). Pendant soixante et dix-sept ans, ils occupèrent ce pays, à des époques diverses. Chassés d'abord par Ricimer, lieutenant de l'empereur Avitus, ils y retournèrent lorsque les troubles intérieurs de l'empire leur en fournirent l'occasion favorable (460). Chassés de nouveau (462) par Marcelin, gouverneur de la Sicile pour l'empereur d'Orient, ils revinrent à sa mort (469), et commirent de grandes cruautés envers les chrétiens orthodoxes. Enfin ils n'abandonnèrent définitivement ce pays que lorsque Cyrille, lieutenant de Bélisaire, les en expulsa entièrement (3).

(1) Tacite, *Hist.*, liv. II, Othon.
(2) Claudien, *de Bello getico*.
(3) Victor d'Utique raconte qu'Hunéric, roi des Vandales, cédant à l'influence des évêques ariens, exila en Corse un grand nombre d'évêques orthodoxes, les obligeant à couper des

Après les Vandales, les Grecs demeurèrent maîtres du pays pendant dix-huit ans ; ils joignirent le gouvernement de la Corse à celui de la Sardaigne, et toutes deux furent comprises dans la province d'Afrique. Puis, ce fut le tour des *Goths*. Totila, après s'être emparé des îles de l'Afrique, rassembla sa flotte et passa en Corse, où il s'établit, sans éprouver aucune résistance ; mais les victoires de Narsès firent repasser la Corse et la Sicile sous la domination grecque (559). Les *Lombards* tentèrent aussi à leur tour de s'en emparer ; ils prirent plusieurs villes, mais ils ne purent chasser entièrement les Grecs, qui, ayant reçu des secours, les obligèrent bientôt à se rembarquer.

CHAPITRE V.

LA CORSE SOUS LA DOMINATION BYZANTINE.

(557-754.)

La domination grecque, qui n'avait jamais été bien paternelle, devint à cette époque intolérable. Saint Grégoire le Grand rapporte que les habitants de la Corse étaient tellement accablés d'impôts de toute sorte, qu'ils avaient peine à y satisfaire en vendant leurs propres enfants, ce qui faisait qu'abandonnant cette île, ils s'en allaient chercher un refuge auprès des Lombards. « Quel tourment plus cruel, ajoute saint « Grégoire, auraient-ils pu souffrir « auprès des Barbares que de se voir « dans la nécessité de vendre leurs en- « fants (599)? »

Malgré cette dure condition, la Corse resta encore au pouvoir des Grecs pendant longtemps ; elle n'essaya pas de se soustraire à ce joug de fer, et aucun événement remarquable ne s'y passa jusqu'à l'arrivée des Sarrasins. Ceux-ci abordèrent en Corse, pour la première fois, en l'an 713 ; ils y saccagèrent plusieurs villes et se retirèrent, emportant un riche butin. Les empereurs d'Orient, déjà bien affaiblis, ne purent opposer aux Sarrasins ni flotte ni armée. Ils

bois pour ses vaisseaux. *Ob quam causam jussi estis in corsicanam insulam relegari, ut ligna profutura navibus dominicis incidatis.* Vict. utic., *de Persecut. Vand.*, cap. 3.

avaient peine à contenir chez eux l'esprit turbulent et indiscipliné des populations diverses qu'ils gouvernaient. Leur position se compliqua encore. Le pape, qui jusque-là avait reconnu leur suprématie, prétextant de dissidences religieuses, se déclara indépendant et se mit sous la protection de Pépin, roi des Francs. Celui-ci, voyant dans ce protectorat un moyen de grandeur, promit de l'assister et même d'augmenter son territoire par l'adjonction de la Corse, dont il lui fit donation (754). Charlemagne confirma ce qu'avait fait son père, et, comme il venait de détruire l'empire des Lombards, sous prétexte que la Corse avait appartenu à ce peuple, il y envoya une flotte, pour en faire la conquête dans l'intérêt du saint-siége. Mais le pape, ne pouvant défendre par lui-même la Corse contre les invasions réitérées des Sarrasins, en laissa la possession à Charlemagne, se contentant d'y réclamer les biens qui appartenaient à l'Église.

LIVRE II.

Depuis les invasions des Sarrasins jusqu'au départ des Pisans.

CHAPITRE Ier.

INVASIONS DES SARRASINS. — LE PAPE. — EXPÉDITIONS DE CHARLEMAGNE.

(755-825.)

Les Sarrasins étaient, à cette époque, le fléau de la Méditerranée ; ils passaient de l'Afrique en Espagne, et de là faisaient des incursions continuelles sur les côtes des pays chrétiens. En l'an 806, ayant rassemblé des forces considérables, ils opérèrent une descente en Corse ; Pepin, roi d'Italie, envoya contre eux la flotte impériale. Les Barbares se hâtèrent de fuir. Toutefois ils ne purent le faire assez promptement pour éviter le combat, et ils furent entièrement défaits. L'année suivante, ils tentèrent une nouvelle expédition. « Alors, dit « Éginhard, Charlemagne envoya Bur- « chardt, comte de ses écuries, avec une « flotte, pour défendre la Corse contre les

« Maures, qui avaient l'habitude, depuis
« quelques années, de l'envahir. Selon
« leur coutume, les Sarrasins partirent
« d'Espagne et abordèrent d'abord en
« Sardaigne; ils livrèrent bataille aux
« Sardes, et, après avoir perdu beau-
« coup de monde, ils allèrent directe-
« ment en Corse. Là, ils engagèrent
« un nouveau combat avec la flotte
« commandée par Burchardt, perdirent
« treize vaisseaux, un grand nombre
« d'hommes, et furent mis en fuite (1).»
Ces mauvais essais ne les rebutèrent
point; ils revinrent de nouveau, en 809,
pendant la semaine sainte, saccagèrent
la ville d'Aléria et n'y laissèrent que l'é-
vêque et quelques vieillards.

L'année suivante (810), ils firent une
nouvelle descente; et comme ils n'é-
prouvèrent aucune résistance, ils soumirent à leur puissance une très-grande
partie du littoral. Les Corses avaient fui
les pays de la plaine et s'étaient réfugiés
dans les montagnes, où ils bâtirent des
villages dans des lieux naturellement
fortifiés et d'où ils pouvaient facilement
repousser un ennemi aussi audacieux :
néanmoins, leur position était des plus
tristes; ils la firent connaître à Charlemagne, qui envoya à leur secours son
fils Charles. Ce prince battit les Maures à
Mariana, puis à Aléria. Ceux qui, échap-
pés à ce carnage, se sauvèrent dans l'intérieur, furent massacrés par les habitants. Mais, à la mort de Charlemagne,
les Sarrasins, profitant des circonstances, revinrent dans l'île, la ravagèrent
entièrement et emmenèrent plus de cinq
cents prisonniers. Comme ils s'en retournaient en Espagne, Irminger, comte de Lampourdan, leur tendit un piège
à Majorque, les battit et leur enleva ces
captifs (2).

CHAPITRE II.

DOMINATION DU COMTE BONIFACE, MARQUIS DE TOSCANE, ET DE BÉRANGER, DUC D'IVRÉE.

(828-1000.)

Comme nous venons de le voir, la Corse avait subi bien des vicissitudes

(1) Eginhard, *Annales regum francorum.*
(2) Eginhard, *Annales regum francorum.*

depuis la chute de l'empire romain. Abandonnée par ceux qui en étaient les défenseurs légitimes, elle était devenue la proie des Barbares et avait suivi le sort des provinces de l'Italie. En der-nier lieu, les Grecs l'avaient eue sous leur domination; mais, n'ayant pu se main-tenir dans l'exarchat de Ravenne, ils avaient été obligés de renoncer aux au-tres possessions, beaucoup moins im-portantes pour eux, et s'étaient retirés, abandonnant à qui les voudrait la Corse et la Sardaigne. En se déclarant empe-reur d'Occident, Charlemagne prit na-turellement la Corse sous sa protection : tant qu'il vécut, sa grande puissance fut comme une égide salutaire pour ce pays; mais à sa mort, son successeur comprit, malgré sa bonne volonté, que la Corse serait pour lui d'une très-diffi-cile défense, à cause de l'éloignement et des occupations de l'intérieur. Il en confia alors le gouvernement à Boni-face, marquis de Toscane. La valeur bien connue de Boniface, la proximité de ses possessions, le mettaient à même plus que tout autre de veiller à sa dé-fense. Boniface ne tarda pas à entrer en lutte avec les Sarrasins, qu'il battit à plusieurs reprises. Pour arrêter leurs incursions, il fit construire à l'extré-mité sud de l'île un fort qui aujourd'hui encore porte son nom. L'obscurité his-torique dans laquelle se trouve plongée cette époque du moyen âge nous laisse dans une grande ignorance sur ce que fit Boniface. Tout ce que nous savons, c'est que son fils Adalbert lui succéda dans le gouvernement de la Corse (846); qu'il combattit comme lui les Sarrasins, en fut vainqueur, et laissa à ses descendants le comté qu'il avait reçu de son père. Ce fut ainsi que la famille du comte Boniface posséda pendant près de cent ans la souverai-neté de cette île et ne la perdit qu'à la mort de Lambert, dernier marquis de Toscane (931).

La Corse passa, à cette époque, à Bé-ranger II, neveu de Béranger duc de Frioul. La famille de Béranger rem-plaça celle de Boniface : on sait peu de chose sur elle; toutefois, on peut affir-mer qu'Adalbert, fils de Béranger, lui succéda. Adalbert combattit Othon Ier, empereur d'Allemagne; mais, ayant été vaincu, il se retira en Corse, où Othon n'osa pas aller le chercher. Cependant, après la mort d'Adalbert et d'Othon Ier, Othon II fit faire une expédition contre la Corse, qu'il soumit et qu'il donna en fief à Hugues, fils d'Ubert, marquis de Toscane, autrefois dépossédé par Béranger II. Ce nouveau souverain survécut peu de temps à son investiture, et, à sa mort, les seigneurs, qui s'étaient depuis longtemps organisés, dans cette île comme sur le continent, en régime féodal, profitèrent de l'état d'anarchie dans lequel se trouvait le royaume pour se déclarer indépendants.

Il est nécessaire de dire ici deux mots de ces seigneurs.

CHAPITRE III.

DE L'ORGANISATION DU POUVOIR FÉODAL.

Nous avons vu que, depuis la chute de l'empire romain, la Corse, abandonnée pour ainsi dire à elle-même, avait cessé d'être administrée et avait été exposée aux envahissements des Barbares ; que les Vandales, les Goths, les Lombards, les Grecs, les Sarrasins, les Francs, et en dernier lieu les Italiens, y avaient porté leurs armes dans des intérêts divers. Bien que tous ces peuples n'aient fait que passer sur cette terre, néanmoins il est à présumer, en raison du séjour que chacun d'eux y fit, qu'ils y laissèrent des traces de leur passage, et que plusieurs d'entre eux s'y fixèrent, en s'agglomérant aux habitants. Ceci est d'autant plus probable que l'on trouve aujourd'hui en Corse des usages qui sont particuliers à ce pays et qui n'ont aucune analogie avec ceux de l'Italie ; des noms de villages étranges, et dont la signification pourrait peut-être se trouver dans les langues du Nord ; des traditions, enfin, qui, pour être fabuleuses, n'en ont pas moins une donnée historique. L'on doit admettre, selon nous, que les établissements les plus considérables en ce genre durent se faire du septième au neuvième siècle, et principalement à l'époque des invasions sarrasines. On conçoit, en effet, que Charlemagne et Pepin, le pape et le comte Boniface, ayant besoin de secours pour aller combattre les Sarrasins, durent offrir des récompenses à ceux qui se disposaient à les seconder : car le motif religieux n'aurait pas suffi pour déterminer ces guerriers à quitter leur patrie et leur famille pour une entreprise aussi périlleuse. Or, les récompenses en ces temps-là consistaient dans les donations temporaires de fiefs, avec les titres qui s'y rattachaient.

Ce fut donc à cette époque que dut se former la féodalité de guerriers de nations diverses, qui s'attachèrent au sol, soit qu'ils eussent reçu des terres de leurs chefs, soit qu'ils les eussent occupées par la violence, soit, enfin, qu'ils les eussent achetées. Mais cette féodalité ne fut pas l'œuvre d'un jour ; elle dut se former insensiblement et comme par alluvion. Si nous inclinons à croire qu'elle s'établit surtout du septième au neuvième siècle, c'est que dans cette période d'anarchie européenne, aucun souverain sérieux ne régit la Corse, et que la terre y fut abandonnée pour ainsi dire au premier occupant. C'est de cette époque que date l'origine de certaines familles féodales qui s'opposèrent, pendant les siècles suivants, aux empiétements des souverains étrangers que les vicissitudes des temps appelèrent en Corse. C'est aussi à cette époque que l'on fait remonter l'arrivée en Corse de Hugues Colonna, le plus considérable des seigneurs féodaux. Nous n'entrerons pas ici dans les discussions historiques qu'a soulevées la tradition existante encore sur ce guerrier. M. Grégori a très-bien prouvé (1) que Hugues Colonna et ses descendants ont pu coexister avec les seigneurs qui ont eu le titre de comtes de Corse. Que le marquis de Toscane ait reçu mission du roi de France de défendre la Corse contre les invasions des Sarrasins, qu'il ait pris le titre de *Tutor Corsicæ*, cela est hors de doute ; mais que lui ou ses descendants aient exercé une souveraineté réelle sur tout le pays, c'est là une chose fort problématique. La Corse n'était, en effet, pour les marquis de Toscane qu'une possession secondaire ; rien n'indique qu'ils y aient jamais habité, ou du moins qu'ils

(1) Filippini, *Istoria di Corsica*, t. II, p. v de l'Appendice, édit. de Pise 1827.

y aient fait un long séjour. Cette absence presque continuelle laissa aux seigneurs qui les avaient précédés et à ceux qui arrivèrent avec eux dans le pays la facilité de s'établir sans contrôle supérieur. Il se forma, en dehors de leur action et de leur volonté, une puissance féodale à l'établissement de laquelle ils ne purent ni contribuer ni s'opposer : c'est cette puissance qui s'est trouvée tout organisée et très-forte au dixième siècle. Quant à Hugues Colonna, la tradition conservée dans le pays et rapportée par Filippini fixe son arrivée à l'expédition faite sous Charlemagne contre les Sarrasins. Alcuin nous a conservé à ce sujet un passage fort intéressant, que nous transcrivons ici : « Parmi les premiers « et plus intrépides capitaines de Char« lemagne se trouvait le Romain Hu« gues Colonna, qui, quoique âgé à peine « de vingt ans, était fort estimé, à cause « de son courage, de la majesté de sa « personne et de sa prudence bien con« nue. Il commandait quatre mille ca« valiers lorsque, se précipitant au plus « fort de la mêlée, il saisit dans ses « bras vigoureux le chef des Bavarois, « et alla le déposer en courant sous la « tente de Charlemagne, qui lui en fit « de grands éloges. A cause de ce fait « et d'autres services, rendus à ce « grand empereur, il en obtint pour lui « et ses successeurs l'île de Corse (1). »

A quelles conditions Hugues Colonna obtint-il la Corse? c'est ce que nous ignorons. Filippini rapporte qu'il en chassa les Sarrasins; qu'il fut maître de tout le pays, et que ses enfants furent la souche des seigneurs connus sous le nom de Cinarchesi, que nous verrons plus tard jouer un rôle fort important dans les annales du pays.

La féodalité s'établit en Corse sur divers points. Il y eut des seigneurs dans l'intérieur du pays, il y en eut dans le Cap-Corse, à l'orient et à l'occident de l'île; mais la partie principale dans laquelle ils s'établirent fut le delà des monts (1). Ce pays, plus montagneux que le reste de l'île, et d'un accès difficile, leur offrait des positions naturellement inexpugnables, sur lesquelles ils bâtissaient leurs châteaux; et l'on peut voir par ce qui reste encore de ces manoirs avec quel soin ils cherchaient les endroits isolés où la nature les mettait à l'abri d'un coup de main.

Quant à ce qui est des lois auxquelles obéissaient ces seigneurs, il serait assez difficile de pouvoir les indiquer. Il est à présumer qu'ils suivaient certaines règles de convention qui établirent tant bien que mal une justice. Car on ne saurait admettre qu'à cette époque de convulsion générale, alors que sur le continent les lois n'existaient pas, ou se trouvaient varier à chaque localité, il y eût une exception pour la Corse. Si une législation devait dominer dans la généralité de ce pays, ce devait être la législation romaine, surtout celle du Bas-Empire, à cause des anciennes traditions du pays, et surtout du long séjour qu'y avaient fait en dernier lieu les Grecs.

Ce que nous venons de dire sur les seigneurs féodaux était nécessaire pour l'interprétation de ce qui va suivre. L'absence de documents historiques (absence qui n'est pas à déplorer uniquement pour la Corse) du sixième au neuvième siècle, laisse régner sur cette longue période une obscurité profonde, et peut donner matière à plus d'une

---

(1) Etenim inter proceres et strenuos duces Caroli, Ugo Columnæ Romanus, sane quam annorum viginti circiter, ob suam fortitudinem, corporis majestatem, et non ignotam prudentiam, semper veneratus fuit; quatuor millia equitum cum esset conductor, infra colluviem prosiliit, Ducem Bavarum inter validissimis brachiis accepisset, celeriter currens sub tentorio Caroli cum magna laude presentavit; quapropter quidem aliisque servitiis eidem M. imperatori præstitis, insulam Cyrni pro se et suis successoribus obtinuit.

Alcuin, rapporté par Duchesne dans ses Historiæ Francorum scriptores coetanei, 3 v. in-f°; 1617.

(1) Depuis l'établissement du régime féodal jusqu'au temps où la compagnie de Saint-Georges eut abattu les puissantes familles de Leca et della Rocca, tout le pays du delà des monts fut soumis aux seigneurs féodaux. Il y eut même un temps où une seule famille, celle du comte de Cinarca, fut seule maîtresse souveraine de tout ce pays. Puis, cette famille, se divisant en plusieurs branches, créa pour ses membres divers fiefs, dont les plus importants furent ceux de Leca, della Rocca, d'Istria, d'Ornano et de Bozi. Les seigneurs de ces fiefs, appelés aussi Cinarchesi, appartenaient tous à la famille Colonna, dont ils n'ont point cessé de porter le nom...

En deçà des monts, les familles da Mare et de Gentili possédaient les deux tiers du Cap-Corse, ainsi que l'île de Capraja.

conjecture. Nous n'avons voulu, quant à nous, admettre que les choses probables et nous tenir, autant que possible, dans les données historiques qui concordent avec l'histoire générale du reste de l'Europe.

CHAPITRE IV.

ORGANISATION POPULAIRE — SAMBUCUCCIO D'ALANDO.

(1005-1012.)

A l'époque où nous sommes arrivés, c'est-à-dire au commencement du onzième siècle, les seigneurs, profitant de l'état d'anarchie dans lequel se trouvait le pays, commencèrent à se faire la guerre entre eux et à chercher à augmenter leur puissance. Le comte de Cinarca, le plus considérable des seigneurs féodaux, crut le moment favorable pour s'emparer de la suprématie de l'île. Il commença par faire la guerre à ses voisins, en soumit plusieurs, et, rassemblant ses forces, se prépara à de nouvelles conquêtes; mais le peuple, qui souffrait de ces déchirements intérieurs, s'opposa à ses empiétements. S'étant assemblé en diète générale à Morosaglia (1007), il nomma pour son général Sambucuccio, seigneur d'Alando, et homme généralement estimé. Sambucuccio, ayant réuni des forces considérables, marcha contre le comte de Cinarca, le battit et le força à rentrer dans ses domaines.

Sambucuccio, vainqueur du comte de Cinarca et des autres petits seigneurs, qu'il obligea à se tenir tranquilles chez eux, songea à donner au peuple, qui l'avait investi de l'autorité suprême, une organisation indépendante appropriée aux mœurs et aux besoins du pays. Il établit que chaque paroisse nommerait un *podesta*, qui, assisté des *pères de la commune*, en dirigerait les affaires. Les podestats d'une certaine circonscription nommaient à leur tour un magistrat chargé de faire les lois et les règlements. Les magistrats élus par les différentes circonscriptions étaient au nombre de douze, et formaient le conseil appelé des *Douze*. Les pères de la commune nommèrent aussi, sous le nom de *caporale*, un magistrat chargé de défendre les intérêts des faibles contre les empiétements ou la rapacité des forts. Cette organisation ne fut appliquée qu'à la Terre de Commune, ainsi appelée parce que les peuples qu'elle renfermait firent cause commune pour s'affranchir de la tyrannie des seigneurs (1). Quant aux autres parties de l'île, elles continuèrent à être gouvernées par leurs seigneurs.

CHAPITRE V.

MARQUIS DE TOSCANE.

(1012-1077.)

Cependant, les sages mesures prises par Sambucuccio ne purent préserver le peuple de l'anarchie. Soit que ces institutions fussent mal affermies, soit qu'elles ne répondissent point aux besoins généraux, elles ne furent guère en vigueur que durant la vie de Sambucuccio. A sa mort, le désordre recommença. Les barons voulurent profiter des circonstances pour reconquérir ce qu'ils avaient perdu. Alors le peuple, ne sachant ou ne pouvant se défendre, appela à son secours Malaspina, marquis de Massa et de Lunigiana, que l'on savait descendre d'Adalbert (1012). Malaspina saisit avec empressement l'occasion qui lui était offerte de reprendre en Corse l'ascendant qu'y avait eu sa famille. Il rassembla des troupes, et à peine arrivé marcha contre les seigneurs cismontains : ses succès furent rapides et décisifs. Il fit rentrer dans l'ordre les barons qui avaient pris les armes, et, après avoir battu le comte de Cinarca, l'obligea à quitter le pays.

Les marquis Malaspina gouvernèrent

---

(1) On n'est pas bien fixé aujourd'hui sur l'étendue de pays que renfermait autrefois la Terre de Commune; cependant Limperani, qui écrivait au temps de Paoli, où la Terre de Commune jouait un rôle important, s'exprime à cet égard d'une manière très-précise. « Tout le pays, dit-il, qui s'étend en longueur des monts (la chaine de montagnes du système transversal) jusqu'à Brando, et en largeur d'Aléria jusqu'à Calvi, fut appelé et s'appelle encore aujourd'hui *Terre de Commune*. »
Limper. *Istoria della Corsica*, t. I, p. 429.

la Terre de Commune jusque vers le milieu du onzième siècle, sans apporter aucun changement aux institutions créées par Sambucuccio. Leur action dans ce pays se bornait à un simple protectorat, délégué à un vicaire ou lieutenant. Cet état de choses permit aux seigneurs d'agir dans leurs domaines avec la même indépendance que s'il n'eût existé aucun souverain de l'île, et laissa également le clergé manœuvrer en faveur du saint-siége.

CHAPITRE VI.

LE PAPE. — LES PISANS.

(1077-1217.)

Depuis longtemps, les papes cherchaient à étendre leur pouvoir temporel et à augmenter leurs domaines. Grégoire VII, qui occupait à cette époque le trône pontifical, tout en voulant élever le pouvoir spirituel au-dessus du pouvoir temporel quel qu'il fût, ne négligeait aucune des occasions qui pouvaient enrichir l'Église et la rendre puissante. Il songea aux anciens titres des papes sur la Corse, et chercha à faire passer cette île sous sa domination. Ses émissaires l'ayant informé que les esprits étaient disposés en sa faveur, il s'empressa d'y envoyer Landolphe, évêque de Pise, chargé en apparence d'une mission purement spirituelle, mais au fond devant obtenir des peuples de ce pays leur soumission au saint-siége. Landolphe parcourut la Corse; il gagna les évêques et les seigneurs, chacun en particulier, puis il les convoqua en assemblée générale et les amena facilement à se déclarer sujets de l'Église (1077). Ceci se passait au temps du marquis Ruffe de Malaspina, qui paraît ne s'être point inquiété de ce changement. Quant à Grégoire VII, il témoigna sa reconnaissance à Landolphe, en lui donnant pour lui et ses successeurs l'investiture de l'île sous la réserve de la moitié des revenus. Bientôt après, Urbain II céda à l'église métropolitaine de Pise la souveraineté entière de l'île, moyennant une redevance annuelle (1091). Non content de la souveraineté temporelle, l'évêque de Pise Daïbert voulut avoir la souveraineté spirituelle : il obtint d'Urbain II que Pise serait érigée en archevêché, et que les évêques de la Corse en seraient suffragants (1098). Cet acte de complaisance de la part d'Urbain ayant éveillé la jalousie des Génois, ceux-ci se plaignirent amèrement à la cour de Rome, et Urbain II retira son bref pour éviter de plus grands malheurs (1098). Mais déjà la rivalité de Pise et de Gênes commençait à inquiéter l'Italie, et il était facile de prévoir qu'elle éclaterait violemment à la première occasion.

L'administration de Pise en Corse fut, pendant ce temps-là, toute paternelle. Elle s'occupa des améliorations nécessaires au pays, et permit aux exilés de rentrer dans leur patrie. Pierre, qui avait succédé à Daïbert dans l'archevêché de Pise, ayant résolu une expédition contre les Maures, qui infestaient la mer de Toscane, tira de la Corse une grande quantité de bois de construction, et, après avoir équipé une flotte considérable, il se dirigea vers les îles Baléares. Les Sarrasins avaient fait de l'île de Minorque leur lieu de retraite. La flotte pisane les y attaqua, et les détruisit complètement. En relatant cet événement, le cardinal Boson, qui accompagnait Pierre, dit que les Corses se battirent comme des lions (1114) (1).

Le succès des armes de Pise lui fit obtenir du pape Gélase II l'investiture des évêchés de la Corse, investiture qui à peu de distance fut confirmée par Calixte II. Cette nouvelle faveur excita plus que jamais la jalousie des Génois; ils se plaignirent vivement de la préférence accordée à Pise. Le pape assembla alors un concile pour juger la question, et sur sa décision le bref fut retiré. Pour éviter les troubles que ce privilége semblait toujours prêt à raviver, Innocent II érigea Gênes en archevêché et lui donna pour suffragants les évêchés de Mariana, Nebbio et Acci; ceux d'Aléria, Ajaccio et Sagona relevèrent de Pise (1133); mais cet arrangement n'amena point le résultat qu'on s'en était promis. Gênes se plaignit bientôt des pi-

(1) Boson, *Epist. fragmenta variarum*, apud Murat., *Rer. Ital. Script.*

rateries exercées par les corsaires sortis de Bonifacio, et, par un audacieux coup de main, elle s'empara de cette ville, qu'elle colonisa. Les Pisans firent tous leurs efforts pour reprendre à leurs rivaux ce poste important, mais ils ne purent y réussir. Honorius III intervint alors dans la querelle, et offrit de prendre en dépôt la ville de Bonifacio (1217) : on y consentit, et la paix fut conclue et solennellement jurée entre ces deux républiques.

CHAPITRE VII.

RIVALITÉ DE PISE ET DE GÊNES. — LE MARQUIS ISNARD MALASPINA.

(1217-1280.)

Cependant l'animosité qui régnait entre les deux peuples ne pouvait tarder à leur faire trouver un prétexte pour en venir de nouveau aux mains. La querelle des Guelfes et des Gibelins, qui agitait alors l'Italie, fut l'occasion qu'ils saisirent avec empressement. Les Pisans se déclarèrent Gibelins, et partant les Génois furent Guelfes. Tant que vécut Frédéric II, les Pisans trouvèrent en lui un puissant défenseur ; mais à sa mort, il se forma une ligue des Génois, des Florentins et des Lucquois, qui tous jurèrent la perte de Pise. Attaqués par terre et par mer, les Pisans se virent obligés de céder une partie de leur territoire. Trop préoccupés de leurs intérêts personnels, ils ne pouvaient donner aux affaires de la Corse qu'une attention secondaire. Comme ils étaient Gibelins, ils avaient été naturellement excommuniés par le pape : cette circonstance avait encore indisposé contre eux tout le clergé de la Corse, et une très-grande partie de la population, qui en subissait l'influence. Les seigneurs avaient profité de ces mauvais vouloirs pour s'affranchir de l'autorité de Pise et reprendre leurs anciennes allures. Alors il y eut, comme au temps de Sambucuccio, une réunion des habitants de la Terre de Commune, qui proposa au marquis Isnard Malaspina de venir en Corse reprendre l'ancien pouvoir de ses aïeux (1269). Malaspina se rendit aux désirs de l'assemblée, et débarqua en Corse à la tête de quelques troupes : mais son arrivée ne changea guère la face des choses. Son autorité ne fut reconnue que dans la Terre de Commune ; quant aux seigneurs, les uns demeurèrent indépendants et se défendirent les armes à la main ; les autres se mirent sous la protection de Gênes.

CHAPITRE VIII.

LES PISANS. — LES GÉNOIS. — GIUDICE DELLA ROCCA.

(1280-1331.)

Il ne restait dans cette occurrence que très-peu de chances à la république de Pise de conserver sa domination ; elle comprit néanmoins qu'elle devait tenter un dernier effort. Elle ramassa quelques troupes, équipa deux galères, et donna le commandement de cette petite armée à un noble corse, descendant des comtes de Cinarca, et qu'on appelait Giudice. Dans sa jeunesse, Sinucello, qui plus tard prit le nom ou le titre de Giudice, obligé de s'expatrier, avait pris du service chez les Pisans, et s'était fait remarquer par ses talents militaires autant que par ses vertus privées.

A peine débarqué en Corse (1280), il réunit ses parents, et rallia à lui tous ceux qui reconnaissaient encore l'autorité de la république de Pise ; puis il marcha contre Arriguccio, qui s'était déclaré feudataire de Gênes. Arriguccio, vaincu, se retira auprès du seigneur de Saint-Antoine.

Les seigneurs opposés à Pise s'y rendirent également, et d'un commun accord ils demandèrent du secours à Gênes. Les Génois accueillirent leur demande avec empressement. C'était une excellente occasion de pouvoir s'établir en Corse, avec un motif plausible. Ils envoyèrent donc immédiatement à leur secours des troupes nombreuses, sous les ordres d'un général habile, Thomas Spinola. Tous les mécontents, tous ceux qui espéraient beaucoup dans la protection de Gênes, se groupèrent autour de l'envoyé de la république. Spinola crut devoir marcher d'abord sur le château de Cinarca, où s'était retranché Giudice. Malgré le grand nombre de troupes qu'il avait avec lui et la bonne volonté des seigneurs qui l'accompagnaient, il ne put réussir néanmoins à s'en emparer; bien plus, il tomba dans un piége que Giudice lui tendit, et fut complétement défait; ce qui lui ôta l'envie de tenter de nouvelles entreprises (1282). Cependant, quelques années plus tard, les Génois, ayant battu complétement les Pisans à la journée de la Méloria, songèrent à envoyer en Corse de nouveaux renforts. Déjà ils possédaient le fort d'Aléria, où les avait introduits la famille Cortinchi. Ils pensèrent que la soumission de l'île entière serait facile dans cette circonstance, et ils chargèrent Luchetto Doria de l'opérer. Mais Giudice, que les malheurs de Pise n'avaient point découragé, ne permit pas de réaliser ces espérances. Luchetto fut battu et obligé de se retirer. Quant à Giudice, il continua à soutenir avec succès les droits de Pise pendant longtemps encore; mais la rigidité de sa justice ayant indisposé contre lui quelques-uns de ses parents et même ses enfants, il fut livré par Salnèse, l'un d'eux, aux Génois. Ceux-ci l'embarquèrent pour Gênes, où il fut jeté dans la prison de la Malpaga, et y mourut quelque temps après, expiant ainsi le crime d'avoir défendu courageusement sa patrie et de s'être montré, pendant près d'un demi-siècle, l'ennemi constant des Génois (1312). « Giudice, dit Filippini, fut véritablement un des hommes les plus remarquables qui aient jamais existé dans l'île : il était plein de courage et habile dans les armes, très-capable de suivre ses entreprises, d'un excellent conseil, sévère exécuteur de la justice, très-généreux envers les siens et très-constant dans l'adversité. Quoiqu'on doive le louer de ces belles qualités, il ne fut point exempt des fragilités humaines; il se livra beaucoup à son amour pour les femmes, et fut d'un caractère altier; mais ces défauts disparaissaient devant ses belles qualités (1). »

(1) Filippini, *Istoria di Corsica*, t. II, p. 187.

LIVRE III.

Depuis l'acte de cession de 1347 jusqu'à la compagnie de Saint-Georges.

CHAPITRE Ier.

ÉTABLISSEMENT DE LA PUISSANCE GÉNOISE. — COMMENCEMENT DE LA LUTTE AVEC LES SEIGNEURS FÉODAUX. — ARRIGO DELLA ROCCA.

(1347-1372.)

La mort de Giudice ruina complétement le parti de Pise. Cette république, voyant qu'elle ne pouvait en aucune manière soutenir ses droits en Corse, en fit abandon à Gênes. Mais ce ne fut point en vertu de cette cession que les Génois devinrent maîtres de l'île. Les troubles qui suivirent la mort de Giudice avaient plongé le pays dans une anarchie complète. Pour faire cesser cet état de choses, les magistrats de la Terre de Commune, les caporaux et quelques seigneurs féodaux se réunirent en diète à Morosaglia et déférèrent, d'un commun accord, l'autorité suprême à la république de Gênes. Cet acte, dont malheureusement on a perdu la teneur, est du 12 août 1347. Il fut porté à Gênes par une députation et accepté, sans aucune modification, par le doge Jean Murta, assisté de son conseil. « Si nous avions, dit Limperani, le traité conclu alors entre les Corses et la république, nous pourrions voir si la diète générale des Corses concéda à la république de Gênes la souveraineté de l'île pour un temps illimité, ou si, au contraire, elle ne la lui céda que temporairement, ce qui était d'usage dans ce temps-là, ce qui paraît avoir été pratiqué par les Corses envers les Malaspina, et par les Génois eux-mêmes envers Robert, roi de Naples. Ce que nous disons n'est pas sans fondement, car nous verrons plus tard que la république perdit tout à fait son domaine sur la Corse, ce qui engagea de simples particuliers à le rechercher pour leur propre compte. Toutefois, quoique le texte du traité nous manque, nous pouvons bien croire que les priviléges et les exemptions dont ont joui les Corses, tout le temps qu'ils ont été gouvernés par la république, n'étaient que le résultat des conventions passées entre eux et les Génois. On ne saurait admettre, en effet, qu'avant de se donner à la république, les Corses n'aient point stipulé les conditions qu'ils jugeaient nécessaires à un bon gouvernement, et que ces conditions n'aient été acceptées en termes fort clairs par les Génois. Nous avons, du reste, pour exemple les habitants de Calvi et de Bonifacio, qui ne se livrèrent à la république qu'après avoir vu leurs conditions acceptées. Parmi les nombreux priviléges dont jouissaient les Corses, nous dirons que les principaux étaient : 1° qu'ils ne devaient payer à l'État de Gênes qu'une somme de vingt sous par famille pour tout impôt ; 2° qu'ils devaient se régir par les lois contenues dans le code intitulé *Statuts de Corse*; 3° que le maintien des lois, la surveillance des priviléges et l'exécution de la justice devaient être réservés aux magistrats des *Douze* pour la partie cismontaine et des *Six* pour la partie du delà des monts ; qu'un membre de cette magistrature devait résider à Gênes, sous le titre d'orateur ou de député, pour représenter au sénat les besoins ou les griefs du peuple corse ; 4° que nul impôt direct ou indirect ne pouvait être établi sans le consentement des magistrats des *Douze* et des *Six*, qui représentaient la nation ; 5° que les Corses ne devaient payer le sel qu'un sou la livre ; 6° que le tribunal du syndicat devait être composé d'autant de Corses que de Génois (1). »

Boccanegra fut le premier gouverneur que les Génois envoyèrent dans l'île (1348). Il se conduisit sagement, rétablit l'ordre autant que cela se pouvait, et ramena à l'autorité de Gênes la plus grande partie de la population ; mais à son départ, qu'avaient nécessité les événements dont Gênes était le théâtre, les troubles recommencèrent (2).

(1) Limperani, *Istoria della Corsica*, t. II, liv. 12, p. 123.
(2) Vers cette époque, il se forma dans cette partie de la Corse que l'on appelle Carbini, une secte semi-religieuse, semi-philosophique, dont les membres prirent le nom de *Giovannali*. Filippini dit que les fondateurs de cette secte furent les deux frères Polo et Arrigo d'Attalla, et il ajoute : « Leur loi

Guillaume della Rocca, un puissant baron du delà des monts, jugeant le moment favorable pour soumettre ses voisins, marcha contre eux, en réduisit plusieurs, et ne fut arrêté dans sa course que par Ghilfuccio d'Istria. Après avoir éprouvé plusieurs défaites, Guillaume périt dans un combat contre ce seigneur. Son fils Arrigo entreprit alors de continuer l'œuvre de son père : il avait déjà avancé considérablement ses affaires, lorsque Tridano della Torre, envoyé de Gênes, arrivant dans l'île avec des forces imposantes, l'obligea, après plusieurs rencontres, à s'expatrier (1). Ce fut en Espagne qu'Arrigo alla chercher un refuge. Il était à peu près certain d'y être

« portait que tout devait être commun entre
« eux, les femmes et les enfants, comme les
« autres choses ; peut-être voulaient-ils renou-
« veler l'âge d'or, que les poëtes rapportent au
« temps de Saturne. Ils usaient de certaines pé-
« nitences à leur façon, et se réunissaient la
« nuit dans les églises pour leurs cérémonies.
« Après avoir rempli certains rites pleins de
« superstition, ils éteignaient les lumières et se
« livraient entre eux aux plus grands désor-
« dres. *E con più modi sporchi e disonesti che
« si sapevano imaginare, si prendevano pia-
« cere l'uno con l'altro, cosi di maschi come di
« femmine quanto loro aggradiva.* » Cette secte s'étendit considérablement au delà et en deçà des monts. Le pape, en ayant été informé et ayant examiné la doctrine des novateurs, les excommunia, les déclarant hérétiques ; puis il envoya en Corse un commissaire qui, ayant rassemblé des troupes et fait un appel aux Corses de bonne volonté, marcha contre les *Giovannali*, détruisit un château fort qu'ils avaient bâti dans la piève d'Alesani, et les défit en bataille rangée. Les Giovannali furent presque tous tués ; et, dès qu'on en découvrait un, il était aussitôt massacré.
V. Filippini, lib. III, p. 195.
(1) Quelque temps après l'arrivée de Tridano della Torre, une sanglante inimitié s'étant élevée entre deux hommes du peuple de la piève de Rogna, appelés, l'un Ristagnaccio, l'autre Caggionaccio, tout le deçà des monts fut bientôt embrasé, et chacun prit parti pour l'un ou pour l'autre. La famille Casta se déclara protectrice de Ristagnaccio, celle d'Altiani de Caggionaccio. Tridano, ayant rassemblé des forces imposantes, se dirigea sur la Casinca, où les deux partis étaient prêts à en venir aux mains. Les Caggionacci, croyant que Tridano favorisait leurs adversaires, l'assassinèrent, tandis qu'il se rendait à la Venzolasca. Les troubles continuèrent plus violents encore. Alors la république, voulant mettre un terme à ces désordres, envoya dans l'île deux gouverneurs, Lomellino et Tortorino (1370). Chacun de ces deux gouverneurs s'étant mis à la tête d'un parti et en soutenant les intérêts, il ne leur fut pas difficile d'arranger les affaires et de faire conclure la paix entre ces deux factions.
Voy. Filipp., t. II, liv. III, p. 199.

bien accueilli et d'en obtenir au besoin du secours. Nous allons dire pourquoi.

Jusqu'ici nous n'avons point parlé des prétentions de la maison d'Aragon, pour ne pas interrompre notre récit ; mais il est maintenant nécessaire, pour l'intelligence des événements qui vont suivre, d'entrer dans quelques détails à ce sujet. Nous avons dit que Pepin d'abord et plus tard Charlemagne avaient fait donation de la Corse au saint-siége. Quel droit avaient-ils de disposer ainsi d'une chose qui ne leur appartenait pas ? Aucun, si ce n'est peut-être qu'ils regardaient la Corse comme faisant partie de l'empire d'Occident, auquel ils prétendaient avoir succédé. Toujours est-il que cette donation, à laquelle personne ne s'opposa, fut l'origine de vicissitudes sans nombre pour la Corse, et autorisa les papes à disposer de ce pays comme d'un fief qui leur appartenait. Il y a plus, une partie de la population de l'île s'étant donnée volontairement au saint-siége, sous Grégoire VII, ce fut en vertu de cette soumission volontaire que le pape concéda la souveraineté de l'île aux Pisans, et lorsque la puissance de Pise fut anéantie, le pape se regarda comme redevenu maître de ce pays. C'est sans doute dans cette confiance qu'en 1296 Boniface VIII, pour des motifs que nous ne pouvons apprécier aujourd'hui, donna à Jacques Ier, roi d'Aragon, la Sardaigne et la Corse, à la condition de se reconnaître pour ces deux fiefs vassal de l'Église. Cette donation fut encore confirmée par le pape Benoît XII à Pierre d'Aragon, petit-fils de Jacques. Ce prince n'ayant pu profiter des avantages qui lui avaient été faits par Boniface VIII, avait laissé à son fils, Alphonse, le soin de tenter la prise de possession de ces deux fiefs. Mais Alphonse vécut peu de temps, et Pierre son fils, poursuivant son entreprise, commença d'abord par la Sardaigne, et ne songea guère à la Corse d'une manière sérieuse que lorsqu'il entrevit qu'il pourrait y avoir un parti puissant. Ce fut même ce désir de se créer dans l'île des créatures avant d'y opérer une descente, qui l'engagea à accueillir d'une manière flatteuse Arrigo della Rocca, et à lui donner les secours avec lesquels il pût retourner en Corse.

A son arrivée, Arrigo reprit le château de Cinarca, défit les Génois dans toutes les rencontres, et soumit en quelques jours tout le pays à son autorité (1372). Les Génois, obligés de battre en retraite de toutes parts, ne purent conserver que les villes de Calvi et de Bonifacio. Ce succès presque inespéré du comte Arrigo était dû en grande partie à l'assistance qu'il avait trouvée dans les seigneurs ses alliés et dans l'enthousiasme du peuple. Pour reconnaître dignement la sympathie dont il avait été l'objet, Arrigo chercha à réparer les maux de l'administration génoise, et pendant quelques années il fut l'idole d'un pays auquel il avait su rendre une prospérité depuis longtemps inconnue. Mais, soit changement de sa part, soit inconstance des seigneurs ou du peuple, la bonne harmonie cessa tout à coup de régner, et Gênes fut sollicitée par les barons du Cap-Corse d'envoyer des troupes dans l'île pour pouvoir se soustraire à la domination d'Arrigo. La république s'empressa d'expédier les secours qu'on lui demandait ; mais les seigneurs révoltés ne purent, malgré cela, atteindre leur but : ils furent complétement défaits par Arrigo et redemandèrent encore des secours à Gênes.

CHAPITRE II.

LA MAONA. — ARRIGO DELLA ROCCA.

(1378-1389.)

Le gouvernement génois, trop préoccupé en ce moment de sa propre conservation, ne prêta qu'une oreille distraite à cette nouvelle demande : cependant quelques citoyens lui offrirent d'aller en aide aux seigneurs, à la condition d'avoir la Corse en fief. Le sénat accéda volontiers à cette proposition, et rendit un décret qui autorisait la compagnie de la *Maona*.

Cette compagnie se composait de cinq membres, appartenant aux familles les plus influentes et les plus riches de Gênes : c'étaient Leonello Lomellino, Giovanni da Magnara, Luigi Tortorino, Andrea Ficone et Cristoforo Maruffo. Son but était la soumission et l'exploitation de la Corse pour son propre compte (1). La *Maona* fit des préparatifs considérables, et partit pour sa destination. Quoique bien accueillis par les mécontents, qui étaient en grand nombre, les nouveaux gouverneurs n'obtinrent pas le succès qu'ils s'étaient promis. Le comte Arrigo les combattit avec des chances telles que, ne pouvant avancer leurs affaires, ils lui proposèrent, pour en finir, de faire partie de leur société. Arrigo consentit à cet accommodement, d'autant plus volontiers qu'on lui laisserait, disait-on, l'autorité sur les provinces du delà des monts. Mais comme il savait fort bien qu'il ne fallait point se fier aveuglément à ces promesses, il se tint sur ses gardes. Il ne tarda pas à s'apercevoir qu'on n'avait voulu que l'endormir dans la sécurité, et qu'on préparait contre lui un armement. Il n'attendit pas qu'on vînt l'attaquer; il fondit tout à coup sur les gouverneurs, et leur fit éprouver une sanglante défaite. Dès lors la guerre se poursuivit avec acharnement des deux côtés. La Corse fut partagée en deux camps. Les gouverneurs de la Maona, profitant de la division qui avait éclaté entre quelques barons ultramontains, s'emparèrent de la Cinarca et de la ville d'Ajaccio; mais Arrigo ne les laissa pas longtemps jouir de leur conquête. Il leur reprit en quelques jours la Cinarca et obligea Ajaccio à se rendre à discrétion.

Les affaires de la Maona déclinaient sensiblement; elle avait perdu un de ses membres dans un combat contre le comte; de plus, ses ressources étaient épuisées. Les gouverneurs résolurent d'abandonner la partie, et retournèrent à Gênes, dégoûtés d'une entreprise qui leur avait été très-funeste (1380).

CHAPITRE III.

LA RÉPUBLIQUE DE GÊNES. — ARRIGO DELLA ROCCA. — LE COMTE LOMELLINO (1380-1408).

La république se trouva dès lors rentrer naturellement dans ses droits; mais les mêmes causes qui l'avaient empêchée d'envoyer, quelques années auparavant, un secours direct en Corse, l'obligèrent encore à laisser ses partisans combattre tout seuls. Les seigneurs qui avaient pris les armes contre Arrigo, et les habitants de la Terre de Commune qui les avaient soutenus durant le gouvernement de la Maona, n'en continuèrent pas moins de combattre, comme ils l'avaient fait auparavant, en reconnaissant l'autorité de Gênes. Cependant Lomellino, un des sociétaires de la Maona, ne tarda pas à revenir dans l'île, avec le titre de gouverneur; mais cette nouvelle qualité ne le rendit pas plus heureux dans ses entreprises. Il ne put, malgré ses efforts, gagner du terrain, et, après dix années de séjour, il dut retourner à Gênes, laissant les affaires de la république aussi peu avancées que le jour où il était arrivé (1391).

Le successeur de Lomellino, Jean-Baptiste Zoaglia, chercha tout d'abord à se rendre populaire; il y parvint en faisant respecter les droits de chacun et en rendant la justice avec impartialité. Lorsqu'il se crut sûr de l'affection du peuple qu'il gouvernait, il marcha contre Arrigo, et, malgré la valeur et les talents militaires de ce dernier, l'obligea à reculer, et enfin à quitter le pays. Toutefois, avant de s'embarquer, Arrigo eut le temps de mettre de fortes garnisons dans ses châteaux, et il persuada facilement aux siens que son absence ne serait pas longue. Comme on devait s'y attendre, il alla directement à la cour d'Aragon. Le roi Jean l'accueillit avec les mêmes égards que son père l'avait fait quelques années auparavant; il lui donna les secours qu'il réclamait, et, deux mois après avoir quitté la Corse, il put y retourner avec

---

(1) L'auteur de la *Giustificazione* rapporte un paragraphe du contrat qui fut fait alors entre la république et les cinq feudataires à qui elle livrait la Corse. On peut y voir que la république se considérait comme relevant du saint-siége pour la souveraineté de la Corse: « Parimente han promesso detti feudatarii « co' loro vassalli affaticarsi per quanto possono al conquisto ed acquisto di detta isola, « e luoghi... e per l'acquisto, conquisto, e riparazione, spendere lire quaranta mila di Genova in tre anni prossimi venturi. Ancora « il commune di Genova con buona fede, a « tutto suo potere, darà aiuto, consiglio, e favore, che li detti feudatarii per suoi ambasciadori, a sue proprie spese, ottengano la « confermazione della detta concessione del « feudo dal sommo pontefice romano. » *Giustificazione della rivoluzione di Corsica*, pag. 87. Corti, 1764

des forces suffisantes pour en chasser ses ennemis. En très-peu de temps il vainquit Zoaglia et le fit prisonnier. Panzano, général habile, qui fut envoyé pour remplacer Zoaglia, éprouva une complète déroute auprès de Biguglia (1394). Arrigo soumit une seconde fois toute l'île à sa domination, à l'exception de Calvi et de Bonifacio.

Cependant, la république ne voulut pas rester sous le coup de ces échecs réitérés; elle rassembla de nouvelles troupes, et en confia le commandement à Raphael Montalto, qu'elle nomma en même temps son gouverneur.

Montalto rétablit les affaires de Gênes. A peine débarqué, il marcha contre Arrigo avec des troupes nombreuses, que grossissaient à chaque instant les mécontents. Après plusieurs combats, le comte Arrigo fut obligé d'abandonner la Terre de Commune, et, comme il se retirait au delà des monts, il mourut subitement à Vizzavona. Cette mort, que l'on attribua au poison de Gênes, mit fin à la guerre. Les seigneurs qui soutenaient le parti d'Arrigo se retirèrent chacun dans leurs fiefs. Son fils naturel, François della Rocca, traita avec les Génois, leur vendit ses domaines et fut nommé lieutenant général de la république pour la Terre de Commune (1401).

Pendant quelques années, la Corse sembla respirer. Mais ce repos ne pouvait être que passager, car les mêmes motifs de haine et de discorde existaient alors comme aux temps précédents. Ce qui manquait sans doute en ce moment, c'était un homme qui pût se mettre à la tête du parti anti-génois, comme l'avait fait le comte Arrigo. Il était facile d'entrevoir que du moment où cet homme-là se trouverait, la guerre recommencerait de nouveau. Quant à Gênes, subissant elle-même, à cette époque, le joug de l'étranger, elle était beaucoup trop préoccupée de sa position personnelle pour songer à ce qui se passait ailleurs.

Ce fut dans ces circonstances que Lomellino, que nous avons vu d'abord sociétaire de la Maona, puis gouverneur de la Corse pour la république, sollicita et obtint de Charles VI, roi de France, dont les troupes occupaient alors Gênes, la Corse comme fief, avec le titre de comte (1407). Mais il était dit que ce pays ne lui porterait pas bonheur. Sa conduite y fut d'ailleurs extravagante et despotique. Pour réparer ses anciennes pertes, il établit des impôts arbitraires et employa la force pour les lever, ce qui indisposa vivement les esprits. Le peuple n'aurait probablement pas supporté longtemps cet état de choses, et il aurait couru, comme toujours, aux armes, si un événement imprévu n'était venu lui offrir l'assistance dont il avait besoin. Lomellino était dans la plus grande sécurité, occupé à poursuivre ses projets, lorsqu'on vint lui apprendre que Vincentello d'Istria, seigneur du delà des monts, était débarqué dans l'île avec quelques troupes et des munitions.

CHAPITRE IV.

LA RÉPUBLIQUE DE GÊNES. — VINCENTELLO D'ISTRIA.

(1408-1419.)

Vincentello d'Istria, neveu du comte Arrigo, avait, fort jeune encore, quitté la Corse et pris du service auprès du roi d'Aragon, qui l'avait très-bien accueilli, à cause du souvenir de son oncle. Après s'être distingué dans l'armée de terre, il obtint du roi deux galères, qui, jointes aux vaisseaux que lui fournit le roi de Sicile et de Sardaigne, composèrent une petite flottille avec laquelle il inquiéta pendant plusieurs années les Génois, leur fit des prises considérables, et jeta l'épouvante dans leur marine. Tout en courant la mer, il ne perdait point de vue la Corse, et lorsqu'il sut que Lomellino était généralement détesté et que ses ressources étaient épuisées, il débarqua inopinément à Sagona, marcha sur le château de Cinarca, qui n'osa résister, traversa rapidement l'intérieur et s'empara de Biguglia, place importante, qui était depuis longtemps regardée comme la capitale de l'île. Alors il convoqua une consulte générale de l'île. On accourut de toutes parts à cette assemblée, et d'un commun accord Vincentello fut proclamé comte de Corse.

Sans perdre de temps, le comte Vincentello marcha sur Bastia, et l'obligea à se rendre. Lomellino, ne pouvant opposer aucune résistance avec les forces dont il disposait, avertit en toute hâte la république de sa fâcheuse position. André Lomellino, son frère, rassembla quelques troupes et accourut à son secours. La lutte recommença. Vincentello, blessé dans un combat, fut obligé de battre en retraite. Mais, s'étant bientôt rétabli, il reprit l'offensive, défit les Génois, et les obligea à abandonner toutes les conquêtes qu'ils avaient faites (1410). Le sénat, jugeant alors qu'il ne pourrait rien obtenir par les armes, essaya de changer de politique, et envoya dans l'île Raphael Montalto, qu'il savait y avoir des relations d'amitié avec des personnages influents. Le nouveau gouverneur chercha à se faire des partisans. Il ne lui fut pas difficile de mettre dans ses intérêts Jean d'Omessa, évêque de Mariana, avec lequel il était lié depuis fort longtemps, et qui jusque-là avait été un des plus forts appuis de Vincentello (1413).

La défection de Jean d'Omessa enleva à Vincentello une grande partie des provinces cismontaines, et l'obligea à aller chercher du secours auprès d'Alphonse d'Aragon. Mais, avant qu'il fût de retour, ses affaires s'améliorèrent. Abraham Campo-Fregoso remplaça Montalto en qualité de gouverneur. L'évêque de Mariana, qui n'avait embrassé le parti des Génois que par amitié pour Montalto, prit les armes contre eux, dès que celui-ci fut parti. Il tint la campagne pendant quelque temps contre Squarciafico, lieutenant de Campo-Fregoso; mais, malgré sa connaissance parfaite des lieux et son humeur guerrière, il se vit serrer de près et éprouva une entière défaite. Il ne se découragea pas néanmoins, et continua la lutte avec ardeur. Tandis que ces événements se passaient en deçà des monts, Vincentello débarquait dans la partie ultramontaine avec les secours que lui avait accordés Alphonse d'Aragon. L'évêque d'Omessa l'ayant instruit du danger dans lequel il se trouvait, Vincentello, oubliant le passé, vola à son secours, battit Squarciafico, et l'obligea à se rendre avec son armée. A peine avait-il défait ce général qu'André Lomellino débarqua en Corse avec de nouvelles troupes. Les seigneurs da Mare et Gentili, ennemis de Vincentello, allèrent se ranger du côté des Génois, qui s'avancèrent hardiment contre l'ennemi. Mais Vincentello était sur ses gardes, il laissa les ennemis s'engager dans l'intérieur, et prit position du côté de Morosaglia; puis, quand il les vit près de lui, il les attaqua avec fureur et les tailla en pièces. En apprenant cette défaite, Abraham Campo-Fregoso se porta en toute hâte vers Biguglia pour empêcher Vincentello de s'en emparer. Celui-ci l'avait prévenu, il pressait déjà cette ville lorsque l'on connut la marche des troupes génoises. Sans quitter le siége, Vincentello envoya deux de ses lieutenants, dont l'un était Giovanni della Grossa, l'annaliste de la Corse, à la rencontre des ennemis. Les troupes de Campo-Fregoso furent battues comme l'avaient été celles de Squarciafico et de Lomellino, et lui-même fut fait prisonnier. Biguglia se rendit. Bastia en fit autant, et les Génois, repoussés de toutes parts, n'eurent plus d'autres possessions que Calvi et Bonifacio (1419).

CHAPITRE V.

ARRIVÉE D'ALPHONSE D'ARAGON.

(1420.)

Les choses en étaient là lorsque Alphonse, roi d'Aragon, jugeant le moment favorable à la réalisation de ses projets, parut tout à coup dans les mers de la Corse à la tête d'une flotte considérable. Calvi, surpris inopinément par des forces supérieures, ne put opposer qu'une faible résistance, et fut obligé de se rendre. Il ne restait plus aux Génois que Bonifacio. Alphonse résolut de leur enlever ce dernier asile. Les barons ultramontains étaient venus se présenter à lui dès qu'ils avaient appris son arrivée, et l'avaient reconnu pour souverain de l'île; ce fut en leur compagnie qu'Alphonse se dirigea sur Bonifacio, qu'il attaqua par terre et par mer. Le siége de cette ville fut long et plein de péripéties. Son dévouement à la métropole fut admirable. Malgré les efforts des assiégeants, elle sut résister aux assauts répétés, à la famine et à l'épidémie. Alphonse, qui ne s'attendait pas à une défense aussi vive, et que d'autres intérêts appelaient à Naples, abandonna la conduite du siége à Vincentello, et se retira avec le regret de n'avoir pu mener à fin son entreprise. Il était temps d'ailleurs pour lui de quitter la Corse : la conduite imprudente de ses troupes avait excité un mécontentement général à Campoloro, et les paysans avaient pris les armes sous Mariano da Caggio pour s'opposer à la levée arbitraire des impôts. Calvi s'était également révolté et avait chassé sa garnison espagnole. De toutes parts il y avait comme une haine sourde contre les Aragonais. Vincentello et quelques autres barons soutenaient seuls les intérêts d'Alphonse. Le siége de Bonifacio continua à être poussé avec vigueur; mais des secours importants ayant pénétré dans cette ville, Vincentello se vit forcé d'abandonner le siége et de se retirer. Les choses se retrouvèrent alors au point où elles étaient avant l'arrivée d'Alphonse, c'est-à-dire que les Génois continuèrent à occuper Calvi et Bonifacio, et que Vincentello demeura maître du reste du pays.

CHAPITRE VI.

LE COMTE VINCENTELLO D'ISTRIA. — LES CAPORAUX. — LES SEIGNEURS.

(1420-1435.)

L'essai infructueux que venait de faire Alphonse de sa souveraineté convainquit le comte Vincentello qu'il ne pouvait faire de fondement sérieux sur cette puissance, et le porta à organiser la sienne avec des éléments nationaux. Les caporaux, comme nous l'avons vu, jouaient un rôle important en deçà des monts dans la Terre de Commune(1). Il crut opportun de s'en faire des partisans, et pour cela il leur attribua des

Nous avons rapporté leur création à l'époque de l'émancipation des communes, sous Sambucuccio. Cependant nous devons avouer qu'il n'existe aucun texte précis à cet égard. Toutefois, comme on les voit déjà très-influents vers le milieu du onzième siècle, on doit présumer que leur création était antérieure à cette époque, et remontait aux premières années du siècle, c'est-à-dire à l'émancipation sous Sambucuccio.

Nous allons donner ici la traduction de deux passages qui font connaître dans quel but les caporaux furent institués et comment ils s'éloignèrent bientôt de l'esprit de leur institution. « On appelle caporaux, dit Ceccaldi, « en Corse et hors de Corse, ceux qui à la « guerre sont chefs de milices. Mais en Corse « on donna ce nom à ceux qui prenaient la dé-« fense des pauvres. Lorsqu'il était fait vio-« lence ou injustice à quelque pauvre homme, « ou à quelque pauvre femme, il allait au-« près du caporal, lui racontait ses raisons et « lui demandait son appui, et le caporal ve-« nait à son aide. Par la suite des temps et des « révolutions qui eurent lieu dans le pays, qui-« conque embrassait la cause du peuple ou se « déclarait en sa faveur et lui donnait assis-« tance, était appelé caporal, et chacun le te-« nait en grand respect, et les caporaux étaient « tellement estimés et honorés qu'ils étaient « presque considérés comme seigneurs de « vassaux. » Filippini, t. III, p. 48 de l'Appendice.

Giustiniani, dans son dialogue manuscrit sur la Corse, cité par M. Gregori, s'exprime ainsi :

« Nous avons en Corse une classe d'hommes « appelés caporaux, lesquels se glorifient d'être « gentilshommes, ce qui n'est point vrai; car, « quand bien même une partie d'entre eux des-« cendrait de quelque race de seigneurs ou gen-« tilshommes, néanmoins la plupart appartien-« nent au populaire. Ils furent institués pour « défendre les pauvres hommes et les oppri-« més contre les tyrans. Cependant, quand les « peuples prirent les armes pour l'extinction « de ces tyrans, les caporaux restèrent sim-« ples spectateurs et ne voulurent se mêler de « rien. Quelques-uns d'entre eux, c'est-à-dire « treize familles, furent pensionnées par le sei-« gneur Vincentello d'Istria, qui fut tyran de « l'île, et par la suite des temps, de défenseurs « qu'ils étaient ils sont devenus les oppres-« seurs des pauvres hommes; et leur méchan-« ceté est devenue si grande, que chacun dit « publiquement qu'ils sont la cause des maux « qui affligent notre île. On les accuse de sou-« tenir les meurtriers et les autres malfaiteurs, « de donner de mauvais conseils, de semer « partout la discorde et de chercher à tenir les « peuples dans la division et l'obéissance. Par-« tout ils usurpent les bénéfices ecclésiasti-« ques, et quand ils les ont possédés une fois, « il semble qu'ils se soient mariés avec eux, « et ils veulent les posséder perpétuellement, « *per fas et nefas.* » Et plus bas Giustiniani ajoute : « La seigneurie de Gênes devrait ap-« porter ses soins à corriger et à punir l'ar-« rogance, les prétentions, les maux et les « assassinats dont se rendent coupables beau-« coup de caporaux; car il est généralement

(1) Les caporaux ont joué un rôle très-important dans les vicissitudes politiques de la Corse, et l'on peut dire que leur esprit inquiet et turbulent, leur désir d'acquérir des richesses et de l'influence, n'ont pas peu contribué à faire naître ou à entretenir les troubles qui agitèrent le pays pendant plusieurs siècles.

pensions sur le trésor national. Mais cette largesse ne put les attacher à sa cause. Les caporaux sentaient parfaitement qu'ils avaient beaucoup plus à gagner avec les Génois qu'avec lui, car les Génois avaient intérêt à ménager leur influence, seul appui qu'ils eussent alors dans le pays, et de cette position ils attendaient de grands avantages. Loin de se joindre à Vincentello, ils agirent dans des intérêts entièrement opposés, et firent entrer dans leurs vues quelques barons ultramontains, qui, comme Rinuccio de Leca et Polo della Rocca, étaient ennemis naturels de Vincentello. Simon da Mare, le plus puissant des seigneurs du Cap-Corse, nommé chef de la ligue, se mit aussitôt en campagne, et marcha sur Biguglia, où se trouvait Vincentello. Celui-ci, instruit du mouvement qui se préparait contre lui, et craignant pour sa province de Cinarca, confia la défense de Biguglia à Pierre de Bozzi, celle de Bastia à Jean d'Istria, et se porta immédiatement au delà des monts. Simon da Mare ne tarda pas à paraître devant Biguglia, qu'il tint assiégée pendant plusieurs mois. Cependant, voyant qu'il ne pou-

« reconnu qu'ils sont la cause de tous les dé-
« sordres qui naissent dans l'île: elle devrait
« leur enjoindre de rester chez eux à s'occuper
« de leurs affaires, et leur défendre d'aller
« comme ils le font tous les jours à Bastia,
« gâter, par leurs petits présents et leurs men-
« songes, le bon vouloir du gouverneur et des
« autres officiers. »

Les caporaux furent chargés dans le principe d'élire les nobles-douze. On comprend que, pour faire cette élection, ils devaient être assez nombreux; cependant, lorsque le comte Vincentello crut de ses intérêts de stipendier les caporaux, ils ne devaient guère être plus de vingt, car le comte, en donnant des pensions à treize d'entre eux, avait dû s'assurer par ce nombre la majorité. Ces treize familles, dont les noms nous ont été conservés par Filippini, étaient les familles de Casta, da Campocasso, dalla Corbara, da Chiatra, da Matra, dalla Pastoreccia, dalla Casabianca, dal Pruno, dal Petricaggio, dall' Ortale, dalla Pancaraccia, da Omessa et da Luco. Plus tard, les anciennes familles de Cortinchi della Rebbia, della Campana, della Crocicchia, del piè d'Albertino, dell' Olmo, della Brocca, di Piobetta, del Lopio, et quelques autres encore, furent considérées comme des familles de caporaux, et concoururent à la nomination des *Douze*.

Il est bon d'observer que l'institution des caporaux ne fut appliquée qu'au deçà des monts, et spécialement à la Terre de Commune, et que jamais il n'y eut de caporaux dans la partie ultramontaine.

vait la réduire, il entra en pourparler avec Vincentello, et il fut conclu entre eux un traité par lequel le comte accordait probablement aux seigneurs ligués contre lui une partie de ce qu'ils réclamaient. Ce traité mit fin momentanément aux hostilités.

Simon da Mare avait levé le siège de Biguglia et les confédérés s'étaient séparés, sans toutefois rompre la ligue qui les unissait, mais ajournant le moment d'agir à la première occasion favorable. Cette occasion ne tarda pas à se présenter. Le comte Vincentello, désireux de se maintenir toujours dans les bonnes grâces du roi d'Aragon, résolut d'aller lui présenter ses hommages dans l'île d'Ischia, où il se trouvait en ce moment. Pour paraître convenablement, il fit construire trois galères aux frais du pays, sur lequel il leva arbitrairement un double impôt, sans consulter au préalable les caporaux, mandataires du peuple. Cette conduite indisposa vivement contre lui les esprits. Une dernière faute acheva de porter à son comble l'iritation générale. Vincentello enleva de force une jeune fille appartenant à une famille respectable de Biguglia. Les parents coururent aux armes; les caporaux et les seigneurs de la ligue se remirent de nouveau en campagne sous les ordres de Simon da Mare. En quelques jours, Biguglia tomba au pouvoir des confédérés.

Encouragé par ce succès, Simon da Mare envoya son fils, Charles da Mare, avec un corps nombreux de troupes, dans le delà des monts, où l'appelaient les seigneurs mécontents, et lui-même alla mettre le siége devant Bastia. A peine Charles da Mare était-il arrivé au lieu de sa destination, qu'il vit venir à lui une grande partie des seigneurs, qui reconnurent son autorité et profitèrent de sa présence pour reprendre leurs fiefs respectifs. La fortune commençait évidemment à se détourner du comte Vincentello. Il comprit qu'il ne pouvait en ce moment, réduit à la seule province de Cinarca, lutter avec ses nombreux ennemis, et il songea plus que jamais à aller trouver Alphonse d'Aragon.

Après avoir réglé ses affaires et laissé ses instructions à son fils Barthélemy, il fit voile vers la Sicile avec deux galères bien armées. Comme il naviguait dans la mer de Sardaigne, une affreuse tempête sépara les deux bâtiments et en fit tomber un entre les mains de Colomban da Mare. La galère que montait le comte put se réfugier dans le port de Torre en Sardaigne. Là se trouvaient deux nobles corses, Jean d'Istria et son fils Vincentello, que la conduite du comte avait obligés à abandonner leur pays. L'arrivée de Vincentello éveilla chez eux des sentiments de haine, et ils eurent ensemble une vive altercation. Cependant, le comte ayant promis de rendre à Jean d'Istria le commandement de Bastia, la paix se rétablit entre eux, et, au lieu d'aller en Sicile, Vincentello fit voile vers Bastia pour remettre Jean d'Istria en son poste. Comme il était dans le port, attendant la réponse du capitaine de la place, survint tout à coup une galère génoise, commandée par Zacharie Spinola, qui attaqua la galère du comte avant qu'il pût se mettre en défense, le fit prisonnier et l'emmena à Gênes. A peine fut-il arrivé dans cette ville qu'on le traduisit devant le conseil des Huit, et il fut condamné, comme rebelle, à avoir la tête tranchée (1435).

CHAPITRE VII.

ANARCHIE SEIGNEURIALE. — LE COMTE POLO DELLA ROCCA. — SIMON DA MARE. — GIUDICE D'ISTRIA. — LES MONTALTO.

(1435-1438.)

La mort de Vincentello laissa Simon da Mare sans compétiteur sérieux ; il ne tarda pas à s'emparer de Bastia et commença à faire lever les impôts ; mais les seigneurs féodaux du delà des monts, voyant avec peine Simon da Mare jouir de la souveraineté de l'île, qu'ils regardaient comme devant leur appartenir, refusèrent l'impôt et se liguèrent contre lui. Giudice d'Istria, Polo della Rocca et Rinuccio de Leca entrèrent tous les trois en même temps en campagne. Simon da Mare, ne pouvant lutter avec d'aussi puissants adversaires, chercha à les diviser, et entraîna dans son parti Polo della Rocca. Les deux autres seigneurs, trouvant à leur tour la partie trop inégale, retournèrent dans leurs fiefs, Rinuccio de Leca, après avoir traité avec Simon da Mare, Giudice n'ayant pas voulu le faire, parce qu'il avait d'autres espérances.

Le titre de comte de Corse se trouvait vacant depuis la mort de Vincentello. Giudice envoya une ambassade auprès d'Alphonse d'Aragon pour en obtenir et ce titre et des secours. Alphonse, trop occupé de ses propres intérêts dans ce moment, ne put envoyer à Giudice qu'une partie de ce qu'il demandait, et ce fut la moins coûteuse. Il lui expédia donc un diplôme de comte de Corse, témoignant le regret de ne pouvoir faire davantage, et lui promettant de prochains secours. Dès ce moment, Giudice se regarda comme comte de la Corse, se fit donner ce titre par ses vassaux, et passa dans la Terre de Commune pour se faire reconnaître. Mais dans ce pays comme dans le reste de la Corse, il ne put atteindre son but : on lui répondit que les Corses avaient l'habitude de nommer leur comte et non de le recevoir d'une main étrangère, et, pour lui enlever toute espérance, le peuple s'assembla en diète à Morosaglia, et nomma à l'unanimité Polo della Rocca comte et seigneur de la Corse.

Dès que Polo della Rocca se vit maître du pouvoir, il rompit avec Simon da Mare, lui déclara la guerre, et entra dans ses possessions du Cap-Corse, qu'il ravagea. Simon da Mare, n'osant résister à un ennemi qui lui était de beaucoup supérieur, s'embarqua pour Gênes, où il traita avec Jean et Nicolas Montalto, fils de Raphaël. Les conditions de ce traité étaient que l'on chercherait à soumettre la Corse et que l'on partagerait par moitié les conquêtes. Les Montalto firent des préparatifs assez considérables, et lorsqu'ils débarquèrent, les soldats de Simon da Mare s'étant joints à eux, ils purent entrer en campagne avec une armée imposante. Cependant le comte Polo leur aurait résisté avec avantage, s'il eût conservé toutes ses forces ; mais les caporaux, espérant sans doute que les Montalto reconnaîtraient largement leurs services, abandonnèrent tout à coup le comte pour se ranger dans leur parti. Cette défection, réduisant Polo della Rocca à ses propres forces, l'obligea à traiter avec Simon da Mare, auquel il céda Corté pour 200 écus, et il se retira dans son fief.

La retraite du comte Polo laissa les confédérés maîtres paisibles de la Terre de Commune. Mais les Montalto, jaloux de l'influence de Simon da Mare et se croyant sans doute assez forts, s'emparèrent de lui et le jetèrent en prison. Puis, aidés par quelques caporaux qu'ils avaient conservés dans leurs intérêts, ils s'emparèrent de Biguglia, de Bastia, de Corté, et appelèrent le peuple à leur prêter obéissance. Cette étrange prétention et la conduite qu'ils avaient tenue envers Simon da Mare soulevèrent l'indignation du peuple, qui, guidé par les caporaux, courut aux armes, et appela à son aide Rinuccio de Leca. Ils marchèrent tous alors contre Nicolas Montalto, qui se trouvait à Tessamone, l'attaquèrent et le défirent complétement (1438).

Les choses étaient en cet état lorsqu'un nouveau prétendant débarqua en Corse. Les Montalto n'avaient point reçu de la république une mission officielle. On les avait vus partir avec plaisir, parce que leur présence devait entretenir toujours en Corse l'idée de la puissance de Gênes ; mais il ne leur avait été fourni ni vaisseaux, ni troupes, ni munitions, et on ne leur avait concédé aucun privilége. Aussi lorsque Thomas Campo-Fregoso fut réélu doge, il lui fut facile d'agir dans ses propres intérêts sans porter atteinte à ceux de la république.

CHAPITRE VIII.

LES FREGOSO. — LES CAPORAUX. — LE COMTE GIUDICE D'ISTRIA.

(1438-1443.)

Campo-Fregoso, voyant la possibilité d'acquérir la souveraineté de la Corse à sa famille, envoya dans ce pays son neveu Janus avec des troupes et de l'argent. La division des partis servit parfaitement les projets de Janus. Ni les Montalto ni Rinuccio de Leca n'osèrent marcher contre lui, et comme il ne trouva aucun obstacle, il soumit la Terre de Commune. Passant ensuite dans le delà des monts, il s'empara du château de Cinarca, que le fils de Vincentello, Barthélemy d'Istria, réduit à ses propres forces, ne put défendre et céda pour 1200 écus. Après ce succès, il marcha contre les autres seigneurs féodaux, qui étaient divisés entre eux, les réduisit, et soumit ainsi en peu de temps toute l'île à sa puissance. Cependant, comme il craignait que l'esprit d'indépendance ou de nouveauté ne renversât ce qu'il venait de faire, il voulut assurer ses conquêtes en affaiblissant les éléments de discorde. Il avait dès son arrivée dépouillé de leurs États du Cap-Corse les seigneurs da Mare et Gentili ; il songea alors à détruire les caporaux : il commença par supprimer leurs pensions, et fit emprisonner quelques-uns des plus turbulents. Cette conduite éveilla la crainte des autres caporaux, qui s'entendirent avec le comte Polo della Rocca et Rinuccio de Leca pour combattre un ennemi commun. Campo-Fregoso, attaqué par les troupes nombreuses des confédérés, ne put opposer de résistance et fut obligé d'aller chercher des secours à Gênes.

A son retour, Janus alla à la rencontre des ennemis dans la plaine de Mariana. Le comte Polo avait sous ses ordres mille chevaux et quatre mille fantassins. Outre les troupes qu'il avait amenées de Gênes, Janus avait avec lui de l'artillerie. La lutte ne fut ni longue ni sérieuse ; les chevaux corses, effrayés du bruit du canon, commencèrent à jeter le désordre dans l'armée, ce qui fit qu'il n'y eut pas même lieu à livrer bataille, et que la déroute des confédérés laissa la victoire incontestée à Janus. Cependant celui-ci n'en jouit pas longtemps : les événements qui se passaient à Gênes ayant appelé au pouvoir le doge Adorno, les Montalto, ennemis de Campo-Fregoso, furent envoyés en Corse pour le combattre. Déjà au fait du pays et y ayant conservé des relations, ils firent en très-peu de temps de grands progrès, s'emparèrent de Biguglia et mirent le siége devant Bastia, où s'était renfermé

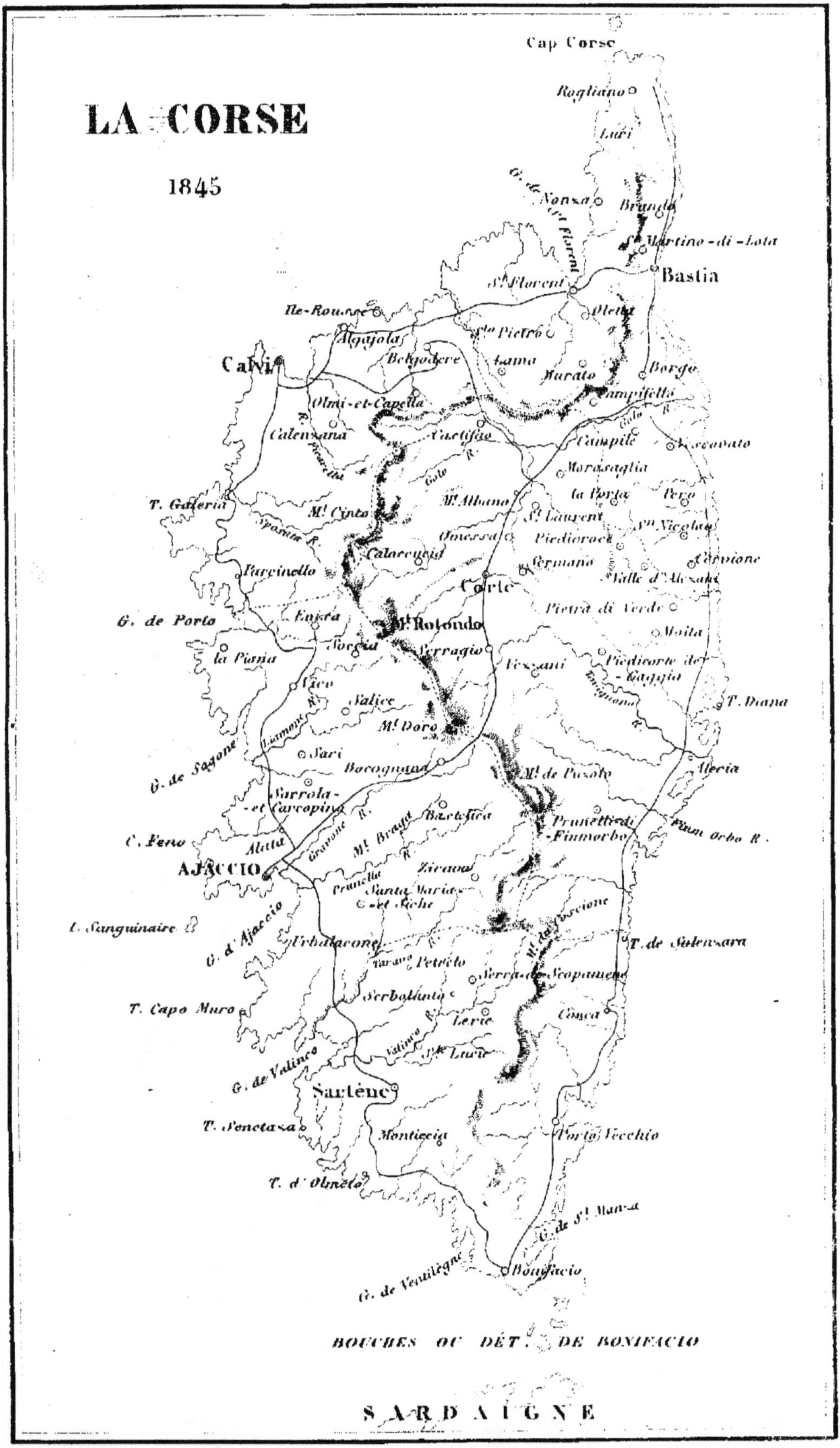
LA CORSE
1845
Cap Corse
Rogliano
Luri
G. de St Florent
Nonza
Brando
St Martino-di-Lota
Bastia
St Florent
Ile-Rousse
Oletta
Algajola
Sto Pietro
Calvi
Belgodere
Lama
Murato
Borgo
Olmi-et-Capella
Campitello
Calenzana
Castifao
Golo R.
Campile
Vescovato
Morosaglia
T. Galeria
Mt Albano
la Porta
Pero
Mt Cinto
St Laurent
Sta Nicolao
Omessa
Piedicroce
Calacuccia
Germano
Cervione
Porcinello
Corte
Valle d'Alesani
Pietra di Verde
G. de Porto
Evisa
Mt Rotondo
Moita
la Piana
Soccia
Serragio
Vezzani
Piedicorte de Gaggio
Vico
T. Diana
Salice
Mt Doro
G. de Sagone
Sari
Bocognano
Aleria
Mt de Pozzo
Sarrola-et Carcopino
Bastelica
Prunelli-di Fiumorbo
C. Feno
Alata
Mt Braga
Fium' Orbo R.
AJACCIO
Gravone R.
Zicavo
Prunelli
Santa Maria et Siche
I. Sanguinaire
G. d'Ajaccio
Urbalacone
T. de Solenzara
Petreto
Serra-de-Scopamene
Serbolanto
T. Capo Muro
Levie
Conca
Valinco R.
G. de Valinco
Sartène
T. Senetosa
Monticcia
Porto Vecchio
T. d'Olmeto
G. de St Manza
G. de Ventilègne
Bonifacio
BOUCHES OU DÉT. DE BONIFACIO
SARDAIGNE

Janus. Janus, sa mère et son frère tombèrent bientôt au pouvoir de l'ennemi, et furent jetés en prison. Mais ils ne tardèrent pas, par les soins de l'évêque d'Aléria, à recouvrer leur liberté et purent retourner à Gênes, lorsque, Giudice d'Istria ayant été reconnu comte par tout le pays, il ne leur resta plus d'espoir de ressaisir le gouvernement.

Giudice d'Istria, que nous avons vu nommé comte de Corse par le roi d'Aragon, avait été trouver ce prince et en avait obtenu des secours importants, avec lesquels il put enrôler des troupes et retourner en Corse. Les Montalto et Campo-Fregoso, le comte Polo et Rinuccio de Leca, les caporaux et les seigneurs da Mare, étaient aux prises en ce moment et se disputaient le pouvoir. L'arrivée de Giudice fut regardée comme une chose fort heureuse par le peuple, qui crut trouver en lui son soutien, et il fut d'un commun accord nommé comte par les caporaux et les populations de la Terre de Commune. A cette nouvelle, Jean Montalto se retira à Bastia, pensant bien qu'il lui serait difficile de se maintenir ailleurs, et Janus retourna à Gênes. Mais Giudice ne jouit pas longtemps du titre de comte ni du pouvoir que lui avait déféré le peuple. Son caractère orgueilleux lui suscita des ennemis. François et Vincentello d'Istria, écoutant les conseils de l'évêque d'Aléria, se révoltèrent contre lui, et, l'ayant surpris, ils le blessèrent et le jetèrent en prison (1443).

CHAPITRE IX.

LE PAPE. — LES GÉNOIS. — MARIANO DA CAGGIO, LIEUTENANT DU PEUPLE.

(1443-1447.)

L'évêque d'Aléria et une grande partie des caporaux, fatigués des continuelles fluctuations du pouvoir, et ne voulant subir ni le joug de Gênes ni celui des barons ultramontains, offrirent la souveraineté de leur pays au pape Eugène IV. Celui-ci accepta avec joie, et envoya dans l'île Monaldo Paradisi avec quelques troupes. Le général romain fut très-bien accueilli par les caporaux et cette partie de la population qui s'était volontairement donnée au pape. Mais les caporaux dissidents et Montalto, ayant réuni leurs forces, marchèrent contre lui en assez grand nombre pour qu'il n'osât s'aventurer à leur livrer bataille avant d'avoir reçu des secours de Rome. Dès que ceux-ci furent arrivés, Monaldo Paradisi s'avança contre Montalto et ses alliés, s'empara de plusieurs châteaux, fit quelques caporaux prisonniers, et en étant venu aux mains avec Montalto, le vainquit et l'obligea à fuir à Bastia, où il se renferma. Cette victoire amena à Paradisi la soumission de Vincentello et de François d'Istria, ainsi que celle des caporaux qui n'avaient pas voulu reconnaître jusque-là l'autorité du saint-siége. Il put alors lever des impôts et se payer des frais de la guerre. L'année suivante (1445), Paradisi, voulant réduire la Corse entière à l'obéissance du pape, marcha sur Calvi, qui était occupée par les troupes de la république. Raphaël de Leca, fils de Rinuccio, commandait cette ville. Dès qu'il vit approcher l'ennemi, il rassembla ses troupes, et, secondé par ses deux frères, jeunes gens pleins de courage, il fit une sortie tellement vigoureuse qu'il mit en complète déroute l'armée papale, et obligea son général à se sauver à Corté. Le pape, ayant appris cet événement, se hâta d'envoyer en Corse Jacques, évêque de Potenza, en remplacement de Paradisi, et lui donna mission de traiter de la paix. Arrivé à Biguglia, l'évêque de Potenza reçut la soumission des habitants de la Terre de Commune et des caporaux, qui réclamèrent tout d'abord leurs pensions. L'évêque refusa de les leur payer. Alors ils le quittèrent très-mécontents, et appelèrent à eux Rinuccio de Leca. Rinuccio accourut, se mit à la tête de la ligue, dans laquelle il fit entrer Vincentello et François d'Istria, et vint assiéger l'évêque à Biguglia. Comme il poussait le siége avec vigueur, il fut tué dans une sortie que firent les habitants. Alors la ligue se dispersa, et chacun rentra dans ses foyers.

Cependant les troubles incessants qui agitaient le pays et qui étaient en grande partie l'œuvre des caporaux, fatiguant et épuisant le peuple, on résolut d'y mettre un terme, et pour cela on convoqua une diète générale à Morosaglia. La diète reconnut la souveraineté du pape, et nomma, pour opérer la soumission du pays à cette puissance, Mariano da Caggio lieutenant général.

Mariano da Caggio, homme plein de courage et de résolution, était l'ennemi déclaré des caporaux; son premier soin fut de les renverser. Non-seulement il les attaqua à la tête de forces considérables, les vainquit, rasa leurs tours, les mit en fuite, mais encore il abolit la dignité de caporal, et déclara à jamais infâme quiconque prendrait ce titre (1445).

Les caporaux, ainsi traqués, se jetèrent dans les bras de Gênes. Le doge Raphaël Adorno saisit avec empressement l'occasion qui s'offrait à lui de remplacer en Corse l'influence de Campo-Fregoso par celle de sa famille. Il se hâta donc d'envoyer dans ce pays son parent Grégoire Adorno à la tête d'un corps de troupes considérable. Dès son arrivée, Grégoire Adorno, auquel s'étaient joints les caporaux, marcha contre l'armée nationale, qui se trouvait du côté de Caccia; on en vint aussitôt aux mains, et l'armée génoise, complétement battue et mise en fuite, laissa son général prisonnier de l'ennemi. Mariano da Caggio aurait voulu pousser plus loin son avantage et attaquer immédiatement Corté, mais l'évêque de Potenza, jaloux du succès qu'il venait d'obtenir, l'en empêcha.

Sur ces entrefaites, Eugène IV envoya en Corse Mariano da Norcia, officier plein d'expérience, avec mission d'avancer les affaires de l'Église (1447). Mariano da Norcia commença par assiéger le château de Corté, dont il se rendit maître. Ce succès amena la soumission d'un grand nombre de dissidents. Jean Montalto, qui occupait Bastia, livra cette ville aux troupes pontificales, et Mariano da Caggio reconnut, avec le peuple de la Terre de Commune, l'autorité du commissaire du pape. Voyant la tranquillité rétablie dans le deçà des monts, Da Norcia résolut d'aller attaquer les barons ultramontains, après avoir mis une forte garnison dans Brando. Il s'empara bientôt de Baracini, de Bozio et de l'Orèse. Les seigneurs d'Ornano et d'Istria se soumirent : il ne restait plus à vaincre que le seigneur de Cinarca, Raphaël de Leca, qui n'avait jamais voulu reconnaître l'autorité du pape, lorsque l'on apprit la mort d'Eugène IV. Cet événement devant nécessairement amener quelque trouble dans les affaires de la Corse, Mariano da Norcia crut qu'il lui serait facile d'en profiter pour s'emparer du pouvoir; il quitta aussitôt le delà des monts, et vint dans la Terre de Commune avec François et Vincentello d'Istria; mais, craignant que ces deux seigneurs ne s'opposassent à ses desseins, il les fit jeter en prison. Il en usa de même envers l'évêque de Potenza, qui était à Biguglia. Cette conduite souleva l'indignation générale. Raphaël de Leca s'étant uni aux seigneurs de Bozzi, d'Ornano et d'Istria, marcha contre lui. Da Norcia se vit bientôt abandonné de tous ses partisans et obligé de chercher un refuge dans le fort de Brando, où étaient ses soldats dévoués.

CHAPITRE X.

LES CAMPO-FREGOSO. — LE ROI D'ARAGON.

(1447-1453.)

Cependant, l'année suivante, les Génois revinrent avec plus d'assurance. Nicolas V, successeur d'Eugène IV, craignant que la Corse ne fût un embarras pour le saint-siége, et voulant aussi être agréable aux Campo-Fregoso, ses compatriotes, qui étaient en ce moment au pouvoir, leur céda ses droits sur l'île de Corse. En même temps, il ordonna aux officiers pontificaux de remettre les places fortes aux mains des Génois et de retourner à Rome (1447).

Louis de Campo-Fregoso en quittant le pape se rendit en Corse, prit possession de Bastia, de Corté et de Biguglia, leva les impôts, distribua les emplois et retourna ensuite à Gênes rendre compte de sa mission (1448).

Les Corses virent avec peine ce changement. Ils espéraient jouir de quelque repos sous le gouvernement pacifique

de l'Église, et d'ailleurs ils souffraient avec peine de se voir ainsi cédés sans leur consentement, comme un troupeau d'esclaves. Mariano da Caggio, qui avait toujours combattu pour l'Église, appela le peuple aux armes, mais cette levée de boucliers ne lui fut point profitable. Louis Campo-Fregoso envoya contre lui un habile capitaine, appelé Giovannone, qui le battit sur les bords du Golo, le chassa de la Venzolasca, où il s'était retiré, fit un grand nombre de prisonniers, et les obligea à se racheter par de fortes rançons.

Galeas Campo-Fregoso remplaça comme gouverneur son cousin Louis, que de plus grands intérêts appelèrent à Gênes. L'administration de ce jeune homme, guidé par l'évêque de Mariana, fut pendant quelque temps pleine de sagesse. Mariano da Caggio et les caporaux se soumirent. Cependant Galeas, ne croyant pas à la sincérité de cette soumission, s'assura du dévouement de Mariano da Caggio et résolut d'abattre les caporaux; mais ceux-ci, ayant mis le peuple dans leurs intérêts, purent opposer à Galeas et à Mariano des forces considérables et les obligèrent à traiter avec eux (1451). Sur ces entrefaites, un nouveau prétendant vint encore compliquer les affaires.

Antoine della Rocca, seigneur du delà des monts, ayant été trouver Alphonse d'Aragon, alors roi des Deux-Siciles, et ennemi déclaré des Génois, le pressa vivement de songer à ses droits sur la Corse et de les faire valoir. Alphonse, cédant à ce conseil, envoya en Corse quelques troupes sous les ordres de Jacques Imbisora, qu'il nomma son vice-roi. Antoine della Rocca n'eut pas de peine à réunir à l'expédition les seigneurs ses alliés; les confédérés allaient se mettre en marche, lorsque la mort du vice-roi vint jeter la discorde parmi eux. Les seigneurs corses reconnurent pour vice-roi le neveu de Jacques Imbisora. Cette préférence mécontenta les vieux officiers, qui, prétendant avoir des droits à cette distinction, ne voulurent plus servir et s'en retournèrent à Naples. Le nouveau vice-roi n'osa rien tenter avec les forces qui lui restaient; il demeura donc sur la défensive, attendant une occasion favorable ou des secours que le roi ne manquerait pas de lui envoyer.

La Corse se trouvait alors dans un singulier état : quatre pouvoirs différents se la disputaient, sinon en totalité, du moins en partie : 1° la république de Gênes possédait Calvi et Bonifacio ; 2° les Campo-Fregoso gouvernaient la Terre de Commune et possédaient Bastia, Biguglia, Saint-Florent et Corté; 3° les pays d'au delà des monts étaient gouvernés par les seigneurs, dont les uns étaient indépendants, les autres reconnaissaient l'autorité du roi d'Aragon ; 4° enfin le Niolo et le Fiumorbo étaient sous la dépendance des seigneurs de Cinarca et du vice-roi d'Aragon. C'était, comme on le voit, beaucoup trop de souverains pour un pays si souvent ravagé par la guerre civile. Cependant on voulut encore essayer d'une nouvelle puissance. Une consulte générale, convoquée à Morosaglia, croyant remédier aux maux qui affligeaient le pays, décida qu'on se mettrait sous la protection de la compagnie de Saint-Georges (1).

(1) La compagnie ou banque de Saint-Georges fut créée à Gênes en 1407, dans le but de concentrer en une seule société les créances diverses que la république avait consenties à différentes compagnies ou à différents capitalistes, lorsque ayant besoin d'argent, elle leur avait aliéné une partie des revenus publics pour garantie de leur prêt et jusqu'à entier remboursement.

« L'administration de la banque, ou, comme on disait de la maison de Saint-Georges, fut fortement constituée, et d'abord les plus justes comme les plus sages principes en furent la base. On en fit une république financière représentative. La souveraineté en appartint légalement à l'universalité des actionnaires. Leur assemblée générale nommait les membres de leur gouvernement. Elle avait décrété sa charte ; elle rejetait ou ratifiait les lois que lui proposaient les magistrats à qui elle avait confié le pouvoir exécutif dans son sein. Huit protecteurs élus temporairement composaient le sénat de Saint-Georges, à l'image de ces huit nobles auxquels l'État avait commis si longtemps le soin de ses finances. Sous eux, des magistratures inférieures se partageaient les détails de l'administration sociale; elles participaient au pouvoir public en ce sens que l'État, en aliénant ses gabelles, avait confié à la réunion de ses cessionnaires le droit d'en contraindre les débiteurs et de réprimer les contraventions. Le tribunal des protecteurs de la banque était une sorte de cour supérieure, sur les décisions de laquelle le gouvernement lui-même ne portait pas la main légèrement (a). »

Nous ne pouvons entrer ici dans de grands

(a) Histoire de la République de Gênes, par M. Émile Vincent, conseiller d'État, t. II, p. 151 et suiv.

Des députés furent envoyés à Gênes pour lui offrir la souveraineté (1453).

La compagnie voulut examiner les choses avant d'accepter. La république consentit à lui abandonner Calvi et Bonifacio; les Campo-Fregoso déclarèrent qu'ils renonçaient en sa faveur à leurs prétentions, et qu'ils se retireraient. La compagnie, voyant qu'elle n'aurait plus à combattre que la puissance plutôt nominale que réelle du roi d'Aragon et les barons ultramontains, que les rivalités de famille avaient beaucoup affaiblis, accepta l'offre qui lui était faite, et se prépara à envoyer en Corse un gouverneur.

LIVRE IV.

Depuis la compagnie de Saint-Georges jusqu'à l'occupation de la Corse par les troupes de Henri II, roi de France.

CHAPITRE PREMIER.

LA COMPAGNIE DE SAINT-GEORGES. — RAPHAEL DE LECA. — LE ROI D'ARAGON. — LES SEIGNEURS.

(1453-1461.)

Dès que la compagnie de Saint-Georges eut pris possession de son nouveau domaine, elle songea à éloigner tous ceux qui auraient pu partager sa puissance ; elle commença par attaquer les Aragonais. Ceux-ci, n'étant pas en force, et d'autre part étant mal secondés par les seigneurs, firent peu de résistance, et se rembarquèrent sur leurs vaisseaux.

Le départ des Aragonais laissa la compagnie de Saint-Georges seule maîtresse du pays, n'ayant plus en face d'elle que les barons ultramontains. Bien qu'elle eût résolu de les renverser, elle ne crut cependant pas le moment convenable

pour le faire; elle voulut au contraire leur donner pleine confiance dans ses intentions; elle reconnut leurs fiefs et priviléges, et déclara ne vouloir se mêler en rien de l'administration de leurs domaines. En cela elle agit avec sagesse. En effet, si elle avait voulu attaquer immédiatement la puissance des barons, ceux-ci se seraient ligués entre eux pour lui résister, et la compagnie aurait peut-être éprouvé alors ce qu'avait éprouvé avant elle la république, une opposition opiniâtre, à laquelle aurait pris part sans aucun doute le reste du pays, tandis qu'en reconnaissant les fiefs et en respectant les priviléges, si elle attaquait plus tard les barons individuellement, on ne pourrait l'accuser de porter atteinte à l'institution féodale elle-même. Cependant, lorsque Doria, gouverneur de la Corse pour la compagnie, crut avoir attendu le temps nécessaire pour consolider sa puissance, il commença à mettre à exécution les projets tenus secrets, en attaquant Raphaël de Leca, seigneur de Cinarca, le plus puissant des barons féodaux. Raphaël avait accepté le nouvel ordre de choses, et n'avait résisté en aucune façon à l'établissement de la compagnie. La possession de nombreux domaines devait éloigner de lui tout esprit de trouble et d'agitation ; aussi ne songeait-il à rien moins qu'à chercher des ennemis à la compagnie, lorsque celle-ci fit courir le bruit que Raphaël ne cessait de solliciter le roi d'Aragon de venir prendre possession de la Corse. Comme nous l'avons dit ailleurs, les Aragonais n'étaient point aimés dans le pays, et l'idée que Raphaël les appelait souleva contre lui un grand mécontentement.

Doria, profitant de cette irritation qu'il avait secrètement fomentée, se mit en campagne contre Raphaël. Mais il n'eut pas lieu de s'applaudir de sa conduite, car le seigneur de Leca, non-seulement sut résister à ses ennemis, mais leur fit encore éprouver de très-grandes pertes. Sur ces entrefaites, le roi d'Aragon, apprenant la lutte qui venait de s'engager, envoya en Corse au secours de Raphaël huit galères chargées de troupes sous les ordres de Berlingero de Rillo, qu'il nomma son vice-

---

détails relativement à la compagnie de Saint-Georges, qui devint bientôt très-puissante. Le lecteur trouvera tous les renseignements nécessaires dans le consciencieux ouvrage de M. Vincent, d'où nous avons extrait le passage qui précède.

roi (1455). Alors les Génois redoublèrent d'efforts, mais ils furent battus de nouveau et obligés de se retirer devant les troupes réunies du comte et du viceroi. Tout à coup Berlingero de Rillo reçut ordre de s'embarquer immédiatement avec ses troupes et de retourner auprès du roi. Cette retraite contrista beaucoup le seigneur de Leca, car elle le réduisait à ses propres forces devant un ennemi qui avait augmenté les siennes. Toutefois, il ne perdit pas courage, et résista avec la même énergie et le même succès : les Génois furent encore repoussés. Alors ils eurent recours à un autre moyen, qui fut celui de semer la division entre les seigneurs féodaux. Vincentello d'Istria fut le premier à se détacher du parti de Raphaël; d'autres suivirent son exemple, si bien que le seigneur de Leca, se trouvant bientôt réduit aux seuls membres de sa famille, fut cerné de toutes parts, et périt héroïquement en se défendant dans son château de Leca (1457).

Quoique la mort de Raphaël ne fît pas cesser immédiatement la guerre, et que ses vassaux dévoués persistassent à combattre avec une opiniâtreté bien faite pour inquiéter les Génois, cependant elle amena un changement notable dans l'état des choses. Les seigneurs ultramontains, que la compagnie avait su gagner ou vaincre individuellement, voyant qu'ils ne pourraient désormais opposer une résistance sérieuse, résolurent de s'expatrier et d'aller chercher auprès du roi d'Aragon les secours nécessaires pour pouvoir combattre avantageusement les Génois. De ce nombre furent Giocante de Leca, Arrigo della Rocca, Orlando d'Ornano, Guillaume de Bozi et Giudice d'Istria. Mais Alphonse ne put leur accorder ce qu'ils demandaient, ayant besoin de toutes ses forces pour soutenir la guerre dans laquelle il était engagé. Alors ils rentrèrent en Corse, résolus à tenter un dernier effort ou à périr les armes à la main. L'appui qu'ils trouvèrent chez leurs vassaux fut assez considérable pour leur permettre de reprendre sur les Génois la plupart des châteaux qu'ils avaient perdus et soutenir la guerre avec avantage. Les choses parurent assez graves à la compagnie pour qu'elle jugeât à propos d'envoyer en Corse un nouveau gouverneur, Antoine Spinola, homme renommé pour son adresse et sa fermeté. Spinola, s'étant uni à Vincentello d'Istria, depuis longtemps allié des Génois, commença par forcer les seigneurs della Rocca à se rendre. Ceux de Bozi, d'Ornano, et Giudice, furent obligés d'en faire autant ; il ne restait plus à soumettre que les seigneurs de Leca, qui s'étaient retranchés dans le Niolo, et que les populations de Sia, Sevindentro, Soroinsù, soutenaient de tous leurs moyens. Spinola, voyant qu'il ne pourrait venir à bout de les soumettre par les armes, voulut frapper les populations qui leur prêtaient assistance, et livra aux flammes tout le pays depuis Sagona jusqu'à Calvi, ce qui le rendit désert, comme on le voit aujourd'hui. Giocante et Vincent de Leca, fils de Raphaël, comprirent qu'ils ne pouvaient résister à un ennemi qui employait de tels moyens, et, pour éviter de plus grands malheurs, ils entrèrent en pourparler avec Spinola. Vincentello d'Istria se porta médiateur de la négociation. Il fut convenu que la compagnie de Saint-Georges accorderait un pardon général à tous ceux qui avaient pris les armes pour les Leca. Spinola invita les deux frères à se présenter devant lui. Giocante, se méfiant à juste titre du gouverneur, s'expatria sans se rendre à cette invitation. Son frère Vincent, pour témoigner de la sincérité de sa soumission, se présenta à Spinola, qui, malgré la foi du traité, lui fit trancher la tête. Antoine de la Rocca et un de ses fils, Arrigo et un fils du comte Polo, eurent le même sort.

Cette conduite, quelque odieuse qu'elle fût, n'en atteignit pas moins son but, qui était d'arriver à la domination par la terreur. Les seigneurs qui s'étaient laissé diviser, et qui n'avaient pas compris qu'en abandonnant Raphaël ils abandonnaient leur propre cause, sentirent qu'il ne leur restait plus de salut que dans la fuite, et s'expatrièrent. Vincentello d'Istria lui-même, l'ami et le soutien des Génois, crut prudent d'abandonner la Corse. Par la retraite de tous ces seigneurs, la compagnie de Saint-Georges se trouva seule maîtresse absolue du pays (1460).

CHAPITRE II.

TOMASINO CAMPO-FREGOSO.

(1461-1464.)

Cette tranquillité dans la possession ne dura pas longtemps. Les troubles vinrent de Gênes elle-même. Ludovic Campo-Fregoso, ayant été nommé doge, profita de sa puissance pour faire revivre les droits de sa famille sur la Corse. Des émigrés, les uns étaient à Gênes, d'autres en Toscane. L'évêque d'Aléria, ami de Ludovic, se chargea de les voir et de traiter avec eux. On tomba facilement d'accord sur les résultats à obtenir. Chasser la compagnie de Saint-Georges, rétablir dans leurs fiefs les seigneurs qui concourraient à l'entreprise, proclamer Tomasino Campo-Fregoso, neveu du doge, comte de Corse, tel était le but des conspirateurs. Les chefs de cette nouvelle expédition étaient Giocante de Leca, Polo della Rocca, Vincentello d'Istria, l'évêque d'Aléria, auquel se joignit plus tard celui de Sagona, et plusieurs autres seigneurs. Ils ne tardèrent pas à se réunir et à opérer des descentes sur différents points. Leur arrivée éveilla les sympathies des populations, qui souffraient de la domination de la compagnie. La province de Cinarca se souleva tout entière. Le Fiumorbo et une partie des terres seigneuriales de la Rocca prirent également les armes. Thomas Campo-Fregoso étant arrivé sur ces entrefaites avec de l'argent et des munitions, et étant ainsi secondé par les seigneurs ses alliés, marcha contre les troupes de la compagnie, les battit, et se rendit maître de presque tout l'intérieur du pays (1462).

Thomas Campo-Fregoso, ayant été reconnu comte par les habitants de la Terre de Commune, gouverna paisiblement le pays pendant deux ans. Mais la révolution qui s'opéra bientôt à Gênes, et qui fit passer cette république sous la domination du duc de Milan, amena par contre-coup un changement dans le gouvernement de la Corse (1464).

CHAPITRE III.

SOUVERAINETÉ DU DUC DE MILAN. — SAMBUCUCCIO ET GIUDICELLO DA CAGGIO.

(1464-1479.)

Lorsque les affaires de Gênes le lui permirent, François Sforza envoya en Corse un de ses lieutenants pour faire passer cette île sous sa domination. L'envoyé du duc fut reçu avec enthousiasme; les Corses se soumirent volontiers à un prince qui passait pour juste et généreux. L'autorité du duc fut proclamée et acceptée de tous. Cet état de choses dura environ deux ans, et ne fut troublé que par un de ces accidents que la prudence humaine ne saurait prévoir.

Le général Cotta, commandant en Corse pour le duc de Milan, avait convoqué à Biguglia une assemblée générale de tous les habitants du pays, pour prêter hommage au nouveau duc Galeas-Marie Sforza. Dans ce grand concours d'individus, une rixe sanglante s'éleva entre quelques hommes de la suite des barons ultramontains et des habitants du Nebbio. Le vice-duc fit arrêter et punir les coupables. Les seigneurs, irrités de cet acte de souveraineté qui attaquait leurs priviléges, montèrent immédiatement à cheval, et, sans prendre congé du vice-duc, retournèrent dans leurs domaines. Cotta comprit parfaitement que ce départ précipité était une déclaration de guerre, et prit ses mesures en conséquence. Cependant les habitants de la Terre de Commune, redoutant plus que tous autres une conflagration dont ils auraient été les premières victimes, s'assemblèrent en consulte générale à Morosaglia et nommèrent pour lieutenant du peuple Sambucuccio d'Alando, descendant de ce Sambucuccio que nous avons vu figurer au commencement du onzième siècle.

Le premier soin du nouveau général fut de rendre un édit enjoignant à tout citoyen de déposer les armes dans l'espace de huit jours. Cette mesure eut les meilleurs résultats; les Corses qui s'étaient rangés du parti du lieutenant du duc l'abandonnèrent, et les seigneurs ultramontains retournèrent dans leurs Etats. Le général milanais, réduit à ses propres forces, n'osa rien tenter. Quant à Sambucuccio, il convoqua une nouvelle assemblée, proposa d'envoyer au duc de Milan une députation pour se plaindre de son lieutenant et lui soumettre l'adoption des statuts qui devaient désormais régler les droits de chacun. Ces propositions reçurent l'approbation générale. La députation fut très-bien accueillie par le duc Galeas-Marie, qui approuva les statuts soumis à son examen, révoqua Cotta et nomma à sa place Jean-Baptiste d'Amelia (1).

A son arrivée en Corse, le nouveau gouverneur voulut faire procéder immédiatement à la levée de l'impôt. Sambucuccio lui fit observer qu'il était beaucoup plus urgent de pacifier le pays, que les inimitiés particulières désolaient. D'Amelia ne tint aucun compte de cet avis, et fit commencer les opérations. Alors Sambucuccio se mit en campagne à la tête des habitants de la Terre de Commune, et autorisa publiquement le refus d'impôt. Le vice-roi n'avait pas assez de forces pour pouvoir résister à Sambucuccio; son autorité fut méconnue partout, et lui-même se vit obligé de se renfermer avec ses officiers dans les villes fortifiées. Une nouvelle assemblée générale eut lieu à Morosaglia. Sambucuccio d'Alando fut remplacé par Giudicello da Caggio, fils de Mariano, que nous avons vu jouer un rôle important au temps d'Alphonse d'Aragon. Malgré son activité, son énergie, et ses talents militaires, il ne put longtemps maintenir la tranquillité dans le pays. La guerre civile, ou, pour mieux dire, les dissensions particulières, encouragées par l'absence de toute autorité supérieure, et de plus fomentées par les caporaux, prirent un accroissement considérable. On essaya de différentes personnes pour rétablir l'ordre. Charles da Costa, Vinciguerra della Rocca, Colombano della Rocca, Charles della Rocca, furent tour à tour nommés lieutenants généraux du peuple dans les diférentes consultes qui eurent lieu de 1472 à 1476; mais ils ne purent, malgré leurs efforts, parvenir à rétablir l'ordre dans un pays que trop d'éléments de discorde agitaient.

Sur ces entrefaites, Thomas Campo-Fregoso, profitant de la mort du duc de Milan, fit une descente en Corse à la tête d'une petite armée.

Le gouverneur milanais, sortant alors de son immobilité, marcha contre lui, le battit et l'envoya prisonnier à Milan. Pendant qu'il était ainsi captif, Thomas intrigua auprès de la régente Bonne de Savoie pour se faire céder la Corse, et il parvint à son but. Mis en liberté, il partit immédiatement avec des instructions pour le gouverneur milanais, à qui la régente enjoignait de remettre à Thomas Campo-Fregoso toutes les places qu'il occupait au nom de son fils (1480).

CHAPITRE IV.

THOMAS CAMPO-FREGOSO. — JEAN-PAUL DE LECA. — APPIEN IV, PRINCE DE PIOMBINO. — LA COMPAGNIE DE SAINT-GEORGES.

(1480-1485.)

Ce fut de cette manière que Thomas Campo-Fregoso redevint de nouveau seigneur de la Corse. A son arrivée dans ce pays, il jugea à propos de chercher un allié naturel dans Jean-Paul de Leca, seigneur de Cinarca. Jean-Paul était à cette époque le plus puissant des barons ultramontains. Un double mariage conclu entre les enfants de Thomas et ceux de Jean-Paul les unit intimement. Cependant, malgré l'appui du seigneur de Leca, Thomas fut bientôt obligé, à cause de son despotisme, de se démettre du pouvoir en faveur de son fils Janus de Campo-Fregoso, et de quitter l'île (1481). Mais Janus lui-même, après être resté deux années au pouvoir, fut obligé de suivre l'exemple de son père, qu'il avait beaucoup trop imité dans sa conduite tyrannique (1483). En partant, il laissa pour commander à sa place Marcelin Farinole. Ce général continua l'œuvre commencée par les Fregoso, et se rendit tellement odieux que le peuple, ne pouvant plus supporter les maux dont il était accablé, se souleva et ap-

(1) Le texte assez curieux des statuts approuvés par le duc Galeas Sforza a été mis au jour, pour la première fois, par Limperani, 1780, dans son *Istoria della Corsica*, t. II, p. 225.

pela à son aide Rinuccio de Leca. En acceptant cette nouvelle position, Rinuccio comprit parfaitement qu'il ne pourrait avec ses forces et celles des insurgés résister aux Campo-Fregoso et à Jean-Paul. Aussi chercha-t-il un souverain qui, en le soutenant de ses armes, pût en imposer par le prestige de sa puissance. Ses relations d'amitié avec Appien IV, prince de Piombino, lui firent jeter les yeux sur lui. Appien accepta l'offre qui lui était faite, et envoya pour le représenter son frère, le comte Gherardo de Montagnana (1483). Une consulte tenue dans la plaine de Lago-Benedetto reconnut pour comte de Corse le prince de Piombino. Ses troupes marchèrent aussitôt contre Biguglia et Saint-Florent, dont elles s'emparèrent. En apprenant ces événements, les Campo-Fregoso, pensant que c'en était fait de leur puissance en Corse, cédèrent tous leurs droits à la compagnie de Saint-Georges (1485).

La nouvelle de ce traité, en même temps qu'elle excita l'indignation des populations, remplit de terreur le comte Gherardo. Craignant d'avoir à lutter contre la puissante association de Saint-Georges, il voulut abandonner la partie et rentrer en Toscane. Mais Rinuccio était trop compromis pour reculer ainsi sans coup férir ; il voulut donc tenter le sort des armes, et décida Montagnana à attendre l'issue du combat qu'il allait engager avec Jean-Paul de Leca, allié de la compagnie, et qui avait déjà pris l'offensive. Montagnana attendit. Le combat s'engagea du côté du mont Saint-Antoine en Balagne ; malgré les efforts de Rinuccio, Jean-Paul remporta une victoire complète. A cette nouvelle, le comte Gherardo se hâta de quitter la Corse, abandonnant ainsi les droits de son frère et les personnes qui avaient embrassé sa cause.

CHAPITRE V.

LA COMPAGNIE DE SAINT-GEORGES. — JEAN-PAUL DE LECA. — RINUCCIO DELLA ROCCA.

(1485-1511.)

Mathieu da Fiesco, gouverneur envoyé par la compagnie de Saint-Georges, ne tarda pas à débarquer dans l'île. Son premier soin fut de renouveler alliance avec Jean-Paul, et de reconnaître les seigneurs ultramontains comme indépendants dans leurs fiefs (1485). Il reprit sans trop de peine les places qu'avait occupées le comte Gherardo, et en peu de temps le pays se trouva jouir de quelque repos. Mais les intrigues de Janus vinrent bientôt troubler la tranquillité, qui semblait devoir être durable. Mécontent d'avoir cédé la Corse à la compagnie de Saint-Georges, il écrivit à Jean-Paul de se soulever contre elle ; Jean-Paul ne manqua pas de prétextes pour colorer sa défection. Les gouverneurs de Saint-Georges, soupçonnant à juste titre Janus d'être l'auteur de cette levée de boucliers, se plaignirent au doge de sa conduite. Janus protesta de son innocence, et assura la compagnie de son dévouement. Cependant ses lettres furent interceptées ; on y trouva la preuve manifeste de sa félonie. Le doge, indigné d'une telle conduite, le livra aux directeurs de la compagnie de Saint-Georges, qui le firent jeter en prison. Quant à Jean-Paul, comme il avait commencé les hostilités, le triste sort de Janus ne l'empêcha pas de les poursuivre ; mais, trahi ou abandonné par une grande partie des seigneurs qui marchaient avec lui, et qu'avait su gagner le gouverneur génois, il lutta inutilement pendant près de deux ans contre les forces supérieures de la compagnie de Saint-Georges réunies à celles des seigneurs ses ennemis ; et, cédant enfin à la fortune contraire, il capitula, abandonnant ses châteaux et ses domaines, à la condition de pouvoir se retirer en Sardaigne avec sa famille et quelques amis dévoués (1487).

La retraite de Jean-Paul, en détruisant le plus grand obstacle qu'eût rencontré jusque-là la compagnie, la mit à même de pouvoir reprendre l'idée qu'elle avait toujours nourrie de frapper les seigneurs féodaux et de détruire à jamais leur puissance. Rinuccio de Leca, parent de Jean-Paul, mais qui avait constamment combattu pour les Génois, fut le premier à s'apercevoir des mauvaises intentions de la compagnie à son égard ; il ne voulut pas attendre de se voir attaqué dans ses domaines, et, ayant pris les armes, il invita Jean-Paul à venir combattre avec lui. Jean-Paul revint en effet. La lutte que ces deux seigneurs soutinrent contre la compagnie de Saint-Georges ne fut pas longue, mais elle fut pleine d'atrocité de la part du gouverneur génois. Rinuccio, fait prisonnier par la noire trahison d'un ancien ami, Filippino da Fiesco, alla mourir dans les prisons de Gênes, et Jean-Paul, privé d'un si puissant appui, fut obligé de s'expatrier une seconde fois (1489).

Ce ne fut que dix ans plus tard que Jean-Paul retourna de nouveau en Corse pour opérer un soulèvement. Cette fois, il fut vivement secondé, non-seulement par les populations de Vico et de Cinarca, qui lui étaient entièrement dévouées, mais aussi par celles de Niolo et par une partie de la Terre de Commune. L'insurrection prit un caractère tellement grave que la compagnie de Saint-Georges crut devoir envoyer dans l'île le général de Negri, qui y avait déjà commandé, et qui passait pour un général habile. De Negri sut attirer à lui une partie des caporaux et quelques seigneurs ultramontains, parmi lesquels figurait en première ligne Rinuccio della Rocca. Il sut également éviter une rencontre avec Jean-Paul tant que celui-ci eut une armée considérable; mais dès qu'il vit que la plupart de ceux qui s'étaient ralliés au seigneur de Leca l'avaient abandonné, soit pour retourner à leurs affaires, soit pour tout autre motif, alors il le harcela, le vainquit dans de petits combats, et l'obligea enfin à quitter la Corse une dernière fois.

De Negri, ayant ainsi triomphé de Jean-Paul, retourna tout glorieux à Gênes, et la compagnie de Saint-Georges, reconnaissante, lui éleva une statue (1501).

Cependant le départ de Jean-Paul n'amena point une soumission complète. Rinuccio della Rocca, qui avait si activement secondé le général de Negri contre Jean-Paul, se vit obligé, à cause des injustices dont il était la victime, de prendre les armes contre la compagnie. Mais il ne put lutter longtemps. Vaincu en différentes rencontres, il dut céder ses domaines de la Rocca à la compagnie, qui lui donna en échange une pension égale à ses revenus, et l'obligea à aller vivre à Gênes.

Cette humiliation exaspéra Rinuccio, qui préféra courir les chances d'une nouvelle guerre avec la compagnie (1503). Toutefois, avant de retourner en Corse, il alla en Sardaigne trouver Jean-Paul, qu'il supplia de se joindre à lui. Jean-Paul refusa de prêter son appui à un homme qui avait été la cause de sa ruine. Alors Rinuccio tenta seul l'entreprise. Il débarqua en Corse avec peu de ressources, mais il sut bientôt s'en créer. Pendant trois ans, il lutta avec des chances diverses contre les généraux de la compagnie, puis il fut obligé de céder et de se retirer une seconde fois (1506). Quelque temps après, profitant du mécontentement qu'avait soulevé l'administration génoise, il revint de nouveau dans l'île, livra plusieurs combats et périt glorieusement les armes à la main (1511) (1).

L'exil de Jean-Paul, la mort de Rinuccio de Leca et de Rinuccio della Rocca furent comme le signal de la chute lente, mais certaine, des maisons

(1) On peut se faire une idée de la sévérité avec laquelle les gouverneurs de la compagnie de Saint-Georges gouvernaient la Corse par le fait suivant :
Vers 1507, Nicolas Doria, gouverneur pour la compagnie de Saint-Georges, ayant obligé Rinuccio à traiter avec lui, voulut châtier la population du Niolo qui s'était toujours montrée dévouée aux seigneurs Cinarchesi. Il convoqua les habitants de cette pieve, se fit remettre soixante otages pris parmi les principaux du pays, puis il signifia qu'ils eussent à se procurer d'autres demeures que celles du Niolo, qui à l'avenir ne pourrait plus être habité ni cultivé, et ceci pour les punir d'avoir prêté du secours aux seigneurs. Les Niolini se jetant aux pieds de Doria le prièrent de leur faire grâce; « mais l'implacable capitaine, ajoute Filippini, les engagea à se contenter de leur sort, leur disant que cette mesure était dans l'intérêt de tous, parce que, en changeant de pays, ils changeraient sans doute d'habitudes; de telle sorte que les Génois seraient débarrassés de toute inquiétude, et eux-mêmes, en habitant d'autres lieux, mèneraient une vie plus tranquille. Doria ayant ainsi manifesté sa résolution inébranlable, les Niolini, pleurant leur malheur, prirent leurs femmes, leurs enfants et ce qu'ils purent des choses les plus nécessaires, puis ils abandonnèrent le pays où ils étaient nés et allèrent se fixer en Corse, qui d'un côté, qui de l'autre; quelques-uns passèrent en Sardaigne, d'autres dans les maremmes de Rome et de Sienne, et même en d'autres lieux, selon que le destin les poussait. Après ce triste départ (et selon les ordres de Doria), les paysans voisins du Niolo démolirent toutes les maisons, abattirent les arbres et détruisirent tout ce qu'il pouvait y avoir. » Filipp., t. III, liv. v. p. 160 et suiv.

seigneuriales du delà des monts. Aucun homme remarquable ne surgit plus pour les relever. La compagnie de Saint-Georges eut toujours l'œil ouvert sur cette puissance, qui lui avait été si redoutable et avait failli lui devenir si funeste. Les mesures répressives et violentes qu'elle employa, aussi bien que l'esprit de rivalité qui régnait toujours entre les seigneurs féodaux, contribuèrent beaucoup à amortir l'humeur guerrière de la jeunesse et à lui faire accepter comme irrémédiable l'ordre de choses que la compagnie avait préparé de longue main.

A partir de cette époque jusqu'à l'arrivée des Français, en 1553, il ne se passa dans les affaires intérieures de la Corse aucun événement de grande importance. La compagnie de Saint-Georges, ne rencontrant plus d'obstacle à sa marche, gouverna le pays d'abord avec sagesse, puis d'une manière tout à fait arbitraire, au gré des gouverneurs qu'elle y envoyait.

Puisque nous voilà arrivés au seizième siècle, et presque au moment de la lutte de Sampiero d'Ornano avec les Génois, il est nécessaire de dire deux mots de la législation que les Génois appliquèrent à la Corse, et dont la violation fut la source de tant de maux.

CHAPITRE VI.

DE L'ORGANISATION DE LA JUSTICE ET DES STATUTS.

On ne saurait dire d'une manière précise quelles furent les lois qui gouvernèrent la Corse jusqu'en 1347, époque à laquelle ce pays se donna, comme nous l'avons vu, à la république de Gênes. On doit présumer toutefois que ces lois devaient être un mélange de lois romaines et barbares, d'usages et de coutumes municipales et féodales tirant leur origine des peuples qui, à des époques diverses, avaient habité le pays. En 1347, la république fit rédiger des statuts qui eurent l'approbation des députés corses et qui différaient fort peu de ceux qui furent rédigés en 1453. Ces statuts avaient pour objet d'organiser les différentes juridictions et d'établir les règles par lesquelles la justice devait être appliquée.

La première juridiction était celle des podestats des pièves, dont le tribunal s'appelait *Arringo*. Chaque piève était administrée par deux *podestats* et deux *raggionieri* élus par le gouverneur, le vicaire, le capitaine du peuple et deux députés de chaque piève de la Terre de Commune. Leur charges étaient annuelles. Ils jugeaient des causes qui n'excédaient pas 10 livres. — La seconde juridiction était celle du conseil de la *Cour* ou de la *Banque*: c'était un tribunal d'appel qui siégeait à Biguglia; il se composait de douze citoyens libres appelés *buoni uomini*, qui devaient juger les affaires portées à leur tribunal. Ces juges étaient annuels et jugeaient par sections de six pendant un semestre seulement. Ils avaient 50 livres pour la durée de leurs fonctions et les deux tiers dans les condamnations. Ils étaient nommés à la pluralité des suffrages par le gouverneur, le vicaire du peuple, le capitaine du peuple et par deux députés de chaque piève. Le *vicaire du peuple* et le *capitaine du peuple*, élus comme les Douze, avaient également des fonctions annuelles ; ils recevaient 350 livres d'appointements, siégeaient dans le conseil et y avaient voix délibérative comme les juges. Le gouverneur pouvait, si bon lui semblait, siéger au tribunal de la Banque et prendre part aux délibérations.

Au-dessus de ces deux juridictions, et comme pour les reviser et les contrôler, il existait un autre tribunal appelé *Syndicat*, principalement établi pour juger la conduite des juges et officiers d'administration, espèce de cour de cassation chargée de décider si l'officier de justice soumis au syndicat (*sindicato*) avait violé la loi, ou indûment perçu des droits. La pénalité appliquée au fonctionnaire coupable était 100 livres d'amende, la perte de l'emploi et l'incapacité de servir l'État à l'avenir. La sentence rendue par lui était annulée : celle qui avait été obtenue par concussion était maintenue, mais en faveur du perdant, et c'est ce que l'on appelait *de vincta perduta*. Le corrupteur et son complice devaient, en outre des 100 francs d'amende, restituer ce qu'ils avaient pris

indûment. La torture ne pouvait être appliquée que du consentement du conseil, excepté dans les cas criminels. Le syndicat était composé de douze membres, dont six devaient être Corses.

Les statuts étaient déposés chez ceux qui exerçaient la justice, particulièrement chéz le vicaire du peuple. Il n'y avait de soumis à ces statuts que les provinces cismontaines; les provinces du delà des monts, ainsi que le Cap-Corse, soumis aux seigneurs, étaient régies par les règlements concernant les fiefs. Cet ordre de choses dura jusqu'au seizième siècle. A cette époque, Gênes, ayant abattu la puissance des seigneurs ultramontains, put s'établir d'une manière durable de l'autre côté des monts et y organiser son pouvoir. Cependant, elle fut obligée de reconnaître l'indépendance des fiefs, en ce qui touchait les droits de propriété et de justice; seulement elle se mêla de leur régime intérieur, ce qu'elle n'avait point fait jusque-là : elle établit que chaque piève comprise dans le fief avait droit d'élire un *podestat* juge des causes civiles d'un moindre intérêt. Plus tard (1614) elle décréta que toutes les causes civiles ou criminelles des fiefs seraient jugées en première instance par un *lieutenant*, nommé par les seigneurs des fiefs, ou par le gouverneur dans le cas où les seigneurs ne seraient pas d'accord sur la nomination; elle établit que l'on pouvait appeler du jugement du lieutenant au *tribunal des feudataires*, composé de tous les seigneurs, et de ce tribunal au gouverneur ou au commissaire à Ajaccio. — Les officiers du fief étaient, comme les autres officiers de justice, soumis au syndicat.

CHAPITRE VII.

ADMINISTRATION DE LA COMPAGNIE DE SAINT-GEORGES. — ÉMIGRATION. — INCURSIONS DES BARBARESQUES. — DÉSORDRES INTÉRIEURS. — GRIEFS DES CORSES CONTRE LA COMPAGNIE.

(1511-1553).

Dès que la compagnie de Saint-Georges se vit maîtresse absolue de la Corse, elle chercha à faire oublier aux peuples les seigneurs qui avaient si souvent soutenu leurs intérêts, et son administration fut, pendant quelques années, empreinte de sagesse. Mais bientôt les choses changèrent : n'ayant plus à redouter de soulèvements, ni d'opposition sérieuse, les magistrats se relâchèrent de leurs devoirs. La justice fut abandonnée : le caprice remplaça la loi ; et les envoyés de Gênes, se laissant aller au caractère présomptueux et arrogant de leur nation, n'eurent plus que du mépris pour ceux qu'ils devaient gouverner. On attaqua les priviléges dont jouissait depuis longtemps le pays. Les Corses furent exclus du syndicat des juges ; on leur enleva les charges de greffiers, et on supprima les tribunaux des podestats ; mais, ce qui mit le comble à la mesure des maux présents fut l'impunité accordée aux meurtriers. La loi punissait de mort l'assassin ; mais la loi était éludée. Sous un prétexte d'humanité, on donnait au meurtrier du service dans l'armée, ou bien on l'envoyait à Gênes. Là il obtenait facilement la protection de quelque noble qui le faisait bientôt rentrer en Corse, où il ne pouvait plus être recherché pour le crime qu'il avait commis. Ce déni de justice fut la source de malheurs sans nombre. Les parents de la victime, autant pour éviter de nouvelles agressions que pour venger l'injure qui leur avait été faite, prenaient les armes et se faisaient justice eux-mêmes. On ne saurait croire, dit Limperani, combien cette impunité fit verser de sang, combien elle perdit de familles.

Les troubles intérieurs, suite naturelle d'une mauvaise administration, joints à un repos peu honorable, donnèrent lieu à des émigrations nombreuses de la part d'une ardente jeunesse, désireuse de trouver un élément à son activité. Filippini cite plusieurs Corses qui se distinguèrent à cette époque au service des puissances continentales. C'étaient : Pieretto d'Istria, Guglielmo dalla Casabianca, Pasquino da Sia, Giacomo dalla Fica, général des Florentins ; Jacques da Loppio, Baptiste de Leca, neveu de Jean Paul ; Charles Malerba ; Sampiero de Bastelica, Giocante dalla Casabianca, Teramo da Bastelica, Angelo-Santo de Levie, colonel au service de don Ferrand de Gonzague; Barthélemy de Vivario, surnommé Télamon, général des galères de l'Église; Jean-Baptiste de Bastia, mestre de camp de Pierre Strozzi, et Gasparino Ceccaldi, sergent général des Vénitiens.

Cependant, l'orateur ne cessait d'adresser des plaintes aux magistrats de Saint-Georges. Ces plaintes portaient sur la violation des lois et priviléges et sur l'étrange conduite que la compagnie elle-même tenait dans ces temps désastreux : elle semblait, en effet, avoir entièrement oublié la protection qu'elle devait à la Corse. Non-seulement elle négligeait l'administration intérieure de ce pays, mais elle le laissait exposé aux incursions journalières des Barbaresques, qui portaient de tous côtés l'épouvante et la dévastation. Soit incurie, soit préoccupation plus grande, elle ne faisait aucune attention aux plaintes qui lui étaient adressées. Comme la situation empirait chaque jour, l'orateur dut s'adresser à Octavien Fregoso, gouverneur de Gênes pour François Ier. Octavien obligea la compagnie à s'occuper des intérêts de la Corse. On arma aux frais de l'île trente galères et dix bâtiments d'une moindre importance. Le commandement de cette flottille fut donné à Frédéric Fregoso, archevêque de Gênes, « homme vraiment valeureux, dit Filippini, et digne d'être comparé à n'importe quel capitaine de l'antiquité. » La flotte parcourut d'abord les mers de la Corse, qu'elle nettoya complétement; puis elle navigua vers l'Afrique, où elle combattit avec succès et rendit sûrs tous ces parages. Mais le désaccord s'étant mis entre le commandant de l'infanterie, qui était un Français, et l'archevêque, celui-ci le licencia et dut s'en retourner à Gênes. Alors les Barbaresques, délivrés de toute crainte, recommencèrent leurs incursions et les Corses se virent de nouveau exposés aux ravages pour l'éloignement desquels ils avaient fait de si grands sacrifices. Ils renouvelèrent leurs plaintes et leurs demandes. La compagnie de Saint-Georges résolut enfin de mettre un terme à de si grands maux, en préservant la Corse des attaques du dehors et en organisant l'administration à l'intérieur. Elle commença par fortifier Porto-Vecchio, refuge habituel des pirates barbaresques, et y envoya une colonie d'habitants de Ficoni. Pour donner plus d'importance à cet établissement, elle y plaça un magistrat dont relevaient les pièves voisines. La côte orientale étant ainsi garantie, on songea à la côte occidentale et Calvi fut de nouveau fortifié (1544).

La compagnie envoya ensuite deux commissaires pour rétablir l'ordre à l'intérieur et aviser aux moyens de remédier aux maux d'une désastreuse administration. Troïlo de Negroni et Polo Moneglia, personnages considérables de Gênes, partirent, à cet effet, avec de pleins pouvoirs. Leur conduite fut d'abord très-louable. Ils parcoururent eux-mêmes le pays, reconnurent la justesse des plaintes et y avisèrent. Ils firent revivre les lois contre les meurtriers, et punirent sévèrement les usuriers, auxquels, dans ces temps calamiteux, les Corses s'étaient vus obligés de recourir. En faisant leur tournée, ils arrivèrent à Porto-Vecchio, qu'ils trouvèrent déjà dépeuplé à cause du mauvais air. Comme cette position était très-importante, leur premier soin fut d'aviser au repeuplement, et ils chargèrent, en conséquence, les nobles-douze de cette opération; mais ceux-ci s'en excusèrent, ne voulant pas envoyer à une mort certaine aucun de ceux qui étaient soumis à leur juridiction. Les commissaires, irrités de ce refus, prétextèrent de malversation dans les fonctions qu'ils avaient occupées, pour les supprimer, et rendirent un décret qui, en abolissant la magistrature des nobles-douze, faisait défense de les nommer à l'avenir.

Ce décret irrita vivement les esprits, car il faisait voir clairement qu'on en voulait aux priviléges du pays, puisque, par des mesures successives, on lui enlevait peu à peu toutes ses garanties. Les Corses comprirent alors que ce n'était là qu'une conséquence du système adopté depuis longtemps : ils récapitulèrent leurs griefs : on avait supprimé les tribunaux des podestats, exclu les indigènes des charges de greffiers, négligé la justice et toléré de funestes habitudes qui avaient jeté le pays dans un état voisin de la guerre civile. On avait aussi augmenté considérablement le prix du sel, et commis beaucoup d'autres attentats aux

Tour de Lozari.

CORSE

franchises stipulées : enfin on venait dernièrement encore de supprimer l'institution populaire des nobles-douze. D'autre part, on ne faisait rien pour la Corse. Longtemps on l'avait laissée en proie aux déprédations des Barbaresques, et, lorsqu'on avait songé à combattre ce fléau, c'était à elle-même qu'on avait demandé l'argent nécessaire aux frais d'une guerre qui n'avait amené que de faibles résultats. Quant aux gouverneurs et aux autres officiers de la compagnie, ils ne semblaient préoccupés qu'à augmenter par toutes sortes de moyens leur fortune personnelle.

Ces réflexions avaient, comme nous l'avons dit, indisposé les populations contre la compagnie de Saint-Georges; il était facile de prévoir qu'à la première occasion favorable il y aurait un soulèvement général contre elle. Les seigneurs n'existaient plus, au moins à l'état de puissance. Les caporaux avaient été gagnés au parti de la compagnie, ou tellement comprimés par elle, qu'ils ne pouvaient plus rien oser. Si les Corses avaient à espérer quelque secours, ce ne pouvait être évidemment que de l'extérieur; mais encore ils ne savaient point comment cela aurait lieu, lorsqu'un événement imprévu vint leur offrir l'occasion qu'ils désiraient.

LIVRE V.

Depuis l'arrivée des Français, sous le général de Thermes, jusqu'à leur départ, après le traité de Cateau-Cambrésis.

CHAPITRE PREMIER.

ARRIVÉE DE L'EXPÉDITION FRANÇAISE COMMANDÉE PAR LE GÉNÉRAL DE THERMES. — SUCCÈS DES FRANÇAIS. — INFLUENCE DE SAMPIERO. — SOUMISSION DE L'ILE.

(1553—1554).

La guerre venait d'éclater sur le continent plus violente que jamais entre l'Espagne et la France. Henri II avait envoyé une armée en Italie, sous le commandement du général de Thermes, déjà célèbre par son expédition d'Écosse. Les troupes françaises occupaient Sienne; et on ne savait encore sur quel point elles se porteraient, car on parlait de la Toscane, de Naples et de la Sicile. Les Strozzi, chassés de Florence par les Médicis, sollicitaient vivement Henri, II de faire l'expédition de Toscane, qu'ils lui montraient d'un succès facile. De son côté, le prince de Salerne affirmait que Naples était parfaitement disposée pour les Français; et le duc de Somme parlait de la Sicile, où il avait de grandes intelligences. Mais, avant de tenter aucune entreprise, Henri II voulut s'assurer un point de refuge dans la Méditerranée pour sa flotte et celle du sultan, son allié, destinées toutes deux à jouer un rôle très-important dans les événements qui se préparaient.

Par sa proximité de l'Italie, par le grand nombre et la commodité de ses ports, la Corse fixa immédiatement son attention et celle de ses conseillers. Comme cette île appartenait aux Génois et que ceux-ci étaient les alliés de Charles-Quint, c'était continuer la guerre contre ce puissant empereur que de les attaquer et de leur enlever leurs possessions. Entre tous les projets proposés on s'arrêta donc tout d'abord à celui de la conquête de la Corse. Des ordres furent donnés, en conséquence, à Brissac, qui commandait alors en Piémont, pour les transmettre au maréchal de Thermes. Brissac expédia immédiatement vers Sienne Sampiero de Bastelica, colonel d'un régiment italien sous ses ordres. Dès que de Thermes connut la résolution de Henri II, il assembla un conseil de guerre à Castiglione de la Pescara, et fit connaître le parti auquel le roi s'était arrêté. Cependant, comme ses instructions lui laissaient une certaine latitude, il remit de nouveau en question le projet de la conquête de la Corse. La discussion s'établit à ce sujet et les avis furent partagés; mais de Thermes fit prévaloir l'opportunité de l'expédition de la Corse, qu'il savait dépourvue de moyens de défense et dont les habitants étaient très-bien disposés pour la France (1). D'ailleurs, indé-

(1) Altobello de' Gentili da Brando, officier de marine au service de la France et ami de Sam-

pendamment de l'intérêt général, qui commandait cette expédition, de Thermes était excité par le désir d'occuper son activité et d'échapper ainsi à l'influence du cardinal Hippolyte d'Este, ambassadeur extraordinaire du roi de France et gouverneur de Sienne. Il fut aussi vivement appuyé dans le conseil par Sampiero, qui avait en Corse beaucoup d'intelligences, et leur avis ayant prévalu, la guerre fut définitivement arrêtée. Seulement, comme le succès dépendait beaucoup de la promptitude et du secret de l'entreprise, il fut convenu que l'on ne ferait connaître aux troupes le but de l'expédition que lorsqu'on serait en mer. Puis, on s'occupa de l'organisation matérielle.

Le général de Thermes et le capitaine Paulin, baron de la Garde, amiral des galères du roi, étaient les chefs de l'expédition. Le premier devait commander les troupes de débarquement, le second appuyer l'expédition avec sa flotte, et former le siége des villes maritimes. Marchaient ensuite comme chefs de légions ou simplement de compagnies le duc de Somme, François Villa, mestre de camp, Maarbal, Jourdan et François, tous trois Orsini; Jean Vitelli, le colonel Giovanni da Torrino, don Charles Caraffa, Passotto Fantuzzi, Bernardino d'Ornano, le Calabrais Moreto, et enfin Valleron, avec ses six compagnies. De Thermes fit venir de Sienne quatre milles fantassins italiens et les compagnies de P. Strozzi et du comte Martinenghi, dont les chefs étaient absents, et auxquelles il joignit un assez grand nombre de volontaires italiens, désireux de combattre avec les Français, n'importe contre qui.

Avant de mettre à la voile, de Thermes et Paulin, pour s'attacher davantage les capitaines corses de l'expédition, leur distribuèrent les fiefs possédés par les Génois. On promit à Sampiero la seigneurie de Leca, à Bernardino et à Jean d'Ornano, son frère, celle de al

picro, avait parcouru quelque temps auparavant la Corse, et y avait fait de nombreux partisans à la France, sans éveiller toutefois les soupçons des commissaires génois, qui lui avaient fait connaître ingenument leurs forces et fait visiter leurs places.

Rocca, à Altobello et à Raphaël de' Gentili de Brando les propriétés que possédait le Génois Marchio Gentili à Sisco et à Petracorbaja. Les autres capitaines corses reçurent également des promesses de terres, selon leur importance personnelle.

Les choses étant ainsi ordonnées, la flotte française, après avoir reçu à son bord les troupes destinées pour l'expédition, appareilla, le 20 août 1553, de Castiglione de Pescara et ne tarda pas à arriver à l'île d'Elbe, où elle s'unit à la flotte ottomane, commandée par Dragut.

Le général de Thermes, voulant s'assurer de la disposition des esprits, se fit précéder d'une avant-garde, composée de quelques vaisseaux sur lesquels se trouvaient le duc de Somme et les chefs corses les plus influents. Il pensait avec juste raison qu'il valait mieux employer la persuasion que la force, si cela se pouvait. L'avant-garde débarqua à l'Arenella, tout près de Bastia, et aussitôt se mit en marche sur cette ville. Les gouverneurs génois, qui avaient montré une si grande imprévoyance dans tous ces événements, qu'ils auraient pu connaître, n'attendirent pas que les troupes françaises eussent débarqué pour fuir en toute hâte. Après avoir recommandé à Alexandre de' Gentili de tenir ferme devant l'ennemi, ils s'étaient dirigés vers Corté, laissant la ville au dépourvu et dans l'impossibilité de résister. Cependant Gentili, qui commandait la place, fit les préparatifs nécessaires pour repousser les ennemis. Mais il avait contre lui la faiblesse de la position et la peur des habitants, qui ne redoutaient rien tant qu'une vive résistance à une armée aussi puissante que celle du roi de France. Aussi, lorsque Sampiero, ayant escaladé les murs de la ville, y fut entré avec le duc de Somme, Gentili ne fut plus maître de la position et, se retirant devant des soldats révoltés, il se renferma dans la citadelle, qu'il fut obligé de rendre quelques jours après à de Thermes.

La prise de Bastia, en même temps qu'elle confirma ce général dans l'espoir d'une conquête facile, lui fit sentir de quelle utilité devaient être pour le succès de l'entreprise les officiers corses qu'il avait avec lui ; car la prompte reddition de cette ville avait été due surtout à l'influence exercée sur le peuple et sur la garnison par Altobello et Sampiero. Quoiqu'il n'occupât dans l'armée expéditionnaire qu'un rang secondaire, Sampiero en était évidemment l'homme le plus important par son influence personnelle et par celle des parents de sa femme. On connaissait sa valeur, son amour ardent pour la patrie et sa haine invincible pour Gênes. Il n'en fallait pas davantage pour se concilier le respect et l'amour des populations.

Sampiero, né de parents obscurs dans le village de Bastelica, avait quitté la Corse fort jeune pour prendre du service en Italie. Il avait servi quelque temps dans les bandes noires de Médicis, et s'y était acquis une grande réputation de bravoure et de loyauté. Plus tard il était passé au service de la France du temps de François Ier, et avait été nommé colonel d'une légion italienne. En 1552, à l'époque de la mort de Louis Farnèse, ses amis lui ayant fait entrevoir la possibilité de remplacer ce capitaine dans le commandement des troupes pontificales, Sampiero avait été à Rome, d'où il était bientôt revenu après avoir acquis la certitude qu'il ne pourrait réussir. A son retour il était passé par le Piémont, où il s'était entretenu avec César Fregoso, en ce moment proscrit de Gênes. Puis il était arrivé en Corse pour s'unir à Vannina, fille unique de François d'Ornano, seigneur fort riche et très-influent du delà des monts, que la réputation de Sampiero avait séduit. Le gouvernement génois, craignant que le voyage de Sampiero en Corse ne cachât un but politique et qu'il ne cherchât à seconder les projets des Fregoso sur la Corse, avait donné ordre au commissaire de Saint-Georges de l'arrêter. Celui-ci pria donc Sampiero de venir à Bastia pour conférer avec lui, et, dès qu'il fut dans cette ville, il le fit arrêter et voulut le mettre à mort. Mais François d'Ornano obtint qu'on ne déciderait rien avant son retour de Gênes, où il allait, disait-il, demander sa grâce à la compagnie de Saint-Georges. Une fois arrivé à Gênes, François d'Ornano fit connaître à Henri II l'arrestation arbitraire de Sampiero, et ce monarque expédia aussitôt un envoyé pour réclamer sa liberté. Force fut alors aux Génois de relâcher leur prisonnier, et Sampiero retourna en France emportant dans son cœur le souvenir d'une injure imméritée. La haine qu'il avait depuis longtemps vouée aux Génois le porta à seconder vivement les projets de Henri II sur la Corse et à lui démontrer combien il lui serait utile de s'emparer de ce pays. Comme nous l'avons dit, il fut un de ceux qui, dans le conseil de guerre de Castiglione, appuya le plus le général de Thermes, et, lorsque les troupes françaises eurent débarqué dans l'île, on put voir à l'enthousiasme que les populations manifestaient à son égard, de quel poids il serait dans la guerre présente.

Maître de Bastia, de Thermes songea au reste du pays, dont il voulut assurer l'entière soumission. Le moment était favorable. Les Corses, très-bien disposés pour la France, semblaient n'avoir d'autre désir que de se ranger sous ses drapeaux. Les Génois, abattus et dispersés, se cachaient ou fuyaient. On pouvait prévoir qu'en ce moment de surprise on rencontrerait peu de résistance ; mais il fallait se hâter et profiter des circonstances. De Thermes le comprit et fit immédiatement ses dispositions. Il expédia Sampiero et Valleron dans l'intérieur pour s'emparer de Corté. Dragut fut, avec la flotte ottomane, destiné au siége de Bonifacio, le capitaine Paulin, avec la flotte française, à celui de Calvi. Altobello de' Gentili resta à Bastia. Quelques autres capitaines, comme Pier' Antonio de Valentano, Giacomo della Casabianca, Francesco di Niolo, Achille Campocasso, etc., furent envoyés avec leurs compagnies pour soumettre les points moins importants, et de Thermes lui-même s'étendit avec le reste de l'armée du côté de Saint-Florent.

Sampiero n'était point encore arrivé à Corté que les habitants de cette ville, abandonnée par les gouverneurs génois, lui en envoyèrent les clefs. Revenant alors sur ses pas, il se dirigea avec Valleron du côté de Calvi, après avoir chargé Alexandre da Lento, habile homme de guerre et son ami particulier, de prendre possession de Corté.

En passant devant Porto-Vecchio Dragut s'était emparé de ce poste, puis il avait été mettre le siége devant Bonifacio. Quant à Paulin, retenu dans le Cap-Corse par les vents contraires, il avait fait la conquête de Giacomosanto da Mare, seigneur très-considérable de ce pays et qui devint bientôt un des plus fermes soutiens du parti français. De Thermes s'était dirigé sur Saint-Florent; à son approche le commandant du fort l'avait abandonné, et les habitants s'étaient hâtés d'envoyer au vainqueur les clefs de la ville. Dans l'intérieur des terres les choses allaient on ne peut mieux. Les capitaines que de Thermes avait expédiés opéraient des soumissions avec la plus grande facilité, et voyaient accourir une ardente jeunesse avide de combattre pour la France. La soumission de la Corse aux armes de Henri II s'opérait comme par enchantement. Les commissaires génois, fuyant de ville en ville, avaient été obligés de se réfugier chez François d'Ornano, qui, après les avoir accueillis avec les égards dus au malheur, leur avait facilité les moyens de passer à Calvi.

Le parti génois ainsi abandonné n'osait pas même opposer une résistance qui aurait irrité le vainqueur. Partout il cédait presque sans coup férir les positions les plus avantageuses. Les seules villes maritimes de Calvi, de Bonifacio et d'Ajaccio, semblaient ne vouloir céder qu'à la force. Calvi et Bonifacio, toutes deux colonies génoises, se préparèrent à une énergique résistance. Calvi, à cause de sa proximité de la France et de la bonté de son port, eût été d'un puissant secours à l'armée expéditionnaire; mais ses habitants étaient si peu disposés pour les Français, qu'ils avaient refusé de parlementer avec eux. On ne pouvait donc espérer se rendre maître de la ville qu'en en faisant un blocus exact. Paulin était arrivé devant ses murs avec ses galères et l'assiégeait du côté de la mer, tandis que Valleron et Sampiero l'assiégeaient du côté de la terre. Mais Paulin dut bientôt après aller à Marseille pour y chercher les armes et les munitions nécessaires au développement de la guerre; dès lors il fallut renoncer à l'espoir de s'emparer de Calvi, car la mer redevenant libre, les Génois ne tarderaient pas à y introduire des secours. Bonifacio, situé à l'extrémité de l'île, en face de la Sardaigne, ne pouvait être d'un grand secours à cause de sa position, quand bien même on s'en emparerait prochainement, ce qui d'ailleurs paraissait peu probable, car cette ville résistait héroïquement aux efforts de Dragut. Ajaccio eût été un point important à occuper, mais l'ennemi s'y était fortifié, et pour l'en chasser il fallait du temps. Ces difficultés n'échappèrent point à de Thermes, qui résolut de se passer de ces villes, et commença les fortifications de Saint-Florent, que son voisinage de la France et l'excellence de son port devaient rendre très-précieux en tout temps pour l'armée française.

Sur ces entrefaites Sampiero abandonna le siége de Calvi pour se porter diligemment sur Ajaccio, où les intelligences qu'il s'était ménagées lui faisaient espérer un prompt succès. A peine était-il arrivé devant cette ville, que les portes lui en furent ouvertes; et, comme il menait avec lui une foule nombreuse et indisciplinée qu'il fallait récompenser de quelque manière, Ajaccio fut livré au pillage. Les marchands génois, obligés de fuir, trouvèrent une généreuse hospitalité chez les amis qu'ils avaient dans les villages, et François d'Ornano lui-même fut le premier à donner l'exemple en accueillant le gouverneur de la ville, Lamba Doria.

Maître d'Ajaccio, Sampiero songea à créer dans le delà des monts des personnes dévouées à la France. La compagnie de Saint-Georges avait, comme nous l'avons dit ailleurs, divisé la noblesse, et en accordant certains priviléges s'était créé de nombreux partisans. Il fallait détruire son influence. Sampiero commença par distribuer les terres des Génois à ceux qui lui étaient le plus dévoués; puis il nomma capitaines avec charge de former des compagnies plusieurs membres des familles d'Istria, d'Ornano et de Bozi. Les uns acceptèrent avec joie leur nomination; les autres, craignant d'irriter un ennemi puissant, firent contre fortune bon cœur, et, après quelque hésitation, se rangèrent du parti de la France.

Rassuré du côté d'Ajaccio, Sampiero se porta immédiatement à Bonifacio.

Interno del Sala reale di Atreo.

Dragut, après avoir ravagé les environs de cette ville et lui avoir livré plusieurs assauts, n'avait pu s'en rendre maître. Les habitants opposaient une résistance d'autant plus opiniâtre que la religion leur faisait un devoir de repousser les infidèles. Les femmes se montraient aussi ardentes et aussi belliqueuses que les hommes; elles étaient comme eux constamment sur la brèche, et y périssaient glorieusement. Lorsque Sampiero arriva sous les murs de Bonifacio, Dragut venait de donner un assaut qui avait duré sept heures et lui avait coûté beaucoup de monde. Repoussé encore cette fois, il s'était retiré à quelque distance mécontent et presque découragé. Sampiero voulut amener le commandant Antoine del Cannetto à se rendre en lui représentant qu'il ne pouvait opposer une plus longue résistance aux armes de la France; mais celui-ci, espérant toujours recevoir des secours de Gênes et sachant bien ne pouvoir attendre merci de Dragut, repoussa ses propositions. Le siège se continuait donc comme auparavant sans qu'on pût en prévoir la fin, lorsque de Thermes expédia à Bonifacio Giacomosanto da Mare avec un certain Catacciuoli, qui avait été chargé par le sénat de Gênes d'introduire dans la ville de l'argent et d'annoncer un prochain secours. Trahi par un de ses guides, Catacciuoli avait été arrêté et amené à de Thermes. Ce général n'eut pas grande peine à lui faire changer de rôle, et il l'envoya avec da Mare pour engager les habitants de Bonifacio à se soumettre, leur annonçant que Gênes ne pouvait les secourir. Cette ruse réussit parfaitement. Les lettres dont Catacciuoli était porteur convainquirent le commandant de sa mission, il consentit à rendre la place à da Mare, à la condition que la ville serait préservée du pillage et que ses soldats pourraient aller à Bastia s'embarquer pour Gênes : ce qui fut accordé. Mais lorsque les Turcs virent défiler ces hommes qui leur avaient opposé une si énergique résistance, ils se précipitèrent sur eux et les massacrèrent impitoyablement. De plus, Dragut exigea qu'on lui livrât Bonifacio, ou qu'on lui payât une indemnité de vingt-cinq mille écus. On ne pouvait livrer au sac des Turcs une ville dont il fallait se concilier les habitants, et quant à la somme réclamée par Dragut, de Thermes se trouvait dans l'impossibilité de la compter; il promit cependant de la payer prochainement, et envoya son neveu en otage. Dragut partit alors pour l'Orient, peu satisfait de ses alliés, et mécontent d'une entreprise qui n'avait point réalisé ses espérances. Bonifacio reçut une bonne garnison, et on se mit à réparer les dommages qu'avait occasionnés l'artillerie des Turcs.

Comme on le voit, les affaires des Français avaient été jusque-là très-prospères. Ils étaient maîtres de Bastia, de Corté, d'Ajaccio, de Bonifacio et de Saint-Florent. L'intérieur du pays leur était presque entièrement soumis. Cette révolution s'était opérée en peu de mois. Les Génois, chassés de toutes parts, ne conservaient plus que Calvi. Mais de Thermes ne se faisait pas illusion sur sa position; il pensait que si les Génois, pris au dépourvu, n'avaient pu défendre leurs possessions, ils n'en chercheraient pas moins les moyens de les recouvrer. Aussi avisa-t-il aux moyens de défense les plus efficaces. Il poussa vivement les fortifications de Saint-Florent et d'Ajaccio, fit venir des troupes et des munitions de Marseille, changea les garnisons qui lui paraissaient suspectes, confirma les anciens capitaines corses dans leurs charges, en nomma de nouveaux, et prit une mesure d'ordre en internant sous de graves amendes plusieurs personnages influents dont il croyait la fidélité douteuse. Ces préparatifs étaient à peine terminés lorsque l'on apprit qu'une expédition génoise faisait voile vers la Corse.

CHAPITRE II.

EXPÉDITION GÉNOISE COMMANDÉE PAR ANDRÉ DORIA. — SIÉGE DE SAINT-FLORENT. — PRISE DE BASTIA. — PRISE DE SAINT-FLORENT.

(1553-1554.)

A la nouvelle de l'arrivée des Français en Corse, les Génois avaient été comme frappés de stupeur. Mais, revenant bientôt de leur premier étonnement, ils n'avaient plus songé qu'à ressaisir par les armes ce qui venait de leur échapper d'une manière si imprévue. La compagnie de Saint-Georges et la république s'unirent alors intimement. Les rivalités tombèrent tout à coup; il n'y eut plus qu'un intérêt, celui de Gênes, qu'un but, celui de la conquête de la Corse. Les commissaires, dont la négligence avait été si coupable, furent, à leur arrivée, jetés en prison. On déclara rebelles quinze des principaux moteurs de l'insurrection, en mettant leur tête à prix (1). Puis le sénat se hâta d'envoyer des ambassadeurs aux puissances amies pour réclamer leur assistance. Charles-Quint accueillit avec empressement la demande des Génois. Il s'engagea non-seulement à fournir des troupes, mais encore à payer la moitié des frais de la guerre. Le duc de Toscane, Cosme de Médicis, envoya environ trois mille hommes de troupes italiennes, et le gouverneur de Milan deux mille.

On fit à Gênes des préparatifs considérables, et, pour donner plus de solennité à l'expédition, André Doria, quoique nonagénaire, fut chargé du commandement en chef de l'armée. On lui adjoignit comme commandant en second Augustin Spinola, général très-renommé. Vistarino de Lodi fut nommé mestre de camp général de l'armée, et Chiappino Vitelli commanda les troupes de Florence. En outre, faisant taire son antipathie naturelle, Gênes distribua des charges de capitaines à plusieurs Corses de distinction, qui étaient réfugiés dans ses États et dont l'influence pouvait servir ses intérêts. Les uns, comme le colonel Angelo-Santo dalle Vie, Giordano da Pino, Giordano da Sarla, Alphonse et Hercule d'Erbalunga, eurent des compagnies effectives; d'autres, comme Alexandre de' Gentili, l'ancien commandant de Bastia, Mathieu et Sansonetto de Biguglia, Pier'Andrea de Belgodere et Marc'Antoine de Bastia, furent nommés capitaines à la suite. L'armée expéditionnaire, composée de troupes allemandes, espagnoles et italiennes, se montait à douze mille hommes, sans compter la cavalerie. Spinola partit d'abord et alla débarquer trois mille hommes d'avant-garde à Calvi. La flotte, portant le reste de l'armée et ayant à son bord toutes les choses nécessaires à une campagne de longue durée, mit à la voile le 10 novembre 1553 et entra cinq jours après dans le golfe de Saint-Florent. De Thermes, prévenu de son arrivée, avait avisé en toute hâte à la sûreté de cette ville, la plus importante de l'île en ce moment. Il y avait renfermé environ trois mille hommes de troupes sous le commandement de Jourdan Orsini; mais il n'avait pu la pourvoir des vivres et des munitions nécessaires à un long siége.

André Doria, après avoir hésité quelques jours s'il n'irait pas d'abord attaquer Ajaccio, débarqua tout son monde sans rencontrer aucun obstacle et établit son camp à quelques milles de la ville. Augustin Spinola, qui en avait le commandement, l'entoura de fossés, de palissades et le garnit de pièces de campagne, qu'il dirigea contre Saint-Florent. Les hostilités ne tardèrent pas à commencer, sans toutefois amener de graves résultats. Dans un conseil de guerre tenu par les Génois, on agita la question de savoir s'il convenait de donner un assaut à la ville; mais la place ayant paru imprenable, on rejeta cette idée; il fut convenu qu'on resserrerait le siége et qu'on empêcherait l'introduction des vivres dont on savait que la ville manquait; de plus, on résolut d'employer envers les Corses beaucoup de douceur, afin de se concilier parmi eux le plus de partisans possible.

Cependant de Thermes cherchait de son côté à inquiéter les ennemis. En quittant Saint-Florent il s'était retiré à Murato et s'y était fortifié. Il avait organisé des compagnies de partisans qui harcelaient sans cesse les Génois; mais il ne pouvait rien pour Saint-Florent, et si Paulin n'arrivait pas avec des renforts pour améliorer la position des Français renfermés dans cette ville, on pouvait prévoir que dans un temps

---

(1) La tête de Sampiero fut mise à prix pour 5000 écus (environ 30,000 f.) qu'il avait déposés à la banque de Saint-Georges. Altobello de' Gentili et Pier-Giovanni da Ornano ne furent taxés qu'à 500 écus. On offrit des prix divers pour Giacomosanto da Mare, Altobello, Grimaldo da Casta, Giacomo dalla Casabianca, Francesco da S. Antonio, Pier' Antonio da Valentano, Leonardo da Corté, Antonio di Mariano, Ambrogio de Bastia, Francesco et Bernardino d'Ornano et Alphonse da Leca.

assez rapproché ils seraient obligés de se rendre.

Pendant que le siège de Saint-Florent se poursuivait sans aucun événement remarquable, Doria résolut de s'emparer de Bastia, ville mal défendue et où les Génois comptaient encore beaucoup de partisans. Il y envoya donc à cet effet don Santo da Leva avec un bon nombre de troupes corses et espagnoles. A la vue de la flottille ennemie, Altobello de' Gentili, commandant de la place, voulut se renfermer dans la citadelle. Mais le capitaine gascon qui en avait la garde, ayant refusé de le recevoir, il se vit obligé d'abandonner la ville avec les siens et se retira à Furiani, où il se fortifia. Da Leva, ne rencontrant aucun obstacle, prit possession de la ville, et après sept jours de siège, obligea la citadelle à se rendre. Dès que Bastia fut au pouvoir des Génois, plusieurs familles qui avaient été internées par de Thermes dans les villages de l'intérieur, y rentrèrent, et augmentèrent ainsi le nombre des partisans de la république. Quant à de Thermes, quoique la perte de Bastia lui fût très-sensible, il la considéra cependant comme d'une importance secondaire tant que Saint-Florent tiendrait. Il fit donc tous ses efforts pour introduire des vivres dans cette ville, et parvint à la ravitailler pour quelque temps. Augustin Spinola, pour empêcher à l'avenir que les assiégés ne fussent ainsi secourus du côté de la terre, fit construire un fort qui commandait l'unique passage du côté des marais, et de cette façon empêcha toute communication entre les troupes du dedans et celles du dehors; puis il ordonna aux compagnies qui occupaient Bastia de déloger les Corses de Furiani; mais ceux-ci repoussèrent par deux fois leurs attaques, et les Génois se virent obligés de se tenir tranquilles.

Depuis l'arrivée de Doria les Français avaient changé de rôle et étaient obligés maintenant de se tenir sur la défensive. Cependant, quoiqu'ils n'eussent reçu aucun secours du dehors, quoique leur influence eût diminué au dedans par la réunion aux Génois de plusieurs familles de considération, néanmoins ils se trouvaient dans une position meilleure que leurs ennemis. Ceux-ci avaient perdu beaucoup de monde sans combattre. Le voisinage des marais avait occasionné une grande mortalité dans le camp. Les troupes étaient abattues, et il fut question un instant de lever le siège. Si de Thermes avait en ce moment attaqué l'ennemi, comme le lui conseillaient les capitaines corses, qui s'offraient à tenter seuls cette entreprise, il est probable qu'il l'aurait défait, ou tout au moins l'aurait obligé à se rembarquer. Mais, soit qu'il craignît une défaite, soit qu'il voulût attendre pour reprendre l'offensive l'arrivée de Paulin, il ne se rendit pas à cet avis.

Sur ces entrefaites les Génois reçurent un secours de quatre mille hommes de troupes espagnoles commandés par don Luys da Lugo. L'arrivée d'un renfort aussi considérable ranima les esprits. Les Génois reprirent courage et recommencèrent leurs attaques sur différents points; mais les chances furent encore diverses: des escarmouches, de petits combats, des surprises, et en somme aucun résultat sérieux. Cependant le siège touchait à sa fin. Doria reçut un nouveau secours de mille Allemands que lui amenait le comte de Lodron. Il en profita pour faire attaquer de Thermes à Murato. Obligé d'abandonner sa position, de Thermes s'enfuit à Lento, puis au Vescovato. Cette retraite précipitée fit comprendre à Jourdan Orsini qu'il n'avait plus aucun secours à attendre. Pendant longtemps il avait compté être secouru par l'amiral Paulin, ou par de Thermes, qu'il pensait devoir tenter un effort suprême; mais il voyait maintenant qu'il fallait renoncer à tout espoir de salut. Paulin avait bien essayé d'entrer dans le golfe, mais les vents contraires l'en avaient constamment empêché. Ne pouvant secourir directement Saint-Florent, il avait fait voile vers Bonifacio, où il avait combiné avec Sampiero une expédition sur Bastia pour faire diversion au siège et attirer là les forces des ennemis. La tempête avait encore cette fois déjoué ses projets.

Ainsi abandonné, Orsini n'ayant plus ni vivres ni munitions, après avoir supporté toutes les misères d'un long siège, se vit obligé de capituler. Il obtint de Doria des conditions honorables pour lui et les siens. Toutefois Doria déclara vouloir retenir les Corses qui se trouvaient parmi les assiégés. Cette clause faillit rompre les négociations. Orsini, prévoyant le sort qui serait réservé aux Corses s'ils tombaient au pouvoir d'un ennemi implacable, refusa d'abord de traiter sur ce pied. Il assembla un conseil de guerre, et exposa les conditions imposées par le général génois. Les Corses furent d'avis de les accepter, car ils voyaient l'impossibilité de résister plus longtemps, et ils ne voulaient pas, par leur refus, exposer leurs compagnons à une mort certaine : mais, sachant bien qu'ils ne devaient attendre merci des Génois, ils préférèrent s'abandonner aux caprices des flots que de s'en remettre à leur générosité. La plupart s'embarquèrent sur des esquifs, quelques heures avant la reddition de la ville, et parvinrent ainsi à se sauver; d'autres tentèrent une audacieuse sortie, et, se frayant un passage les armes à la main, purent également échapper à l'ennemi. Trente-trois Corses seulement furent pris dans la ville et envoyés par Doria aux galères. Saint-Florent se rendit le 17 février 1554.

CHAP. III.

CONSÉQUENCE DE LA PRISE DE SAINT-FLORENT. — AFFAIRE DE SILVARECCIO. — VICTOIRE DES GÉNOIS A MOROSAGLIA. — CORTE OCCUPÉ PAR LES GÉNOIS.

(1554.)

La prise de Saint-Florent, pour laquelle les Génois avaient fait de si grands sacrifices et qui leur avait coûté dix mille hommes de troupes aguerries, ne réalisa pas les espérances qu'ils en avaient conçues, et n'exerça sur la suite des opérations qu'une très-médiocre influence. Il est vrai que la partie découverte du pays qui se trouve entre Saint-Florent et Bastia, abandonnée par de Thermes et ne pouvant opposer d'ailleurs aucune résistance, se soumit immédiatement. Les Génois s'emparèrent aussi sans beaucoup d'efforts de San-Colombano, château du Cap-Corse, appartenant à Giacomosanto da Mare : mais là se bornèrent leurs exploits. Ils n'osèrent aller plus loin. Doria comprit parfaitement qu'avec les forces dont il disposait, il ne pouvait tenter de nouvelles entreprises. Il avait songé un instant à s'emparer d'Ajaccio, qui lui aurait ouvert une partie du delà des monts; mais il ajourna ce projet jusqu'au moment où les renforts qu'il avait envoyé demander à Gênes et à Naples seraient arrivés. Il se contenta pour le moment de faire prendre leurs quartiers aux troupes, et les laissa se reposer des fatigues d'un si long siége.

Spinola, qui avait le commandement en second de l'armée, s'établit avec l'Adolentado et ses Espagnols à la Venzolasca; le comte Lodron et ses Allemands au Vescovato; don Laurent Figueras alla au Borgo et à Mariana. Le reste des Espagnols fut caserné à la Penta, à Occagnano, à Sorbo, à San-Giacopo et à Loreto.

Les Génois se trouvèrent ainsi occuper le Cap-Corse, le Nebbio, la Casinca et une partie d'Ampugnani et de Casaconi. Cette occupation s'était faite sans éprouver aucune résistance. Car les Français, aussitôt après la prise de Saint-Florent, s'étaient retirés de ces lieux, laissant les habitants dans l'impossibilité de se défendre : aussi ces derniers n'avaient-ils osé s'opposer à l'armée victorieuse. Néanmoins, la conduite des Génois fut celle d'ennemis triomphants et cruels : ils pillèrent les maisons, ravagèrent les terres, livrèrent aux flammes des villages entiers et commirent des cruautés sans nom, pour obliger les malheureux habitants à leur donner de l'argent (1). Cette guerre de destruction, outre qu'elle était dans les mœurs du temps, et surtout dans l'habitude des bandes indisciplinées qui composaient l'armée génoise, était maintenant formellement commandée par Doria, qui, n'ayant pu ramener à lui les habitants par la douceur, pensait arriver à une soumission prochaine par une excessive sévérité. Les choses furent poussées si loin en ce genre, que Spinola lui-même dut faire des remontrances à l'Adolentado, général des Espagnols; mais cela ne changea en rien la conduite des soldats. « Si bien, dit Filippini, que les peuples, désespérant de la clémence des vainqueurs, se disposaient à

(1) Filipp. passim.

mourir plutôt que de se mettre à sa discrétion, ce qui fut d'un grand préjudice aux Génois. » Les Corses de ces provinces cherchèrent, en effet, à se venger comme ils purent ; tantôt ils attaquaient et détruisaient un faible détachement, tantôt ils assommaient les pillards et les maraudeurs ; de telle sorte que le vainqueur en fut réduit à veiller sur lui-même et à n'agir qu'avec prudence.

Tandis que Doria s'organisait ainsi, en attendant les troupes qu'il avait demandées, de Thermes se renfermait dans Corte, qu'il fortifiait. A la nouvelle de la prise de Saint-Florent, il avait quitté le Vescovato, prévoyant bien que l'ennemi ne tarderait pas à s'y montrer. Il était alors passé en Tavagna, et de là avait gagné Corte, où il s'était arrêté, expédiant Sampiero à Ajaccio, pour activer les fortifications de cette ville. Quant à lui, abattu, découragé, peu propre à soutenir une guerre de cette nature, il semblait fuir devant l'ennemi, cédant sans résistance le terrain qu'il aurait dû défendre pied à pied. Les capitaines corses qui avaient embrassé le parti de la France, et sur qui retombait maintenant tout le poids de la guerre, montraient beaucoup plus de courage et d'ardeur. Ils s'organisaient en partisans, attiraient les Génois dans des embuscades et leur faisaient éprouver des pertes qui, à la longue, devaient leur être très-sensibles. Cependant, impatientés de voir de Thermes perdre ainsi dans l'inaction un temps précieux, ils lui proposèrent de marcher à l'ennemi sous les ordres de Sampiero avant que les renforts qu'attendait Doria rendissent toute lutte impossible.

Dès le commencement de cette guerre, Sampiero avait pris dans l'armée royale une position fort importante. La réputation qu'il s'était faite sur le continent, la bravoure qu'il avait déployée maintes fois contre les Génois, la faiblesse ou l'incapacité du général en chef, tout concourait à augmenter sa valeur et à faire mettre en lui toutes les espérances. Quoique jaloux de cette influence, qui semblait le dominer, de Thermes se trouva néanmoins fort heureux, en ce moment, de reporter sur un homme de cette considération la responsabilité qui pesait sur lui. Il consentit donc volontiers à la demande des capitaines corses, et donna l'ordre à Sampiero de se rendre à Corte avec les 800 fantassins italiens qu'il avait à Ajaccio.

Les Italiens, joints aux volontaires que les capitaines avaient rassemblés, formèrent environ cinq mille hommes, qui se réunirent à Silvareccio, village d'Ampugnani. Sampiero prit le commandement en chef de cette petite armée, et, résolu d'attaquer le comte Lodron, qui campait au Vescovato, il alla s'établir non loin de ce village, ordonnant à Raphaël de Brando de s'embusquer au-dessous de Loreto, près de la Venzolusca, pour empêcher les Espagnols qui occupaient le village d'accourir au secours des Allemands ; puis il se dirigea vers le Vescovato. Comme il en était à peu de distance, on vint lui dire que neuf enseignes génoises, parties de Bastia pour se rendre dans la Casinca, étaient sur le point de traverser le Golo au-dessous de Lago Benedetto. Comprenant combien il lui importait d'empêcher la jonction de cette troupe avec les Allemands, il résolut aussitôt de l'attaquer. Il fit aussitôt rétrograder ses milices jusqu'à Carcarone, et, prenant avec lui un petit nombre de soldats d'élite, il se dirigea en toute hâte vers le Golo, espérant surprendre l'ennemi avant qu'il eût traversé la rivière.

Des neuf enseignes quelques-unes étaient déjà sur l'autre rive ; les autres, occupées à passer la revue ou à toucher leur paye, étaient dans une si grande sécurité, qu'elles avaient négligé de prendre les précautions les plus ordinaires et de placer des sentinelles. Sampiero, arrivant à l'improviste, avec cinquante cavaliers qui seuls avaient pu le suivre dans sa marche forcée, tomba tout à coup au milieu des ennemis en criant : *France!* et, frappant de tous côtés, il commença un horrible carnage. Ainsi attaqués, les Génois ne songèrent qu'à fuir. Spinola s'opposa en vain à cette panique, et, entraîné avec les fuyards, il ne dut lui-même son salut qu'à la vitesse de son cheval. Cent cinquante hommes restèrent sur le champ de bataille : un grand nombre, espérant se sauver à la nage, se noyèrent dans la rivière ; quelques-uns échappèrent par la fuite à une mort certaine.

Cependant les compagnies qui avaient traversé le Golo avant l'arrivée de Sampiero, et qui étaient commandées par Giordan da Pino et par Louis de Brando, protégées qu'elles étaient par la rivière, firent plusieurs décharges de mousqueterie sur les troupes de Sampiero. Quelques hommes tombèrent morts ou blessés. Sampiero lui-même reçut un coup de feu à la cuisse, et cet accident obligea sa petite troupe à battre en retraite. Sampiero, placé sur un brancard, fut transporté d'abord à la Casabianca et quelques jours après à Ajaccio. Pendant ce temps Raphaël de Brando, attaqué par Lodron, crut prudent de ne point combattre, et ordonna à ses soldats de se débander, ce qu'ils firent en se sauvant en des directions diverses.

La déroute de Silvareccio humilia singulièrement l'orgueil de Spinola : renfermé dans le couvent de la Venzolasca, et ne pouvant, pour le moment, aller combattre l'ennemi, il s'en vengea en faisant éclater sa colère contre Casacconi. Sous prétexte que les habitants de cette pieve ne l'avaient point prévenu de l'arrivée de Sampiero, il ordonna à Lodron de l'incendier. Tous les villages de Casacconi et une partie de ceux d'Ampugnani furent ainsi livrés aux flammes; on n'épargna ni les églises ni les tombeaux; et on frappa également les amis et les ennemis.

Cette rigueur des Génois envers des populations neutres et inoffensives irrita vivement les esprits contre eux. Ceux qui jusque-là s'étaient montrés indifférents, s'apercevant qu'on voulait réduire le peuple à la dernière misère, pour qu'il ne pût désormais troubler la tranquillité de la République, se jetèrent dans le parti de la France. Cependant Spinola, croyant avoir dompté ces populations par la terreur, et, voulant reprendre sa revanche de Silvareccio, résolut de passer dans le delà des monts et d'aller attaquer Ajaccio. Instruit de ce projet, de Thermes chercha les moyens de s'y opposer. Comme Sampiero était alité, à cause de sa blessure, il chargea de ce soin Giacomosanto da Mare, qui venait d'arriver de France, où le roi lui avait fait le plus gracieux accueil. Sans perdre de temps, Giacomosanto choisit quarante jeunes gens des meilleures familles, qu'il nomma capitaines, avec charge de former leurs compagnies. Ceux-ci levèrent chacun cent hommes, et par ce moyen l'armée nationale se trouva en quelques jours renforcée de quatre mille hommes. Giacomosanto alla alors camper dans la plaine de Morosaglia, qui se trouve entre Ampugnani et Rostino, à peu de distance de la Casinca, où se trouvait encore l'armée génoise. Sachant l'ennemi si près de lui, Spinola donna ordre au comte Lodron d'aller le chasser de la position qu'il venait d'occuper.

La plaine de Morosaglia se trouve sur une éminence : pour y arriver il faut monter une colline. Les Allemands, après être descendus du mont Sant-Angelo, qui sépare la Casinca d'Ampugnani, se mirent donc à gravir cette colline. Mais les postes avancés du camp ayant donné l'alarme, quelques compagnies furent dépêchées pour forcer l'ennemi à rétrograder; elles ne purent y réussir; alors Giacomosanto se précipita avec tout son monde à l'encontre de l'ennemi, en criant : *A bas!* Les soldats de Lodron ne purent résister à une telle impétuosité; ils plièrent, et commencèrent à se sauver en désordre vers le mont Cotone. Là ils se formèrent de nouveau en ordre de bataille, et firent face à l'ennemi. Les Corses voulaient continuer à les poursuivre, mais Giacomosanto, craignant que les Espagnols ne vinssent à leur secours, fit sonner la retraite, et ramena tout son monde à Morosaglia. Pendant ce temps, de Thermes, à la tête de ses Gascons et des Italiens qu'il avait fait venir de Tallone, avait été camper à Orezza, pour être à même de secourir Giacomosanto.

En apprenant ce nouvel échec, Spinola ne se laissa point décourager. Il résolut d'aller attaquer les Corses avec toute son armée, décidé, dit Limperani, à vaincre ou à périr. Ayant donc fait venir de Bastia les munitions nécessaires, il partit de la Venzolasca avec le comte Lodron, les Espagnols, et une grande partie des Italiens, ne laissant, dans les casernements que les invalides et les soldats nécessaires à la garde des bagages. « Comme ils furent arrivés à Saint-Antoine de la Casabianca, on délibéra pour savoir de quel côté on commencerait à gravir la montagne, et d'un commun accord il fut décidé qu'il était convenable d'envoyer deux cents arquebusiers en éclaireurs sur la route que devait suivre le comte Lodron, pour tenir à distance les Corses, qui étaient sur leurs gardes en cet endroit, tandis que le gros de l'armée marcherait de l'autre côté du mont de Casaconi, persuadés qu'ils étaient de pouvoir arriver à la plaine de Morosaglia avant que les Corses se fussent aperçus de leur marche. Mais Giacomosanto, qui était instruit de tous les mouvements de l'ennemi, devinant ses projets, changea aussitôt ses dispositions, et prenant avec lui les Italiens et une grande partie des Corses, il marcha à l'ennemi (1). « Alors commença, dit Casoni, une terrible et sanglante mêlée, où les plus valeureux tombèrent les premiers et furent remplacés par d'autres; la mousqueterie porta la mort dans les rangs des deux côtés; mais, lorsque les agresseurs eurent avancé assez pour se trouver mêlés avec les Corses, on commença à l'arme blanche un affreux carnage. On combattait des deux côtés avec tant de vaillance, que la victoire demeurait indécise. Plusieurs fois les Corses perdirent leurs positions, et plusieurs fois ils les reprirent. Les Espagnols et les Allemands, quoique résolus à vaincre ou à mourir, et combattant corps à corps avec les ennemis, s'efforçant de prendre des positions avantageuses, étaient cependant obligés parfois de plier; et ils auraient certainement été culbutés, sans les exemples, les exhortations et les menaces de leurs capitaines. Spinola et Lodron méritèrent surtout des éloges dans cette circonstance; car ils allaient au plus fort de la mêlée pour animer les soldats. Ce fut donc au courage des capitaines que l'armée génoise dut la victoire. Les Corses, couverts de blessures et de sang, harassés par la fatigue du combat, commencèrent à plier, et finirent par se sauver par un côté de la colline qui n'avait point été suffisamment gardé. Spinola ayant fait entourer le village de Morosaglia, où combattaient encore quelques soldats français, le prit d'assaut, et en fit massacrer les défenseurs; puis, se trouvant maître de tout le pays il ordonna de livrer aux flammes les villages et les hameaux des environs (1). »

Quant à de Thermes, lorsqu'il apprit la défaite de Giacomosanto, il monta à cheval, gagna Tallone, où il laissa les Italiens, et se rendit ensuite à Ajaccio, abandonnant ainsi à la merci de l'ennemi les populations qui s'étaient montrées amies de la France. Augustin Spinola profita de ce départ et de la consternation et de l'abattement où cette défaite avait jeté les Corses pour leur faire sentir le poids de sa colère. « Ayant cru remarquer, dit Filippini, que c'étaient les peuples de ces montagnes, et non les Français, qui lui faisaient la guerre, il voulut en tirer une vengeance exemplaire, et fit brûler et ravager une partie des pièves de Rostino et d'Ampugnani et tout Orezza. » « Mais ce ne fut pas sans préjudice pour l'Office de Saint-George, parce qu'en définitive on ruinait un pays qui devait lui rester, et on lui aliénait plus que jamais les Corses, qui, en combattant pour les Français, soutenaient par eux-mêmes le plus grand poids de la guerre (2). » Après quoi il se retira à la Venzolasca avec les Espagnols; et Lodron alla prendre ses quartiers en Tavagne.

Cette victoire de Spinola et les rigueurs qui la suivirent découragèrent singulièrement les Corses. Ils se voyaient abandonnés, pour ainsi dire, par la France, qui ne leur envoyait pas même les munitions nécessaires. De Thermes cherchait bien à relever leur courage, en leur faisant espérer de prochains secours et en leur parlant de l'arrivée de la flotte ottomane. Mais ce n'était pas la première fois qu'il leur faisait de semblables promesses, et jamais elles ne s'étaient réalisées. Ce qu'ils voyaient clairement, c'étaient les progrès journaliers des Génois, qui occupaient déjà presque tout le deçà des monts, et qu'ils prévoyaient devoir se présenter devant Ajaccio d'un jour à l'autre.

Doria aurait bien voulu, en effet, tenter cette entreprise; mais, comme il pensait que le siège traînerait en longueur, il voulait attendre le résultat des

(1) Limperani, t. II.

(1) Casoni, Annali della Republica di Genova, t. III, p. 78
(2) Idem, loco citato.

événements de l'Italie, où sa présence pouvait devenir nécessaire. Il ajourna donc à un moment plus favorable le siége d'Ajaccio ; mais il donna des ordres pour qu'on s'emparât sans plus différer du château de Corte, qui devait le rendre maître de tout le deçà des monts. Comme la position de ce château était très-forte, on fit des préparatifs considérables pour l'attaquer. Visconte Cicala, capitaine génois au service de la marine d'Espagne, fut chargé de cette expédition. Il fit débarquer des canons à Calvi, et on les transporta à bras d'homme à travers les montagnes. En même temps, Spinola et Lodron, s'avançant, avec leurs troupes, par Campoloro, vinrent camper devant Corte. Tous ces grands préparatifs étaient bien inutiles ; car, à peine quelques coups de canon furent-ils tirés sur le fort, que le capitaine Lachambre, qui le commandait, se rendit. La garnison, faite prisonnière, fut envoyée à de Thermes à Ajaccio. Quant à Lachambre, il alla à Calvi, d'où il s'embarqua pour la France. Les Génois, maîtres de Corte, en relevèrent les fortifications, et y mirent une garnison considérable. Spinola chargea Lodron d'aller dévaster une partie d'Alésani, et retourna ensuite à Bastia.

CHAPITRE IV.

DÉPART DE DORIA. — VICTOIRE DES CORSES A TENDA.

(1554-1555.)

Ce furent là les seuls événements de quelque importance qui se passèrent en Corse jusqu'à l'automne de cette même année 1554. A cette époque, la flotte ottomane s'étant montrée dans les mers de l'Italie, Doria fut appelé par la cour d'Espagne au secours des provinces menacées. Avant de partir, il ordonna les choses pour le temps de son absence, qu'il prévoyait devoir être de longue durée. Il laissa à Spinola le commandement en chef de l'armée. Le comte Lodron reçut ordre d'aller occuper Saint-Florent. Martin Bozzolo, avec six compagnies d'Italiens, fut chargé de la défense de Calvi ; Nicolas Pallavicini et Horace Brancadoro avec onze compagnies, de celle de Bastia. Ayant ainsi réglé les choses, Doria partit pour Civita-Vecchia, emmenant avec lui l'infanterie espagnole.

L'infanterie espagnole formait, à vrai dire, la force de l'armée d'occupation ; son départ laissa Spinola dépourvu de troupes suffisantes pour tenter de nouvelles conquêtes. Cependant, comme il ne voulait point laisser croire que le départ de Doria affaiblissait en Corse la puissance génoise, il continua son système de rigueur, et envoya plusieurs compagnies châtier ce qu'il appelait les rebelles. Giudicello Cortinco de la Rebbia de Bozio, soupçonné d'aimer le parti français, fut tout à coup arrêté au milieu de sa famille. Ses parents et ses amis coururent aux armes, et l'enlevèrent aux mains des Génois. Spinola envoya aussitôt des troupes pour réprimer une telle audace; mais de Thermes, averti à temps, expédia Montestrucco au secours des gens de Bozio avec un fort détachement de Gascons. On en vint aux mains ; les Génois, vaincus et obligés de fuir, crurent trouver un refuge dans le Niolo; mais, repoussés par les habitants, ils furent presque tous massacrés par les Corses qui s'étaient mis à leur poursuite.

Encouragé par ce succès, et sachant bien que Spinola ne pouvait disposer de beaucoup de troupes, Montestrucco se mit à assiéger Corte, qu'il bloqua de manière à ce que l'on n'y pût introduire aucune espèce de vivres. Sornacone, qui y commandait, fit prévenir Spinola de la fâcheuse position dans laquelle il se trouvait, et lui fit comprendre que, s'il n'était promptement secouru, il serait obligé de se rendre.

Le château de Corte était trop important pour que Spinola n'employât pas tous les moyens pour le sauver. Il résolut d'y envoyer des forces assez considérables pour le dégager entièrement. Il expédia en même temps des ordres à Lodron, à Spolverino, à Brancadoro, pour qu'ils se missent tous trois en marche vers le lieu menacé. Sur l'ordre de Spinola, Spolverino partit aussitôt de Calvi, à la tête de plusieurs compagnies. Brancadoro emmena de Bastia ses Italiens, auxquels se joignirent des volontaires corses. Quant à Lodron, il se refusa à marcher, prétextant le mauvais état de ses troupes, et disant d'ailleurs que Doria l'avait commis à la garde de Saint-Florent, et qu'il ne quitterait ce poste que sur un ordre de lui. Spinola dut dévorer cet affront du comte allemand, et le remplaça par Antoine Spinola. Il désigna comme commandant en chef de cette expédition Horace Brancadoro, un des plus habiles et des plus vaillants soldats de l'armée génoise.

Brancadoro alla se loger dans le Nebbio, tandis que Spolverino, parti de Calvi, s'arrêtait à Belgodere, attendant des nouvelles de Brancadoro pour opérer sa jonction avec lui.

Giacomosanto da Mare, qui se trouvait en ce moment en Balagne, fut averti du projet des ennemis. Mais, comme il n'avait que peu de monde avec lui, il n'osa s'opposer à la marche de Spolverino, et se retira à la Petrera de Caccia : de là il expédia plusieurs courriers demandant des renforts de tous côtés. Le premier à se rendre à son appel fut Montestrucco, qui accourut avec un corps assez considérable d'infanterie. Sans attendre davantage les troupes qui auraient pu arriver, Giacomosanto et Montestrucco résolurent d'aller attaquer à Belgodère Spolverino, avant qu'il se reunît à Brancadoro. Ils le surprirent, en effet, lui tuèrent beaucoup de monde ; mais ils ne purent le chasser de sa position. Giacomosanto fit alors sonner la retraite, et retourna à la Petrera. Spolverino, regardant ce mouvement comme une fuite, écrivit à Brancadoro d'un ton victorieux de venir le rejoindre pour anéantir un ennemi qui avait montré si peu de valeur. Encouragé par ces paroles, Brancadoro s'avança en toute hâte vers Spolverino, qu'il rencontra à Urtaca ; puis ils marchèrent ensemble vers la Petrera, comptant y surprendre Giacomosanto ; mais celui-ci avait quitté ce poste sans aucune importance, et était allé occuper les défilés qui avoisinent le pont d'Omessa. Ce fut là que vint le rejoindre Sampiero, avec environ 2,500 hommes. Quoiqu'il ne fût pas entièrement remis de sa blessure, de Thermes avait cru néanmoins devoir l'envoyer dans cette occasion importante ; car il connaissait sa grande valeur comme homme de guerre et son influence sur ses compatriotes. En effet, dès que l'on sut que Sampiero était de cette expédition, il y eut un enthousiasme général, et il se fit un grand concours de volontaires qui brûlaient du désir de combattre sous lui. Sampiero prit alors le commandement en chef des troupes. Il laissa Giacomosanto à la tête de la cavalerie, confia l'infanterie française à Montestrucco, et se réserva le commandement des Corses à pied. Ses dispositions ainsi prises, il attendit de pied ferme l'ennemi, bien sûr de remporter sur lui une victoire complète.

Aussitôt que Brancadoro eut appris l'arrivée de Sampiero, il comprit qu'il ne pouvait lutter avec l'armée des Corses, et songea à battre en retraite. Il leva son camp de très-bonne heure, et, pour donner le change aux insulaires, il feignit d'ignorer leur présence, et se dirigea vers le Golo, comme si réellement il voulait aller au secours de Corte. Mais, arrivé au pied d'une colline qui le cachait aux Corses, il appuya rapidement à gauche, et commença sa retraite vers le Nebbio, abandonnant une partie de ses bagages pour être plus léger à la marche. Sampiero, instruit presque aussitôt de ce mouvement, donna immédiatement l'ordre de poursuivre l'ennemi. Il envoya en avant Giacomosanto avec sa cavalerie, fit prendre une route différente à Montestrucco, et s'avança lui-même du côté opposé vers le col de Tenda.

Giacomosanto fut le premier à rencontrer Brancadoro à l'église de Sainte-Marie de Pietralba. Il s'empara d'abord des bêtes de somme qui portaient les bagages ; mais Brancadoro, dont les forces étaient beaucoup plus nombreuses, les reprit presque aussitôt, et continua sa marche, se hâtant d'atteindre la montagne, pour éviter Sampiero. Malgré sa marche rapide, il ne put y réussir, car à peine fut-il arrivé au sommet de Tenda, qu'il vit apparaître Sampiero avec ses Corses, et peu après Montestrucco, à la tête de l'infanterie française. Giacomosanto, qui marchait derrière lui, s'étendit alors, et le prit en queue. Dans cette fâcheuse position, l'armée génoise, resserrée de toutes parts, lutta quelques instants avec courage ; mais, ne pouvant agir librement, elle fut en partie massacrée. Sept cents hommes restèrent prisonniers. De ce nombre furent Horace Brancadoro, général de l'armée, Alexandre Spolverino, le commissaire Polo Casanova, Antoine Spinola, Giordan da Pino et Marc Antoine Ceccaldi (18 septembre 1554).

Les Corses perdirent peu de monde dans cette brillante affaire; mais ils eurent à déplorer la mort de Giacomosanto da Mare, qui fut tué en poursuivant l'ennemi. Cette mort fut on ne peut plus regrettable. Giacomosanto da Mare, seigneur très-influent du Cap-Corse, avait donné au parti français des marques non équivoques de son dévouement et de son zèle. C'était à lui que l'on devait en partie la reddition de Bonifacio et surtout l'organisation des milices nationales, qui luttaient avec un si grand avantage contre les Génois depuis que la France avait cessé d'envoyer des secours dans ce pays. Dans un voyage récent qu'il avait fait à la cour, Henri II l'avait traité avec la plus grande bienveillance, et lui avait confirmé tous les priviléges que de Thermes et Paulin lui avaient accordés tout d'abord. Intrépide et plein d'énergie, il était, après Sampiero, l'homme de guerre le plus remarquable parmi les Corses, et l'on ne pouvait lui reprocher qu'une trop grande audace et une témérité souvent compromettante. Dans les circonstances présentes, alors que l'on avait si grand besoin de chefs expérimentés et influents, la mort de Giacomosanto était une perte sensible et presque irréparable; on ne tarda pas à s'apercevoir du vide qu'il laissait dans l'armée. Quant à Sampiero, il dissimula la douleur que lui causait ce triste événement, et fit rendre à Giacomosanto les derniers devoirs avec les honneurs dus à son rang.

CHAPITRE V.

POSITION FACHEUSE DES GÉNOIS. — PALLAVICINO REMPLACE SPINOLA. — JOURDAN ORSINI REMPLACE DE THERMES. — SIÉGE DE CALVI. — RETOUR DE DORIA. — DE THERMES PART POUR LA FRANCE.

(1555.)

La victoire des Corses au col de Tenda eut un grand retentissement. Corte se rendit aussitôt. Spinola, effrayé et s'attendant à être attaqué d'un moment à l'autre, envoya en toute hâte demander des secours à Gênes. Lodron arrêta les travaux de démolition de Saint-Florent, et chercha à s'y fortifier le mieux qu'il put. Si Sampiero, profitant de l'épouvante dans laquelle se trouvait l'ennemi, s'était porté immédiatement sur Bastia, il s'en serait infailliblement emparé; Lodron, affamé dans Saint-Florent, n'aurait pas tardé à se rendre, et les Génois auraient été ainsi chassés de l'île. Mais Sampiero ne profita pas de son avantage; il n'attaqua point Bastia, et lorsqu'il se présenta devant Saint-Florent, qu'il croyait presque entièrement démoli, il reconnut qu'il ne pourrait s'en emparer qu'avec de l'artillerie, dont il manquait. Alors il congédia ses volontaires, et, ne gardant avec lui que l'infanterie française, il retourna à Ajaccio, où l'attendait Paulin, porteur de lettres du roi de France, qui l'appelait à la cour.

Nous avons vu que les Génois au commencement de cette année s'étaient emparés de Saint-Florent, de Bastia et des pays environnants; qu'enfin, par la prise de Corte, ils occupaient tout le deçà des monts. Jusqu'au départ de Doria ils s'étaient constamment tenus sur l'offensive, et avaient longtemps menacé le delà des monts. La défaite de Brancadoro au col de Tenda leur fit perdre en un jour le fruit de tant d'efforts; ils étaient maintenant réduits à se renfermer dans les places de Bastia, Saint-Florent et Calvi. Leur rôle avait changé; partout ils étaient sur la défensive, et si la compagnie de Saint-Georges ne se hâtait de venir à leur secours, ils voyaient le moment où il leur faudrait abandonner les dernières places qu'ils occupaient.

La compagnie de Saint-Georges ne les laissa pas long temps dans une si fâcheuse position; elle s'empressa d'expédier les troupes demandées par Spinola. Mais en même temps, ayant compris que, dans les circonstances présentes, il ne lui était pas possible de tenir beaucoup de troupes en Corse, elle résolut de changer de système à l'égard des populations, et commença par rappeler les généraux qui s'étaient rendus odieux par leurs rigueurs. Spinola et Lodron quittèrent la Corse. Nicolas Pallavicino, per-

CORSE.

Église saint Michel à Murato

sonnage considérable de Gênes, et très-connu pour la douceur de son caractère, remplaça Spinola, avec le titre de commissaire général. Dès son arrivée il montra une grande bienveillance à l'égard des populations, qu'avait désolées cette année de guerre et de dévastation. Comme la misère était très-grande, à cause de l'impossibilité où l'on avait été d'ensemencer les terres, il fit venir beaucoup de blé d'Italie, le fit vendre à très-bas prix, et permit à tout le monde sans distinction d'en acheter. Cette conduite pleine d'humanité fut appréciée par les Corses, qui lui en témoignèrent une grande reconnaissance, au point, dit Limperani, que le général Jourdan Orsini en conçut quelques inquiétudes.

En même temps que Pallavicino arrivait en Corse pour y remplacer Spinola, Jourdan Orsini y était venu de son côté remplacer de Thermes, qu'Henri II rappelait sur le continent, où il pensait qu'il lui serait plus utile.

Lorsque de Thermes arriva en Corse, il était déjà vieux : il n'avait ni l'ardeur ni l'enthousiasme qu'il fallait pour se concilier un peuple brave et naturellement indépendant. Habitué aux guerres du continent, où l'artillerie jouait dès alors un très-grand rôle, il ne comprit pas dès le principe le caractère de la guerre qu'il allait soutenir, et se laissa abattre par les premiers revers. A son arrivée, il lui avait été facile de surprendre des places sans défense et d'occuper un pays où les partisans de la France avaient tout préparé; mais, lorsque l'ennemi se présenta avec des forces imposantes, il sembla comme frappé de vertige. Il manqua de la prudence la plus vulgaire en laissant sans vivres trois mille hommes renfermés dans Saint-Florent, si bien que Jourdan Orsini, qui avait perdu peu de monde en combattant, fut obligé de se rendre au bout de deux mois pour ne point voir tant de braves gens mourir de faim. La prise de Saint-Florent le découragea considérablement. Il n'osa tenir devant l'ennemi, et, reculant de position en position, il sembla fuir plutôt que résister. Il est très-certain que si Sampiero, Altobello, Giacomosanto et les autres capitaines corses qui s'étaient dévoués à la France n'avaient pas tenu à honneur de soutenir le poids de la guerre et de réussir quand même, de Thermes aurait été obligé de quitter honteusement le pays. Il faut dire aussi qu'il avait été mal secondé par sa cour; qu'il n'en avait reçu que peu de secours, et que souvent il avait manqué des choses indispensables à la conduite de la guerre. Mais c'était justement à vaincre ces difficultés qu'il aurait dû s'appliquer. Il n'y a pas grand mérite à réussir, quand on a tout ce qu'il faut pour cela : l'habileté consiste à suppléer aux choses qui manquent en se créant des ressources. Sous ce rapport, de Thermes ne comprit pas sa position, et dans tout le courant de cette guerre il se montra plutôt savant ingénieur que général intelligent et habile.

Toutefois, de Thermes ne quitta pas la Corse dans ce moment. Par déférence pour son âge et ses services, Orsini lui laissa le commandement en chef de l'armée jusqu'à son départ, qui n'eut lieu qu'au mois de juin.

Comme Paulin se trouvait dans le port d'Ajaccio, avec une partie de la flotte royale, les généraux français résolurent d'aller attaquer Calvi par terre et par mer. Ils pensaient que cette attaque imprévue pourrait appeler en ce lieu les forces de Doria, et faire ainsi diversion au siège de Sienne, qui était étroitement resserrée par les troupes espagnoles, et dont la prise serait très-préjudiciable aux intérêts français. Mais cette tentative de leur part n'eut pas le succès qu'ils s'en étaient promis. Sienne, pressée par la faim, avait été obligée de se rendre le 21 avril 1555, et André Doria, prévenu par Martin Bozzolo de l'état alarmant dans lequel se trouvait Calvi, se hâta d'accourir à son secours. Sa présence était on ne peut plus nécessaire. Les murs de la ville, foudroyés depuis plusieurs jours par l'artillerie de Thermes et d'Orsini, tombaient de toutes parts; la brèche était ouverte et les troupes se disposaient à l'assaut, lorsque l'on aperçut la flotte de Doria. Paulin, qui n'avait que vingt galères, sentant bien qu'il ne pourrait lutter avec les forces de l'amiral génois, fit voile aussitôt pour Ajaccio. Du côté de la terre, les généraux n'osèrent commander l'assaut, et se tinrent sur la défensive. Doria, jugeant la position des Français excellente, crut prudent de ne les point attaquer; il se contenta de faire réparer les murs de la ville et de la pourvoir des vivres et des munitions dont elle avait besoin. Il essaya bien aussi une descente du côté de la tour de Spano, espérant que les populations se joindraient à lui; mais, lorsqu'il vit qu'au lieu de le seconder, les habitants de la Balagne s'unissaient à Orsini pour attaquer les troupes qu'il avait fait débarquer, il s'empressa de reprendre le chemin de l'Italie, laissant plusieurs centaines de morts sur ce rivage inhospitalier. Rassuré de ce côté, et voyant qu'il n'avait à tenter aucune nouvelle entreprise, Jourdan Orsini retourna à Ajaccio, d'où Paulin et de Thermes venaient de partir pour la France (juin 1555).

CHAPITRE VI.

RETOUR DE PAULIN. — FLOTTE OTTOMANE. — SIÉGE DE CALVI ET DE BASTIA. — INCORPORATION DE LA CORSE A LA FRANCE. — TRAITÉ DE CATEAU—CAMBRESIS. — LES FRANÇAIS QUITTENT L'ILE.

(1555-1559.)

A peine Paulin était-il arrivé à Marseille, qu'il apprit que la flotte ottomane, qui, depuis quelque temps, parcourait la Méditerranée, était entrée dans la mer de Toscane. Les instructions données par le sultan à ses amiraux étaient d'agir de concert avec la flotte française et de faire ce qui pourrait être agréable à son royal allié le Padischa de France. Paulin, qui avait été instruit de ces dispositions, réunit ses galères, et fit voile vers la flotte des Turcs. Il la rencontra à la hauteur de Saint-Florent, et, d'un commun accord, il fut convenu qu'on irait attaquer Calvi du côté de la mer, tandis qu'Orsini, que Paulin avait fait prévenir en toute hâte, l'attaquerait du côté de la terre. Les choses se passèrent ainsi. Les Turcs débarquèrent leur artillerie, et commencèrent à battre en brèche les murailles, qui, malgré leur récente réparation, s'écroulèrent sous un feu aussi redoutable. Alors Orsini, voyant la brèche assez large, monta à l'assaut avec les Corses et les Français qu'il avait amenés. On se battit d'abord à coups d'arquebuse; mais on en vint bientôt à l'arme blanche, et alors commença un terrible combat où on ne fit de quartier ni d'un côté ni de l'autre.

Les habitants, mêlés à la garnison et dirigés par Martin Bozzolo et Quilico Spinola, commissaires de la compagnie de Saint-Georges, par le major de la place Giustiniani, surnommé le Greghetto, par les patriciens génois Oberto Spinola, Baptiste Casanova et Pantaléo Silvago, qui tous payaient de leur personne, opposèrent aux assaillants la plus grande résistance. Ils avaient planté sur le rempart une énorme crucifix, comme s'ils avaient voulu prouver par là, dit Casoni, qu'ils soutenaient contre les Français la cause légitime de leur prince et contre les Turcs la religion et l'intérêt commun du christianisme. Mais ce qui, au fond, doublait leurs forces et leur courage, c'était la conviction où ils étaient qu'il n'y avait de salut pour eux que dans une résistance désespérée. Ils avaient présent à l'esprit le triste sort des habitants de Bonifacio, qui, après s'être rendus, avaient été lâchement massacrés par les Turcs, et c'était ce même Dragut, qui avait ainsi violé la foi des traités, en la puissance duquel ils allaient tomber, s'ils succombaient; car les Turcs, étant les plus nombreux, dicteraient nécessairement la loi, et s'opposeraient à la clémence naturelle aux Français. Cette considération soutint tellement leur courage, qu'après trois heures de combat, les Français, ayant perdu beaucoup de monde et voyant qu'ils ne pouvaient avancer, tout couverts de sang et de blessures, songèrent à la retraite.

Ce fut alors le tour des Turcs. Sans donner aux assiégés le temps de respirer, ils montèrent immédiatement à l'assaut, et commencèrent l'attaque avec une ardeur et une impétuosité égale à celle des Français. Mais les habitants les reçurent avec une si grande intrépidité et déployèrent tant d'énergie qu'ils les obligèrent bientôt à se retirer, laissant un grand nombre des leurs sur la brèche. Cassim Bassa, effrayé d'une si opiniâtre résistance, donna ordre de démonter l'artillerie et de la rembarquer. Les généraux français, surpris d'une telle conduite, furent le trouver, et lui représentèrent qu'il y allait de l'honneur

1.2.3 plan et fenêtre de l'Église de saint Michel à Murato.
4 plan de l'Église de sainte Christine à Cervione.

du sultan et du roi de France de s'emparer de la ville. Mais ils ne purent rien obtenir. Cassim trouva différents prétextes pour se retirer de devant Calvi ; mais il offrit son concours pour la conquête de Bastia, qu'il estimait plus facile.

Orsini et Paulin, désespérés d'avoir à abandonner une entreprise aussi avancée, acceptèrent néanmoins les propositions de leurs infidèles alliés; car ils comprenaient que, réduits à leurs propres forces, ils ne pouvaient tenter un nouvel assaut. Ils se dirigèrent donc sur Bastia, et y arrivèrent presqu'au même temps, Orsini ayant pressé sa marche, pour ne pas laisser se refroidir la bonne volonté des Turcs. Paulin débarqua aussitôt son artillerie, et les Français commencèrent à attaquer vivement la ville. Mais ils durent bientôt renoncer à leur entreprise. Les Turcs à l'ancre sur leurs vaisseaux se refusèrent tout à coup à débarquer et à prendre part à l'action. Ils restèrent ainsi spectateurs immobiles plusieurs jours, pendant lesquels ils célébrèrent leur pâque. Puis ils cinglèrent vers l'Afrique, sans prévenir autrement les généraux français.

Les historiens ont donné des explications diverses de cette félonie des amiraux du sultan. Les uns l'attribuent aux sommes d'argent que les Génois leur auraient fait tenir en secret; d'autres pensent que ce fut là une vengeance de Dragut contre l'ambassadeur français à Constantinople, lequel, par son influence, avait fait nommer Cassim Bassa commandant général de la flotte, tandis que cet honneur lui revenait, à cause des services qu'il avait rendus au Grand Seigneur. Quoi qu'il en soit, ce brusque départ obligea Orsini et Paulin à renoncer à tout projet d'attaque : ils levèrent donc le siége de Bastia. Orsini retourna à Ajaccio et Paulin rentra à Marseille.

Dans la guerre de Corse l'alliance des Turcs nuisit aux Français beaucoup plus qu'elle ne leur fut utile. Les Turcs ne se conduisirent jamais envers eux comme de véritables alliés. Ils ne les secondèrent qu'à leur fantaisie. Si Dragut poussa vivement le siége de Bonifaccio, s'il s'obstina à prendre cette ville, c'est qu'il y allait autant de sa réputation que de ses intérêts. Il était, en effet, très-important pour lui de prouver à son début quelle était sa puissance, pour frapper l'esprit des populations qu'il aurait plus tard à rançonner. Mais on vit bien, lors de la reddition de la ville, quel prix il entendait retirer de son concours. Lorsqu'il revint pour la seconde fois avec Cassim Bassa, il se conduisit encore en vrai pirate, pillant indistinctement amis et ennemis et, massacrant ses alliés quand ils étaient en petit nombre. Cette conduite s'explique aisément. Dragut était musulman et corsaire. Ses alliés les Corses-Français étaient, aussi bien que les Génois, les ennemis de sa religion; à ce titre il devait les combattre, et quand il ne trouvait à piller qu'eux seuls, il le faisait, parce qu'il lui fallait bien s'indemniser d'une manière quelconque. Quant aux Corses, leurs idées religieuses et le souvenir des cruautés exercées par les pirates algériens leur faisaient éprouver une invincible répugnance pour cette alliance, qu'ils ne pouvaient accepter comme sincère. Aussi, ne se firent-ils jamais illusion à cet égard, et se tinrent-ils toujours sur leurs gardes, ce qui les empêcha souvent de tomber dans les piéges que leur tendaient ces infidèles alliés.

La conduite tenue par les Turcs devant Bastia prouva suffisamment aux généraux français qu'ils ne devaient plus compter sur leur assistance, et ce fut aussi la dernière fois qu'on les vit se mêler aux affaires des Corses. Leur présence et l'insuccès du siége de Calvi et de Bastia joint à la misère, conséquence naturelle de plusieurs années de guerre, avaient singulièrement refroidi l'ardeur enthousiaste des populations corses envers la France. Deux provinces, le Nebbio et la Balagne, fatiguées des ravages qu'elles avaient éprouvés et des dangers qui les menaçaient encore, dominées qu'elles étaient par les villes de Calvi et de Bastia, firent leur soumission à Gênes. Cet exemple pouvait être imité et devenir funeste aux intérêts français. Le retour de Sampiero vint fort heureusement ranimer les esprits et empêcher les défections qui se préparaient. Sampiero se mit immédiatement à parcourir les provinces, fit faire des rétractations, et réveilla les cœurs attiédis. Pour tenir en haleine ses soldats, il tenta de surprendre Calvi; mais il avait affaire à des ennemis vigilants et nombreux. Après une escarmouche assez meurtrière, il fut obligé de se retirer, et il retourna à Sainte-Marie d'Ornano attendre l'occasion propice pour reparaître sur la scène.

L'heureuse intervention de Sampiero ne rassura pas Orsini. Il voyait bien que les populations corses étaient fatiguées de la guerre, dont elles supportaient tout le poids. La misère était grande et générale. Il fallait nécessairement venir au secours de gens qui n'avaient pu et ne pouvaient encore cultiver leurs champs; il fallait faire au moins ce que faisait Gênes, et empêcher des populations dévouées de mourir de faim. De plus, il était nécessaire de donner aux Corses des garanties politiques, des institutions, des priviléges, qui les attachassent par la reconnaissance au pays pour lequel ils combattaient. Orsini comprit qu'il lui fallait aller exposer au roi de France toutes ces nécessités. Mais avant de partir, il voulut que les Corses eux-mêmes formulassent leurs demandes. Il convoqua une consulte à Corte, fit rédiger les statuts qui devaient être soumis à l'approbation du roi, et demanda qu'on nommât deux députés chargés d'aller avec lui porter au pied du trône ces humbles remontrances. Jacques de la Casabianca et Léonard de Corte furent désignés pour accompagner Orsini, qui, après avoir réglé les choses pour le temps de son absence, fit voile avec eux pour Marseille.

Henri II reçut à merveille Orsini et les députés. Il accorda sans difficulté à peu près tout ce qui lui était demandé, combla de nouveaux honneurs Orsini, et le nomma son vice-roi dans l'île. Jacques de la Casabianca et Léonard de Corte obtinrent particulièrement pour eux certaines distinctions, et retournèrent dans leur pays heureux du succès de leur ambassade.

A son arrivée, Orsini apprit que pendant son absence les Génois avaient fait d'assez grands progrès, et que certains cantons se trouvaient ébranlés dans leur foi envers la France. Informés par leurs ambassadeurs des bonnes dispositions du roi d'Espagne, les Génois n'avaient voulu négliger aucune circonstance qui aurait pu leur être favorable, dans le cas d'une éventualité quelconque. Ils avaient cherché à se mettre bien dans l'esprit des populations, en leur fournissant les secours dont elles avaient besoin. Dans la prévision qu'à son retour Orsini tenterait contre eux quelque entreprise, ils avaient pris de nouveau à leur solde le comte Lodron, et l'avaient expédié à Bastia avec peu de troupes, il est vrai, mais lui donnant l'assurance que sous peu il recevrait six mille hommes. Lodron se signala tout d'abord par la prise de plusieurs forts et par l'incendie de quelques villages, ce qui frappa de terreur les populations voisines de Bastia, qui craignaient non sans fondement de voir renouveler le système de dévastation employé quelque temps auparavant par Spinola.

Dans de semblables circonstances, Orsini sentit qu'il était très-important de faire connaître le résultat de son voyage, afin d'arrêter le mal et de rattacher à la France ceux que les promesses de Gênes auraient pu en détacher. Il convoqua donc une consulte générale au Vescovato. Cette consulte était devenue d'autant plus nécessaire, que la mésintelligence qui régnait entre lui et Sampiero commençait à diviser le parti français, et menaçait de lui devenir funeste.

La consulte eut lieu le 15 septembre 1557, sous la présidence de Sampiero. Orsini y prononça un discours très-habile, dont nous extrayons les passages suivants : « Sa Majesté a reçu vos ambassadeurs avec la plus grande effusion. Elle a ensuite examiné vos requêtes et les a fait examiner par son grand conseil, et on leur a fait l'accueil que l'on fait aux demandes de fils bien-aimés. Sa Majesté vous a confirmé vos chapitres et vos anciennes lois ainsi que vous le demandiez; elle vous a également accordé vos autres demandes; et lorsqu'elle ne l'a point fait, elle en a laissé la libre disposition à moi, son lieutenant général. Cependant elle m'a dit que je ne dusse rien décider d'important sans consulter d'abord vos Douze nouveaux et vieux. Vous procéderez donc à leur élection selon la coutume. Vous devez remercier Dieu, mes chers amis, de vous avoir fait naître à une époque où un roi aussi puissant que le nôtre vous soustrait au joug de Gênes, qui vous gouvernait avec tant de hauteur. Et que pourrait jamais Gênes contre un si puissant monarque? Aujourd'hui vos affaires sont définitivement réglées. Le roi, pour vous enlever toute espèce de doute et pour ôter en même temps tout espoir aux Génois, a incorporé votre île à la couronne de France, ce qu'il n'a pas voulu faire pour d'autres provinces; et ç'a été une chose véritablement digne de remarque de voir l'accueil unanime qui a été fait à cette proposition par le grand conseil; exemple peut-être unique en ce genre. Cette incorporation vous attache intimement au royaume de France, et a comme conséquence, que le roi ne peut jamais vous abandonner, à moins qu'il n'abandonne sa couronne. Et ce n'est point là tout ce que ce monarque se propose de faire dans votre intérêt: ayant eu de vous de si grandes preuves de fidélité, et se souvenant des services que vous lui avez rendus dans la présente guerre, il a résolu de dépenser plutôt de son argent dans votre île que de vous en demander. Ainsi, si vous réfléchissez bien à votre position, vous n'avez aujourd'hui à envier le sort d'aucune des républiques libres; et il n'y a pas un pays en Europe aussi heureux que le vôtre, si vous savez apprécier les bienfaits que vous accorde maintenant votre roi et ceux qu'il est prêt à vous accorder dans l'avenir (1). »

Ce discours, religieusement écouté, produisit un grand effet. Les deux ambassadeurs Jacques de la Casabianca et Léonard de Corte, présents à la consulte, confirmèrent les bonnes dispositions du roi et de son grand conseil. Orsini obtint ce qu'il désirait. Les esprits se tournèrent alors vers la France; l'enthousiasme renaquit comme aux premiers jours, et les faiblesses qu'engendrent les longues souffrances furent à jamais éloignées.

Cependant, deux ans ne s'étaient pas encore écoulés depuis cette assemblée solennelle, que les destinées de la Corse changèrent de nouveau, et que ce peuple fidèle, qui ne pouvait être désormais séparé du grand royaume de France, était cédé par son royal protecteur aux Génois, ces dominateurs insolents et cruels, que l'abandon et la lutte devaient rendre à l'avenir implacables dans leur vengeance. On dit que Henri II eut grand regret à la cession de la Corse; mais qu'il dut néanmoins y consentir, à cause des intérêts majeurs qui l'y obligèrent. Il s'agissait, en effet, d'une paix générale, assise sur des alliances de famille; et Philippe II, roi d'Espagne, qui avait promis son assistance aux Génois, et qui peut-être aussi était jaloux de voir la Corse aux mains des Français, insista pour que cette île retournât à la république. Le roi de France dut céder. Par un article du traité de Cateau-Cambrésis, il s'engageait à retirer ses troupes de la Toscane et de la Corse. La Corse faisait retour à Gênes, sans que celle-ci pût rechercher ni inquiéter les partisans de la France, qui devaient être rétablis dans leurs propriétés.

La nouvelle de ce traité se répandit bientôt dans l'île. Orsini en fut instruit officiellement; mais, soit qu'il espérât que quelque événement politique en empêcherait l'exécution, soit qu'il crût qu'on pourrait faire changer ce qui concernait la Corse, il le tint caché; et lorsqu'on vint lui demander des explications à cet égard, il fut d'avis d'envoyer des députés en France pour s'assurer de la réalité des faits et prier au besoin le roi de changer d'avis.

Cette conduite était pour le moins imprudente; car Orsini savait bien que l'on ne change point ainsi un traité, surtout lorsqu'il tient à des intérêts aussi considérables; et la démarche qu'il conseillait aux Corses ne pouvait servir qu'à irriter encore davantage contre eux ceux qui allaient redevenir leurs dominateurs. Les députés furent très-bien accueillis par le roi, qui ne put que leur confirmer l'existence du traité; toutefois, il les assura de ses intentions bienveillantes, et leur dit qu'il avait expressément stipulé que les Corses conserveraient leurs franchises et qu'ils ne pourraient être molestés en aucune façon; que c'était enfin sous sa garantie que le traité avait eu lieu, et qu'il veillerait à sa rigoureuse exécution.

Les députés retournèrent en Corse,

(1) Filipp., t. IV.

n'ayant pu faire changer l'état des choses et détourner les malheurs qui menaçaient leur pays. Sur ces entrefaites, arrivèrent J.-B. Grimaldi et Christophe Saoli, commissaires génois, avec mission d'occuper les places au pouvoir des Français. Orsini les leur consigna; puis, ayant rassemblé tout son monde, il s'embarqua à Ajaccio, en compagnie de quelques familles corses qui préférèrent le suivre en France plutôt que de rester dans un pays qu'allaient dominer leurs mortels ennemis (7 nov. 1559).

En congédiant les ambassadeurs corses, François II les avait assurés de sa royale protection, et leur avait dit qu'il exigerait de la sérénissime république des garanties au maintien desquelles il veillerait. Il envoya en effet à Gênes M. de Boistaillé, son plénipotentiaire, lequel présenta au sénat une note où il exposait : « 1° Que beaucoup de Corses s'étant rendus en France, avec leurs familles, parce qu'ils ne se croyaient pas en sûreté sous le gouvernement génois, Sa Majesté le chargeait de prier ces illustres seigneurs de vouloir bien mettre de côté le souvenir des injures passées, de chérir les Corses et de les traiter avec autant de clémence que de justice, conformément aux capitulations ; 2° que, d'après les stipulations de la paix, il désirait qu'on rendît leurs biens à ceux qui avaient pris les armes dans la dernière guerre ; qu'on les déchargeât de toute condamnation, et que de ce nombre il désirait que fussent les Fieschi et les Fregoso, auxquels on ferait grâce en les relevant du bannissement et de la rébellion; que s'il s'élevait des contestations au sujet des biens, on dût mettre la chose en justice et nommer pour arbitre un prince comme la république de Venise ou tout autre ; 3° que Sa Majesté ayant reçu de grands services du colonel Sampiero Corso, lequel, avant le commencement de la guerre, avait trois mille écus placés chez des particuliers de la république, aurait pour agréable que leurs seigneuries très-illustres lui fissent faire justice et rendre son argent ; 4° que Sa Majesté désirait que les relations commerciales continuassent à avoir lieu entre ses sujets et ceux de la sérénissime république, et que, conformément aux capitulations, les prisonniers fussent rendus *sine mora* (1). »

Cette note, rédigée selon l'esprit du traité et entièrement conforme à la justice, fut acceptée dans toute sa teneur; mais, lors même qu'elle aurait été conçue dans d'autres termes et qu'elle eût renfermé quelque article onéreux, la république se serait empressée d'y souscrire, tant elle avait hâte de redevenir maîtresse de la Corse, car elle retirait de cette possession profit et honneur. Les négociants y trouvaient un placement assuré à leurs marchandises; eux seuls avaient droit d'y trafiquer; et quoique le pays fût pauvre, il consommait néanmoins assez pour qu'ils y fissent d'assez beaux bénéfices. Quant à l'honneur, il était immense pour Gênes. La Corse était un royaume : sa possession donnait droit aux honneurs souverains près la cour de Rome, et la république marchande se trouvait par là l'égale des monarques de l'Europe. On ne doit donc pas s'étonner si elle désirait si fort ressaisir la Corse en vertu d'un traité stipulé entre deux grandes puissances. Cependant, elle n'y pouvait croire ; et, quoique la chose fût formellement écrite dans le traité de Cateau-Cambrésis, quoique M. de Boistaillé eût été envoyé à cet effet tout exprès à Gênes, elle ne se tint pour certaine du fait que lorsque les commissaires qu'elle avait envoyés en Corse lui eurent expédié le procès-verbal de prise de possession.

LIVRE VI.

Depuis la reprise de la Corse par les Génois jusqu'au départ d'Alphonse d'Ornano.

CHAPITRE Ier.

CONDUITE DES AGENTS DE SAINT-GEORGES. — IMPOT DE 3 p. 100 SUR LES TERRES ET CAPITATION DE 20 SOUS. — GASPARD DE L'OLIVA. — RÉDUCTION DE L'IMPOT. — NICOLAS CIBBA. — EXCURSIONS DES BARBARESQUES.

(1559-1564.)

En rentrant en Corse la compagnie de Saint-Georges trouva les popula-

(1) Filipp., t. IV, Documents inédits.

tions indisposées contre elle. Elle s'y attendait ; mais, comme il n'aurait point été d'une sage politique de faire voir dès l'abord qu'elle gardait contre elles ressentiment de leurs défections passées et de leur hostilité présente, et qu'il fallait, d'autre part, tenir au moins pour le moment aux engagements pris envers le roi de France, elle cacha de son mieux sa mauvaise humeur, et ordonna à ses commissaires de se montrer affables et bienveillants. Leur premier soin fut donc de convoquer des assemblées dans les principales villes, d'y parler de l'oubli du passé, de la confiance dans le présent, et des bienfaits qui se préparaient pour l'avenir.

En attendant, les exilés rentraient, sur la foi des traités, et la compagnie, loin de les tourmenter, semblait, au contraire, vouloir se les attacher en leur faisant mille avances. Mais ce n'était là qu'un jeu, qui ne pouvait durer longtemps. Les Génois étaient trop pressés de jouir de leur nouvelle position et de retirer le fruit qu'ils en espéraient. Six mois s'étaient à peine écoulés depuis que les Français avaient quitté la Corse, que la compagnie, voulant mettre ses projets à exécution, y envoyait, avec une autorité illimitée, deux commissaires généraux, André Imperiale et Pellegro Rebuffo.

Comme l'avaient fait leurs prédécesseurs, les nouveaux commissaires convoquèrent une assemblée générale de la nation à Bastia, et, dans un discours préparé avec artifice, ils déclarèrent qu'il était important pour les mesures que comptait prendre ultérieurement la compagnie à l'égard de ses bien-aimés enfants, de connaître la valeur des fortunes particulières ; que, par conséquent, il fallait que, dans un délai déterminé, chacun déclarât les biens qu'il possédait, de quelque nature qu'ils fussent, donnant à entendre que le fisc s'emparerait de tout ce qui n'aurait pas été déclaré.

Les Corses, ne soupçonnant pas l'objet d'une telle demande et n'y voyant aucun mal, comptant d'ailleurs se donner une plus grande importance en exagérant leurs possessions, déclarèrent minutieusement tout ce qu'ils avaient de biens productifs et improductifs. « Si bien, dit Filippini, que, dans toute la Corse, il n'y eut terre ni rocher, étang, marais, forêts, buisson, lieu sauvage, rien enfin qui ne reçût son estimation, et dans cette estimation on comprit des lieux qui, depuis que la Corse est habitée, n'ont jamais donné la valeur d'un denier et ne pourront jamais la donner dans les siècles à venir, car l'île étant montagneuse et stérile, la plus grande partie reste inculte ; et cependant d'une manière ou de l'autre toute chose reçut son estimation (1). »

Dès que les commissaires eurent en main la déclaration des valeurs réelles ou fictives des biens de chacun, ils décrétèrent ces biens frappés d'un impôt extraordinaire de 3 p. 100, et de plus ils imposèrent une capitation de 20 sous. Cette mesure, qui leur parut très-adroite pour se rembourser des frais de la guerre, était on ne peut plus impolitique dans les circonstances présentes.

Les Corses n'étaient rentrés qu'à contre-cœur sous la domination de Gênes. L'administration équitable et paternelle des Français les avait habitués à un régime de douceur que la conduite des agents de Saint-Georges leur devait nécessairement faire regretter. Il s'y joignait de plus, dans les circonstances présentes, une considération qui aurait dû arrêter l'avidité des marchands génois. C'était que, depuis sept ans, la Corse n'avait cessé d'être occupée par des armées étrangères, qui avaient vécu à ses dépens, ravageant les terres, brûlant les maisons et les villages, et la réduisant à un tel état de misère, qu'elle ne pouvait subvenir à ses besoins les plus pressants. Au lieu donc de venir demander une somme aussi exorbitante à un peuple tout à fait épuisé, la compagnie de Saint-Georges aurait dû, imitant Henri II, l'exempter d'impôts pour un certain temps, et lui fournir en outre les moyens de pouvoir cultiver ses terres presque en friche. La mesure qu'elle prit, dans cette circonstance, fut à la fois odieuse et ridicule. Elle avait, par supercherie et en faisant de belles promesses, obtenu des Corses une déclaration exagérée des valeurs qu'ils possédaient, déclaration qu'elle savait inexacte, et elle venait leur dire,

(1) Filipp., t. IV.

5.

avec une insolente ironie : « Puisque vous vous déclarez riches, payez selon votre richesse. » Si les Corses ne se fussent trouvés en ce moment si entièrement abandonnés, s'ils eussent pu seulement entrevoir la possibilité d'être secourus, il y aurait eu un soulèvement universel, et les Génois auraient été infailliblement chassés ; mais ils comprirent qu'ils ne pouvaient compter, à l'heure présente, sur l'assistance de personne ; ils ne coururent point aux armes, seulement ils déclarèrent formellement, et d'une voix unanime, qu'ils ne payeraient pas l'impôt.

Ce fut en vain que les commissaires Imperiale et Rebuffo firent tous leurs efforts pour calmer les esprits ; ils terminèrent le temps de leur gouvernement sans avoir pu y parvenir. Gaspard de l'Oliva, qui leur succéda, était un homme adroit et insinuant. Dans l'assemblée qu'il convoqua pour son installation, il dit : « Que la seigneurie de Saint-Georges ayant fait de grandes dépenses pour les frais de la guerre, elle s'était vue obligée de frapper un impôt sur la Corse : que d'ailleurs ce n'était là qu'un impôt passager ; qu'il ne serait prélevé qu'une seule fois ; que la compagnie entendait dépenser en améliorations pour ce pays une partie des sommes qu'elle en retirerait. » On lui répondit que puisque les Génois avaient dépensé des sommes aussi considérables pour conserver le domaine de la Corse et qu'ils avaient le dessein d'en dépenser encore, c'était sans doute qu'ils l'estimaient d'une très-grande importance pour eux ; que cette importance ne pouvait pas reposer sur la position financière du pays, qui était on ne peut plus déplorable, à cause des maux qui l'avaient affligé ; qu'il n'y avait plus dans le pays ni blé, ni orge, ni seigle, ni bestiaux, ni vivres d'aucune espèce ; que le laboureur manquait de semence pour féconder la terre ; que les incendies avaient réduit les pauvres gens à aller, errant par les montagnes, mendiant leur vie et se nourrissant de racines ; que ceux qui avaient échappé à de si grands désastres étaient eux aussi dans un tel état de misère, qu'il leur était impossible de faire aucun sacrifice ; et que c'étaient là les motifs qui faisaient qu'il n'y avait personne en Corse qui pût payer l'impôt.

Gaspard de l'Oliva ne pouvait rien opposer à d'aussi sages remontrances. Cependant, voulant remplir la mission qui lui avait été confiée, il exposa l'état des choses à la compagnie de Saint-Georges, et demanda des forces suffisantes pour pouvoir agir. On lui envoya un assez bon nombre de troupes : toutefois, il hésita encore à employer la force, qu'il prévoyait bien ne devoir point avoir le résultat que se proposait la compagnie. Il chercha d'autres moyens, et, s'adressant d'abord aux habitants du Nebbio, qui, à cause de leurs dispositions amicales, avaient eu moins à souffrir, il les supplia de payer l'impôt. Quelques-uns se laissèrent séduire. Le commissaire triomphait ; il pensait que cet exemple entraînerait les autres ; mais il n'en fut pas ainsi. Personne n'imita les rares habitants du Nebbio qui s'étaient exécutés. Achille Campocasso, d'une ancienne famille de caporaux, exerçant une très-grande influence dans cette contrée, déclara que non-seulement il ne payerait pas l'impôt, mais qu'il s'y opposerait de toutes ses forces, et, joignant l'action aux paroles, il se mit en campagne pour exécuter son projet. On chercha vainement à le ramener. Le commissaire, voyant qu'il ne pouvait le vaincre, et redoutant qu'il ne devînt le chef d'une insurrection menaçante, fit arrêter par surprise trente de ses parents, au nombre desquels était sa mère, et déclara qu'il les ferait mettre à mort si Achille ne s'expatriait. Campocasso quitta la Corse ; mais son départ ne fit point changer l'état des choses. L'impôt fut universellement refusé, et il se forma, dans l'intérieur de l'île, des réunions de mécontents qui, ayant à leur tête des hommes d'une grande résolution, donnèrent beaucoup d'inquiétude au commissaire génois. Celui-ci, en homme fin et adroit qu'il était, voyant que l'on ne pourrait ni par la douceur ni par les menaces arriver à faire payer l'impôt, convoqua à Bastia les nobles Douze, et les engagea à envoyer à Gênes une députation pour en demander la réduction. Les Douze acceptèrent avec empressement une ouverture qui leur faisait espérer d'éviter ainsi de grands malheurs, et six députés partirent pour Gênes. Ils exposèrent à la compagnie de Saint-Georges l'état de misère où se trouvait ce pays, et comment il lui était matériellement impossible de fournir les sommes qu'on lui demandait. Les seigneurs de Saint-Georges, instruits d'autre part par leur commissaire, réduisirent notablement l'impôt. Ils fixèrent à trois écus la contribution la plus élevée, à trois livres les autres, et laissèrent le commissaire de Bastia libre de statuer sur ce qui regardait les veuves, les mineurs, les orphelins et les autres malheureux.

La réduction de l'impôt produisit un excellent effet; car elle eut pour résultat immédiat le rétablissement de la tranquillité, dont on avait si grand besoin. Gaspard de l'Oliva, qui avait ainsi terminé sans effusion de sang une question si importante, céda bientôt ses fonctions au gouverneur Nicolas Cibbà, et retourna à Gênes, emportant, dit Filippini, l'estime des Corses et ayant également bien mérité de la compagnie.

Nicolas Cibbà, d'une noble famille de Gênes, était un des membres de la compagnie de Saint-Georges. On lui confia des pouvoirs illimités, et son gouvernement fut indiqué comme devant durer deux ans. On l'avait revêtu d'une autorité considérable pour qu'il en imposât davantage au peuple, et pour qu'il pût ainsi agir avec plus de succès au milieu des circonstances difficiles qui semblaient devoir naître à chaque instant dans ce pays si mal disposé pour ses nouveaux maîtres. Cibbà convoqua, comme ses prédécesseurs, une assemblée d'installation. Elle fut plus nombreuse que d'habitude, et l'on y remarqua surtout grand nombre de personnes qui, dans la guerre passée ayant suivi le parti de la France, voulaient, par leur présence, donner au gouvernement génois une preuve de soumission; mais Cibbà ne se laissa point toucher par cette démonstration, qu'il ne croyait pas sincère. Il avait surtout pour mission de surveiller ceux qui avaient servi avec Sampiero, et que l'on supposait disposés à un nouveau mouvement. La compagnie de Saint-Georges épiait toutes les démarches de Sampiero; elle savait que, mécontent de la tournure qu'avaient prise les choses, il se disposait à rentrer en Corse, où il entretenait en attendant des relations avec ses anciens compagnons d'armes. Cibbà était d'ailleurs peu disposé à la clémence, et, suivant une marche entièrement opposée à celle de son prédécesseur, il montra bientôt son mauvais vouloir en agissant avec une si grande rigueur, que les haines assoupies se réveillèrent tout à coup, et que ceux qui auraient voulu se rallier en furent à jamais éloignés. Sous prétexte de former de nouvelles compagnies, il fit venir de Gênes des drapeaux, et manda ensuite à Bastia et à Ajaccio tous ceux qui lui paraissaient suspects, leur faisant savoir qu'il les avait choisis pour commander ces compagnies. Ne soupçonnant aucunement ce qui se tramait contre eux, et croyant à la sincérité du gouverneur, ils se rendirent tous à son invitation, et dès qu'ils furent arrivés au lieu du rendez-vous, ils se virent arrêtés et jetés en prison. Là on leur fit subir les plus cruels tourments pour leur arracher l'aveu de leurs relations avec Sampiero; et quand on vit qu'on ne pouvait venir à bout de leur constance, on leur fit payer des sommes d'argent, puis on les bannit en leur indiquant un lieu de résidence. « Roland d'Ornano, outre la corde, eut aussi le feu aux pieds; et comme on ne put lui trouver rien à reprocher, on l'envoya avec les fers aux mains et aux pieds à Gênes, où il fut mis une seconde fois à la torture; et comme il n'avouait encore rien, on le laissa en prison pendant trois ans, après quoi on le mit en liberté (1). »

Cette étrange conduite et cette sévérité contre des hommes non coupables jeta une grande frayeur dans les esprits. Les plus sensés comprirent que ce n'était là que le commencement des vengeances qu'allait exercer la compagnie sur ceux qui avaient embrassé le parti de la France. Ils résolurent donc de se soustraire à des ressentiments si funestes, et grand nombre s'exilèrent volontairement. D'autres, comme Barthélemy de Vivario, se jetèrent dans les bois, et firent à la compagnie de Saint-Georges une guerre de partisans contre laquelle

(1) Filipp., t. IV.

ses ruses et ses soldats vinrent toujours échouer.

De 1561 à 1564 les choses restèrent en cet état de méfiance mutuelle : les Génois exerçant des actes de rigueur, les Corses se tenant éloignés et évitant de tomber dans les pièges que leur tendait leur astucieux souverain. En 1561 la République, pour des motifs qui nous sont restés inconnus, voulut rentrer dans la possession de la Corse. La Compagnie de Saint-Georges fit tous ses efforts pour s'y opposer; elle ne put y réussir, et la République redevint maîtresse de la Corse. Ce passage d'une administration à une autre ne changea en rien l'état des choses, qui restèrent sur le même pied. Du pays et des améliorations annoncées, il n'en fut point question. On laissa même s'accroître la somme des maux présents. Les Génois, qui savaient si bien mettre à la torture un suspect, ne cherchaient point à défendre contre les incursions journalières des corsaires algériens le pays confié à leur garde. Ceux-ci faisaient à chaque instant des descentes sur les côtes. Ils enlevaient tout ce qu'ils trouvaient sous leur main, et emmenaient en esclavage hommes, femmes et enfants. Leur audace était devenue si grande, qu'ils ne s'en tenaient plus aux rivages de la mer. Ils s'avançaient à plusieurs lieues dans l'intérieur, attaquaient les villages, prenaient les bestiaux, les meubles, tout ce qu'ils trouvaient, et retournaient à leurs vaisseaux chargés de butin. Il fallait que les Corses songeassent eux-mêmes à leur défense, ce qu'ils faisaient avec une rare énergie lorsqu'ils s'apercevaient de la présence des corsaires; mais le plus souvent ceux-ci arrivaient au moment où on s'y attendait le moins, et la surprise, la frayeur et l'effroi qu'ils inspiraient, faisaient fuir les habitants et les laissaient maîtres du terrain. On peut voir cependant, dans Filippini, combien de fois ils furent repoussés par quelques paysans courageux, et combien des leurs trouvèrent la mort sur la terre qu'ils venaient ravager (1).

Quant au gouverneur génois, il ne prenait aucune mesure défensive, préoccupé qu'il était de soustraire la Corse à la nouvelle insurrection qui la menaçait. Depuis la conclusion de la paix, la Compagnie de Saint-Georges, comme nous l'avons dit, n'avait point perdu de vue Sampiero, et elle savait d'une manière certaine que cet illustre guerrier ne tarderait pas à tenter quelque chose en faveur de son pays. Elle veillait donc soucieuse et alarmée sur l'événement qui se préparait, lorsqu'elle apprit que Sampiero venait de débarquer, avec quelques compagnons, dans le port de Valinco (juin 1564).

CHAPITRE II.

SAMPIERO. — SES DÉMARCHES AUPRÈS DES PUISSANCES. — SON RETOUR. — BATAILLE DU VESCOVATO. — BATAILLE DE CACCIA. — SAMPIERO A VICO. — DÉFAITE DES CORSES A PIETRALBA. — AFFAIRES DE CASELLE. — EXCURSIONS DE DORIA DANS LE DELA-DES-MONTS. — INCENDIE DE BASTELICA.

(1564.)

Lors du traité de Cateau-Cambrésis, Sampiero avait éprouvé une douleur profonde de voir ainsi ruinées en un seul jour toutes ses espérances. Six années d'une lutte constante, le sang versé dans tant de combats, les misères et les privations supportées avec patience et courage, tous ces efforts et toutes ces luttes, loin d'obtenir le résultat qu'il avait désiré, aboutissaient aujourd'hui à un état pire que le premier. Car on allait retomber sous le joug d'ennemis irrités des défections et saignants encore de leurs blessures. Sampiero connaissait trop bien les Génois pour croire à la sincérité des promesses qu'ils avaient faites à l'envoyé du roi de France. Il savait qu'ils pouvaient différer leur vengeance, mais qu'elle viendrait à son heure, implacable et cruelle comme elle l'avait toujours été. Il chercha dès lors à soustraire son pays au malheur qui le menaçait, Catherine de Médicis, appréciant sa valeur et l'attachement qu'il portait à sa famille, lui avait toujours témoigné de l'affection. Il s'adressa d'abord à elle, et la pria de lui prêter secours. Mais Catherine, liée comme elle l'était par le

---

(1) Filipp., t. IV, passim.

récent traité de Cateau-Cambrésis, et embarrassée d'ailleurs d'une tutelle remplie de difficultés, ne put lui donner l'assistance qu'il devait en attendre. Cependant, voulant le servir autant qu'elle le pouvait, elle s'adressa au roi de Navarre, qui, ayant à se plaindre de Philippe II, aurait pu le seconder. Antoine de Navarre avait des droits sur la Sardaigne, que détenait en ce moment le roi d'Espagne. Mais, faible comme il l'était vis-à-vis d'un si puissant et si redoutable voisin, il ne pouvait entrer en lutte avec lui et lui disputer par les armes ce que lui accordaient les traités. Il exposa sa position à Sampiero, et tous deux convinrent qu'il fallait chercher ailleurs quelque puissant allié. Leurs vues s'arrêtèrent naturellement sur l'empereur des Turcs, qui, par ses forces maritimes, pouvait parfaitement favoriser leurs projets. Le roi de Navarre donna à Sampiero des lettres très-pressantes pour le sultan, et Sampiero, laissant à Marseille Vanina, sa femme, avec le plus jeune de ses fils, partit pour Constantinople. Avant d'aller dans cette ville, il voulut sonder les beys d'Alger et de Tunis, dont la puissance à cette époque était très-considérable. A Alger, il fut admirablement accueilli par Barberousse, qui lui promit de l'aider autant qu'il le pourrait. Comme il était sur son départ, il apprit, par un bâtiment arrivé de Marseille, que les Génois avaient séduit Vanina et l'avaient déterminée à aller s'établir à Gênes.

Pour ne pas manquer le but de son voyage, Sampiero ne retourna point à Marseille; mais il y expédia en toute hâte son ami Antoine de Saint-Florent, et partit aussitôt pour Constantinople. Sa renommée l'avait devancé dans cette ville. Le sultan le reçut avec de grandes marques de distinction, lui promit de l'assister, et le combla de riches présents. Sampiero, ayant réussi au delà de ses espérances, revint bientôt à Marseille, où il sut d'Antoine de Saint-Florent comment sa femme, séduite par les agents génois, s'était laissée entraîner à quitter Marseille, avec son plus jeune fils, pour se rendre à Gênes, emportant ce qu'elle avait de plus précieux; comment aussi, prévenu de ce départ, il s'était mis à sa poursuite, l'avait rejointe à la hauteur d'Antibes et l'avait déposée entre les mains de l'archevêque, qui l'avait depuis envoyée à Aix, où elle se trouvait en ce moment. Cette nouvelle, à laquelle il n'avait pas voulu croire, attrista singulièrement Sampiero. Il partit immédiatement pour Aix, indécis encore sur ce qu'il ferait. Le parlement, instruit de son arrivée, fit savoir à Vanina qu'il la prenait sous sa protection, et qu'il la défendrait contre les violences de son mari. Vanina refusa cette assistance, et suivit Sampiero.

On dit que lorsque Sampiero se trouva dans sa maison de Marseille, et qu'il la vit dégarnie de tout ce qui l'ornait à son départ, il entra dans une grande colère, reprocha à sa femme d'avoir trahi ses serments, et la condamna à mourir. On ne peut guère savoir au juste comment les choses se passèrent. Ce qu'il y a de certain, c'est que Vanina mourut, et que, pour éviter les désagréments que ce meurtre pouvait lui occasionner, aussi bien que pour les affaires qui le préoccupaient, Sampiero se rendit immédiatement à la cour.

Son arrivée y causa d'abord quelque sensation. Mais Catherine de Médicis n'était pas femme à s'effrayer pour si peu; elle pardonna facilement à Sampiero sa vengeance, et le retint auprès d'elle le temps suffisant pour laisser assoupir cette affaire et aviser aux moyens de réaliser leur vengeance. Car elle voulait aussi, elle, jouer quelque bon tour aux Génois, qui, contrairement aux traités, tenaient toujours sous séquestre les biens des Fregoso, ses protégés, et n'avaient point encore rapporté le décret qui les bannissait. Sampiero, profitant de son séjour à Paris, écrivit à ses amis de Corse qu'ils travaillassent les esprits et qu'ils eussent bon espoir; aux Fregoso, que l'occasion était excellente pour se venger de leurs ennemis communs; au duc de Parme, pour lui demander des secours; au prince de Florence et de Sienne, pour lui offrir la souveraineté de la Corse, dont le voisinage lui serait très-utile. Il s'adressa ainsi à tous ceux qu'il pensait pouvoir le servir dans ses projets, et les choses semblaient aller selon ses désirs, lorsque des événements fâcheux vinrent tout à coup détruire ses espérances. Le roi de Navarre mourut;

et Soliman, occupé d'intérêts plus graves, ne put envoyer sa flotte dans la Méditerranée. Alors Sampiero, las d'attendre et de courir après la fortune, qui semblait lui échapper, résolut de retourner en Corse et de tenter avec ses propres forces la délivrance de son pays.

Lorsqu'il s'embarqua à Marseille, Sampiero n'avait avec lui qu'un petit nombre de compagnons dévoués, peu de munitions et quelques armes à feu. C'était bien peu pour tenter une si grande entreprise; mais il comptait sur le dévouement des populations et sur la haine qu'elles portaient aux Génois. Il débarqua avec sa petite troupe au port de Valinco, et marcha aussitôt sur le château d'Istria, dont il s'empara. Puis, sans perdre de temps, il se dirigea sur Corté, après avoir expédié des messagers à ses amis.

Nous avons dit que les Génois étaient au courant de toutes les démarches de Sampiero. Dès l'année précédente (1563), ils avaient fait instruire contre lui un procès criminel à la cour d'Ajaccio. On rappelait dans ce procès les bienfaits de la république à son égard; comment on lui avait, après le traité, rendu son argent, ses biens et même le fief d'Ornano, et comment, pour reconnaître cette longanimité de la république, il n'avait cessé de lui susciter des ennemis et de chercher par tous les moyens à lui enlever la Corse. La cour l'avait, sur ces motifs, déclaré rebelle, coupable du crime de lèse-majesté, et avait confisqué ses biens.

Les mesures préventives des Génois ne s'étaient pas arrêtées à Sampiero. Ils avaient englobé dans sa disgrâce ses amis, les avaient déclarés rebelles et avaient prononcé la confiscation de leurs biens. Dès qu'ils apprirent le retour de Sampiero, ils rendirent un décret qui fut affiché dans les principales villes de la Corse, et où on mettait à prix la tête de Sampiero et des principaux chefs de l'insurrection (1).

Ils ne s'arrêtèrent pas à ces dispositions, dont l'effet ne pouvait être qu'éloigné. Ils rassemblèrent autant de forces qu'ils purent, et mirent à leur tête un officier distingué de la république, qui partit avec un nombreux état-major.

A peine arrivé, le commandant supérieur envoya plusieurs compagnies vers Corté pour arrêter Sampiero dans sa marche; mais, saisis d'une frayeur que rien ne justifiait, ces soldats, apprenant que Sampiero s'avançait hardiment à leur rencontre avec une centaine d'hommes seulement, se retirèrent en toute hâte, « soit qu'ils craignissent, dit Casoni, la valeur de ce vieux capitaine et le soulèvement des populations, qui semblaient vouloir le suivre; soit encore, comme quelques-uns l'écrivent, qu'ils ne voulussent point terminer de si tôt la guerre, poussés par l'avidité de garder leurs charges et d'en toucher les appointements; ce qui se concevrait facilement des discours tenus par les capitaines, qui, en faisant sonner la retraite, disaient qu'ils n'étaient point venus en Corse pour terminer en une seule campagne leur engagement.

« Cette retraite des bandes génoises anima davantage Sampiero, et donna à ses armes le renom dont elles avaient besoin et qui est si nécessaire, dans les guerres civiles, pour attirer du monde autour de soi. Sampiero s'étant ensuite avancé jusqu'à Corté, s'empara de la ville; puis, descendant par les pièves de Bozio et d'Orezza, il en souleva les populations, et mit sens dessus dessous toute chose. Sans s'arrêter au nombre, il mettait tous ses soins à appeler auprès de lui les hommes les plus valeureux, ceux qui étaient les plus renommés et qui avaient en même temps le plus de partisans. De ce nombre furent d'abord Pierre du Pié d'Albertino, qui avait été envoyé par le commissaire Fornari lever des hommes pour la république, et Valère de la Casabianca, tous deux fort estimés dans cette

---

(1) Ce décret établissait ainsi les récompenses:
Pour Sampiero vivant, 4,000 écus d'or; pour le même mort, 2,000; avec libération d'un banni.
Pour Achille Campocasso vivant, 2,000 écus d'or; pour le même mort, 500; avec libération de deux bannis.
Pour Antoine de Saint-Florent vivant, 1,000 écus d'or; pour le même mort, 500; avec libération de deux bannis.
Pour Barthélemy de Vivario vivant, 300 écus d'or; pour le même mort, 200.
Pour Baptiste de la Pietra vivant, 200 écus d'or; pour le même mort, 100.
On peut lire dans Filippini les ignobles détails de la discussion qui s'éleva entre les Ornano et François Giustiniani à propos de la prime offerte par Gênes lors de la mort de Sampiero.

nation, qui met le plus haut prix au courage et à la hardiesse. Sampiero, en compagnie de ces hommes d'armes, alla à la Venzolasca, et, après s'être emparé de la tour de ce pays, défendue par un petit nombre d'arquebusiers, il se dirigea sur le Vescovato, gros village où habite l'évêque de Mariana. N'ayant rencontré aucune opposition, il y entra. Il resta d'abord assez longtemps sans voir paraître personne; car les villageois, par peur ou par ruse, s'étaient retirés dans leurs maisons. Enfin, les principaux du village se décidèrent à venir lui offrir l'hospitalité, et d'autres aussi, poussés par la curiosité, vinrent également sur la place. Lorsqu'il vit tout ce monde près de lui, il imposa silence, et fit un discours où, en rappelant son dévouement à la patrie, l'état malheureux du pays, les efforts que tous les bons citoyens devaient faire pour secouer le joug de Gênes, il finit par reprocher aux habitants leur peu de courage et leur froideur pour leurs intérêts communs. Les habitants s'excusèrent du mieux qu'ils purent, lui offrirent l'hospitalité, qu'il refusa, et, campant au milieu de la place, il passa la nuit en plein air pour faire voir qu'il ne voulait avoir aucun rapport avec des hommes qui avaient si peu d'amour pour leur pays (1). »

Cependant le gouverneur génois, ayant appris la retraite précipitée des troupes qu'il avait envoyées contre Sampiero, résolut de l'arrêter avec des forces considérables. Nicolas de Negri, à la tête d'un corps d'infanterie, de plusieurs escadrons de cavalerie et d'un grand nombre de Corses volontaires, marcha sur le Vescovato. Il entoura le village de manière à couper la retraite à Sampiero: il donna à Pierre-André da Casta le commandement des Corses, mit à la tête de la cavalerie François Giustiniani, et laissa Hector Ravaschiero à la tête des soldats étrangers. Gardant par devers lui un assez grand nombre de troupes, il occupa la grande route pour pouvoir agir plus librement. De son côté, Sampiero, voyant les dispositions de l'ennemi, se prépara à une vigoureuse défense; il plaça aux postes les plus importants ses meilleurs capitaines, Bruschino d'O-rezza, Achille Campocasso et Pierre du Pié d'Albertino, se réservant d'accourir là où le danger serait le plus grand. Les habitants, voyant ces préparatifs de combat, se renfermèrent dans leurs maisons, ne voulant prendre aucune part à l'action qui allait s'engager.

« Au commencement l'assaut fut terrible et furieux, les Génois s'avançant hardiment pour entrer dans le village, et les Corses soutenant avec un égal courage leur attaque; mais, après deux heures d'un combat meurtrier, les Corses qui combattaient pour les Génois sous Pierre André da Casta se précipitèrent avec tant de fureur en avant, que ceux de Sampiero furent obligés de plier, et commençaient à se retirer, lorsque Sampiero, accourant, releva leur courage, et, se tournant vers l'ennemi s'écria : « C'est ainsi, ô Corses, que vous combattez votre patrie et ceux qui ne cherchent que votre bien. » Ces paroles produisirent un grand effet sur les hommes à qui il s'adressait; leur ardeur faiblit singulièrement, et les soldats de Sampiero reprirent leur avantage. D'un autre côté, le péril était aussi grand; car Bruschino, un des plus valeureux capitaines, ayant été tué, ses soldats en avaient éprouvé un grand découragement, si bien que les Génois, profitant de leur consternation, avaient poussé en avant et s'étaient emparés d'un poste éminent, près de l'église. Cet événement aurait pu être très-désavantageux aux Corses et donner aux Génois la victoire, si Sampiero, s'apercevant du désordre qu'il occasionnait, n'avait envoyé aussitôt de ce côté les frères Giudice et Louis da Casta, deux des plus vaillants hommes qu'eut alors la Corse. Ceux-ci attaquèrent l'ennemi avec tant d'impétuosité, qu'ils le chassèrent de sa position, et le tinrent à distance jusqu'à ce que Sampiero pût arriver les renforcer, et par une action bien que téméraire, cependant utile et nécessaire dans les circonstances présentes, mettre de son côté la victoire. Il combattait, d'un autre côté, avec un grand courage, et quoiqu'il fit merveille de son bras, néanmoins comme c'était un homme très-sensé, rempli de prudence et de sagesse, il comprit le danger dans lequel il se trouvait vis-à-vis d'un ennemi qui, recevant toujours des troupes fraîches,

(1) Casoni, t. III.

aurait fini par triompher, sinon par sa valeur du moins par le nombre, des défenseurs harassés. Alors, prenant une extrême résolution, il fit abattre une claire-voie qui le protégeait contre les ennemis, et, quittant la position avantageuse qu'il avait, il se précipita sur les soldats génois avec tant d'impétuosité, qu'il les obligea à lâcher pied après une courte résistance. Alors les troupes de la république qui combattaient sur divers points se mirent également à fuir, entraînées par cet exemple et à cause aussi de la lâcheté de leurs chefs et de la défection des Corses, qui favorisaient secrètement les desseins de Sampiero (1). »

Sampiero ne jugea point prudent de poursuivre l'ennemi. L'avantage qu'il venait d'obtenir était trop beau pour le compromettre, et il était plus que suffisant pour exciter l'enthousiasme et appeler autour de lui l'ardente jeunesse. Il fit rendre les derniers devoirs au malheureux Bruschino, qui, après les prodiges de valeur, était tombé percé de plusieurs balles; puis il alla à la Brocca, où vinrent s'offrir à lui beaucoup de jeunes gens d'Orezza, de Casinca et de Casaconi. Sa troupe montait environ à quatre cents hommes, lorsque, quittant la Brocca, il se dirigea sur la Petrera, de Caccia, où il fut rejoint par Lucius de la Casabianca à la tête d'environ cinq cents hommes qui l'avaient choisi pour leur capitaine.

Cependant, la république, avertie des événements qui venaient de se passer, et craignant beaucoup pour sa puissance, fit faire des levées considérables, arma des vaisseaux, et, en attendant que les secours qu'elle comptait envoyer fussent prêts, elle fit partir deux compagnies d'infanterie. « Dès qu'elles furent arrivées à Bastia, le commissaire les fit marcher au secours du camp, qui avait en outre été renforcé de deux compagnies de cavalerie. Nicolas de Negri, se trouvant ainsi à la tête d'une infanterie nombreuse, avec un assez bon nombre de chevaux, prit la route du Golo, pour rencontrer l'ennemi et pour tenter une seconde fois le sort des armes. Le combat eut lieu, dans le territoire de Caccia, dans un lieu très-avantageux aux Corses, la campagne étant en cet endroit très-inégale, remplie de collines, d'arbres et de fourrés. On se battit pendant quelques heures, et, des deux côtés, on donna des preuves de grand courage. Mais, les Corses ayant, de tous les côtés, établi leur supériorité sur les soldats venus récemment du continent, ceux-ci se débandèrent et firent débander aussi les vieilles milices de la république. Les fuyards, se trouvant entourés de tous côtés par l'ennemi, furent pour la plupart tués ou faits prisonniers. Nicolas de Negri fut tué dans le combat, ainsi qu'un grand nombre de capitaines génois et corses. Il périt environ trois cents hommes. On fit un bien plus grand nombre de prisonniers, qui furent très-courtoisement renvoyés par Sampiero à la république, après leur avoir fait jurer qu'ils ne porteraient plus les armes contre la Corse (1). »

Cette victoire porta au plus haut point l'enthousiasme national. On reprit quelque espoir de recouvrer la liberté perdue, et Sampiero fut universellement proclamé le père et le libérateur de la Corse.

De Caccia, Sampiero comptait aller en Balagne pour donner quelques jours de repos à ses troupes; mais, ayant reçu des lettres de Frédéric d'Istria et de Frédéric de Renno, qui l'invitaient à passer les monts parce que les populations n'attendaient que son arrivée pour se soulever, il changea de projet pour se porter sur Vico par la pieve de Niolo.

A Vico, Sampiero trouva une réunion considérable de jeunes gens qui l'attendaient impatiemment pour se mettre à sa suite. Il n'avait pas besoin d'enflammer leur courage, ni de les exciter à combattre. Cependant, il crut devoir leur adresser une allocution chaleureuse, dans laquelle, rappelant la tyrannie exercée par les Génois, les promesses qu'ils avaient faites et qu'ils n'avaient jamais tenues, la sévérité de l'impôt sur un pays ravagé par tant de maux, il les engageait à soutenir avec vigueur la guerre, leur affirmant que les princes de l'Europe, voyant leur énergique résistance, ne les abandonneraient pas, et qu'ainsi par leur constance et leur courage, et avec la protection du ciel, qui

(1) Casoni, t. III, ibid.

(1) Casoni, loco citato.

ne manque jamais aux bonnes causes, ils triompheraient de leurs ennemis. Ce discours était accueilli avec enthousiasme, lorsque Jean-François Cristinacci, vieillard fort honoré et un des hommes les plus considérables du pays, prenant à son tour la parole, y répondit par quelques mots pleins d'un grand sens. Après avoir fait un éloge pompeux du mérite de Sampiero, il dit que la guerre qu'il se proposait de faire en Corse lui paraissait devoir être funeste au pays; que ce qui faisait le malheur et l'infériorité des Corses, c'étaient leurs divisions intestines, et que tant qu'elles dureraient, on ne pourrait compter remporter la victoire; qu'il y avait témérité à vouloir entreprendre la guerre sans troupes, sans munitions, sans ressources d'aucune espèce; qu'un grand roi comme le roi de France n'avait pu venir à bout de cette entreprise; que les Génois, au contraire, avaient tout ce qu'il fallait pour vaincre et lasser leur ennemi: des troupes, de l'argent, des vaisseaux; qu'ils s'étaient, il est vrai, mal conduits envers le pays, mais qu'il fallait éviter de les irriter davantage; car alors, si la guerre devenait malheureuse, ceux qui survivraient seraient on ne peut plus opprimés; qu'il déclarait ouvertement ne vouloir prendre aucune part au mouvement, et qu'il engageait l'illustre guerrier qui l'écoutait à abandonner une entreprise qui ne pouvait avoir qu'une issue malheureuse. Le discours de Cristinacci, quoique très bien pensé, souleva un murmure général, et Sampiero dut interposer son autorité pour qu'il ne fût fait aucun mal à ce vieillard, qui avait exprimé avec franchise ses sentiments.

Sampiero ne séjourna pas longtemps à Vico. Il se mit de nouveau en campagne, décidé, cette fois, à s'emparer de quelque place forte pour donner plus de consistance à ses opérations. Ajaccio et Bonifacio étaient trop bien gardés pour songer à s'en emparer; il pensa que Porto-Vecchio serait d'un plus facile accès, et il se dirigea vers ce lieu, en laissant quelques troupes à la Mezzana et à Appietto pour tenir en respect la garnison d'Ajaccio. Porto-Vecchio se rendit après une courte résistance, et Sampiero reprit le chemin du Delà-des-Monts, où venait d'arriver Étienne Doria avec un corps considérable de troupes italiennes et allemandes.

Étienne Doria était envoyé par la république pour remplacer de Negri; il amenait avec lui une cavalerie nombreuse, commandée par André Centurione. Dès l'abord, il résolut de maintenir la guerre dans le Deçà-des-Monts, et commença par faire attaquer l'Algajola par Camille Cavallo, son mestre-de-camp, qui la livra aux flammes; puis il porta son camp au Vescovato, où il fit construire une tour. De son côté, Sampiero, instruit des mouvements de l'ennemi, rassembla toutes ses forces, et vint s'établir à la Penta, village très-voisin du Vescovato. Il avait avec lui beaucoup de monde, et il eût été impossible d'éviter longtemps une collision entre les deux armées; elle eut bientôt lieu. Les Corses, qui voyaient tous les jours la cavalerie génoise aller fourrager dans la plaine, demandèrent à grands cris à Sampiero de leur permettre de l'attaquer. Il s'y refusa d'abord, comprenant l'avantage que devaient avoir des troupes régulières sur cette masse indisciplinée; mais ceux-ci insistèrent tellement, que Sampiero, ne pouvant empêcher leur dessein, chargea Campocasso de soutenir avec sa cavalerie les efforts que tenteraient les volontaires. Il ordonna en même temps à Pier-Giovanni d'Ornano de seconder Campocasso. La rencontre eut lieu en un endroit appelé Pietralba. Les Corses entourèrent la cavalerie génoise avec une grande hardiesse. Campocasso chargea par deux fois l'ennemi avec ses cavaliers pour l'entamer; mais il ne put y réussir. Ornano, au lieu de le suivre et de charger comme lui, se tint immobile avec son corps, qui était le plus nombreux. Centurione, devinant la mésintelligence qui régnait entre les deux capitaines, tomba à son tour sur Campocasso, l'obligea à se retirer, et attaquant, ensuite l'infanterie, il la mit en déroute.

Ce léger succès, dû à la jalousie d'Ornano, qui aurait voulu commander en chef, suffit pour relever le courage abattu des Génois. Doria, profitant du bon effet qu'il avait produit, comme aussi des secours qu'il venait de recevoir de l'Espagne, résolut d'aller ravitailler le château de Corté, en prenant la route d'Aleria de préférence à celle de l'intérieur. Sampiero, qui avait l'œil à ses mouvements, se mit aussitôt en marche dans la même direction, mais à travers la Montagne. Les deux corps d'armée se rencontrèrent, et commencèrent à escarmoucher, dans Campoloro, en un lieu appelé le Caselle. Le combat dura plus de huit heures. Il s'agissait, pour les Génois, d'enlever un petit fort construit à la hâte par Sampiero. Ils y parvinrent; mais les Corses, animés par leur chef, le reprirent bientôt, et la lutte continua pleine d'audace des deux côtés; à la fin les Génois enlevèrent de nouveau le fort, et Sampiero, voyant ses troupes harassées de fatigue, ordonna la retraite. Après avoir délibéré en conseil, Doria, reconnaissant le danger qu'il y aurait à s'avancer ainsi entouré par l'ennemi, renonça à Corté, et rentra à Bastia, constamment harcelé par les Corses, qui, dans ces différents combats, lui tuèrent plus de sept cents hommes (29 novembre 1564).

De son côté, Sampiero, voyant Doria retourner sur ses pas renonçant ainsi à son entreprise, jugea à propos de ne point l'inquiéter davantage et d'aller s'emparer du château de Corté, dépourvu de moyens de résistance. Il s'arrêta d'abord au Vescovato : puis il passa à Orezza. Là il apprit que François Ceruscolo de Calvi, qu'il avait envoyé auprès de Cosme de Médicis, était débarqué à Aleria avec de la poudre et du plomb. Il alla alors à Antisanti, fit prendre ces munitions, et se dirigea sur Corté. J.-B. Spinola, qui commandait le fort, ayant perdu tout espoir d'être secouru, se rendit à vie sauve. Ce fut alors qu'Achille Campocasso, qui avait eu précédemment quelques différends avec Sampiero, le quitta sans mot dire, et envoya offrir ses services aux Génois. Ses propositions furent accueillies froidement; on lui fit dire que pour rentrer en grâce il fallait qu'il trouvât le moyen de faire mourir Sampiero. Campocasso, indigné d'une telle proposition, se retira dans le Nebbio, se tenant sur ses gardes, et attendant une occasion favorable pour recommencer les hostilités.

Cependant Doria ne pouvait rester longtemps inactif. Profitant de l'arrivée d'une flottille génoise qui lui avait amené des secours, il fit embarquer ses troupes et se dirigea sur Porto-Vecchio. Son intention était de frapper un grand coup dans le Delà-des-Monts, et, s'il pouvait y réussir, de ruiner Bastelica. Il pensait par là détacher de Sampiero les Corses, qui, voyant que ce capitaine n'avait pu défendre ni son village ni sa maison, ne fonderaient plus sur lui leurs espérances. La garnison de Porto-Vecchio ne put résister longtemps : elle se rendit à discrétion. Doria en fit pendre les officiers et envoya les soldats aux galères. Il s'empara également du château d'Istria, abandonné nuitamment par ses défenseurs, des tours de Solenzara, d'Olmeto, de Talavo et enfin de Sartène, où il mit bonne garnison; puis il se rembarqua, pour Ajaccio avant de se diriger sur Bastelica. Dès qu'il eut les provisions qui lui étaient nécessaires, il partit pour ce village. Sampiero, qui voyait bien où il voulait en venir, lui tendit une première embuscade près de Cauro et une autre près du pont de Bastelica; mais, bien qu'il courût de grands dangers dans l'une comme dans l'autre, Doria parvint à surmonter les difficultés qu'il rencontrait, et il entra enfin dans le village de Bastelica, qu'il livra aux flammes, après avoir fait démolir de fond en comble la maison de Sampiero. Il reprit ensuite le chemin d'Ajaccio, poursuivi toujours par les Corses. Son but étant atteint, il fit voile vers Bastia, où il arriva après avoir essuyé bien des fatigues (janv. 1565).

A peine Doria avait-il quitté Ajaccio, que Sampiero, retournant sur ses pas, alla mettre le siége devant Sartène, qui se rendit à discrétion; puis il s'empara du château d'Istria, dont la garnison fut passée par les armes; delà il partit pour le Deçà-des-Monts, où il pensait que sa présence serait plus nécessaire. En effet, Doria, renforcé par deux nouvelles compagnies de cavalerie que Philippe II avait permis aux Génois de lever en Sardaigne, s'était remis en campagne. Cette fois, il s'était porté en Tavagne et à Moriani, qu'il avait livrés aux flammes. Sampiero, accourant au secours de ces populations, attaqua les Génois, et les obligea à se retirer à la Paludela, après leur avoir fait essuyer des pertes considérables (avril 1565).

Pensant bien que l'ennemi n'oserait de si tôt tenter de nouvelles attaques, Sampiero reprit le chemin de l'intérieur; et, s'arrêtant à Piedicorte, il y convoqua une consulte générale. Cette consulte, composée des hommes les plus considérables du pays, fut très-nombreuse; on y nomma les Douze, et l'on désigna Antopadovano de Brando pour aller en ambassade à la cour de France demander des secours contre les Génois, qui n'avaient point observé les articles du traité de paix stipulé entre la France et l'Espagne.

CHAPITRE III.

NOUVELLES EXCURSIONS DE DORIA. — SYSTÈME DE PILLAGE ET D'INCENDIE. — AFFAIRE DE LA PETRERA. — RETRAITE DE LUMINANDA. — SECOURS ENVOYÉ A SAMPIERO. — VIVALDI ET FORNARI SUCCÈDENT A DORIA. — MORT DE SAMPIERO.

(1565-1567.)

Après avoir dissous la consulte, Sampiero, présumant que Doria, suffisamment reposé, tenterait quelque chose sur Caccia, s'était avancé de ce côté avec 800 hommes; mais comme il vit qu'il ne bougeait pas, il crut pouvoir passer dans le Delà-des-Monts, où les Génois obtenaient des succès du côté d'Ajaccio. Ce qui faisait que Doria se tenait tranquille à Bastia, c'était qu'il ne voulait agir qu'avec des forces imposantes qu'il attendait tous les jours de Gênes. Dès qu'elles furent arrivées, il se mit de nouveau en marche par la Serra de Tenda, et arrivant à Pietralba, il livra ce village aux flammes (mai 1565).

En apprenant cette nouvelle, Antoine de Saint-Florent, qui commandait dans ces contrées, se retira à la Petrera de Caccia, comme il en avait reçu l'ordre de Sampiero; mais il ne put s'y maintenir parce que Doria, survenant avec des forces supérieures, le délogea après un combat assez vif. Doria, poursuivant alors son avantage, fit brûler les maisons de Caccia ; puis traversant le Golo, il alla en faire autant à Rostino et à la Casabianca, d'où il descendit au Vescovato pour donner quelques jours de repos à ses troupes fatiguées. Il voulait aussitôt après reprendre ses courses incendiaires du côté de Caccia; mais il reçut avis, pendant qu'il était encore à Vescovato, que des galères génoises allaient arriver à Bastia pour y prendre les troupes espagnoles que Philippe II rappelait en Lombardie. Il lui fallut renoncer dès lors à toute entreprise. Cependant, comme il voulait faire voir que le départ des Espagnols ne l'affaiblissait pas et qu'il pouvait toujours se venger des populations qu'il croyait hostiles à Gênes, il fit partir des troupes pour aller incendier les moissons de Moriani, et de Campoloro. Marc d'Ambiegna, qui campait sur le fleuve d'Alesani, le reçut vigoureusement; toutefois il dut céder, après une courte résistance, à un ennemi très-nombreux, et ne put l'empêcher d'avancer jusque vers le Fiumorbo, brûlant les moissons de Moriani, Petriggine, Vizzani, Antisanti et Vivario. Sampiero, qui avait été averti par Antoine de Saint-Florent de la marche de Doria sur Caccia, s'était hâté de revenir dans le Deçà-des-Monts, et s'était arrêté d'abord à Morosaglia pour observer l'ennemi. Lorsqu'il le vit se diriger par Campoloro, il ne douta plus que son intention ne fût de tenter quelque coup de main sur Corté, et, le suivant à une certaine distance, il alla d'abord camper à Tox et de là passa à Pancaraccia pour pouvoir lui tomber plus facilement dessus lorsqu'il se serait engagé dans l'intérieur des terres.

Mais Doria sut encore cette fois échapper au malheur qui le menaçait, et, revenant à marches forcées à la Padulella, il n'eut à soutenir que quelques combats de peu d'importance avec les Corses, qui le poursuivaient en tiraillant.

De la Padulella Doria envoyait presque tous les jours ses lieutenants faire des excursions et brûler des villages. Les Corses de Sampiero les attaquaient alors pour les empêcher de mettre leurs projets à exécution. Il y eut ainsi beaucoup d'engagements dans lesquels les chefs, pour animer leurs soldats, s'exposaient aux premiers rangs et couraient les plus grands dangers. C'est ce qui arriva souvent à Sampiero, et une fois entre autres dans un combat contre la cavalerie de Centurione, où il faillit être pris après avoir essuyé, pendant près d'une heure, le feu de l'ennemi (1).

Doria employa ainsi tout le mois de juillet 1565 à piller et à incendier le Deçà-des-Monts. Lorsque la moisson était sur l'aire égrenée et prête à être transportée, il envoyait ses soldats avec des bêtes de somme s'en emparer, puis il faisait incendier les villages. Filippini, sous les yeux de qui se passaient ces événements, et que l'on ne saurait accuser de partialité pour les Corses, rapporte que pendant le gouvernement de Doria cent vingt-trois villages furent ainsi livrés aux flammes. A cette époque, les Génois ruinèrent tellement le pays, qu'on voit encore aujourd'hui les traces de leurs dévastations. Ce système, loin de leur faire des partisans, ne servait qu'à leur aliéner les populations; mais ils se souciaient fort peu d'avoir l'amour des peuples, pourvu qu'ils les dominassent. Ils savaient que la terreur peut beaucoup sur des pauvres gens qui ont besoin de repos pour vivre, et ils atteignaient ainsi le but qu'ils se proposaient.

Fatigué de perdre son temps en de petites excursions, Doria voulut tenter une opération importante, et résolu cette fois à s'emparer du château de Corté, il fit venir de Calvi l'artillerie nécessaire au bombardement.

Sampiero, instruit de ce projet, mit une garnison suffisante dans Corté, et courut appeler aux armes les peuples de Bozio, d'Orezza et de Rostino, qui venaient d'éprouver récemment les ravages des Génois; en même temps il écrivit à Achille Campocasso, qui, oubliant son ressentiment, vint le rejoindre aussitôt, et prêta encore une fois son bras à la patrie. Sampiero, ayant ainsi réuni tout son monde, alla se poster à la Sretta d'Omessa, par où l'ennemi devait nécessairement passer. Lorsque Doria arriva en ce lieu, il y eut un combat long et meurtrier entre les deux armées. Toutefois, forçant le passage, il marcha rapidement sur Corté, bombarda le château pendant deux jours, et y entra le troisième, lorsque déjà pendant la nuit ses défenseurs l'avaient abandonné. — Sampiero, qui l'avait suivi et qui savait que son intention était de retourner par Ostricone, lui avait tendu une embuscade telle, qu'au dire même des auteurs génois il lui eût été impossible d'échapper à une destruction certaine. Mais Étienne Doria était protégé par son bon génie, qui, cette fois, fut Fra Martino. Ce moine, puni à cause de sa mauvaise conduite par Sampiero, avertit secrètement Doria du danger qu'il courait; et celui-ci, mettant à profit cet avertissement, changea aussitôt de route, et, passant par Luminanda, arriva, après des fatigues inouïes, au Pont à la Leccia, d'où il gagna Saint-Florent. Cette retraite fut plus désastreuse pour lui que n'aurait été une sanglante bataille; car Sampiero, s'étant aperçu que cette fois encore il lui échappait, s'était mis à sa poursuite, le harcelant et l'obligeant à suivre une route affreuse où il perdit beaucoup de monde, presque tous ses bagages, et se vit obligé de faire fondre son argenterie, pour remplacer le plomb.

Les Génois venaient d'éprouver trop de pertes pour songer à recommencer leurs attaques. Sampiero, parfaitement rassuré de ce côté, licencia ses volontaires, et se rendit ensuite à Sainte-Lucie de Bozio, où il convoqua une consulte.

Le premier soin de l'assemblée fut de nommer de nouveaux commissaires pour aller, en compagnie d'Antonpadovano, demander des secours au roi de France. On s'occupa ensuite des choses les plus urgentes, et on décréta la levée d'un impôt de trente sous par famille pour subvenir aux frais de la guerre. On confia à douze commissaires le soin de cette opération, qui ne rencontra aucun obstacle de la part des Corses et ne put être empêchée par les Génois.

Vers la fin de l'année, Étienne Doria, ayant terminé le temps de son commandement, quitta la Corse, laissant de lui un triste souvenir aux populations qu'il avait ruinées par l'incendie. Toutefois, pour être juste, il faut reconnaître qu'il ne faisait que suivre les instructions de Gênes. On doit même dire à son honneur que, contrairement à l'esprit de ses prédécesseurs, et surtout de ses successeurs immédiats, il

(1) Pilipp., t. V, passim.

chercha, autant qu'il put, à décider par les armes la question de souveraineté. Loin d'éviter les combats, il allait toujours au-devant, se montrant aussi intrépide soldat que prévoyant général. Il eut à combattre contre Sampiero, un des meilleurs capitaines de l'Italie, s'en tira souvent avec honneur, et l'on peut dire que ce fut un des plus habiles hommes de guerre que les Génois aient envoyés dans ce pays.

Tandis que Pierre Vivaldi, successeur de Doria, débarquait à Bastia, Antonpadovano et les autres ambassadeurs, envoyés près la cour de France, revenaient de leur mission, amenant eux Alphonse, fils aîné de Sampiero, et apportant dix mille écus et treize drapeaux sur lesquels on lisait ces mots : *Pugna pro patria*. Ces secours, quoique de peu de valeur, avaient néanmoins une grande importance ; car ils témoignaient de l'intérêt que la France portait aux insurgés. Sampiero distribua les drapeaux à ses capitaines, et alla ensuite dans le Nebbio pour maintenir dans le devoir le peuple de cette contrée et surveiller en même temps les mouvements de l'ennemi. Toute l'année 1566 se passa sans événements remarquables : Vivaldi n'avait pas l'humeur guerrière de Doria. Cependant il essaya de déloger les Corses de certaines positions qu'ils occupaient, et, à cette occasion, il y eut différents combats dont les chances furent diverses. Mais Gênes, voyant que la guerre traînait en longueur, qu'elle y perdait ses hommes et son argent, craignant en outre que Sampiero ne parvînt à obtenir du continent les secours qu'il ne cessait de demander, voulut en finir d'une manière quelconque avec cet infatigable ennemi.

Il y avait dans l'armée génoise beaucoup de Corses qui servaient avec zèle la république. Les uns étaient des transfuges de Sampiero, comme Hercule d'Istria ; d'autres, croyant dans leur intérêt de s'attacher aux Génois, avaient embrassé leur parti dès le commencement de la guerre. De ce nombre étaient trois frères, Antoine, François et Michel-Ange d'Ornano, parents de Vanina, et qui étaient peut-être désireux de venger sa mort. Pour les exciter davantage, les Génois leur promirent le fief d'Ornano, patrimoine des fils de Sampiero. Entraînés par leur haine et par l'appât d'une récompense aussi considérable, ils ourdirent un complot dans lequel ils firent entrer Hercule d'Istria, le moine Ambroise de Bastelica et Vittolo, écuyer de Sampiero. Il s'agissait de se débarrasser, par la trahison, de Sampiero, et de le faire tomber dans un guet-apens. A cet effet, on lui écrivit des lettres au nom de ses amis de la Rocca, par lesquelles on le prévenait que les populations de cette contrée se disposaient à passer sous l'autorité de Gênes. Sans perdre de temps, Sampiero, qui était à Vico, résolut de se porter dans la Rocca pour arrêter le mal à son commencement. Vittolo avertit aussitôt le moine Ambroise des dispositions de son maître, et lui indiqua la route qu'il suivrait. Le moine en fit part à ses complices, et les Ornano, Hercule d'Istria et Raphaël Giustiniani, capitaine de cavalerie, partirent aussitôt à la tête d'un escadron d'hommes résolus, et se dirigèrent sur Cauro. Sampiero suivait cette route sans se douter du piège qu'on lui avait tendu, lorsqu'arrivé en un lieu resserré et très-pierreux il fut assailli tout à coup par ses ennemis. Se voyant ainsi enveloppé et connaissant le danger qui le menaçait, il cria à son fils de se sauver ; puis il se précipita sur Jean-Antoine d'Ornano, qu'il blessa à la gorge d'un coup de pistolet, et comme il mettait la main à l'épée, il reçut dans le dos un coup d'arquebuse qui le renversa de cheval. Aussitôt les Ornano et leurs compagnons se précipitèrent sur lui, lui coupèrent la tête et l'envoyèrent à Ajaccio au commissaire génois, François Fornari (17 janvier 1567).

Ce fut ainsi que mourut Sampiero, à l'âge de soixante-neuf ans. « Il était d'une haute stature, d'un aspect fier et martial, et d'humeur altière ; doué de beaucoup d'intelligence et d'un esprit très-fin, il réunissait, ce qui se voit rarement, la vivacité de l'esprit à la solidité du jugement. Prompt à prendre un parti, ferme dans son exécution, résigné aux fatigues, intrépide dans le danger, il savait profiter de toutes les chances de la fortune et faisait tourner à son avantage les fautes de ses ennemis. Soutenant par sa propre valeur et sa sagesse le poids de la guerre, quoiqu'il n'eût ni vivres, ni munitions, ni argent, et qu'il n'eût sous ses ordres que des gens indisciplinés, il tint toujours à distance l'ennemi, et battit souvent les troupes aguerries commandées par de vieux capitaines (1). »

Sampiero est sans contredit l'homme le plus éminent qu'ait eu la Corse avant Paoli et Napoléon. Sorti des derniers rangs de la société, sans éducation, sans fortune, sans appui, jeté sur une terre étrangère, il força par son seul mérite la destinée, et, dans ce seizième siècle si fertile en hommes de guerre remarquables, il acquit la réputation d'un des premiers capitaines de l'Europe. La lutte qu'il soutint seul contre la puissante république de Gênes, bien que disproportionnée, mit au jour ses inépuisables ressources, et montra, dans toute son énergie, ce grand caractère du moyen âge où se réunissaient au même degré l'amour de la patrie et la haine de l'étranger (2).

CHAPITRE IV.

ALPHONSE D'ORNANO CONTINUE LA GUERRE. — GEORGES DORIA REMPLACE FORNARI. — IL TRAITE AVEC ALPHONSE. — DÉPART DE CE DERNIER.

(1567-1569.)

La mort de Sampiero ne mit point fin à la guerre, comme on aurait pu s'y attendre. Son fils, Alphonse, quoique à peine âgé de dix-huit ans, accepta sans hésiter le lourd fardeau de cette succession. Mais il fut facile de prévoir quelle serait l'issue de cette nouvelle lutte. Si Sampiero avec ses grands talents militaires, sa réputation incontestée, ses nombreuses relations à l'extérieur, son influence sur les masses, n'avait pu réussir dans son entreprise, comment son fils, sans précédents, sans ressources d'aucune espèce, pourrait-il tenir au milieu des obstacles sans nombre qu'allait soulever sur ses pas la politique génoise? Entre un si jeune homme réduit à ses seules forces et la sérénissime république, la lutte ne pouvait être ni longue ni sérieuse; et si elle dura plus longtemps qu'on ne l'avait prévu, c'est que les populations, dévouées à Alphonse comme elles l'avaient été à Sampiero, voyaient bien qu'en lui seul résidait tout espoir de délivrance, et s'y rattachaient avec l'énergie du naufragé.

Reconnu général des Corses par les soldats de Sampiero, Alphonse reçut solennellement ce titre par acclamation du peuple à la consulte d'Orezza. Pendant deux ans encore, il lutta contre les troupes de la république. Une première fois, à Renno, son cousin Delfino remporta un avantage sur un détachement génois qu'il détruisit entièrement, et une autre fois lui-même fit éprouver, au même endroit, une défaite sanglante au commandant Giustiniani. Malgré ces succès, sa position et celle de ses partisans, au lieu de s'améliorer, devenaient tous les jours plus incertaine. L'intérieur du pays, livré aux dissensions intestines, se partageant en factions *Rouge* et *Noire*, se livrait tout entier à sa passion, négligeant pour elle les graves intérêts de la patrie. Le gouvernement génois, charmé de pouvoir ainsi donner de l'occupation aux esprits, encourageait ces dispositions aux discordes civiles, et appuyait tour à tour l'un ou l'autre parti. Cependant, fatigué des lenteurs de la guerre qu'il soutenait en Corse, plus fatigué encore des dépenses énormes qu'elle lui occasionnait, il comprit qu'il était de son intérêt de faire cesser une lutte qui, réduite même à de faibles proportions, finirait toujours par lui être très-onéreuse. Le parti de la modération et de la paix triompha dans le sénat; on remplaça Fornari par Georges Doria, auquel on confia des pouvoirs illimités.

Georges Doria, ancien militaire, d'un caractère sage et probe, avait été choisi exprès pour opérer une réconciliation. Il remplit sa mission avec prudence et bonheur; son premier soin en arrivant en Corse fut de publier une amnistie

---

(1) Casoni, t. II, liv. VII.
(2) Les Génois firent en quelque sorte son éloge par leurs réjouissances extraordinaires à sa mort. Fornari, gouverneur de Corse, et qui résidait à Ajaccio, n'eut pas plus tôt appris cette nouvelle, qu'il fit tirer tous les canons de la place. On fit des feux de joie dans les rues, on sonna toutes les cloches, on distribua des récompenses à tous les soldats du détachement qui rapportèrent quelques morceaux du corps de ce malheureux. *Histoire des révolutions de Gênes de Bréquigny*, t. II, liv. IV.

générale pour le passé. La guerre avait épuisé les ressources et lassé les cœurs. On avait besoin de repos pour vivre. Des provinces entières vinrent faire leur soumission. Des chefs de parti qui avaient combattu sous Sampiero en firent autant. D'autres, mais en moins grand nombre, restèrent fidèles à leur général, décidés à suivre jusqu'au bout sa destinée. Cet empressement des populations à rentrer en grâce ne laissa pas que d'inquiéter Alphonse. Il voyait clairement, par les dispositions peu amicales des uns, par les défections journalières des autres, qu'il serait prochainement réduit à un petit nombre d'hommes dévoués avec lesquels il ne pourrait faire qu'une guerre de partisans. Georges Doria comprit parfaitement cette position; mais il pensa que si faible que devînt son ennemi, il serait toujours inquiétant et redoutable. Il résolut alors de l'engager à quitter la Corse, en lui faisant d'honorables conditions. L'évêque de Sagone fut chargé de cette délicate mission. Alphonse consulta ses capitaines; et comme ceux-ci furent d'avis d'accepter les ouvertures qui étaient faites, il fit remettre à Doria, par maître Simon de Calvi, une note qui renfermait les conditions suivantes:

1° Pardon absolu pour ce qui a pu être fait, durant la guerre jusqu'au jour présent, directement ou indirectement par Alphonse et ses partisans ou par d'autres; 2° faculté de pouvoir s'embarquer pour n'importe quel lieu de terre-ferme accordée aux hommes et aux femmes; 3° liberté de disposer des biens comme on l'entendra, pouvant les vendre ou les faire administrer; 4° retour à Alphonse du fief d'Ornano, et si le gouverneur ne peut accéder de son chef à cette demande, qu'il lui plaise s'interposer auprès de la république pour cet objet; 5° que la pieve de Vico soit laissée à la libre disposition des contractants jusqu'à ce qu'ils puissent s'embarquer, et que nul ne puisse y venir armé; 6° que l'on accorde quarante jours aux contractants pour pouvoir arranger leurs affaires avant de s'embarquer; 7° qu'il leur soit permis d'emmener un cheval par homme et plusieurs chiens; 8° remise de leurs dettes à ceux qui se trouveraient en ce moment débiteurs du fisc; et, quant aux autres, qu'il leur soit accordé cinq ans pour pouvoir se libérer vis-à-vis de leurs créanciers, attendu la grande misère qui a existé; 9° que l'on mette en liberté François Marie de Corté, la femme et le fils du sieur Paul-Louis de Bozi, Chrestien de Saint-Pierre et autres; 10° qu'on pardonne toutes les injures reçues; 11° que l'on permette aux soldats français de s'embarquer avec les nationaux (1).

Ces conditions furent acceptées avec de légères modifications par Georges Doria, et des galères françaises étant arrivées sur ces entrefaites au port de Sagone, Alphonse s'embarqua pour la France, avec environ trois cents compagnons qui voulurent partager sa fortune. Arrivé à Marseille, il écrivit au duc de Guise et à Catherine de Médicis pour réclamer leur protection. Il fut très-bien accueilli à la cour, où les services de son père étaient encore présents à la mémoire de tous. Le roi Charles IX lui accorda, ainsi qu'à ses compagnons, des lettres de naturalité, reconnut ses titres de noblesse, et le nomma colonel du régiment corse qu'il prenait à sa solde (1569) (2).

LIVRE VII.

Depuis le départ d'Alphonse d'Ornano jusqu'à la révolution de Bozio en 1729.

CHAPITRE I.

CONDUITE DES GÉNOIS APRÈS LE DÉPART D'ALPHONSE D'ORNANO. — VIOLATIONS DES STATUTS. — ACCROISSEMENT DES MEURTRES. — LA VENDETTA. — DÉMORALISATION ET ÉTAT DÉPLORABLE DU PAYS.

(1569-1700.)

Le départ d'Alphonse d'Ornano, et les mesures remplies de sagesse prises

---

(1) Document inédit de la Bibliothèque royale, Filipp., t. V.
(2) Sampiero eut de Vanina, fille de François d'Ornano, deux fils, Alphonse et Anton-Francesco. Ce dernier mourut vers 1580, à Rome, assassiné dans une querelle qu'il eut avec un seigneur français. Il n'était point marié, et ne laissa pas de descendants.
Alphonse d'Ornano, nommé par Charles IX

par Georges Doria rétablirent la tranquillité dans le royaume. Les populations, fatiguées de tant de désastres et de souffrances, s'empressèrent de faire leur soumission, et pendant quelques années Gênes, assez fidèle observatrice des traités, sembla vouloir faire oublier sa conduite passée. Mais les choses ne durèrent pas longtemps en cet état, et l'avidité génoise reprit bientôt le dessus.

Toutefois le gouvernement, instruit par une dure expérience, n'osa plus attaquer de face un sujet si redoutable dans son indocilité; mais, poursuivant son but, qui était de tirer le plus grand parti qu'il pourrait de la Corse, il y employa les moyens détournés d'une politique astucieuse et rapace, si bien qu'au dix-huitième siècle il était arrivé à ses fins, et croyait n'avoir plus rien à redouter des populations qu'il avait, progressivement et sans trop leur faire sentir la pesanteur de sa chaîne, accoutumées à un joug asservissant.

Une des promesses les plus importantes de Georges Doria avait été le rétablissement des statuts auxquels on ne devait plus déroger sans le consentement de la nation légalement représentée. Les statuts étaient la loi écrite, au maintien de laquelle veillaient les Douze. En 1573, ils furent en effet revisés et acceptés par le sénat et les députés corses venus à Gênes à cette fin. Mais, dès 1581, on commença à y porter atteinte. Le gouverneur André Cataneo proposa aux Douze d'y apporter quelques changements; et comme ils s'y refusèrent, il publia un édit, déclarant inhabile à remplir les fonctions de garde (Massarius) tout individu né en Corse ou y habitant, ou s'y étant marié (1).

Ce fut le commencement d'une série non interrompue de violations des statuts ou des priviléges. En 1585, un autre gouverneur, Cataneo Marini, rend un décret par lequel aucun Corse ne peut remplir de fonctions judiciaires dans le lieu où il est né, dans celui où il s'est marié, ou bien encore dans celui où il a des parents ou alliés jusqu'au quatrième degré (1). Trois ans après, en 1588, Laurent Négroni déclare que nul Corse ne pourra remplir dans l'île les fonctions de notaire, de greffier et même d'employé de greffier (2). En 1612, on va plus loin, et un décret du sénat exclut des emplois de capitaine de la milice des villes d'Ajaccio, Bastia, Calvi, Saint-Florent et Bonifacio, tout habitant de ces villes, fût-il même Génois, et cela nonobstant les priviléges, lesquels sont par cela même révoqués; il ajoute de plus que nul Corse ne pourra, dans le lieu de sa naissance, être nommé lieutenant, porte-drapeau, sergent, concierge des forts ou des tours, et même caporal (3). En 1624, autre décret qui exclut les Corses de la charge de collec-

---

colonel général des Corses, servit avec distinction sous ce roi et sous Henri III. Il fut des premiers à reconnaître Henri IV, qui le tint en grande estime. Il fut successivement lieutenant général en Dauphiné, puis en Guyenne, et enfin fut nommé maréchal de France. Il mourut en 1610, à l'âge de soixante-deux ans, et fut enterré dans l'église des religieux de la Merci à Bordeaux. Il avait épousé la fille de Nicolas de Pontevèze, seigneur de Flassan, dont il eut plusieurs enfants, entre autres Jean-Baptiste d'Ornano, qui fut comme lui maréchal de France, et que Richelieu fit enfermer au château de Vincennes, ou il mourut en 1626. La famille d'Alphonse d'Ornano s'éteignit en 1670.

(1) « Massarius aut monitionerius inaliquo ex prædictæ insulæ loco nemo possit eligi qui sit Corsus, natus, habitator aut uxuratus in ea insula. »

(1) « Nemo in illo loco Corsicæ, in quo natus est, aut habet uxorem, aut propinquos, sive affines Corsos, usque ad quartum gradum in illo loco, aut in jurisdictionis illius loci possit eligi in jurisdicentem illius loci. »

(2) « Nulli Corso liceat n insula Corsicæ ad officia notariatus aut cancellariarum conferenda post hæc eligi. »

(3) « Dux et senatus Januensis

« Decreverunt et decernunt post hac remitti non posse in capitaneos militum pedestrium ad portum Bastiæ et Adjacii, et in locis Sancti Florentii, Calvi et Bonifacii aliqui qui sint eorumdem locorum respectivi etiam quod sint Januenses, aut districtueles, aut filii Januensium : similiter in dictis locis admitti pro militibus nequaquam possint aliqui Corsi, non obstantibus quibuscumque concessionibus factis quæ prorsus revocantur injuncta pœna judicentibus et officialibus secus facientibus scutorum auri. Similiter non possint admitti aut eligi minusque approbari in locum tenentes, signiferos, sargentes et caporales dictorum militum pedestrium aliqui in eis locis in quibus sunt nati. Pariter non possint in futurum eligi aliquis Corsus, sive Corsi in caporales et castellanos castrorum et turrium et qui post hac eligentur nullo modo sint Corsi, minusque eisdem Corsis cura aliqua dictorum castrorum et turrium conferri debet, sub quovis nomine et titulo : cum sic conveniat pro regimine conservatione et custodia ipsorum, et expediat pro bono publico et dignis ex causis. »

CAMBIAGI, t. II, passim.

teur d'impôts. En 1634, nouveau décret qui spécifie que les vicaires et les auditeurs devront être du continent, et qui remet aux Génois l'inspection des tours, qui jusque-là avait appartenu aux Corses. Ainsi se trouvèrent violés les statuts dont l'observance avait été solennellement promise.

Restait l'autorité des Douze. On la diminua insensiblement. Déjà, dès 1585, on leur avait retiré les fonctions de syndicateurs. En 1614, un décret du sénat déclara qu'ils n'enverraient plus d'orateur à Gênes, et que si les Corses avaient quelques réclamations à faire au sénat, ils devraient au préalable demander aux sérénissimes colléges l'autorisation de pouvoir nommer un procureur pour présenter leurs plaintes. On voulut également frapper dans leur dignité les seigneurs féodaux; et un décret de 1623 leur enleva l'antique privilége de rester tête couverte devant le gouverneur (1).

Ces mesures, qui, si elles avaient été prises d'ensemble, auraient pu occasionner quelque révolte, arrivant partiellement et, pour ainsi dire, en cachette, passaient inaperçues, et n'étaient vivement senties que par ceux qu'elles frappaient directement. Elles désorganisèrent le pouvoir en avilissant la magistrature populaire des Douze, et en faisant passer toutes les fonctions publiques entre les mains de sujets purement Génois, qui devinrent par là les arbitres souverains de la fortune publique. La fin du seizième siècle et tout le dix-septième se passèrent ainsi dans l'accroissement du pouvoir génois d'une part, et dans la décadence et l'anéantissement de la nation de l'autre. Ce fut dans cette période d'abâtardissement général que reprit naissance cette malheureuse passion de la *Vendetta,* dont les conséquences se font encore sentir de nos jours. Les Corses ont longtemps et justement reproché aux Génois leur perfide politique à cet égard, et c'est là une des principales causes qui les ont fait chasser de l'île.

Le premier inventeur de cette exploitation de sang fut le gouverneur Philippe Passano, qui, connaissant le penchant des Corses pour les armes, s'avisa en 1588 de vendre, sous le nom de patente, l'autorisation de porter un fusil. Le nombre des patentes fut d'abord petit; mais les rivalités et la jalousie s'en mêlant, il s'accrut bientôt d'une manière considérable, au point que sous Augustin Doria, en 1591, il était de plus de sept mille. Déjà, à cette époque, les meurtres s'étaient tellement multipliés, que le nouveau gouverneur crut devoir suspendre le port d'armes durant son administration. Ses successeurs, moins scrupuleux, le rétablirent et se procurèrent ainsi un revenu très-considérable. On peut voir dans les historiens qui ont parlé de cette période de l'histoire de la Corse, combien cette mesure fut funeste au pays, ce qu'elle engendra de maux, et avec quel soin barbare les agents de Gênes se plurent à l'entretenir.

La démoralisation ainsi introduite, et les habitants occupés à leurs vengeances particulières, les intérêts de la patrie furent abandonnés, et les gouverneurs purent se livrer en toute sécurité à l'arbitraire le plus absolu. C'étaient, pour la plupart, des patriciens ruinés et criblés de dettes que la république envoyait en ce lieu pour se refaire. Ils y arrivaient avec une suite nombreuse de pauvres hères, à qui ils distribuaient tous les emplois, et qui faisaient de leur mieux pour pouvoir, au bout de quelques années, se retirer bien repus dans leur chère patrie. La Corse devint la proie de tous ces agents faméliques, qui n'avaient qu'un seul but, celui de s'enrichir. Il n'y eut plus ni lois ni coutumes. Le bon plaisir et l'intérêt personnel des agents génois remplacèrent la justice, qui devint un mot vide de sens (1). Par une

---

(1) « Omnes nobiles Corsi, dum ad conspectum et præsentiam ipsius illustris gubernatoris essent, stare et morari detecto debeant et nudo capite, non obstante quavis concessione et previlegio cuique in hanc usque diem concesso, quod penitus tollitur et abrogatur. Per senatum, anno millesimo sexcentesimo vigesimo tertio, die tregesima martii. »
CAMBIAGI, t. II, p. 380.

(1) Le mémoire suivant, adressé par la Balagne, province des plus favorisées, démontre suffisamment quelle était la conduite des Génois à l'égard des populations qu'ils gouvernaient :

« Les habitants de la Balagne exposent au très-sérénissime sénat que le commissaire et les autres agents de Calvi s'arrogent une autorité beaucoup plus considérable que celle qui leur compète. Ils obligent notre province, contrairement à une foule de décrets, de porter à

usurpation inexplicable et tolérée par le sénat, les gouverneurs s'arrogèrent le pouvoir illimité de juger seuls en dernier ressort, et selon leur conscience bien informée (*ex informata conscientia*) toutes les causes civiles et criminelles. On comprendra facilement quel parti ils tiraient d'une si monstrueuse autorité. Les jugements devinrent comme le reste, une marchandise qui se vendait à celui, coupable ou victime, qui apportait la plus forte somme. Alors le juge, agissant selon les circonstances, laissait poursuivre l'instruction ou bien l'arrêtait par une ordonnance de *non procedatur*, et tout était dit. Ceux qui étaient ainsi lésés dans leurs droits, voyant qu'ils ne pouvaient obtenir justice, en appelaient à leurs propres forces, et décidaient par les armes leurs différends. Les violences et les meurtres se multiplièrent alors à l'infini; et le gouvernement génois battait des mains à ces luttes sanglantes, qui enrichissaient son trésor. Car il affermait le produit des causes criminelles; et pour n'éprouver aucune diminution dans son revenu, il fallait maintenir ce fermage de sang. On se refuserait à croire aujourd'hui à tant d'abus et d'iniquités, si les documents authentiques émanés même de Gênes n'étaient encore là pour les confirmer. Ainsi encouragés et fomentés, les meurtres s'accrurent rapidement. Ils étaient en moyenne de 1,500 par an; et l'on en compta 26,000 dans l'espace de trente ans, sous seize gouverneurs différents (1).

Comme nous venons de le voir, le dix-septième siècle a été une des époques les plus désastreuses de l'histoire de la Corse. A l'iniquité du gouvernement génois vinrent se joindre d'autres maux. La famine désola ce pays dans les années qui suivirent la retraite d'Alphonse d'Ornano, et réduisit ses habitants à se nourrir de glands et de racines sauvages. La peste, qui l'avait ravagée en 1578, se remontra en 1630. Ajoutez à cela les descentes des Barbaresques devenues presque journalières et très-redoutables; le paysan, obligé alors de fuir la plaine et d'aller comme l'oiseau de proie planter son nid sur les rochers des montagnes; l'agriculture négligée d'une manière déplorable, et les terres les plus fertiles redevenues en friche; les impôts et l'usure pressurant le peuple; les émigrations nombreuses des hommes de cœur, qui ne pouvaient souffrir paisiblement tant de misères, et vous n'aurez pas encore une idée complète de ce que fut la Corse pendant ce siècle qu'un historien moderne a appelé son siècle de fer.

Un seul événement remarquable vient rompre la monotonie douloureuse de cette longue période, c'est l'établissement, sur la côte occidentale de l'île, d'une colonie grecque dont les descendants se sont maintenus jusqu'à nous avec leur culte et leurs mœurs (2).

> Calvi cent trente-cinq mines de blé en sus des cinq cents qu'elle doit fournir. Ils prennent les chevaux des pauvres gens pour faire transporter du bois dans la ville, et ne leur donnent aucun salaire. Pour la réception du blé on éprouve mille difficultés. Le blé n'est jamais bon, si un pot-de-vin n'a au préalable édifié le receveur sur sa qualité. Pour le mesurer, on se sert de boisseaux gigantesques. Le lieutenant d'Algajola se fait fournir, de sa propre autorité, trente-deux mines de blé à très-bas prix. Quand il perçoit les taxes, il grève contre l'habitude chaque paroisse de huit ou dix boisseaux d'orge et il prend cinq pour cent pour le change des monnaies, tandis qu'il ne doit prendre que deux et demi. Lorsque les officiers ont besoin de chevaux, ils les prennent de force et n'en payent jamais le louage. On continue à percevoir les impôts spéciaux pour l'orateur, pour le pont de Golo et pour la restauration de la tour de Lacciuola, quoique le pont soit achevé et que l'on n'ait pas encore songé à la tour. Les soldats à cheval font payer à la province ce qu'ils consomment dans les auberges. On a altéré les tarifs et les prix des munitions. On oblige les habitants de la Balagne à aller vendre à Bastia leur huile en détail, ce qui leur occasionne un très-grave préjudice. S'il vous meurt quelqu'un, ou qu'il vous arrive quelque autre événement imprévu, vous avez la visite de la communauté. Pour une seule cause, on prend plusieurs vacations, quoique les choses se passent dans un même lieu et dans un même temps. On fait des faux pour les assignations et les procédures, de manière que souvent un individu se voit condamné sans avoir été cité à comparaître. On oblige les podesta à verbaliser pour de simples querelles de mots afin de pouvoir poursuivre les disputeurs. Si on vous a arrêté injustement, il faut que vous payez pour votre mise en liberté. On torture avec une cruauté inouïe les prisonniers pour leur extorquer de l'argent. — Pour ces causes et d'autres semblables nous implorons instamment la bonté de leurs seigneuries très-illustres de nous faire rendre justice. »
>
> *Mémoire présenté au sénat au nom de la province de Balagne*, par Mathieu Proveduti, le 21 juin 1646. CAMBIAGI, t. II, p. 281.

(1) Rapport du P. Cancellotti, qui accompagna Pallavicini lors du désarmement en 1714.
(2) Les Génois avaient tenté à plusieurs reprises

CHAPITRE II.

ÉTABLISSEMENT DE LA COLONIE GRECQUE A PAOMIA.

(1676-1713.)

Vers 1670, les habitants de Maïna, province du Péloponèse, qu'on dit avoir été l'ancienne Sparte, et qui se trouve entre le golfe de Laconie et celui de Messène, résolurent d'émigrer pour se soustraire à la domination des Turcs, qui, maîtres de toute la Grèce, ne tarderaient pas à les forcer dans leurs montagnes. Ils chargèrent à cet effet Jean Stephanopoli, un des hommes les plus considérables de leur pays, d'aller en quête d'un lieu propice. Après avoir infructueusement parcouru plusieurs villes de l'Italie, Stephanopoli arriva enfin à Gênes, où il exposa au sénat l'objet de son voyage. Le sénat l'accueillit parfaitement, lui dit qu'il lui concéderait un spacieux pays appelé *Paomia*, sur la côte occidentale de l'île de Corse, et qu'il l'aiderait de tous ses moyens l'établissement de la colonie. De retour à Maïna, Stephanopoli, qui avait vu Paomia, détermina facilement ses compatriotes à quitter leur patrie. Les circonstances étaient on ne peut plus pressantes. Le sultan Amurat venait d'envoyer contre eux des forces considérables; ils ne pouvaient échapper plus longtemps au sort qui les menaçait. Ils dirent alors un éternel adieu à leur patrie, aux parents et aux amis qu'ils y laissaient; et, profitant de la présence d'un vaisseau français qui était dans le port de Vitilo, ils s'embarquèrent diligemment, au nombre de sept cent trente personnes.

Arrivés à Gênes dans les premiers jours de 1676, ils y séjournèrent deux mois, pendant lesquels leurs chefs établirent avec le gouvernement les conventions qui devaient régir la nouvelle colonie, et qui furent contenues dans les quatorze articles qui suivent :

1° La république de Gênes entend que la colonie grecque qui va s'établir en Corse soit soumise au souverain pontife en ce qui touche la religion, et qu'elle exerce le rite grec tel qu'il est en usage dans le domaine pontifical et dans les royaumes de Naples et de Sicile;

2° Qu'à la mort de l'évêque actuel, des moines et des prêtres venus avec la colonie, ceux qui les remplaceront soient nommés par le pape ou par ses délégués;

3° Que, suivant les sacrés canons et les conciles, le clergé grec soit soumis à l'évêque latin du diocèse de la colonie;

4° A leur arrivée à Paomia, les colons devront bâtir des églises, des maisons pour leur habitation, et suivre les ordres du Régent que la république y entretiendra;

5° Lorsque la république en aura besoin, les colons devront la servir sur mer comme sur terre en fidèles sujets;

6° Les colons jureront fidélité et obéissance aux lois de la république, et s'engageront à payer exactement les impôts établis ou à établir;

7° La république assigne aux Grecs, à titre d'emphytéose, trois pays, savoir : Paomia, Revida et Salogna. Elle les leur concède pour eux et leurs descendants, à condition toutefois que les portions de terrain qui seront assignées à chaque colon soient par lui transmises en portions égales à ses enfants, sans distinction de garçon ou de fille. En cas de deshérence, la république rentrera de plein droit en possession du bien;

8° L'administration de Gênes s'oblige à fournir les matériaux pour construire les églises et les maisons, ainsi que le blé et le froment pour les semailles, à condition que ces avances lui seront remboursées avec exactitude dans le délai de six ans;

9° Chaque colon est libre d'avoir des fours, et des moulins à eau ou à vent;

10° La colonie pourra avoir, pour son usage ou sa commodité, des troupeaux de gros et menu bétail;

11° La république permet à chaque colon d'avoir chez lui des fusils et d'autres armes. Quant aux armes prohibées, il devra en donner connais-

---

de coloniser différents points de l'île. Ils avaient surtout porté leurs vues sur Porto-Vecchio, y avaient envoyé une colonie en 1544, et, plus tard, 1588, ils l'avaient donné en fief à Philippe Passano, gouverneur de l'île, pour lui faciliter la colonisation. Passano, associé avec Spinola, y envoya en effet de nombreux colons; mais ceux-ci, comme leurs prédécesseurs, ne purent résister longtemps à l'effet du mauvais air, et périrent presque tous en quelques années.

sance au juge, selon les circonstances;

12° Le commerce de toute espèce de marchandise est libre, en payant toutefois à la république les droits établis;

13° Il est permis aux colons d'aller en course contre les Turcs sous pavillon de la république, à charge par eux de payer les droits consulaires et de se conformer aux règlements sur cette matière;

14° La république s'engage à transporter en Corse, sans frais, la colonie; mais elle entend être remboursée des dépenses qu'elle a déjà faites pour ledit voyage, et qui s'élèvent à mille pièces environ (1).

Gênes, 18 janvier 1676.

Les choses étant ainsi établies, les Grecs firent voile pour le lieu de leur destination, où ils arrivèrent le 14 mars 1676. Les commissaires génois tracèrent aux chefs les limites du territoire de la colonie, et ceux-ci partagèrent immédiatement les terres entre les colons, pour qu'ils pussent se mettre aussitôt à les cultiver. Les Génois leur fournirent aussi, selon les conventions, tout ce qui leur était nécessaire. On nomma pour régent de la nouvelle colonie Isidore Bianchi de Coggia; et ce choix fut très-sage. Car Bianchi était un homme fort influent dans cette contrée, et il pouvait protéger efficacement la colonie naissante que les Génois pensaient bien devoir rencontrer de sérieux obstacles de la part des pièves voisines.

Lorsque la république désigna à la colonie grecque le territoire de Paomia, elle manqua de prudence en ne vidant point au préalable la question de propriété. Les territoires de Paomia, Revida et Salogna étaient considérés par les pièves de Vico, Renno et la Piana, comme leur appartenant. Ces territoires, ravagés au quatorzième siècle par Antoine Spinola, lorsqu'il faisait la guerre aux seigneurs de Leca, étaient restés depuis lors incultes et déserts, la plus grande partie des habitants s'étant, à cette époque, retirés dans les pièves voisines. Si les anciens propriétaires n'avaient point

(1) La pièce dont il est question devait être la *génovina* de 80 f.

depuis cultivé les terrains qui leur appartenaient, ils n'en avaient point pour cela abandonné la propriété, qu'ils considéraient entre eux comme communale. La république ne pouvait, parce qu'elle avait dépeuplé ces pays, les regarder comme siens; car la destruction et l'incendie ne furent jamais des titres de propriété. Elle disposait donc, dans ce moment, au profit des Grecs, d'une chose qui ne lui appartenait pas; et si les populations voisines se montrèrent, à plusieurs reprises, et contrairement à leur caractère, inhospitalières vis-à-vis des Grecs, c'est qu'elles voulurent par là protester contre l'usurpation de la république, usurpation qu'elles ne reconnurent jamais, et qui, en 1830 même, faillit être funeste aux émigrés établis en ces lieux depuis plus de cent cinquante ans. Toutefois, la colonie n'éprouva aucune résistance à son établissement. En moins de trente ans elle était parvenue à un état parfait de prospérité, et Limperani, qui la visita en 1713, raconte qu'il fut émerveillé de la beauté du pays, du développement de la culture, et de l'industrie des habitants (1).

LIVRE VIII.

Depuis la révolution de Bozio jusqu'au roi Théodore.

CHAPITRE Ier.

IMPOT DE DEUX SEINI. — SOULÈVEMENT DE BOZIO EN 1729. — DÉFAITE DES TROUPES DE FÉLIX PINELLI. — POMPILIANI, CHEF DES INSURGÉS. — SES SUCCÈS. — LE GOUVERNEUR VÉNEROSO. — GROPALLO ET CAMILLE DORIA.

(1700-1730.)

Les premières années du dix-huitième siècle se passèrent comme les précédentes sans aucune agitation sérieuse. Cependant il régnait dès lors comme une vague inquiétude qui faisait présager quelque prochain orage. Les impôts consentis par les Douze étaient très-

(1) Limperani, t. II.

lourds, et se trouvaient encore augmentés par une foule de contributions indirectes frappées à fantaisie par les gouverneurs et leurs agents (1). Le peuple, accablé de toutes les façons, ne pouvait plus suffire à ses nombreuses charges; il avait souvent réclamé auprès du sénat par l'entremise des Douze, mais ses plaintes étaient toujours demeurées sans effet. Les meurtres avaient pris une extension effrayante, qui menaçait de rendre déserts des villages entiers. Le malaise, devenu général, allait augmentant chaque jour.

Vers 1714, les Douze firent de nouveaux efforts pour remédier à de si grands maux. Ils députèrent à Gênes le P. Murati, savant jésuite, pour demander au sénat de mettre un terme à la sanglante tragédie qui se jouait sans intermède depuis plus d'un siècle. Murati représenta le triste état du pays, et supplia le sénat de jeter un regard de compassion sur un peuple voué à une entière destruction. Tout en reconnaissant le mal et le déplorant, le sénat ne prit aucune mesure pour l'arrêter. Il voyait bien que, dans l'état d'abâtardissement où il avait plongé la Corse, il n'avait plus rien à craindre pour sa puissance et qu'il pouvait se départir sans danger de la fatale maxime : diviser pour régner; mais il était retenu par l'idée d'être privé d'un revenu considérable en supprimant le port d'armes. Murati devina sa pensée et en fit part aux Douze, qui l'autorisèrent à consentir un nouvel impôt pour indemniser la république des pertes qu'elle allait éprouver. Le sénat ne fit plus d'objections, et l'on fixa à *deux seini* (13 s. 4 d.) par feu, la nouvelle contribution, qui ne devait être payée que pendant dix ans.

Alexandre Pallavicini fut alors envoyé en Corse, avec quatre missionnaires, pour présider au désarmement. Il obtint un plein succès. Les missionnaires parvinrent, par leur éloquence, au but qu'on s'était proposé, et le désarmement, opéré sans résistance, fut général et complet. Les bienfaits de cette mesure ne tardèrent pas à se faire sentir. La tranquillité renaquit comme par enchantement, et le pays jouit pour quelque temps d'une certaine prospérité. Mais cela ne fut pas de longue durée. Les agents de Gênes, ne trouvant pas leur compte à un état de choses qui les privait d'un revenu considérable, se mirent à vendre, d'abord en cachette, puis ouvertement, des armes et des patentes. On retomba bientôt dans la même misère. Les Corses renouvelèrent leurs plaintes au sénat. Des commissaires furent envoyés de Gênes pour remettre les choses sur le pied convenu. Ils le firent; mais dès qu'ils furent partis, les abus recommencèrent : on se plaignit de nouveau, et de nouveaux commissaires furent expédiés; mais les mesures mollement prises par l'administration de Gênes restèrent encore sans effet. Toutefois on continua à prélever l'impôt avec une sévère exactitude. Le mécontentement devint alors universel, et il fut facile de voir, à la sourde agitation qui tourmentait les esprits, qu'il suffirait d'une étincelle pour exciter un embrasement général. Cette étincelle, partie de Bozio, parcourut bientôt toute la Corse et y souleva un incendie que la sérénissime république ne devait jamais éteindre.

L'année 1728 avait été désastreuse en Corse pour les récoltes. La misère y était très-grande. La république, sur la représentation des Douze, fit remise d'une partie de l'impôt annuel. Mais ses agents, ne tenant aucun compte de cette mesure, voulurent exiger l'impôt dans sa totalité. Les esprits en furent vivement irrités. Dans plusieurs cantons, on résolut de ne point le payer. Un événement en apparence insignifiant fit disparaître toute indécision à cet égard, et détermina les populations à le refuser d'un commun accord.

Vers la fin de 1729, le lieutenant de Corté fit savoir aux pièves de sa juridiction, qu'il se rendrait avec le collecteur au couvent de Bozio pour y toucher les impôts. Les paysans s'y rendirent au jour indiqué; mais, comme il tardait à venir, ils s'en furent à leurs travaux, remettant au lendemain le payement qu'ils avaient à faire. Un pauvre vieillard du village de Bustanica, appelé Cardone, resta seul au couvent. L'agent génois étant arrivé sur ces entrefaites,

(1) A Corté le lieutenant du gouverneur exigeait une certaine somme pour l'entretien de son aumônier.

Cardone s'empressa de lui payer sa contribution. Dans la monnaie qu'il lui remit se trouvait une pièce de deux liards appelée *moneta da otto*, que le lieutenant jugeant de mauvais aloi, refusa d'accepter; le vieillard se récria contre cette sévérité, dit qu'il lui était impossible de la remplacer, et le pria d'avoir égard à sa misère. Le lieutenant fut inflexible, et lui déclara que si, le lendemain, il ne rapportait pas la somme complète, il ferait vendre ses meubles. Cardone, irrité de tant de rigueur, reprit, plein de colère, le chemin de son village. Il rencontra le long de sa route les paysans de Bustanica, à qui il raconta sa mésaventure, ajoutant qu'il était incroyable de trouver tant de sévérité dans le prélèvement d'un impôt consenti pour la suppression des armes, qui se vendaient cependant publiquement. Il s'éleva ensuite contre les exactions, chaque jour plus nombreuses, des agents génois; il fut éloquent comme un homme convaincu, et, ses paroles excitant l'indignation générale, on résolut de refuser l'impôt des *deux seini*, ainsi que l'impôt ordinaire dont on avait été en partie exempté (1).

Le lieutenant, instruit de ce qui se passait, en prévint immédiatement le gouverneur Félix Pinelli, patricien orgueilleux qui prétendait que tout dût plier devant sa volonté. Pinelli expédia à Corté cinquante hommes avec ordre de châtier sévèrement ceux de Bozio. Mais le capitaine de cette compagnie, apprenant que le soulèvement était considérable, n'osa s'aventurer avec si peu de monde et retourna à Bastia, où Pinelli, furieux, le fit jeter en prison. L'événement de Bozio et la résolution prise par ses habitants ne tardèrent pas à être connus des cantons voisins. Ce fut comme une commotion électrique qui, en un instant, parcourut tout le pays. L'impôt fut généralement refusé. Pinelli comprit bien que ce refus allait devenir une chose très-grave, qu'on ne pourrait terminer que par la force. Au lieu d'attendre les troupes qu'on lui aurait envoyées de Gênes sur sa demande, il voulut agir immédiatement pour qu'on ne pût le soupçonner au dépourvu, ne réfléchissant pas qu'en des circonstances aussi critiques une défaite pouvait compromettre gravement les affaires de la république. Il envoya donc un collecteur avec deux cents hommes pour percevoir les impôts de Tavagna et Moriani, relevant directement de sa juridiction, lui enjoignant de vivre aux dépens de la population et de se faire payer les frais. Arrivé au Poggio-de-Tavagna, l'officier commandant déclara qu'il ferait payer double impôt aux récalcitrants. Cette présomption lui coûta cher. Les paysans ne firent d'abord aucune résistance. Ils semblèrent même accueillir avec déférence les soldats de Gênes. On les logea dans les maisons les plus aisées; mais, pendant la nuit, on les désarma, et le lendemain ils durent reprendre, un peu confus, le chemin de Bastia (27 janvier 1730).

L'insurrection prenait ainsi un caractère sérieux et commençait à devenir redoutable. Toutefois il lui manquait deux choses également importantes, à savoir : des chefs pour la diriger, et des armes pour combattre. Elle eut les uns et les autres.

Pompiliani du Poggio, qui avait été un des premiers à parler et à agir contre les exactions des Génois, devint le chef provisoire des insurgés. D'après ses conseils, une multitude assez considérable de paysans, munie de haches, de perches, d'échelles, et des armes enlevées aux Génois, se porta sur le fort d'Aléria pour s'y approvisionner. La garnison ayant refusé de se rendre, on monta à l'assaut. Les Génois furent massacrés, et les insurgés, pourvus d'armes et de munitions, se dirigèrent aussitôt sur Bastia.

Cette promptitude de mouvements surprit et alarma à la fois Pinelli. Il se renferma en toute hâte dans la citadelle, où se trouvait une assez forte garnison. A peine y était-il entré que les insurgés, arrivant par masses, occupèrent tumultueusement la partie de la ville appelée Terra-Vecchia. Pinelli, voyant le danger qu'il y aurait à laisser les insurgés maîtres de la ville, mais n'ayant pas assez de forces pour tenter une sortie, recourut aux moyens dilatoires, qui réussissent toujours auprès des masses inexpérimentées, et chargea l'évêque de Mariana d'aller

(1) Cambiagi, t. III, liv. XIII.

auprès des insurgés s'informer de leurs griefs, promettant d'y faire droit s'ils étaient justes. Pompiliani répondit à l'évêque médiateur que les Corses avaient pris les armes pour obtenir le redressement des torts qu'ils supportaient depuis longtemps. Il demanda qu'on diminuât l'impôt annuel; qu'on rétablît quelques-unes des anciennes salines; qu'on abolît l'impôt de deux seini; qu'on rendît à chacun les armes qu'on avait enlevées sous de vains prétextes; qu'on limitât à six mois la durée des procès; qu'on déclarât les Corses aptes aux emplois, et qu'on abolît enfin certaines magistratures arbitrairement établies.

L'évêque promit ses bons offices, et engagea Pompiliani à quitter la ville jusqu'à la conclusion du traité, pour lequel il demanda vingt-quatre jours. Les insurgés ayant abandonné Bastia, l'évêque remit à Pinelli les demandes des Corses et les expédia en même temps au sénat.

Pinelli, se croyant désormais hors de danger, se garda bien d'accorder aucune des demandes qui lui étaient faites. Il ne pouvait dans son orgueil se faire à l'idée de traiter avec des insurgés, il voulait les dompter par la force et leur faire éprouver toute sa haine. Il écrivit donc immédiatement à Gênes pour présenter la révolte sous les plus odieuses couleurs et demander au sénat des troupes pour châtier les rebelles. Mais le sénat connaissait Pinelli; il savait que c'était un caractère impatient et colère; il devina qu'il était la cause principale du désordre qui se manifestait en Corse, et au lieu de lui envoyer les secours qu'il réclamait, il songea à le remplacer en donnant à Jérôme Véneroso, son successeur, des pouvoirs fort étendus (avril 1730).

L'ex-doge Jérôme Véneroso avait déjà été gouverneur en Corse en 1707. Il s'y était fait connaître par un caractère droit et ferme, par un amour sincère de la justice et par une grande bienveillance pour les Corses. En quittant l'île, il avait emporté le regret de tous. On n'ignorait point cela à Gênes, et on venait de le choisir pour tenter les voies de la conciliation; car, dans les circonstances présentes, la république, prise au dépourvu, ne se trouvait point de moyens suffisants pour dompter par les armes ceux qu'elle appelait des rebelles. Le nouveau gouverneur arriva au moment où les Corses, irrités du manque de foi de Pinelli, marchaient de nouveau sur Bastia. Son nom suffit pour les arrêter dans leur entreprise. Le souvenir qu'ils avaient conservé de son administration leur faisait espérer que la république, en envoyant un homme de cette valeur, était disposée à traiter sur des bases équitables. Véneroso publia en effet un pardon général pour le passé, concéda toutes les demandes faites par Pompiliani, sauf celle qui concernait les armes; mais il déclara en même temps que les mesures qu'il consentait devraient être soumises à la ratification de la république. Cette dernière clause rendait parfaitement illusoire tout ce qui précédait. Pompiliani et les autres chefs le comprirent, et refusant de déposer les armes, ils publièrent une circulaire adressée aux populations de l'île, dans laquelle, rappelant sommairement les griefs de la nation contre Gênes, ils convoquaient une assemblée générale à Saint-Pancrace-de-Biguglia pour la formation d'un nouveau gouvernement. Cette résolution vigoureuse enleva à Véneroso tout espoir d'arrangement. Il vit très-bien qu'il n'y avait rien à faire pour lui dans le pays. Les sentiments du peuple étaient toujours les mêmes à son égard; on estimait au plus haut point son caractère, et chacun protestait de son dévouement à sa personne. Mais la mesure des maux infligés par Gênes débordait de toutes parts. On ne pouvait et on ne devait plus se fier à ses fallacieuses promesses. C'en était fait de sa domination; Véneroso le sentit et demanda son rappel.

Ses successeurs François Gropallo et Camille Doria reprirent le système de rigueur. Ils supprimèrent de nouveau la vente du sel et firent incendier Vico. Les esprits s'en aigrirent davantage; grand nombre de cœurs timides et irrésolus, qui jusque-là étaient demeurés fidèlement attachés à Gênes, se déterminèrent à embrasser le parti national. Bastia se vit de nouveau envahie par une multitude nombreuse et résolue. Les gouverneurs, bloqués dans la citadelle et incertains du sort qui les attendait, envoyèrent en négociateur vers les insurgés l'évêque d'Aléria. L'évêque promit beaucoup, pour voir les nationaux s'éloigner; il commença par faire rétablir la vente du sel et fit entendre que l'on ferait bientôt droit aux autres demandes; mais il s'était beaucoup trop avancé. Selon leur habitude, les gouverneurs, voyant le danger s'éloigner, refusèrent d'accorder ce qui avait été promis. Camille Doria, qui avait la direction des affaires militaires, fit fortifier Monseratto et Furiani, y mit une bonne garnison, et donna ordre à un fort détachement de partir d'Ajaccio pour aller s'emparer de Corté. Les insurgés, prévenus par les préparatifs faits aux environs de Bastia, étaient sur leurs gardes. Le détachement, attaqué du côté de Vivario, fut désarmé par les paysans et obligé de retourner sur ses pas.

CHAPITRE II.

CONSULTE DE SAINT-PANCRACE. — COLONNA-CECCALDI ET GIAFFERI GÉNÉRAUX DE LA NATION. — ARMISTICE. — CONSULTE A CORTÉ. — NOUVELLE ORGANISATION. — INSURRECTION DU NEBBIO ET DE LA BALAGNE. — DÉCISION DES THÉOLOGIENS.

(1730-1731.)

Ainsi, les hostilités recommençaient de la part des Génois. Les Corses s'aperçurent enfin que toutes les promesses de concessions faites jusque-là n'avaient pour but que de gagner du temps. Ils résolurent dès lors de reprendre leurs opérations et de les conduire avec vigueur. La consulte générale qui avait été indiquée à Saint-Pancrace-de-Biguglia eut lieu : on y délibéra sur la marche qu'on avait à suivre dans les circonstances présentes. La guerre aux Génois y fut décidée d'une voix unanime. André Colonna-Ceccaldi, personnage très-considérable de la Casinca, et Don Louis Giafferi de Talésani, qui avait fait partie quelques années auparavant du collège des Douze, y furent nommés généraux de la nation. On leur adjoignit, comme directeur des affaires ecclésiastiques, l'abbé Dominique Raffaëlli. Le choix de la consulte ne pouvait être meilleur : les nouveaux généraux étaient remplis de zèle pour la chose publique. Ils avaient pour les Génois une de ces haines profondes qui, nées lentement et par une suite non interrompue d'injures odieuses et criminelles, rendent la vengeance comme instinctive et nécessaire à l'existence. Leur premier soin fut d'organiser les milices. Ils nommèrent un colonel par piève; un capitaine et des officiers subalternes par paroisse. Puis, d'un commun accord, ils résolurent de reprendre l'offensive. Toutefois, avant de commencer les hostilités, ils députèrent vers Gropallo le curé de Furiani et un moine de la Chartreuse de Pise, pour demander le redressement de leurs griefs. Gropallo se refusa à faire aucune réponse; alors ils marchèrent sur Bastia, s'emparèrent du fort de Monseratto, des Capucins, ainsi que des autres couvents fortifiés par les Génois, et pénétrèrent dans Terra-Vecchia, qu'ils occupèrent.

Lorsqu'ils virent la multitude des insurgés maîtres de la ville et se préparant à serrer de près la citadelle, les gouverneurs, qui jusque-là s'étaient montrés intraitables, devinrent beaucoup plus humbles et recoururent de nouveau aux négociations. Malgré sa répugnance très-légitime, l'évêque d'Aléria se chargea encore une fois du rôle de médiateur. Il alla trouver les généraux corses, qui déclarèrent ne vouloir déposer les armes qu'autant qu'on aurait fait droit aux demandes déjà formulées. L'évêque leur ayant fait observer que les pouvoirs des gouverneurs ne s'étendaient pas jusque-là; que ces demandes ressortaient nécessairement de l'autorité du sénat; qu'ils ne pourraient prendre que des mesures provisoires, et qu'il fallait, pour pouvoir agir, une suspension d'armes, pendant laquelle on enverrait à Gênes des députés, les généraux se laissèrent persuader à consentir l'armistice et y mirent les conditions suivantes :

1° Pendant l'armistice, dont la durée est fixée à quatre mois, il sera permis à tout Corse d'entrer armé dans n'importe quelle ville ou lieu occupé par les Génois, à l'exception toutefois de Bastia;

2° On rétablira la vente du sel qui a été prohibée;

3° Les ports de mer seront librement ouverts aux bâtiments appartenant aux nationaux ou trafiquant pour leur compte;

4° La république ne pourra faire aucune réparation ni augmentation à ses fortifications dans l'île;

5° Les prisons seront ouvertes à tous les nationaux qui y sont renfermés.

Malgré la dureté de ces conditions, les gouverneurs y souscrivirent sans hésiter, tant ils jugeaient leur position difficile; et les Corses, satisfaits d'avoir humilié l'orgueil des Génois, abandonnèrent Bastia, pour s'occuper de la prochaine consulte.

On s'étonnera sans doute de voir les insurgés se retirer ainsi, à plusieurs reprises, de Bastia sans chercher à s'emparer de la citadelle ou tout au moins sans rester maîtres de la ville. Mais si on réfléchit, d'une part, que les milices nationales se composaient d'hommes ayant quitté leurs travaux des champs pour une expédition de courte durée, vivant à leurs propres frais et désireux de retourner à leurs affaires le plus vite possible, et d'autre part, qu'il n'était guère possible de s'emparer de la citadelle sans artillerie, on concevra facilement que les généraux préférassent abandonner la ville que de voir s'affaiblir leurs forces, en face de l'ennemi, par le départ journalier des volontaires.

Ces événements se passaient à la fin de 1730. L'armistice devait finir au 1er mai de l'année suivante. Ce laps de temps était nécessaire aux Génois comme aux Corses pour se préparer à la guerre; car les uns et les autres y étaient plus que jamais résolus; ils sentaient que c'était là une question d'affranchissement ou de servitude, de domination absolue ou d'abandon général. Les Corses manquaient de tout; ils n'avaient ni argent, ni armes, ni munitions, point d'appuis à l'extérieur: seulement quelques âmes généreuses, isolées et craintives, les favorisaient en leur envoyant les choses les plus nécessaires. Ils n'avaient donc à faire de fonds que sur eux-mêmes; ils s'y résignèrent avec ce courage et cette fermeté d'âme qui font entreprendre et exécuter les grandes choses.

La consulte indiquée par les généraux s'ouvrit à Corté le 9 février 1731; elle fut très-nombreuse, et dura huit jours. On y discuta les affaires les plus pressantes du pays; on y renouvela le serment de s'affranchir à jamais de la domination génoise. Ceccaldi et Giafferi y furent confirmés dans le généralat, et investis d'un pouvoir absolu; on y décréta que les pièves nommeraient des *consultorii*, c'est-à-dire des représentants aux consultes; qu'elles éliraient également des officiers pour la guerre. On renouvela les lois civiles, et on restreignit les lois criminelles à l'ancien statut; on établit une pénalité pour les simples délits, et on fixa à 20 sous par feu la capitation à payer pour se procurer des armes et des munitions. Ayant ainsi réglé les affaires principales, la consulte fut dissoute et prorogée à une époque qu'on fixerait ultérieurement.

Les mesures provisoires prises par les généraux leur faisaient concevoir une heureuse issue pour leur entreprise. Cependant ils voyaient avec peine plusieurs parties assez importantes de la nation, telles que le Nebbio et la Balagne se tenir dans une neutralité fâcheuse; ils craignirent qu'il n'y eût là-dessous quelque intrigue génoise, et pour déjouer toutes les manœuvres de leurs ennemis, ils résolurent de donner à l'insurrection un caractère de légalité morale qui lui manquait. Ils convoquèrent donc pour le mois d'avril, à Orezza, une consulte de tous les théologiens de l'île, pour résoudre la question de savoir si la guerre était permise; mais, avant que cette assemblée se fût réunie, la Balagne et le Nebbio s'étaient spontanément soulevés, et avaient attaqué l'Algajola et Saint-Florent, tandis que le capitaine Mathieu Stefanini, à la tête des habitants de Farinole, s'emparait de la tour de la Mortella. Les commissaires génois se plaignirent alors vivement à Ceccaldi et à Giafferi de cette infraction au traité. Mais Poletti d'Olmeta, qui assiégeait Saint-Florent, répondit aux envoyés des généraux que, n'ayant point concouru pour sa part à l'armistice, il ne se croyait pas obligé de s'y conformer, et que, par conséquent, il continuerait à attaquer une ville dont la garnison lui était hostile. Les habitants de la Balagne, qui assiégeaient l'Algajola, firent la même réponse; de plus ils s'emparèrent de la ville et en démolirent les maisons, tandis que la garnison se sauvait par mer à Calvi (1).

Pendant ce temps, les théologiens, convoqués comme nous l'avons dit, s'assemblèrent en congrès à Orezza ; ils examinèrent la question de savoir si la guerre contre la république était légitime ou non. L'assemblée se prononça unanimement pour l'affirmative ; elle déclara que, dans le cas où la république refuserait de faire droit aux réclamations du peuple, il était juste et nécessaire de lui faire une guerre défensive et offensive, déliant les peuples du serment de fidélité, si jamais il avait été prêté.

Cette décision fut prise au mois d'avril 1731.

Le 12 mai suivant, une nouvelle consulte générale eut lieu au couvent de Bozio. On y accourut de tous les côtés de l'île : le Delà-des-Monts comme le Decà-des-Monts y envoyèrent leurs *consultorii*, qui délibérèrent d'abord sur les mesures à prendre dans les circonstances présentes. L'armistice était expiré : les Génois avaient mis à profit ce temps pour se préparer à la guerre ; ils venaient d'envoyer dans l'île deux nouveaux commissaires extraordinaires, Fornari et Grimaldi ; mais ce changement de gouverneur n'était fait que pour gagner du temps : leurs vaisseaux croisaient dans la mer de Toscane, et soumettaient à un rigoureux droit de visite tous les bâtiments abordant dans l'île. La faiblesse de Gênes était bien connue en Corse. Cette superbe république, considérablement déchue de son antique splendeur, ne pouvait plus rien par elle-même. Mais on n'ignorait point qu'elle cherchait ailleurs des auxiliaires qu'elle trouverait sans aucun doute ; car ses patriciens étaient assez riches pour payer largement des mercenaires. Les exilés corses qui habitaient le continent avaient prévenu les généraux des intrigues des Génois. La consulte fut donc informée du danger qui menaçait le pays, et la guerre y fut résolue. Cependant, comme il s'agissait maintenant non-seulement de combattre les Génois, mais aussi leurs auxiliaires, quels qu'ils fussent, la consulte voulut avoir l'assentiment du peuple. Les délibérations secrètes des députés ayant été closes la veille de la Pentecôte, on célébra cette fête avec la plus grande pompe religieuse, et, après la bénédiction, le prêtre don Antoine Mariani de Corté monta à la tribune élevée sur la place publique et harangua le peuple. Il rappela brièvement les droits de la nation, les injures des Génois, et les réclamations qui avaient été faites pour rétablir les anciens privilèges. Puis, s'adressant au peuple, il lui demanda s'il était d'avis de faire la guerre dans le cas où la république refuserait d'accorder ce qui lui était réclamé. Le peuple répondit unanimement et par acclamation que *oui* ; qu'il voulait la guerre ; qu'il la soutiendrait de toutes ses forces, et y sacrifierait sa vie. Alors l'assemblée se sépara aux cris de Vive la patrie, *Evviva la patria*. On ne tira pas de coups de fusil, dit le chroniqueur, parce qu'on gardait la poudre pour l'ennemi (1).

L'insurrection, comme on le voit, avait gagné du terrain. Il ne restait plus aux Génois que les villes maritimes, et dans quelques villages un petit nombre de partisans isolés et sans force que le courant entraînait chaque jour.

Aussitôt après la consulte, les généraux avaient voulu profiter de l'élan universel, pour pousser en avant les affaires de la nation et reprendre l'offensive. Mais, comme ils s'attendaient à voir les Génois venir en force pour les accabler, ils pensèrent qu'il était nécessaire d'aller chercher de l'appui sur le continent, et intéresser à la cause de l'insurrection quelque nation qui aurait avantage à posséder en Corse un ou plusieurs points maritimes. Giafferi et le chanoine Érasme Orticoni, un des hommes les plus éclairés et les plus dévoués de la nation, partirent à cet effet pour l'Italie. Le premier était chargé simplement des approvisionnements nécessaires à la guerre ; le second avait mission d'aller d'abord à Rome offrir au pape la souveraineté de l'île, et, dans le cas où

---

(1) *Memorie delle Rivoluzione di Corsica* M. SS., t. 1, p. 50 et suiv., de la bibliothèque du comte Colonna de Cinarca.

(1) *Memorie M. SS. delle Rivoluzione di Corsica.*

il la refuserait, de s'adresser à telle autre puissance qu'il jugerait convenable.

Tandis que ces deux chargés d'affaires allaient ainsi s'acquitter de leur mission, Colonna-Ceccaldi, qui était resté seul à la tête des affaires, envoyait à Bastia le piévan Aïtelli de Rostino, pour demander à Fornari une prolongation à l'armistice et lui exposer de nouveau les griefs de la nation. Fornari répondit à Aïtelli que la république ne pouvait traiter avec des rebelles, et qu'il fallait, avant tout, qu'ils déposassent les armes et se remissent entièrement à sa discrétion; qu'elle était bonne mère, et qu'elle les traiterait avec indulgence.

La réponse de Fornari excita la plus vive indignation parmi les nationaux; on résolut immédiatement d'aller bloquer Bastia. Pierre-Simon Ginestra, officier supérieur au service de Naples et qui venait d'arriver du continent, fut chargé du commandement en chef de l'armée assiégeante, tandis que Ciatten occuperait le Nebbio et resserrerait Saint-Florent. Ginestra établit son quartier général à Cardo et occupa les couvents de Saint-Joseph, des Capucins et de Saint-François.

En voyant l'ennemi à leurs portes, les habitants de Bastia furent saisis d'une grande frayeur. Les commissaires génois cherchèrent autant qu'ils purent à relever leur courage. Ils les engagèrent à une vigoureuse défense, leur donnant à entendre que c'était là leur unique moyen de salut, en attendant l'arrivée des renforts qu'on préparait à Gênes. Ils persuadèrent également aux habitants de Lota de venir s'enfermer dans la ville, leur promettant une large indemnité pour les pertes qu'ils auraient éprouvées. Les Lotinchi, qui penchaient pour Gênes, se laissèrent facilement persuader, et vinrent prêter leur appui à la ville. Ginestra les somma de rentrer chez eux; et comme ils s'y refusèrent, il envoya Antoine Buttafuoco et Ignace Aïtelli incendier leur village et dévaster leurs champs.

En même temps que Ginestra était venu mettre le siége devant Bastia, Luc d'Ornano et Jean-François Lusinchi, généraux du Delà-des-Monts, allaient mettre le siége devant Ajaccio. Le Delà-des-Monts avait envoyé ses députés à la consulte de Bozio. Il avait embrassé, comme le Deçà-des-Monts, la cause de l'indépendance et s'était organisé d'après les règlements délibérés dans la consulte.

Nous avons dit plus haut que les Génois, en établissant la colonie grecque à Paomia, avaient eu l'imprudence de ne pas décider au préalable la question de propriété. Les conséquences de cette faute se virent à cette époque. Les Corses voisins de la colonie profitèrent des premiers troubles pour l'attaquer à main armée. Les habitants du Niolo, ainsi que ceux de Vico, se présentèrent en grand nombre sur les terres des Grecs, et leur dirent qu'il leur fallait entrer dans la ligue de tous les peuples de la Corse contre les Génois. Les Grecs, qui n'avaient reçu que des bienfaits de Gênes, s'y refusèrent. On en vint aux mains. Les Grecs, bien armés, et d'ailleurs remplis de courage, repoussèrent d'abord les assaillants; mais ne pouvant résister au grand nombre de leurs ennemis et n'étant point secourus par les Génois, ils durent céder, et fuyant leur nouvelle patrie, ils allèrent s'établir à Ajaccio, où les Génois les organisèrent aussitôt en milice. Après leur départ, les habitants de Vico entrèrent dans leur territoire et le ravagèrent entièrement.

Les généraux ne purent s'opposer à cet acte de vengeance et ne songèrent pas à en punir les auteurs; ils avaient d'ailleurs d'autres soucis. Giafferi était de retour de son expédition. Il avait frété à Livourne un vaisseau français, et l'avait chargé des munitions qu'il avait achetées en Toscane avec l'argent emporté de Corse et celui des patriotes établis sur le continent. Mais ces approvisionnements, obtenus par tant de sacrifices, ne purent arriver à bon port. Le bâtiment, surpris par la croisière génoise dans les eaux de la Gorgone, fut obligé de se rendre. Les Corses qui s'y trouvaient furent faits prisonniers et les munitions envoyées à Bastia. Les Génois eurent bien soin de faire parvenir cette nouvelle aux généraux, qu'elle contrista beaucoup. Cependant les siéges de Bastia, Calvi et Ajaccio n'en furent pas moins poussés avec vigueur, et on pouvait espérer voir tomber la première de ces villes entre les mains des nationaux, lorsque les

Génois reçurent tout à coup les secours qu'ils attendaient depuis longtemps et qui devaient faire changer l'état des choses.

CHAPITRE III.

ARRIVÉE DES TROUPES ALLEMANDES SOUS LE BARON DE WACHTENDOCK. — AFFAIRE DE SAINT-PELLEGRINO.— ARMISTICE. — ARRIVÉE DU PRINCE DE WURTEMBERG; IL SOUMET LE DEÇA-DES-MONTS. — TRAITÉ DE PAIX. — DÉPART DE WURTEMBERG. — ARRESTATIONS DE GIAFFERI, AÏTELLI, RAFFAELLI ET CECCALDI. — RATIFICATION DU TRAITÉ. — LES ALLEMANDS QUITTENT LA CORSE.

(1731-1733.)

Dès le commencement de l'insurrection, la république avait songé à se procurer un appui étranger pour maintenir sa domination en Corse. Cependant comme elle était très-jalouse de sa possession, elle n'aurait voulu pour rien au monde la compromettre en appelant un allié qui aurait pu devenir un rival. Elle ne s'adressa donc point aux puissances maritimes, qui avaient un intérêt plus ou moins considérable à mettre le pied dans l'île ; elle alla implorer l'empereur d'Autriche Charles VI, dont la valeur purement continentale ne lui faisait aucun ombrage. Charles VI accueillit parfaitement sa demande, et lui accorda l'assistance qu'elle réclamait, à des conditions toutefois très-avantageuses pour lui. Il mit à sa disposition huit mille hommes de troupes. La république s'engagea à les fournir de munitions de bouche et de guerre, à payer 30,000 florins par mois à titre de subside, et à donner une indemnité de cent écus pour chaque soldat mort ou déserteur (1). Les Génois reçurent les huit mille hommes que leur expédia le comte Daun, gouverneur de Milan; mais, croyant pouvoir soumettre les Corses avec peu de monde, ils n'en firent partir d'abord que quatre mille, tenant les autres en réserve.

Les Allemands, commandés par les

(1) Il s'agit ici de l'écu romain de 6 fr.

généraux de Wachtendock, Valdstein et Ristori, arrivèrent à Bastia le 10 août 1731. Le lendemain ils attaquèrent les assiégeants, les rompirent, et les obligèrent à la retraite.

La nouvelle de l'arrivée des Allemands dans l'île y cause un grand étonnement. On ne pouvait comprendre comment une puissance aussi considérable que l'Autriche prêtait son concours à la république pour opprimer un peuple sans défense. Les Corses professaient pour la maison d'Autriche un profond respect; ils n'auraient point voulu porter les armes contre César; mais lorsqu'ils virent César venir les attaquer, ils se défendirent du mieux qu'ils purent. La défaite des milices assiégeantes ne découragea nullement les généraux. Ils appelèrent aux armes la nation, et allèrent camper sur les coteaux de Furiani.

D'un autre côté, Camille Doria, qui accompagnait Wachtendock, s'empressa d'incendier le village de Cardo, et se portant ensuite à Canari, où habitait Alessandrini, il brûla sa maison et emmena prisonniers sa femme et ses enfants. Puis il marcha vers Saint-Florent, tandis que Wachtendock allait s'emparer de Saint-Pellegrino. Ciatten, qui commandait à Saint-Florent, où il avait arboré le drapeau d'Aragon (1), voyant qu'il ne pouvait défendre la place, l'abandonna avant l'arrivée de l'ennemi, et se retira à Calenzana. Wachtendock s'empara de Saint-Pellegrino, qui se rendit sans tirer un coup. Mais, quand il fut maître de ce fort, sa position devint très-embarrassante. Les nationaux, qui l'avaient suivi à distance, escarmouchant et lui tuant beaucoup de monde, lui coupèrent tous moyens de retraite. Saint-Pellegrino était dépourvu de vivres, et les bâtiments génois qui portaient les subsistances de l'armée ne pouvaient aborder à cause du mauvais temps. Les soldats n'avaient ni pain ni eau. Wachtendock, se trouvant au dépourvu de toutes choses, proposa un armistice. Les généraux, qui craignaient, par une

(1) Les généraux avaient arboré à Saint-Florent et à Corté la bannière d'Aragon parce qu'ils avaient reçu, des patriotes de Livourne, l'assurance que la cour d'Espagne leur prêterait assistance.

trop vive résistance, d'irriter l'empereur, y consentirent. Il fut convenu que les hostilités cesseraient pendant deux mois; que les Corses exposeraient leurs raisons à l'empereur, et que l'on traiterait de la paix sous sa garantie.

Les griefs des Corses furent envoyés à Vienne. Mais avant que l'on connût la réponse qui leur était faite, les deux mois s'étaient écoulés, et les hostilités avaient recommencé par la défaite d'un corps nombreux d'Allemands qui allait relever la garnison de Saint-Pellegrino. Wachtendock se vit obligé alors de faire venir les quatre mille hommes qui étaient restés à Gênes, et il écrivit en même temps au comte Daun que les troupes dont il disposait pourraient bien être insuffisantes, car il avait à combattre des hommes qui ne connaissaient pas la peur (1).

La fin de l'année 1731 et le commencement de 1732 se passèrent sans événements bien remarquables. Il y eut différents combats entre les Austro-Liguriens et les Corses où les chances furent diverses et les résultats compensés. Le 2 février 1732, Camille Doria et le colonel de Vins, ayant voulu s'aventurer en Balagne et s'avancer jusqu'à Calenzana, y furent vigoureusement reçus par Ciatten, et obligés, après avoir perdu beaucoup de monde, de se retirer sous le canon de Calvi.

Cette défaite et le peu de succès qu'avaient obtenu jusque-là les armes impériales, déterminèrent la république à demander de nouvelles troupes à Charles VI, pour pouvoir agir avec plus de vigueur. Sur les ordres reçus de Vienne, le comte Daun fit partir pour Gênes un nouveau corps de quatre mille hommes commandés par le prince de Wurtemberg et le général Schimittau.

Les instructions du prince de Wurtemberg étaient d'arriver à un accommodement avec les insurgés. Aussi à peine fut-il débarqué, qu'il publia une amnistie générale, fixant à cinq jours le délai accordé pour déposer les armes. La proclamation de Wurtemberg était peu explicite; au fond elle demandait que les Corses se soumissent à la république sans stipuler aucune garantie : c'était exiger ce qu'ils avaient déjà refusé à Wachtendock, ce qu'ils étaient décidés à refuser toujours. Elle ne produisit aucun effet. P.-B. Rivarola, qui avait accompagné Wurtemberg en qualité de commissaire, profita de cette circonstance pour lui représenter qu'il serait honteux pour les armes impériales de traiter sans avoir vaincu. Cédant aux conseils de Rivarola, et encore plus à l'idée que les Corses seraient beaucoup plus traitables après une défaite, Wurtemberg résolut de recommencer la guerre. Il ordonna en conséquence aux généraux Wachtendock et Schimittau de marcher avec cinq mille hommes vers les hauteurs de Saint-Florent, où était campé Giafferi; au prince de Culembach d'aller avec cinq mille hommes attaquer Ceccaldi, qui se trouvait en Balagne; au général Waldstein de partir de Bastia avec deux mille hommes pour déloger les Corses établis au Vescovato. Quant à lui, à la tête d'environ sept mille hommes divisés en trois colonnes, il partit de Calvi pour défiler vers Corté, de manière à resserrer les Corses entre les troupes de Wachtendock et les hussards de Waldstein.

Ceccaldi et Giafferi, maîtres des hauteurs et des défilés, ne s'opposèrent pas à la marche des troupes austro-liguriennes; ils se contentèrent seulement de les harceler et de leur faire éprouver des pertes considérables. Les princes de Wurtemberg et de Culembach soumirent ainsi en apparence la Balagne, Wachtendock et Schimittau, une très-grande partie du Nebbio, tandis que Waldstein rejetait au delà du Golo les nationaux qu'il avait à combattre.

Wurtemberg ne s'exagéra pas le résultat de ces succès; il comprit parfaitement que les Corses ne se tenaient pas pour vaincus, et qu'il lui faudrait et plus de temps et plus de troupes qu'il n'en avait pour les soumettre réellement; il ne pouvait se dissimuler aussi que l'influence morale exercée par l'autorité de l'empereur était pour beaucoup dans le peu d'opposition qu'il venait de rencontrer à diverses reprises. Les Corses lui avaient fait savoir qu'ils avaient grand regret à combattre les armes de l'empereur. Ils avaient prié Charles VI de jeter un regard de commisération sur

(1) Cambiagi, t. III, liv. XIII.

eux, et avaient dépêché un député pour représenter leurs griefs; mais les intrigues des Génois avaient empêché jusque-là qu'on y eût égard. Cependant le prince de Wurtemberg ayant fait connaître au comte Daun sa position, et lui ayant en outre exposé qu'il lui faudrait de nouvelles troupes pour agir, celui-ci lui manda que l'empereur verrait avec plaisir un arrangement entre les Génois et les Corses, et qu'il le prendrait sous sa garantie. Wurtemberg ne demandait pas mieux que de terminer pacifiquement et avec gloire son expédition en Corse. Il s'empressa donc, par un édit du 1er mai 1732, de faire connaître à la nation les dispositions bienveillantes de l'empereur.

Les généraux Giafferi et Ceccaldi profitèrent de cette occasion pour assurer Wurtemberg qu'ils étaient parfaitement disposés à se soumettre aux volontés de Sa Majesté.

Dès lors les choses marchèrent à grands pas. Le 4 mai, les généraux assemblèrent un conseil des principaux de la nation, et il fut unanimement décidé de traiter de la paix. Jérôme Ceccaldi et quelques autres capitaines furent envoyés vers Wurtemberg pour opérer entre ses mains le dépôt des armes. Les soumissions des provinces commencèrent à arriver. Wurtemberg, voyant qu'il n'y avait plus qu'à s'entendre sur les conditions particulières, convoqua à Corté un congrès qui s'ouvrit le 10 mai. Les Corses y étaient représentés par André Colonna-Ceccaldi, par don Louis Giafferi, Simon Rafaëlli, le piévan Aïtelli, Charles Alessandrini et Évariste Piccioli; les Génois par les patriciens Camille Doria, François Grimaldi et Paul-Baptiste Rivarola; les Impériaux étaient: les princes de Wurtemberg, de Culembach et de Waldeck, le baron de Wachtendock et le comte de Ligneville.

Le prince de Wurtemberg ouvrit la séance par un discours où il se félicitait de pouvoir servir d'intermédiaire à une paix désirable et nécessaire à tous. Giafferi rappela les griefs de la nation qui l'avaient obligée à prendre les armes, et Rivarola protesta, au nom de la république, de son affection et de sa bienveillance envers les Corses; puis on discuta les différents articles, qui furent formulés séance tenante. En substance ils portaient :

1° Que la république accordait une amnistie générale pour tout ce qui avait pu être fait jusqu'au 1er juin 1731, et retirait l'expression de *rebelles* appliquée aux Corses;

2° Qu'elle faisait remise de l'impôt jusqu'au 1er janvier 1733;

3° Qu'elle accordait aux Corses, selon leur demande, un ordre de noblesse;

4° Qu'elle ne s'opposerait point à la nomination des nationaux aux évêchés;

5° Qu'elle autoriserait l'établissement des séminaires;

6° Qu'on rétablirait à Gênes l'orateur pour exposer les plaintes de la nation;

7° Qu'on créerait des promoteurs des arts et du commerce;

8° Que l'industrie de la soie serait exempte de tous droits pendant vingt-cinq ans;

9° Qu'il y aurait près de chaque tribunal un avocat des pauvres prisonniers;

10° Que les nobles Douze pourraient nommer un avocat pour assister au syndicat des magistrats et présenter les requêtes des pauvres qui auraient été lésés.

Ce règlement, quoique insuffisant, puisqu'il ne parlait ni de la réduction de l'impôt, ni de l'admission aux emplois civils, ni de la liberté commerciale, etc., fut cependant accepté par les commissaires de la nation comme une œuvre transitoire. Wurtemberg annonça qu'il allait le porter lui-même à la signature de l'empereur. En partant avec le plus grand nombre des troupes allemandes, il laissa le général Wachtendock chargé de recevoir la soumission des habitants, et lui enjoignit d'attendre, pour quitter l'île, l'avis de la ratification du traité par Charles VI.

Les embarras de cette longue guerre semblaient ainsi finis, et les généraux se félicitaient d'avoir mené à bien une si difficile entreprise, lorsqu'au milieu de la plus grande tranquillité Ceccaldi Giafferi, Rafaëlli et Aïtelli furent tout à coup arrêtés, conduits à Bastia, et de là expédiés à Gênes (1er juin 1732).

La nouvelle de cet attentat causa une stupeur générale, et remplit d'effroi ceux qui s'étaient montrés le plus dévoués aux intérêts de la patrie. On recourut d'accord à Wachtendock. Celui-ci s'excusa, disant que les chefs arrêtés étaient accusés de haute trahison. On écrivit alors au prince de Wurtemberg pour lui annoncer la violation du traité et réclamer sa garantie. On adressa une plainte respectueuse à l'empereur, et on pria le prince Eugène de Savoie d'intercéder auprès de lui. Ces démarches eurent un plein succès; malgré les instances des Génois, qui faisaient représenter à Charles VI la nécessité de sacrifier les chefs de l'insurrection pour assurer la tranquillité du pays, malgré l'or prodigué à la cour, l'empereur tint ferme, et, ratifiant le traité, obligea la république à mettre en liberté les quatre chefs arbitrairement arrêtés. Les Corses trouvèrent en cette circonstance un protecteur très-chaleureux dans le prince Eugène de Savoie, tandis que le prince de Wurtemberg, gagné, dit-on, par les riches présents que les Génois lui avaient faits, sembla oublier ses devoirs en abandonnant au ressentiment de ceux-ci les Corses qui avaient eu foi en sa parole (1).

Les démarches pour obtenir la mise en liberté des chefs et la ratification du traité avaient traîné environ un an. Dès que Wachtendock connut les intentions de l'empereur, il fit publier dans toute l'île l'édit de garantie. Il remit aux autorités génoises les places qu'il occupait, et, s'embarquant avec le reste de ses troupes, il quitta la Corse, où plus de trois mille Allemands avaient trouvé leur tombeau (15 juin 1733).

« L'expédition allemande fut en tout préjudiciable à ceux qui l'avaient sollicitée. Tant qu'elle dura, la présence de tels auxiliaires enleva toute réputation aux forces génoises et toute autorité aux magistrats. La Corse ne reconnaissait plus ceux-ci, et personne ne recourait à eux. Les généraux allemands faisaient des armistices auxquels la république était obligée de se conformer. Elle payait au complet la solde des troupes, dont, plus d'une fois, une partie avait été ramenée sur le continent. Quand, après le règlement publié, le prince de Wurtemberg partit et que les soldats sortirent de l'île, l'Autriche demanda quatre cent mille génuines (environ trois millions de francs) pour les frais de la guerre. Il fallut voter pour les chefs impériaux de larges récompenses. Les dépenses patentes n'étaient pas les seules à couvrir; et l'on assurait que sur les fonds expédiés dans l'île il se trouvait un mécompte de cinq millions de livres, resté inexplicable. A plusieurs époques de cette longue querelle, on voit percer le soupçon que parmi les causes qui la rendaient éternelle se trouvaient certains intérêts privés de gens qui faisaient mieux leurs affaires que celles de la république (1). »

CHAPITRE IV.

MESURES PRISES PAR LES CORSES EN L'ABSENCE DE LEURS CHEFS. — HYACINTHE PAOLI LIEUTENANT GÉNÉRAL. — PALLAVICINI GOUVERNEUR GÉNOIS. — SA CONDUITE. — DÉFAITE DE GUILLARDI ET DE PETRICONI.

(1734.)

Lorsque le sénat, sur l'ordre formel de l'empereur Charles VI, se vit obligé de relâcher les quatre chefs qu'il détenait prisonniers à Savone, il les fit comparaître devant lui; et, après avoir reçu leur acte de soumission, il leur défendit de rentrer en Corse. Dans les circonstances où ils se trouvaient, les chefs ne firent aucune objection à cet ordre arbitraire; ils consentirent à ce que l'on exigeait d'eux, et quittèrent l'État de Gênes. Ceccaldi partit pour l'Espagne, où il fut nommé colonel. Raffaelli alla à Rome, où le pape lui donna la place d'auditeur au tribunal de Monte-Citorio. Aïtelli passa à Livourne, et y fut bientôt après rejoint par Giafferi, que les Génois avaient voulu s'attacher en lui assurant une pension.

De Livourne il ne fut point difficile à Giafferi et à Aïtelli de se mettre au courant de ce qui se passait en Corse, et d'y encourager une nouvelle insurrection. La conduite que le sénat avait tenue à leur égard avait été on ne peut plus im-

(1) Cambiagi, t. III, liv. XIII.

(1) Vincens, *Hist. de la république de Gênes*, t. III, p. 841.

prudente. Les populations, irritées de la violation du traité garanti par l'empereur, irritées plus encore de l'arrestation arbitraire de chefs qu'elles aimaient et que l'on avait menacés de la mort, avaient résolu de se soustraire à jamais à une domination aussi tyrannique. Pour quelque temps encore elles dissimulèrent leur ressentiment; mais dès qu'elles apprirent que leurs chefs étaient en sûreté, elles commencèrent à s'agiter, et se préparèrent à une nouvelle révolte. D'un commun accord elles nommèrent pour leur général provisoire Hyacinthe de Paoli, qui avait déjà donné des preuves d'un zèle ardent pour les intérêts de la patrie. Paoli méritait bien la confiance que le peuple avait en lui : poëte, orateur, homme d'État, il avait déjà employé les ressources de son esprit au service de son pays, et avait en outre montré beaucoup de capacité militaire dans la guerre précédente. Comme il ne voulait pas supporter seul une aussi grande responsabilité, il s'adjoignit comme collègue un ardent et valeureux patriote de Rostino, Jean-Jacques Castineta, et appela aux armes les pièves de Rostino, d'Orezza et de Casacconi, que l'incertitude de l'avenir tenait toujours en éveil (janvier 1734).

Tandis que les insulaires se préparaient ainsi à recommencer la guerre, le gouvernement génois envoyait en Corse le sénateur Jérôme Pallavicini, en lui recommandant de traiter avec douceur un peuple qu'il savait disposé à venger l'insulte qu'on venait de lui faire. Le premier soin du nouveau gouverneur fut de s'assurer, par de magnifiques promesses, le concours de quelques personnes influentes des pays avoisinant Bastia. Puis, il voulut se rendre maître des hommes qui lui étaient désignés comme les chefs de la conspiration qui se tramait. Alessandrini fut arrêté tout à coup au milieu de sa famille, lorsqu'il ne donnait aucunement lieu à cette mesure de rigueur. Il n'était pas aussi facile de s'emparer des chefs de l'intérieur. Pallavicini essaya d'employer la ruse. Il leur écrivit de se rendre à Bastia pour exposer les motifs de leur mécontentement. Ils demandèrent un sauf-conduit, qui leur fut refusé; alors ils virent clairement qu'on en voulait à leur liberté; et, les soupçons s'étant bientôt changés en certitude, ils se réunirent en consulte à Rostino, où Paoli et Castineta firent déclarer rebelles et traîtres à la patrie ceux qui se rendraient à Bastia pour traiter avec le gouverneur.

Pallavicini, voyant que l'insurrection prenait consistance, voulut l'arrêter immédiatement. Il savait que les Corses n'avaient point d'armes, et il pensa qu'il suffirait d'agir promptement, et avec des forces suffisantes, pour s'emparer des chefs et éteindre d'un seul coup l'incendie prêt à s'allumer. Il expédia à Rostino, avec quatre cents hommes, le commandant Guillardi. Celui-ci divisa sa troupe en trois corps, comme il en avait reçu l'ordre; et, se réservant une colonne de deux cents hommes, il envoya les autres en avant. Les Corses étaient instruits de cette marche de l'ennemi; mais, comme ils n'avaient pas d'armes pour l'attaquer à découvert, ils attendirent qu'il se fût engagé dans des sentiers difficiles, et alors se ruant avec impétuosité sur lui, ils l'accablèrent, et le défirent entièrement. Guillardi apprit cette nouvelle, et eut à peine le temps de se renfermer, avec les deux cents hommes qui lui restaient, dans le couvent des franciscains de Rostino : il y fut immédiatement cerné par les Corses, armés des fusils qu'ils venaient d'enlever aux Génois, et, au bout de quelques heures d'une vive résistance, voyant qu'il ne pouvait tenir plus longtemps, il se rendit avec sa troupe, qui fut désarmée et renvoyée à Bastia. Le bruit se répandit alors que l'on avait trouvé sur Guillardi une liste contenant les noms des principaux patriotes que la république destinait à la mort; cette nouvelle, vraie ou fausse, produisit la plus grande sensation sur ces populations, très-portées à croire à l'implacable animosité de Gênes, et la révolte se propagea dans les pièves environnantes.

Cependant Pallavicini, humilié et furieux de la défaite de Guillardi, réunit les troupes des environs de Bastia pour essayer de nouveau de s'opposer aux progrès de l'insurrection, et expédia le lieutenant Petriconi à Ajaccio, pour prendre le commandement de deux cents Grecs qui devaient secourir le Château de Corte: et comme il savait que la nouvelle de la défaite de Guillardi allait parvenir à Gênes, il voulut en prévenir l'effet, en écrivant en ces termes au sénat : « Le Delà-des-Monts ne bougera pas « pour ces premiers mouvements. Le « Cap-Corse m'est entièrement devoué, « à cause de son commerce maritime. « M. Pierre Casale me répond du Neb- « bio. Mes troupes invincibles tien- « dront dans l'obéissance les parties « qui avoisinent la mer. La garnison de « Corte en imposera à tout l'intérieur « du royaume (1). » Mais cette certitude de stabilité dont il assurait le sénat il ne la partageait pas lui-même ; il savait très bien que Paoli et Castineta poussaient partout à la révolte, et la défaite récente des soldats envoyés à Rostino aurait dû lui faire tenir un langage moins superbe.

Castineta avait connaissance de l'expédition projetée par Pallavicini sur Corte ; il savait que les instructions de Petriconi étaient de passer par le Niolo pour se rendre dans cette ville. Il se porta donc en toute hâte dans cette pièvè, et, ayant appris que les Grecs, harassés de fatigue, prenaient quelque repos à Campotile, il précipita sa marche, tomba sur eux à l'improviste, en tua un grand nombre, laissa les autres se sauver ; puis, sans perdre de temps, se porta à Corte, qu'il serra vivement.

CHAPITRE V.

RETOUR DE GIAFFERI ET D'AÏTELLI. — OFFRE DE SOUVERAINETÉ FAITE A L'ESPAGNE. — ORGANISATION NATIONALE. — LA CORSE SE DÉCLARE INDÉPENDANTE ET DÉCRÈTE SA CONSTITUTION.

(1734-1735.)

Le sénat ne tarda pas à connaître ces événements. Pallavicini fut rappelé. Hughes Fieschi et P.-M. Giustiniani le remplacèrent. Ils avaient mission de traiter d'un arrangement ; car la république n'était pas en mesure de recommencer la guerre. L'empereur d'Autriche, qui la protégeait, ne pouvait lui prêter aucun secours, étant en ce moment occupé des affaires de la Pologne ; et elle ne savait où s'adresser ailleurs. Il était donc très-important pour elle d'arranger à l'amiable les nouvelles difficultés qui se présentaient.

Giafferi et Aïtelli venaient de rentrer en Corse : leur arrivée avait produit un grand enthousiasme. Corte s'était rendu, et plus de six cents personnes, assemblées en consulte dans cette ville, y avaient de nouveau proclamé Giafferi lieutenant général, et décidé de se mettre sous la protection de S. M. Catholique ; Orticoni avait été, dans ce but, envoyé en Espagne, et l'on avait arboré à Corte et dans les autres lieux la bannière d'Aragon.

Les nouveaux commissaires firent savoir à Giafferi qu'ils avaient mission de traiter de la paix. Après avoir consulté les principaux chefs, Giafferi répondit, « que, puisque la garantie impériale n'avait servi à rien, la nation ne traiterait désormais que sous la garantie des cours d'Espagne, de France et de Savoie. » Cette réponse confirma les commissaires dans l'idée que les Corses ne se laisseraient plus amuser par des paroles, et ils retournèrent à Gênes sans avoir rien avancé.

En attendant, Giafferi, profitant de la confiance qu'avait fait naître son retour, poussa autant qu'il put ses avantages, et réduisit les Génois à se renfermer dans les villes du littoral. Ces opérations eurent lieu dans le courant de 1734. La république se trouva à la fin de cette année, quant à ses possessions, exactement au même point où elle était avant l'arrivée des Allemands ; mais son influence morale s'était de beaucoup amoindrie, car il était évident pour tous qu'elle ne pouvait rien tenter désormais par elle-même. Cependant on s'attendait à la voir revenir bientôt, avec des forces supérieures, tenter de conquérir la souveraineté qui lui échappait. Ce fut dans cette prévision que Giafferi chercha les moyens d'organiser une résistance capable de soustraire son pays à une domination qu'il avait résolu de ne plus subir.

Le séjour de Giafferi à Livourne avait été utile à la cause nationale. Il avait éveillé en sa faveur les sympathies des Toscans, et avait pu, avec leur concours, faire passer dans l'île des armes et des

(1) Storia, ms., t. II.

munitions en assez grande quantité. Cédant à ses instances, beaucoup d'officiers corses qui servaient dans les différentes armées de l'Italie, étaient accourus se mettre à la tête des milices, et allaient donner à l'armée un caractère de régularité qui lui était nécessaire pour combattre les troupes disciplinées de la république. Il avait fait aussi l'acquisition de Sébastien Costa, avocat d'un grand talent établi à Gênes, et qui, pour être d'Ajaccio, commençait à éveiller les soupçons du sénat. C'était ainsi que Giafferi cherchait à réunir les hommes intelligents et éclairés, en même temps qu'il organisait les forces matérielles du pays, afin d'établir un gouvernement purement national, dans le cas où la république se montrerait par trop exigeante, et où le roi d'Espagne, à l'exemple du pape, refuserait la souveraineté de l'île, qui allait lui être offerte.

La proposition de souveraineté faite à l'Espagne n'était pas aventurée : depuis longtemps cette puissance avait témoigné sa sympathie pour la Corse; elle avait à son service beaucoup d'officiers de cette nation, et elle venait d'y faire lever un régiment par Barthélemy Seta de Bastelica. Dès les premiers mouvements insurrectionnels de 1729, le marquis de Silva, ambassadeur de S. M. Catholique en Toscane, avait protégé et secouru, autant qu'il avait pu, les insurgés; et, tout dernièrement encore, il avait donné à entendre à Giafferi que sa cour accepterait volontiers le protectorat de l'île s'il lui était offert. Ces considérations avaient déterminé la consulte du mois de mai 1734 à envoyer une ambassade au roi d'Espagne, pour lui offrir la souveraineté de l'île. Orticoni, Seta, Fabiani, Ciavaldini et Rivarola exposèrent aux ministres du roi l'objet de leur mission. Mais soit que l'Espagne craignît d'éveiller la jalousie des autres puissances de l'Europe, soit qu'elle se trouvât embarrassée de la guerre qu'elle avait alors à soutenir, elle refusa l'offre qui lui était faite, assurant toutefois les ambassadeurs qu'elle ne prêterait aucune assistance a la république.

Le résultat des démarches faites auprès de la cour d'Espagne n'était pas encore connu, lorsque Giafferi convoqua, au mois de janvier 1735, une assemblée générale de la nation à Corte. Chaque paroisse envoya son député. Giafferi, qui jusque-là était seul chef de la nation, demanda Hyacinthe Paoli pour collègue. J.-J. Castineta, Simon Fabiani de Santa-Reparata et Ange Lucioni furent nommés maréchaux de camp, ainsi que Giabiconi, qui fut spécialement préposé à la garde des côtes. Sébastien Costa, qui était récemment arrivé du continent, fut chargé de formuler les articles de la constitution qui devait régir le pays, et qui devaient être discutés dans une nouvelle assemblée, indiquée pour le mois de mars, au couvent d'Orezza.

Cette assemblée eut lieu, en effet, le 7 mars; elle fut très-nombreuse. Costa y lut le règlement du 30 janvier, dont on avait ajourné l'exécution en attendant le retour d'Orticoni. Ce règlement établissait la séparation définitive de la Corse d'avec Gênes, et contenait les bases de la constitution. En voici, au reste, le texte même :

1° Le royaume se met sous la protection de l'Immaculée conception de la bienheureuse Vierge Marie, dont on peindra l'image sur les armes et les drapeaux, et dont on célébrera la fête et la veille de la fête par quelques décharges de mousqueterie et d'artillerie, conformément au règlement que la junte dressera à cet effet.

2° On abolit pour toujours tout ce qui reste encore du nom et du gouvernement de Gênes, dont on brûlera publiquement les lois et les statuts, à l'endroit où la junte établira son tribunal et au jour qu'elle déterminera, afin que chacun puisse assister à cette exécution.

3° Tous les notaires seront cassés en même temps, et réhabilités par la junte, dont ils dépendront à l'avenir par rapport à leurs emplois.

4° On frappera toutes sortes de monnaies au nom des primats, qui en détermineront la valeur.

5° Tous les biens et fiefs appartenant aux Génois, ainsi que les viviers, seront confisqués; et les primals en disposeront au profit de l'État.

6° Ceux qui ne prêteront pas respect et obéissance aux primats et à la junte de régence, qui censureront et tourneront en ridicule les titres qu'on donnera aux magistrats, de même que ceux qui ne voudront pas accepter les emplois qu'on leur offrira, seront traités comme rebelles, leurs biens confisqués et eux condamnés à perdre la vie.

7° Quiconque entrera en négociation avec les Génois ou excitera le peuple à désavouer le présent règlement sera puni de même.

8° Les généraux du royaume André Ceccaldi, Hyacinthe Paoli et don Louis Giafferi seront à l'avenir primats du royaume, et on leur donnera le nom d'Altesses Royales de la part de l'assemblée générale et de la junte.

9° On convoquera une assemblée générale du royaume, composée d'un député de chaque ville ou village, et qui portera le titre de Sérénissime. Douze de ces députés pourront, en cas de besoin, représenter tout le royaume, et auront pouvoir de délibérer sur toutes les occurrences, taxes et impositions, et d'en décider. On leur donnera le titre d'Excellences, tant dans l'assemblée que dans l'endroit de leur demeure, où ils commanderont avec un pouvoir subordonné aux primats et à la junte.

10° La junte sera composée de six personnes, qui feront leur résidences où on l'ordonnera. On leur donnera le titre d'Excellence, et l'assemblée générale les changera tous les trois mois, si elle le trouve convenable. Du reste, la convocation de cette assemblée ne se fera que par les primats.

11° On formera un conseil de guerre, qui ne sera composé que de quatre personnes, et dont les résolutions et les décisions unanimes seront approuvées par la junte.

12° On nommera de même quatre magistrats, avec le titre d'Illustrissimes, subordonnés à la junte, qui veilleront à faire régner l'abondance dans le pays et fixeront le prix des vivres.

13° Quatre autres magistrats seront élus avec le titre d'Illustrissimes et changés tous les trois mois, pour avoir soin des grands chemins et veiller à l'administration de la justice et à la conduite des agents de police.

14° On choisira un pareil nombre de magistrats, auxquels on donnera le même titre, pour la direction des monnaies.

15° On élira un commissaire général de guerre avec quatre lieutenants généraux qui commanderont à tous les soldats et officiers subalternes, et mettront en exécution les ordres du conseil de guerre.

16° La junte fera un nouveau code, qui sera publié dans l'espace de quinze jours, et dont les lois lieront tous les habitants du royaume.

17° On créera un contrôleur général, qui sera secrétaire et garde des sceaux, tant auprès des commissaires généraux qu'auprès de la junte, et dressera et scellera tous les décrets.

18° La junte donnera à tous les officiers, depuis le commissaire général jusqu'au dernier des soldats, les patentes personnelles sans lesquelles nul ne pourra, sous peine de mort, exercer sa charge.

19° Chaque membre de l'assemblée générale se choisira un auditeur, qui recevra de même ses patentes de la junte.

20° Enfin on créera aussi deux secrétaires d'État, avec le titre d'Illustrissimes, qui seront chargés du soin de prendre garde que la tranquillité du royaume ne soit point troublée par des traîtres, et auront le pouvoir de leur faire leur procès secrètement et de les condamner à mort.

21° Les lieutenants généraux, lorsqu'ils en seront légitimement empêchés, pourront se faire représenter, tant à l'assemblée que dans la junte.

22° On déclare par la présente que don François Raffaëlli et don Louis Ceccaldi, à leur retour dans le royaume, seront rétablis, le premier dans sa charge de président, le second, dans celle de lieutenant général, qu'ils occupaient avant leur départ.

CHAPITRE VI.

RETOUR DE PINELLI. — IL EST DÉFAIT. — ARMISTICE. — PINELLI EST REMPLACÉ PAR RIVAROLA. — SYSTÈME POLITIQUE DE CE DERNIER. — POSITION FÂCHEUSE DES INSULAIRES.

(1735-1736.)

Les nouveaux pouvoirs furent organisés d'après le règlement que nous venons de citer, et les opérations militaires recommencèrent; car les Génois, inquiets des mouvements de la Corse, s'étaient décidés à y faire passer les troupes dont ils pouvaient disposer. En Tavagna, les nationaux remportèrent un avantage signalé sur les troupes de la république; mais ils furent battus quelques jours après par le colonel Lorca et le major Marcelli, aux environs de Bastia. Ils reprirent bientôt leur revanche en massacrant plus de cinq cents Génois réunis à Biguglia, et en faisant un grand nombre de prisonniers. Cette victoire releva leurs affaires, qui se trouvaient en bonne voie, lorsqu'arriva dans l'île, comme gouverneur général de la république, le sénateur Félix Pinelli, ce même homme dont l'humeur altière avait donné lieu à l'insurrection de 1729.

Le choix de Pinelli, dans les circonstances présentes, était significatif. Personne ne s'y méprit ; il ne s'agissait plus maintenant de traiter, mais de vaincre par toutes sortes de moyens. Le nom seul de cet homme inspirait l'épouvante. Il commença par publier un édit dans lequel il enjoignait aux habitants, qu'il appelait rebelles, de venir à Bastia faire acte de soumission à leur souverain légitime, les menaçant des peines les plus sévères s'ils n'obéissaient à ses ordres. Quelques esprits timides se laissèrent effrayer et se soumirent. Pinelli chercha à corrompre les autres par des promesses et de l'argent, et se ménagea des intelligences en Tavagna, à Moriani et à Campoloro. Lorsqu'il crut que tout était bien préparé, il envoya un corps de mille hommes pour soumettre entièrement Campoloro ; mais avant d'arriver à sa destination cette troupe fut cernée, attaquée et battue à Moriani. A cette nouvelle Pinelli partit lui-même, à la tête de douze cents hommes, pour punir une si grande insolence. Paoli et Giafferi accoururent à leur tour, le mirent entre deux feux, et l'obligèrent à demander grâce, à proposer un armistice de deux mois. Les généraux accordèrent cet armistice, non par générosité, mais parce qu'ils n'avaient plus de munitions (24 sept. 1735).

Mais des deux côtés l'armistice fut mal observé, et on recommença les hostilités dès qu'on le put. La garnison d'Aleria ayant voulu faire une sortie fut taillée en pièces. Pinelli envoya son fils la secourir ; mais les nationaux défirent ce jeune homme à Campoloro, et il dut se rendre avec près de cinq cents hommes. Accablé par ce malheur, le gouverneur offrit un nouvel armistice et proposa un échange de prisonniers, ce qui fut accepté (12 novembre).

Le sénat, mécontent de sa conduite, le rappela, et lui donna pour successeurs le marquis Impériale, qui s'excusa, et le chevalier Rivarola, qui se disposa à partir.

Le conseil de la nation crut que le moment était favorable pour traiter de la paix ; ses ressources étaient épuisées ; il voyait que la résistance devenait tous les jours plus difficile, et il craignait que sous peu elle fût impossible. Ainsi pressé, il envoya à Gênes deux députés pour faire des offres de paix. Mais le sénat rejeta cette proposition trop hautaine, et pressa le départ de Rivarola (1) (4 janv. 1736).

Sans changer le système suivi jusqu'alors, Rivarola s'appliqua beaucoup plus à isoler les insulaires qu'à les combattre. Il défendit tout commerce entre les marchands génois et les nationaux, et fit resserrer le blocus de l'île par les croisières de la république, de manière que les Corses se trouvèrent bientôt manquer des choses de première nécessité : ils durent faire du sel avec de l'eau de mer, qu'ils faisaient bouillir, et employèrent la moelle des roseaux pour faire des mèches.

Sur ces entrefaites, deux bâtiments débarquèrent à l'île Rousse des munitions de bouche et de guerre. La nouvelle s'en répandit dans l'île. On ignorait quelle main protectrice jetait ainsi des secours aux nationaux dans leur détresse. Rivarola, qui craignait l'intervention de quelque puissance continentale, fit aussitôt des offres de paix ; mais les Corses s'en référèrent aux bases présentées au sénat, et Rivarola ne donna pas de suite à ses propositions.

Les munitions débarquées à l'île Rousse étaient un envoi de patriotes anglais, qui venaient ainsi généreusement au secours d'un peuple combattant pour sa liberté ; elles permirent aux Corses de reprendre les hostilités. Aleria et la Paludella tombèrent en leur pouvoir. Ils trouvèrent à Aleria quatre canons, qu'ils allèrent planter devant Bastia. Calvi fut également assiégé. Mais les munitions furent bientôt épuisées, et l'on se vit de nouveau sans moyens de pousser la guerre. La consternation devint universelle, et les généraux eux-mêmes ne savaient comment ils sortiraient de la situation présente, lorsqu'un événement imprévu et presque merveilleux vint tout à coup changer l'état des choses.

(1) Cambiagi, t. III, p. 78.

LIVRE IX.

Depuis le roi Théodore jusqu'au départ de M. de Maillebois.

CHAPITRE PREMIER.

ARRIVÉE DU BARON DE NEUHOFF. — NOUVELLE CONSTITUTION. — LE BARON DE NEUHOFF EST ÉLU ROI. — IL ORGANISE LE ROYAUME. — SES SUCCÈS. — LES ORIUNDI. — ASSEMBLÉE DE CASACCONI. — ORDRE DE LA DÉLIVRANCE. — LES INDIFFÉRENTS. — THÉODORE VA A SARTÈNE. — IL S'EMBARQUE A ALÉRIA.

(1736.)

Le 12 mars 1736 un bâtiment portant pavillon anglais prit terre à Aléria; il avait à son bord un personnage inconnu, qui débarqua avec une suite de seize personnes, de l'argent, des armes et des munitions de bouche et de guerre. Xavier Matra le reçut chez lui avec la déférence due à un monarque, et prévint aussitôt les chefs de la nation de son arrivée. Le mystère dont s'entourait ce personnage, l'aisance et la grandeur de ses manières, les secours importants qu'il apportait (1), la majesté de sa personne et jusqu'à son costume semi-oriental, tout contribua à le faire considérer d'abord comme l'émissaire d'une grande puissance, qui, ne voulant point encore paraître sur la scène, l'envoyait ainsi préparer les voies à son établissement. Mais lorsque les chefs furent venus lui rendre hommage il se fit connaître pour le baron Théodore de Neuhoff.

Théodore Antoine baron de Neuhoff, originaire de la Westphalie, avait été, dans sa jeunesse, page de la duchesse d'Orléans; plus tard, il avait servi en Espagne, où il s'était marié. Revenu en France, il s'était attaché à la fortune de Law, et avait partagé les vicissitudes de grandeur et de misère de son patron. Depuis il avait parcouru l'Europe sans but déterminé, cherchant la fortune, qui se montrait rebelle, mais la poursuivant toujours avec la ténacité que donne la conviction d'une capacité incontestable, qui tôt ou tard doit triompher. Il se trouvait à Gênes lorsque Giafferi et ses compagnons y arrivèrent prisonniers. Il s'entretint à cette occasion avec quelques Corses, qui gémissaient sur le malheureux sort de leur patrie, et leur donna à entendre qu'il pourrait servir leur cause; mais Gênes n'étant pas un lieu très-bien choisi pour discuter des affaires de ce genre, on prit rendez-vous à Livourne. Le baron de Neuhoff ne tarda pas à s'y rendre, et fit part de ses projets au chanoine Orticoni, chargé des affaires diplomatiques de ses compatriotes. Il promettait d'obtenir de princes avec lesquels il était dans d'excellents rapports des secours de toute espèce, et s'engageait à chasser les Génois de l'île dans un très-bref délai. Mais il mettait pour condition à ses démarches que les Corses le choisiraient pour leur roi. Orticoni, ayant reconnu en lui un homme rempli de ressources, connaissant son monde, et bien capable de tenir une partie des promesses magnifiques qu'il faisait, consulta les chefs de la nation, qui lui laissèrent tout pouvoir de traiter; et il s'engagea en leur nom et au nom de la Corse à le reconnaître pour souverain le jour où, par un moyen quelconque, il parviendrait à la soustraire au joug des Génois. A partir de ce moment le baron de Neuhoff, tout occupé de sa fortune, ne prit aucun repos qu'il ne fût

(1) Cambiagi rapporte, t. III, p. 82, que la régence de Tunis fournit au baron de Neuhoff les secours qu'il apporta, et qui consistaient, selon lui, en 10 pièces de canon, 4,000 fusils, 10,000 sequins *gigliati*, une certaine quantité de demi-sequins et de quarts de sequins de Barbarie, 3,000 paires de souliers, 700 sacs de blé et beaucoup d'autres munitions de bouche et de guerre; la valeur totale de ces différents objets était d'un million d'écus, c'est-à-dire de six millions de livres. Cette évaluation, donnée par Cambiagi, nous paraît très-exagérée, et il est matériellement impossible que le baron de Neuhoff soit arrivé en Corse avec des valeurs pour six millions; car, cela étant, il n'aurait pas été obligé, huit mois après, d'aller en personne chercher de nouveaux secours; surtout si, comme le rapporte encore Cambiagi, il toucha 700,000 livres de contributions, frappées sur les villages environnant Bastia, et 2,400,000 liv. de quatre cents membres de l'ordre de la Délivrance (*Ibid.*, p. 112). On ne peut admettre que Théodore ait employé 9 millions dans l'espace de huit mois, et que les Corses aient trouvé ces sommes insuffisantes.

arrivé au but qu'il se proposait. Nous ne le suivrons pas dans ses courses aventureuses ; nous nous contenterons de dire qu'il lui fallut dépenser beaucoup de génie pour arriver au résultat qu'il obtint, et qui consistait à se faire livrer, par des marchands, des sommes considérables contre l'échange, très-problématique, des produits d'une île qu'ils ne connaissaient même pas.

Comme on le voit, le baron de Neuhoff n'était pas tout à fait un étranger lorsqu'il arriva en Corse ; on l'y avait perdu de vue, il est vrai, mais on refit bientôt connaissance, et les choses marchèrent et très-vite et très-bien.

Le baron de Neuhoff dit aux chefs de la nation qu'il n'avait cessé de s'occuper de eurs intérêts ; que les secours qu'il apportait n'étaient qu'une très-faible partie de ceux qui allaient prochainement arriver ; qu'il espérait voir sous peu les Génois chassés de l'île, et qu'alors la Corse, redevenue indépendante, se livrant au commerce, aux arts, à l'industrie, prendrait en Europe le rang qui était dû à ses nobles efforts. Il ne voulait, quant à lui, pour tout ce qu'il avait fait, pour tout ce qu'il était disposé à faire encore, qu'être reconnu roi de la Corse. Giafferi et Paoli trouvèrent ses prétentions fort légitimes : ils ne demandaient pas mieux que de lui donner une couronne en échange des secours qu'il pouvait procurer ; ils pensaient avec raison que, puisqu'il leur était donné de faire un roi, ils pourraient aussi bien le défaire le cas échéant ; ils protestèrent donc de leur reconnaissance et de celle de la nation pour les bienfaits du baron de Neuhoff, et lui déclarèrent qu'ils allaient poser sur sa tête la couronne qu'il ambitionnait. On partit alors pour Cervione. Le futur roi alla occuper le palais épiscopal, abandonné par monseigneur Mari, partisan dévoué des Génois, et l'on s'occupa immédiatement de la nouvelle organisation. Une assemblée générale de la nation, convoquée pour le 15 avril au couvent d'Alesani, délibéra sur les affaires présentes et discuta la constitution du royaume, dont les articles principaux furent ainsi arrêtés :

1° La nation reconnaît pour son roi le baron Théodore de Neuhoff. La couronne doit appartenir à ses descendants, garçons ou filles, et à leur défaut au parent qu'il désignera.

2° Dans le cas d'extinction, la nation recouvrera ses droits à la nomination d'un autre roi ou à la formation d'un gouvernement qui lui conviendra.

3° Le roi et ses successeurs exerceront dans sa plénitude l'autorité royale sous les conditions suivantes :

4° Il sera établi une diète de vingt-quatre membres les plus notables ; seize seront du Deçà-des-Monts, huit du Delà. Trois membres de la diète résideront toujours à la cour. Le roi ne pourra, sans leur consentement, rien décider en matière d'impôts ou de gabelles, ni en matière de paix et de guerre.

5° Les dignités, charges et emplois de toute sorte appartiendront aux nationaux à l'exclusion de tout étranger.

6° Dès que la constitution sera publiée, tous les Génois qui habitent le royaume en seront chassés. La paix étant rétablie, il ne pourra y avoir dans le royaume d'autres troupes que les troupes corses, excepté celles qui forment la garde du roi et qu'il peut choisir comme il l'entend.

7° Il est défendu à tout Génois, quel qu'il soit, de séjourner ou de s'établir dans le royaume, et le roi lui-même ne peut lui en donner l'autorisation.

8° Les produits bruts ou industriels du pays ne seront soumis à aucun droit à leur sortie.

9° Tous les biens des Génois et des rebelles à la patrie, comme aussi ceux des Grecs établis à Paomia, seront confisqués.

10° Les contributions annuelles ne devront pas dépasser trois livres de monnaie courante pour chaque père de famille. Les demi-tailles et les impositions payées par les veuves seront abolies.

Le sel, que le roi fournira au peuple, ne pourra être vendu au delà de treize sous et demi de monnaie courante la mesure de vingt-deux livres.

11° Les villes du royaume conserveront leurs priviléges pour ce qui regarde l'économie de leurs vivres.

12° Il sera créé dans l'une des villes du royaume une université pour l'étude de la philosophie et des lois.

13° Le roi, pour donner plus d'éclat et de gloire au royaume, y créera un ordre de noblesse composé des hommes les plus considérables de l'île.

14° Tous les bois et toutes les campagnes demeureront la propriété des habitants, comme ils l'ont été par le passé, et comme ils le sont présentement, de manière que le roi ne pourra y avoir d'autres droits que ceux qu'y avait la république.

Le docteur Gaffori de Corte fut chargé de lire cette constitution au peuple assemblé, et il la porta ensuite à la signature du baron de Neuhoff, qui s'était rendu à cet effet à Alesani. Le baron de Neuhoff, ayant témoigné à Gaffori et aux chefs de la nation toute sa gratitude, signa la constitution, et jura sur l'Évangile de lui être fidèle. Après les solennités religieuses, les généraux placèrent sur sa tête une couronne de chêne et de laurier, et le proclamèrent roi de la Corse, en présence d'une foule immense, accourue de toutes parts pour cette cérémonie. Le peuple consacra par ses acclamations le nouvel élu, qui prit le nom de THÉODORE Ier.

Le premier soin de Théodore fut de songer à l'organisation militaire et civile de l'État qu'il était appelé à gouverner. Il nomma capitaines généraux et premiers ministres d'État Louis Giafferi et Hyacinthe Paoli, qu'il décora du titre de comtes ; grand maréchal du palais Xavier Matra, qu'il fit marquis; lieutenant général et gouverneur de la Balagna, Gabiconi, avec le titre de comte ; Simon Fabiani, capitaine de la garde royale; Ignace Arrighi de Corte, lieutenant général commandant la pièvre de Talcini ; J.-J. Castineta, lieutenant général commandant la pièvre de Rostino. L'avocat Costa, créé également comte, fut nommé grand chancelier et garde des sceaux du royaume, et le docteur Gaffori secrétaire du cabinet de S. M. Il chargea les généraux de nommer les officiers inférieurs et de former les compagnies d'hommes d'armes. Costa fut également chargé de la nomination aux emplois dans l'ordre civil. — Les compagnies furent bientôt formées, et il se trouva plus d'hommes de bonne volonté que le besoin n'en requérait. Théodore passa une revue générale de ses troupes, qui se montaient à environ six mille hommes, et les envoya occuper les lieux qui formaient frontière avec les possessions génoises : il fit attaquer en même temps Porto-Vecchio et Sartène, qui se rendirent aussitôt, et par l'occupation de ces places il se trouva presque entièrement maître de la province de la Rocca (23 avril 1736).

Le succès que Théodore venait d'obtenir dans le Delà-des-Monts l'encouragea à pousser ses avantages et à agir avec vigueur dans le Deçà-des-Monts. Il se mit lui-même à la tête d'un corps nombreux de volontaires, et marcha sur Bastia, qu'il resserra étroitement, tandis que Ignace Arrighi assiégeait Saint-Florent, et Antoine Oletta l'Algajola. Arrivé devant Bastia, Théodore somma le marquis Rivarola de se rendre, le menaçant de sa juste colère s'il résistait à ses ordres. Rivarola répondit qu'il se moquait de ses menaces, et fit faire sur les assaillants une décharge d'artillerie qui les obligea à reculer leurs postes. Théodore, ne pouvant, avec ses fusiliers, forcer la ville, chercha à la priver des choses les plus nécessaires ; il coupa les canaux qui lui amenaient l'eau, fit défense expresse de porter aux habitants aucune espèce de vivres, et mit à contribution les villages environnants, soupçonnés de sympathie pour les Génois. Pendant qu'il prenait ces mesures, qui étaient fort préjudiciables aux Génois, les généraux Arrighi et Oletta soumettaient le Nebbio, enlevaient aux habitants de Barbaggio et de Patrimonio les armes que leur avaient fournies les Génois, et défaisaient complétement les troupes suisses et génoises accourues pour soutenir leurs partisans.

Dès que la république avait appris l'arrivée en Corse du baron de Neuhoff, elle s'était empressée de publier un manifeste où elle le représentait comme un homme perdu de dettes, sans consistance ni honneur, n'ayant aucun appui, et étant venu en Corse pour y chercher une fortune qu'il n'avait pu trouver ailleurs. Au milieu d'allégations très-véridiques se trouvaient des imputations calomnieuses, auxquelles le roi Théodore crut devoir répondre par un manifeste où, à son tour, il n'épargnait point la sérénissime république ; les Génois répliquèrent ; Théodore répondit encore ; et cette guerre d'édits et de circulaires s'alluma plus ardente et plus passionnée que celle qui se faisait par les armes. Celles-ci cependant prospéraient du côté des Corses ; la république, réduite à ses seules places maritimes, qui souffraient beaucoup de ne pouvoir rien tirer de l'intérieur, chercha à combattre les Corses par les Corses, et elle offrit de larges récompenses à ceux qui voudraient se ranger de son parti.

Environ deux mille nationaux s'enrôlèrent sous ses drapeaux, et on leur donna le nom d'*Oriundi*. De tout temps les Génois ont compté des partisans en Corse. Mais à cette époque le nombre s'en accrut de tous ceux qui, ayant à craindre la sévérité des lois nationales et voulant échapper aux châtiments que leur conduite privée avait pu mériter, se jetèrent dans leur parti en haine de leurs ennemis personnels. Ces *Oriundi* étaient certainement des soldats très-utiles à la république ; pleins d'audace et connaissant parfaitement les localités, ils faisaient à propos des sorties, ravageaient les campagnes, incendiaient les habitations et désolaient de toute manière le pays. Théodore, voyant la guerre impie que lui faisaient les Génois, usa de représailles envers eux, et n'épargna ni les personnes ni les choses de leurs partisans. Les *Oriundi*, étant débarqués à Calvi, se portèrent inopinément sur le village de Zilia, qu'occupaient les troupes de Simon Fabiani, qu'ils pensaient surprendre ; mais ils trouvèrent, contre leur attente, les nationaux sur leurs gardes, et furent vivement repoussés. Dans une autre affaire qu'ils eurent, vers le même temps, à l'île Rousse, avec les troupes de Théodore, ils se laissèrent enlever une grande quantité de fusils, perdirent des caissons de poudre et d'argent, et eurent deux cents hommes faits prisonniers. Cependant, ces défaites ne découragèrent point Rivarola ; il voulut tenter une entreprise hardie, mais qui devait couronner ses efforts si elle réussissait ; il savait que Théodore était à Furiani ; il ordonna à une forte colonne d'aller l'attaquer à l'improviste. Les Génois s'avancèrent hardiment ; Théodore monta à cheval, et, se portant un des premiers contre l'ennemi, l'obligea bientôt à se retirer en toute hâte à Bastia ; puis il se porta dans le Nebbio, qui, ayant reçu des armes de Rivarola, refusait de les rendre. Le châtiment qu'il infligea à cette pièce fut sévère ; mais il fut aussi d'un exemple salutaire pour celles qui auraient voulu l'imiter (17 juillet 1736).

Les succès obtenus par les troupes de Théodore avaient réduit les Génois aux seules villes du littoral : c'était là un bon résultat ; mais un résultat insuffisant. En effet, tant que les Génois étaient maîtres des villes, et qu'ils pouvaient, par leurs croisières, arrêter les secours du dehors, les Corses n'étaient pas maîtres chez eux, et se trouvaient encore à la merci de leurs ennemis, pour les objets qu'il leur fallait nécessairement tirer du continent. Théodore avait bien cherché à monter quelques industries ; il avait établi des tanneries, des fabriques d'armes, des salines ; il avait fait des règlements très-libéraux pour encourager les étrangers à venir s'établir en Corse, et avait fait battre monnaie (1). Mais toutes ces industries et toutes ces mesures ne pouvaient avoir de résultat sérieux et sensible que dans l'avenir, et le présent était très-fâcheux. Les récoltes avaient été mauvaises ; les munitions de guerre étaient épuisées ; on était menacé de ne pouvoir conserver les avantages péniblement obtenus ; les secours annoncés par Théodore n'arrivaient pas, et le peuple commençait à murmurer. Le roi crut alors nécessaire de convoquer une consulte générale des principaux habitants de l'île, dans le couvent de Casacconi (2 septembre). Il y renouvela ses promesses, rassura les députés sur l'avenir, et déclara que si les secours qu'il attendait n'étaient point arrivés à la fin du mois d'octobre il se démettrait de la couronne. En même temps, pour s'opposer autant

---

(1) Théodore fit frapper des monnaies d'argent et de cuivre ; elles furent très-recherchées sur le continent et sont devenues aujourd'hui fort rares. Le cabinet des médailles de Paris possède plusieurs de ces pièces. L'écu d'argent, très-recherché sur le continent, du vivant même de Théodore, porte son effigie, ornée d'une longue perruque surmontée de la couronne royale ; du côté de la nuque se trouvent trois chaînons entrelacés, dont le premier et le dernier sont brisés. La légende est *Theodorus rex Corsicæ*. Au revers de ce type, dans le champ, est l'image de la Vierge avec la date 1736 ; la légende est *Monstra te esse matrem*. Les pièces de cuivre portent sur une face, entre deux palmes réunies par le bas et surmontées d'une couronne, les lettres T. R., et, à l'exergue, la date 1736 ; dans le champ, au revers, *soldi cinqe* ; en deux lignes dans un cercle : Pro. Bono. Publico. Ro. Cr.

que possible aux croisières génoises, il fit armer en course de grosses barques, leur donna des lettres de marque; et, rassuré sur les dispositions de ses sujets à son égard, il partit pour le Delà-des-Monts, qu'il n'avait point encore visité.

Dès qu'il fut à Porto-Vecchio, Luc d'Ornano, qu'il avait confirmé quelque temps auparavant dans son grade de capitaine général du Delà-des-Monts, vint le trouver avec une grande partie des principaux habitants de la Rocca, et l'engagea à passer à Sartène, où l'attendaient ses fidèles sujets. Ce fut dans cette ville que Théodore créa son ordre de chevalerie de *la Délivrance*, dont en moins de deux mois il y eut, au dire de Cambiagi, plus de quatre cents membres, qui versèrent au trésor mille écus chacun pour droits de chancellerie. Ce fut aussi dans cette ville que, cédant aux désirs des notables habitants, il créa une très-grande quantité de comtes et de marquis.

Théodore ne fit pas un long séjour dans le Delà-des-Monts, et des événements assez inquiétants l'obligèrent bientôt à retourner au centre de l'île. Pendant son absence il s'était opéré un changement dans l'esprit des habitants de ces provinces. Quelques personnages considérables, comme Hyacinthe Paoli, Aurèle Raffaëlli et le piévan Aïtelli, n'ayant point été satisfaits dans leur ambition, avaient profité du mécontentement général des populations, qui, inquiétées par les Génois, murmuraient de ne point voir arriver les secours annoncés, pour créer un parti qu'ils appelèrent des *indifférents*, parti neutre entre la république et Théodore, et qu'on supposait prêt à embrasser la cause du vainqueur (1). Théodore chercha à ramener les *indifférents* par la douceur; et lorsqu'il vit qu'ils persistaient dans leur résolution, il les déclara rebelles, et fit marcher contre eux ses troupes. Mais ses troupes furent battues, et Dieu sait ce qui serait advenu de la majesté royale, si Giafferi, intervenant à propos, n'eût, par son influence, arrêté l'orage prêt à éclater, et apaisé provisoirement les esprits. En bon prince, Théodore pardonna à ses sujets peu dociles, mais

(1) Cambiagi, t. III, liv. IX.

il comprit que sa position n'était plus tenable, et il résolut d'aller lui-même chercher les secours qu'il avait si longtemps promis, et que ses mandataires infidèles semblaient ne vouloir pas lui envoyer.

Il se rendit le 5 novembre à Sartène. Là, il convoqua une assemblée de ses principaux fonctionnaires et officiers, leur exposa qu'il était de toute nécessité qu'il se rendît en personne sur le continent pour accélérer l'arrivée des secours importants qui lui avaient été formellement assurés; il leur recommanda de rester unis entre eux, leur fit prêter serment de fidélité; et, après avoir publié un règlement où il confiait la régence du royaume aux marquis Hyacinthe Paoli, Louis Giafferi et Luc d'Ornano, il partit pour Aléria, escorté d'une suite nombreuse, et s'embarqua sur un bâtiment français avec le garde des sceaux Costa et son fils, Durazzo-Fozzani, le fils de Ceccaldi et quatre personnes à son service. A peine avait-il quitté le rivage de la Corse qu'il faillit être pris par un croiseur génois, qui, par respect pour le pavillon français, n'insista point pour visiter son bâtiment. Il débarqua à Livourne, déguisé en abbé, et partit aussitôt pour Florence, d'où il passa à Rome, puis à Naples, et s'y embarqua pour Amsterdam, laissant en Italie Costa et les autres Corses qui l'avaient suivi en leur promettant bientôt de ses nouvelles.

CHAPITRE II.

LES RÉGENTS DU ROYAUME CHERCHENT A TRAITER DE LA PAIX. — RÉPONSE DE RIVAROLA. — LE PEUPLE VEUT SOUTENIR LA GUERRE. — SUCCÈS DE CASTINETA. — MESURES PRISES PAR LA RÉPUBLIQUE CONTRE THÉODORE. — SA LETTRE AUX RÉGENTS. — MARI REMPLACE RIVAROLA. — SES SUCCÈS, SES DÉFAITES.

(1736-1737.)

Le départ de Théodore ressemblait trop à une fuite pour que les Corses pussent croire à son retour. Aussi eurent-ils alors la conviction qu'il abandonnait pour toujours son royaume. Les chefs délégués par lui pour gouverner l'État en son absence en étaient tellement persuadés, qu'ils songèrent sérieusement à traiter avec les Génois pour apaiser les mécontentements du peuple, qui croyait avoir été mystifié par eux et dont le malaise allait toujours croissant. En effet, les *Oriundi* ne cessaient de ravager les campagnes, et répandaient le bruit que la république était prête à accueillir les Corses comme des enfants bien-aimés. On envoya donc quelques députés à Bastia pour traiter de la paix ; mais Rivarola, sans daigner même les recevoir, leur fit dire qu'avant tout il fallait déposer les armes et s'en remettre au libre arbitre de la république. Voyant qu'ils ne pouvaient rien obtenir de raisonnable, ils quittèrent la ville ; et, portant à leurs mandataires la réponse du gouverneur, ils les engagèrent à persister dans leur résistance. Le peuple alors, par un de ces changements qui font honneur à ses sentiments, déclara qu'il n'aurait jamais d'autre souverain que le roi Théodore.

On sut bientôt à Gênes le départ de Théodore, et la république s'empressa de faire publier une lettre anonyme dans laquelle, continuant son système de diffamation, elle injuriait le pauvre roi absent, et disait qu'il était parti pour aller demander du service à Naples (1ᵉʳ décembre).

Les régents répondirent à cette lettre, qui avait été répandue avec profusion, en taxant de calomnieuses les attaques des Génois, et en protestant de leur dévouement au roi (10 décembre).

Sur ces entrefaites, le chanoine Orticoni, ce zélé et savant patriote, débarqua à Porto-Vecchio avec plusieurs ecclésiastiques, qui venaient se mêler volontairement aux luttes que soutenaient pour la liberté leurs concitoyens. Leur arrivée sembla donner de nouvelles forces au parti national. J.-J. Castineta se mit en campagne avec quatre cents hommes seulement, et dévasta les habitations des partisans des Génois, à Borgo di Marana ; de là, passant à Aléria, il ravagea les terres des Panzani de Zuani, dont l'attachement à la république était bien connu, et, revenant ensuite sur ses pas, il se mit à battre de nouveau la campagne aux environs de Bastia. Rivarola fit aussitôt sortir des troupes pour lui donner la chasse. Mais Castineta, qui s'attendait à ce mouvement des Génois, les attira dans une embuscade, et les tailla en pièces.

L'absence de Théodore n'empêchait pas, comme on le voit, les Corses de poursuivre leurs attaques et de tenir leurs ennemis confinés dans les villes. Cependant, les régents, voyant l'hiver s'approcher et voulant assurer le travail des champs et le pâturage des bestiaux, envoyèrent à Bastia une nouvelle députation pour demander un armistice. Rivarola fit répondre aux députés qu'il ne consentirait à une suspension d'armes qu'autant que les Corses, renonçant à demander la garantie de l'empereur, déposeraient les armes et se déclareraient rebelles. Les députés retournèrent pleins d'indignation vers les régents, qui, partageant leur colère, convoquèrent une assemblée générale à Corte, pour le 21 janvier 1737. L'assemblée fut unanime pour décider qu'il fallait verser jusqu'à la dernière goutte du sang national plutôt que d'accepter de telles conditions ; qu'on ne devait reconnaître d'autre souverain que Théodore, et que pour soutenir convenablement cette résolution chaque piève aurait à armer le tiers de sa population.

La république sembla s'inquiéter d'une telle décision ; elle prit à sa solde trois régiments suisses et se fit prêter trois millions par la compagnie de Saint-Georges ; de plus, elle arma en course plusieurs bâtiments et mit à prix la tête de Théodore, de Costa père et fils, et de Michel Durazzo-Fozzani. La récompense qu'elle promettait pour l'assassinat de ces hommes, qu'elle déclarait criminels de lèse-majesté, était fixée par son décret à deux mille génuines (1).

Théodore eut connaissance de ce décret, et il se cacha si bien, pour échapper au poignard des sicaires alléchés par une si forte récompense, qu'on perdit entièrement ses traces. Cependant il trouva moyen de faire parvenir, vers la fin de janvier, une lettre aux régents dans laquelle il les engageait à soutenir ses droits, et leur faisait espérer les secours pro-

(1) Cambiagi, t. III, p. 125.

mis. Cette lettre, sans date de lieu ni d'année, et d'ailleurs excessivement vague, puisqu'elle ne fixait aucune époque, donna lieu à des interprétations diverses.

Les uns, pleins de confiance dans le monarque qu'ils s'étaient donné, se résignèrent à attendre patiemment son retour; d'autres pensèrent qu'il ne reviendrait pas. Ces deux opinions eurent leurs partisans, et on allait vider la question par les armes, lorsque André Ceccaldi, qui était en congé en Corse, et le chanoine Orticoni apaisèrent ces discussions et empêchèrent ainsi une effusion du sang. On chanta alors le *Te Deum*, et on ne songea plus qu'à combattre les Génois. Ceux-ci venaient de remplacer Rivarola par le sénateur Mari. Ce nouveau gouverneur n'était guère plus belliqueux que Rivarola; mais, comme il arrive toujours au commencement d'une administration, il voulut se signaler, et donna l'ordre aux garnisons de Calvi et de Bastia d'agir contre les nationaux. Aux environs de Calvi, les troupes royales qui formaient le siége de la ville furent battues, perdirent quelques hommes et un assez grand nombre de bestiaux (22 mai 1737). Un détachement génois parti de Bastia s'en fut le long de la mer jusqu'à Aléria, où, ayant trouvé des femmes et des enfants occupés au travail des salines, il en fit une affreuse boucherie.

Luc d'Ornano, informé trop tard de cet acte de barbarie, ne put en tirer vengeance immédiatement; mais un conseil de la nation, s'étant assemblé à Corte, décida que puisque les Génois avaient enfreint les lois de l'humanité il ne fallait plus avoir de pitié pour eux, et que tous ceux qui tomberaient entre les mains des nationaux seraient impitoyablement massacrés. Cette décision fut envoyée à Mari pour qu'il n'en ignorât, et Luc d'Ornano se mit à parcourir les côtes à la tête de six cents hommes, dévastant le pays et incendiant les maisons appartenant aux partisans de Gênes.

La république, inquiète de ces nouveaux mouvements, et n'ayant qu'un régiment suisse à envoyer en Corse, prit une résolution extrême, et fit un appel à tous ses condamnés par contumace, offrant de les gracier sous la condition qu'ils iraient combattre en Corse. On peut facilement imaginer ce que devait être cette troupe, presque entièrement composée de gens condamnés aux galères. Les Suisses mercenaires que la république avait engagés se plaignirent d'avoir à combattre en compagnie de tels hommes, et des rixes sanglantes s'élevèrent bientôt entre eux.

Cependant le gouverneur, voyant que les affaires n'avançaient pas, fit aux nationaux des ouvertures de paix, sur les bases du traité qui avait été garanti par l'empereur (1). Mais, quoique les Corses n'ignorassent pas que leur roi était prisonnier à Amsterdam, ils rejetèrent néanmoins ces ouvertures, et déclarèrent qu'ils ne reconnaîtraient jamais d'autre autorité que celle de Théodore. Ils firent mieux: se remettant en campagne, ils resserrèrent de toutes parts les Génois, et allèrent assiéger Bastia. Alors Mari, voulant faire diversion au siége, envoya seize cents hommes au golfe de Valinco pour ravager et incendier le Delà-des-Monts. Cette expédition atteignit en partie son but; mais Luc d'Ornano, étant accouru, lui tua beaucoup de monde, et l'obligea à se rembarquer à la hâte. Il en fut de même pour le détachement débarqué à Campo-More, et que le curé de Zicavo détruisit presque entièrement. En Balagne, Calenzana, soupçonné d'avoir des intelligences avec les Génois, fut incendié. La république avait partout le dessous.

CHAPITRE IV.

LA RÉPUBLIQUE DEMANDE DES SECOURS A LA FRANCE. — CONDITIONS DE CELLE-CI. — LES PROPOSITIONS FAITES PAR GÊNES AUX CORSES, SONT REJETÉES. — MÉMOIRE ENVOYÉ AU ROI DE FRANCE. — CONSULTE DE CORTÉ. — RÉSOLUTION DE SOUTENIR L'INDÉPENDANCE.

(1737.)

Par suite d'une politique défiante et méticuleuse, la république avait jusque-là hésité à demander du secours à une puissance étrangère. L'expérience qu'elle avait faite de l'intervention allemande

(1) Cambiagi, t. III.

n'avait pas été heureuse et lui avait coûté fort cher. Elle craignait les dépenses; car son trésor était obéré. Cependant elle vit bien qu'il n'y avait pas de temps à perdre, et qu'il fallait ou soumettre les révoltés ou renoncer à la Corse. Elle s'adressa alors à la France, et envoya comme plénipotentiaire à Paris le marquis de Brignole Sale pour traiter de cette affaire.

Le cardinal de Fleury, ministre des affaires étrangères, écouta favorablement la demande des Génois, et promit d'intervenir. Depuis quelques années l'attention de la France s'était portée sur les affaires de la Corse. Déjà, dès 1735, M. de Campredon, ambassadeur à Gênes, voyant les difficultés que la république éprouvait à rester maîtresse de la Corse, et craignant que quelque puissance, comme l'Espagne, l'Angleterre, la Sardaigne, et peut-être même le Portugal appuyé par l'empereur, ne vînt à s'en emparer tout à coup, avait proposé à son cabinet de se substituer à la puissance génoise. Ce projet, d'abord accueilli avec empressement, avait été bientôt après abandonné par le cardinal de Fleury, effrayé des difficultés qu'en présentait la réalisation. Ce n'était pas en effet chose facile d'amener Gênes à céder sa souveraineté sur la Corse. Bien que plusieurs voix se fussent déjà fait entendre à ce sujet dans les conseils de cette république, bien qu'il fût évident pour tous que c'était là une souveraineté très-embarrassante et qui devait échapper un jour ou l'autre, néanmoins l'orgueil national, habitué à cette longue possession, se serait révolté à l'idée d'abandonner une île qui procurait aux Génois des avantages honorifiques dont ils n'auraient l'équivalent nulle part. Si donc la république se refusait à céder ses droits à la souveraineté de l'île, il ne restait d'autre parti à prendre que celui de la force, et, dans les circonstances actuelles, rien n'eût été plus facile que de s'emparer de l'île. La présence de quelques soldats eût suffi pour que la France fût reconnue souveraine légitime du pays; mais le cardinal de Fleury n'avait point voulu se donner ce tort envers les Génois, et l'embarras d'une solution équitable lui avait fait renoncer au projet proposé par M. de Campredon (1). Cependant, lorsque le marquis de Brignole Sale vint, au nom de la république, demander l'intervention de la France, il n'hésita pas à l'accorder, car il y voyait un moyen d'entrer dans les affaires de la Corse, et suivant les principes de sa politique expectative, il pouvait espérer quelque chose des résultats de la guerre.

On convint aisément des bases du traité, qui fut signé le 19 septembre 1737.

La France ne faisait que prêter assistance à la république, dont la domination restait intacte en toute chose. Si on l'obligeait à donner la liberté ou à accorder des pardons, elle devait le faire dans la forme ordinaire de ses édits et règlements. La France n'était là que comme garant; mais elle exigeait que sa garantie fût stipulée, sans quoi elle refusait son concours. Elle devait travailler dans un intérêt commun de pacification, mais elle s'engageait à agir par les armes si elle n'y pouvait réussir. Ses troupes n'étaient pas mises sous les ordres des chefs militaires génois, pas même en contact avec les garnisons de la république: elles devaient avoir leurs quartiers séparés; seulement le général français devait s'entendre avec le gouverneur génois, qui restait chargé de fournir aux troupes le logement et les subsistances. La république s'engageait à payer à la France deux millions pour les frais. Le marquis de Brignole Sale proposa au cardinal de Fleury de faire intervenir dans ce traité l'empereur d'Autriche, puisqu'il avait été garant des règlements de 1734; mais l'empereur, occupé de sa guerre avec les Turcs, n'intervint que nominalement, et la France se chargea d'envoyer seule les troupes nécessaires (2).

Ces conditions une fois arrêtées et l'expédition sur le point de partir, la république publia un manifeste dans lequel elle annonçait que l'empereur et le roi de France s'étaient unis pour obliger les Corses à rentrer sous son obéissance. Elle pensait que cette nouvelle amènerait les insurgés à faire leur soumission, et alors elle aurait probablement remercié la France de sa bonne volonté et évité ainsi les dépenses considérables dans lesquelles elle allait

(1) Vincens, *Hist. de Gênes*, t. III, p. 345.
(2) Vincens, *Hist. de Gênes*, t. III, chap. IV.

s'engager. On dit même qu'elle fit faire aux chefs de la nation des propositions dont les principales étaient : 1° Qu'elle consentirait à ce qu'ils demeurassent armés et occupassent toutes les places de l'île à l'exception de Bastia, qu'elle se réservait ; 2° qu'elle consentirait également à ce que des cinq évêchés de la Corse quatre fussent occupés par des nationaux ; 3° enfin, qu'elle leur donnerait deux millions de livres à titre d'indemnité (1). Si elle en vint en effet à faire de telles propositions, on doit croire qu'elle craignait plus le remède que le mal, et qu'elle ne voyait qu'avec un œil jaloux l'intervention de la France.

Quoi qu'il en soit, les Corses n'en demeurèrent pas moins résolus à se défendre. Ils furent surpris et attristés à la fois d'apprendre que la France s'unissait à Gênes pour les accabler. Indépendamment des anciens souvenirs qui les rattachaient à cette puissance, ils avaient toujours montré le plus profond respect pour le roi de France, et lui avaient même offert la souveraineté de leur île. Cependant comme ils ne pouvaient douter des faits avancés par la république, ils s'empressèrent de faire parvenir au roi un mémoire dans lequel, exposant les griefs qui leur avaient mis les armes à la main contre la république, ils le priaient de se souvenir de ce qu'avaient fait ses ancêtres pour la Corse, et de jeter un regard de compassion sur elle. Pour que ce mémoire parvînt à sa destination, ils l'envoyèrent au brigadier Jérôme Boërio, leur chargé d'affaires à Venise, qui le fit tenir au cardinal de Fleury (9 novembre 1737).

En attendant le résultat de leurs démarches près la cour de France, les régents du royaume assemblèrent à Corte une consulte pour connaître l'opinion du pays et aviser selon les circonstances. La consulte se prononça unanimement pour Théodore et l'indépendance (27 décembre). En conséquence, les régents publièrent une circulaire par laquelle ils engageaient les peuples à demeurer fidèlement attachés à leur roi. Au commencement de l'année suivante ils firent imprimer au nom de tous les bons patriotes et répandre en Corse, comme sur le continent, une autre circulaire, dans laquelle ils disaient qu'il fallait se rattacher à Théodore par reconnaissance et par intérêt : par reconnaissance, à cause des secours qu'on en avait reçus et qu'on ne cessait d'en recevoir ; par intérêt, parce que les lois qu'il avait données au pays et les mesures qu'il avait prises assuraient à la Corse un bonheur qu'elle ne devait espérer dans aucune autre position. Les Corses n'avaient pas, à vrai dire, besoin de ces excitations de leurs chefs pour se raffermir dans leur fidélité au roi qu'ils s'étaient choisi : la haine qu'ils avaient pour la domination génoise suffisait pour les éloigner à jamais de la pensée de se soumettre à la république. Mais ils s'y confirmèrent plus que jamais, voyant que leurs chefs en qui ils avaient confiance les y engageaient. Ils résolurent donc unanimement de combattre les Génois et leurs auxiliaires, quels qu'ils fussent.

CHAPITRE V.

ARRIVÉE DE M. DE BOISSIEUX.— DÉPUTÉS A BASTIA ET OTAGES A MARSEILLE.— RETOUR DE THÉODORE. — PUBLICATION DU RÈGLEMENT DE PACIFICATION. — AFFAIRE DE BORGO ET DE LUCIANA. — NAUFRAGE DE QUATRE VAISSEAUX FRANÇAIS. — MORT DE M. DE BOISSIEUX.

(1738-1739.)

Sur ces entrefaites, l'expédition française, montant à trois mille hommes, arriva en Corse, sous les ordres du général comte de Boissieux (février 1738). On n'avait pas voulu lui donner une trop grande importance, pour ne point éveiller les susceptibilités des puissances rivales, et aussi parce que les Génois avaient dit que la présence seule des Français suffirait pour faire rentrer les insurgés dans leur devoir.

Les instructions données par la cour à M. de Boissieux étaient toutes pacifiques ; il devait chercher à ramener les esprits, et ne devait employer la force que lorsqu'il aurait épuisé les voies de la conciliation. Ce n'était pas là le compte des Génois. Puisqu'ils en étaient venus à solliciter une intervention étrangère,

(1) Cambiagi, *Istoria di Corsica*, t. III, liv. XVII.

qu'ils regardaient comme très-onéreuse, ils voulaient en tirer tout le profit possible, et s'en servir pour inspirer aux Corses une terreur qui les empêchât de songer désormais à la révolte. Ce fut dans cette vue que le marquis Mari, commissaire de la république à Bastia, sollicita le général de Boissieux à commencer immédiatement les hostilités; mais M. de Boissieux résista à ces conseils, et voulut, avant d'agir, attendre les explications qu'il comptait recevoir des chefs insurgés. Ces explications ne se firent pas longtemps attendre.

Dès que Giafferi et Paoli connurent l'arrivée des troupes françaises, ils s'empressèrent de faire tenir au commandant de l'expédition des lettres par lesquelles ils protestaient de leur dévouement à la France, et déclaraient s'en remettre entièrement à ce qu'elle ferait, sauf toutefois le retour sous la domination génoise, qu'ils repoussaient de toutes leurs forces. Avant de rien entreprendre, de Boissieux envoya à sa cour un courrier porteur d'un mémoire ampliatif qui lui avait été envoyé par Paoli, et dans lequel étaient exprimés tous les griefs que les Corses articulaient depuis longtemps contre la république.

Tandis qu'à Paris on s'occupait d'arranger les affaires d'après les bases que l'on jugeait les plus convenables, M. de Boissieux fit savoir aux chefs de la nation qu'il serait opportun d'envoyer à Bastia des députés avec lesquels on s'entendrait plus facilement qu'on ne pouvait le faire par correspondance. Comme les Corses avaient pleine confiance dans le général français, ils s'empressèrent de satisfaire à son désir en lui envoyant le chanoine Orticoni, le docteur Gaffori, et Cuttoli qui représentait le Delà-des-Monts. De Boissieux accueillit parfaitement ces délégués, eut plusieurs conférences avec eux, et expédia au cardinal de Fleury de nouveaux courriers. La réponse qu'il en reçut fut qu'il fallait, avant toute chose, que les Corses se soumissent à une complète et parfaite obéissance vis-à-vis de Gênes; que c'était là ce qu'exigeait d'abord la France; que cette déférence aux ordres du roi et à l'autorité légitime de la république serait très-bien vue à la cour, et mériterait aux peuples de la Corse le pardon qu'on était disposé à leur accorder. M. de Boissieux avait ordre en même temps d'exiger des otages qui répondraient de l'exécution des traités à intervenir. Il fit connaître aux généraux la dépêche qu'il venait de recevoir. Ceux-ci répondirent qu'ils étaient dans une profonde douleur de ne pouvoir obtempérer aux ordres du roi de France, qu'ils regardaient comme leur maître, mais qu'ils ne pouvaient consentir à se soumettre à la république, laquelle s'était toujours montrée infidèle à ses promesses et pleine de cruauté à leur égard; qu'il y avait entre Gênes et la nation Corse un abîme qui ne pouvait être franchi; ils suppliaient encore le roi de France de jeter sur eux un regard de miséricorde, et ne cachaient pas la résolution de verser jusqu'à la dernière goutte de leur sang plutôt que de consentir à redevenir les sujets d'un pouvoir aussi oppressif; car, disaient-ils, il vaut mieux mourir que de voir les désastres de la patrie, *melius est mori quàm videre mala gentis nostræ*. Cependant, pour donner une preuve de leur déférence envers le roi très-chrétien, ils envoyèrent les otages qu'il réclamait d'eux et qui étaient une garantie de leur bonne foi. Les plus importants de ces otages furent : Antoine Colonna, Antoine Buttafuoco, Philippe Costa, Alerius Matra, Giuliani et Paoli de Balagne et Gallone ; ils se rendirent d'abord à Bastia, puis on les expédia en France (août 1738).

Les six premiers mois du séjour des Français en Corse se passèrent ainsi en négociations diplomatiques. M. de Boissieux attendait de nouvelles instructions de sa cour, ainsi que le règlement que l'on était en train de rédiger. Ses relations avec les chefs de la nation avaient été jusque-là très-amicales ; et il avait lieu de se louer de la franchise avec laquelle ils s'étaient ouverts à lui. Cependant, cette bonne harmonie ne tarda pas à être troublée. La nouvelle de la prochaine arrivée de Théodore en Corse réveilla les esprits en sa faveur. Mari insinua à M. de Boissieux que Paoli et Giafferi, sous des semblants de respect et de dévouement, cachaient l'intention de soutenir le roi qu'ils avaient choisi et de soulever la nation en sa faveur. M. de Boissieux prêta trop légèrement foi à ces discours. Quoique doué d'une certaine sagacité, il ne s'aperçut point de la ruse du commissaire génois, commença à se défier des Corses avec lesquels il traitait, et ne cacha pas les doutes qui étaient nés dans son esprit. Sur ces entrefaites, Théodore débarqua à Aléria avec quelques munitions, fit répandre un manifeste où il appelait à lui toutes les populations, et annonça l'arrivée d'un convoi considérable qui le suivait (15 septembre). L'empressement des populations ne répondit pas à son attente. Les régents qu'il avait nommés, étant en traité avec la France, lui firent savoir qu'il venait trop tard et qu'ils étaient aujourd'hui engagés dans d'autres intérêts. Ainsi abandonné par ses créatures, peu secondé par le peuple, qui ne croyait plus à ses promesses, mis au ban du royaume par une ordonnance de M. de Boissieux, qui déclarait traître et rebelle au roi tout individu qui lui prêterait secours, Théodore crut prudent d'abandonner la partie, et se rembarqua pour le continent.

Quoique cette apparition de Théodore ne fût point inquiétante et qu'elle dût, par son insuccès, prouver à M. de Boissieux que les généraux n'avaient point voulu la seconder, néanmoins il se laissa aller à croire ce que lui insinua le commissaire génois, qu'ils étaient sous main les fauteurs de Théodore, et que leur intention était de le reconnaître de nouveau pour souverain. Il en conçut encore une plus grande méfiance, et prit à Bastia des mesures pour prévenir toute attaque de leur part (1).

Il était encore sous ces fâcheuses impressions lorsqu'il reçut l'édit de pacification signé à Fontainebleau le 18 octobre, par le prince de Lichtenstein, au nom de l'empereur, et par M. Amelot au nom du roi de France, qui se portaient solidairement garants des articles qu'il renfermait. A peine l'eut-il entre les mains qu'il s'empressa de le publier selon les formes voulues, et donna quinze jours à toutes les provinces de la Corse pour s'y conformer.

Ce règlement n'était au fond que la reproduction de celui de 1733. L'envoyé génois à qui on en avait confié la rédaction avait su y laisser la porte ouverte à une foule d'interprétations qui devaient servir plus tard à la république. Les insurgés auraient pu cependant l'accepter dans sa teneur, sauf à recourir au roi de France lorsqu'ils le jugeraient violé par les Génois. C'était l'avis des chefs de la nation, qui convoquèrent immédiatement une consulte à Orezza, pour en donner connaissance au peuple et demander avis sur ce qu'il y avait à faire; mais tandis que les Corses se réunissaient ainsi, disposés à se soumettre à la volonté du roi, M. de Boissieux, qui ne pouvait comprendre que l'on hésitât et qu'on ne voulût accepter qu'après examen, alla établir un poste de quatre cents hommes au Borgo et à Luciana pour recevoir les armes des populations voisines. C'était là comme un commencement d'hostilités; car le terme indiqué pour l'acceptation du règlement n'était pas encore expiré, et le déploiement de la force dans cette circonstance pouvait être regardé comme une provocation.

La nouvelle de l'occupation de Borgo et de Luciana par les troupes françaises ou génoises (car on ne savait au juste lesquelles c'étaient) vint surprendre les Corses à l'assemblée d'Orezza; elle y produisit un effet très-fâcheux : on résolut de recourir aux armes et de repousser la force par la force. On courut en masse à Borgo; le poste français fut attaqué et sommé de se rendre. Le capitaine de Courtois, qui le commandait, fit bonne contenance, et eut le temps de prévenir M. de Boissieux de la position dans laquelle il se trouvait. M. de Boissieux accourut avec deux mille hommes, et M. de Courtois, qui, malgré ses pertes et le feu redoutable des assiégeants, avait tenu bon jusque-là, fut dégagé par ce mouvement du général; mais il lui fallut abandonner ses bagages et ses munitions, et la retraite sur Bastia s'opéra immédiatement. Les Français, ne connaissant pas les localités et attaqués par des ennemis invisibles, perdirent beaucoup de monde; ils purent cependant gagner la plaine de Biguglia, où, s'étant rangés en bataille, ils commencèrent des feux de peloton qui arrêtèrent la poursuite des Corses. Ils rentrèrent

---

(1) Jaussin, *Mémoires sur la Corse*, t. II, liv. II.

le 14 au soir, à Bastia, harassés de fatigue et presque découragés d'un échec auquel ils étaient loin de s'attendre. M. de Boissieux écrivit aussitôt à la cour ce qui venait de se passer, et pria le roi de lui nommer un successeur, car l'état de sa santé était déplorable, et ne lui permettait pas de suivre plus longtemps les opérations de la guerre.

L'événement de Borgo qui affligeait M. de Boissieux et l'expédition française contrista également beaucoup les généraux corses, qui n'avaient pu le prévoir; car ils comprenaient parfaitement que la cour de France, irritée de l'affront qu'elle venait de recevoir, allait en tirer vengeance et s'engagerait plus avant dans la lutte. Ils publièrent à cette occasion un manifeste dans lequel ils cherchaient à excuser leur conduite, rejetaient sur l'imprudence de M. de Boissieux toute la responsabilité des événements, discutaient les articles du traité, et finissaient par en appeler à la clémence du roi.

Le cabinet de Versailles apprit avec surprise la résistance opposée à ses volontés. Un événement malheureux vint encore augmenter son irritation. Quatre vaisseaux français qui portaient des troupes à M. de Boissieux firent naufrage sur les côtes de la Corse. Les montagnards accoururent, et, selon la coutume barbare de presque tous les habitants des côtes, qui considèrent comme leurs épaves ce que la mer rejette sur le rivage pendant la tempête, ils dépouillèrent les malheureux naufragés et les emmenèrent prisonniers à Palasca. Il est vrai de dire que Paoli, ayant appris ce qui venait de se passer, s'était empressé de faire donner aux naufragés tout ce dont ils avaient besoin, leur avait fait restituer ce qu'on leur avait enlevé et les avait renvoyés à M. de Boissieux à Bastia; mais la cour, ayant appris cette nouvelle au moment où les esprits étaient vivement préoccupés de la défaite de Borgo, résolut de tirer vengeance de cette nouvelle injure, qu'elle regarda comme personnelle. Elle fit savoir à M. de Boissieux qu'elle lui donnait pour successeur M. de Maillebois, qui devait passer en Corse au printemps de l'année suivante, avec assez de troupes pour mettre les insurgés à la raison, et lui envoya de nouvelles instructions.

Lorsque M. de Boissieux reçut ces dépêches, il était déjà extrêmement malade, et les médecins désespérèrent bientôt de sa vie. La veille de sa mort, il fit venir Gaffori, Orticoni et Cuttoli, et leur signifia qu'ils allaient partir immédiatement pour l'Italie. Une felouque armée les attendait au port, et les transporta le même jour à Livourne. M. de Boissieux mourut le 2 février 1739. Il laissa peu de regrets chez les Corses, qui, sur ses promesses, lui avaient donné des otages qu'on traitait maintenant d'une manière assez cavalière. Mais le marquis Mari, qui, dans les derniers temps, avait su capter entièrement sa confiance et le faire agir à sa volonté, le regretta amèrement; il pensait avec juste raison qu'il ne pourrait avoir la même influence auprès de son successeur, et il eut lieu de voir bientôt que M. de Sasselange, lieutenant-colonel du régiment d'Auvergne, qui prit provisoirement le commandement des troupes, n'était pas d'humeur à suivre ses conseils.

CHAPITRE VI.

ARRIVÉE DE M. DE MAILLEBOIS, SUCCESSEUR DE M. DE BOISSIEUX. — SES PRÉPARATIFS. — DISPOSITIONS DES GÉNÉRAUX CORSES. — PROCLAMATION DE M. DE MAILLEBOIS.

(1739.)

Ainsi que l'on l'avait annoncé, M. de Maillebois arriva en Corse vers la fin de mars 1739. Il débarqua à Calvi avec une partie des troupes qui lui étaient confiées. Son premier soin fut de chercher à connaître le pays où il allait s'engager, d'en étudier les mœurs, et de voir les ressources qu'il pouvait lui offrir; car il n'ignorait pas que l'expédition de M. de Boissieux n'avait été si malheureuse que parce qu'il était resté dans la plus grande ignorance des hommes et des choses de la Corse. Il se trouvait à Calvi depuis quelques jours, lorsqu'on vint lui apprendre qu'un assez bon nombre de nationaux étaient réunis en observation au couvent d'Alziprato; il voulut lui-même pousser une reconnaissance en ce lieu; et pour inspirer une certaine terreur aux insurgés il ordonna à ses soldats de couper les oliviers des territoires de Montemaggiore et de Zilia. Les paysans s'opposèrent tant qu'ils purent à cette dévastation; mais ils ne purent empêcher les soldats de l'accomplir, et M. de Maillebois rentra à Calvi n'ayant perdu que peu de monde. Son séjour dans cette ville ne fut pas de longue durée: il en avait vu assez de la Balagne pour s'assurer qu'elle était d'une occupation facile. Il laissa à M. de Villemur le commandement de la ville, et le chargea de faire travailler aux routes, en attendant l'ordre qu'il lui enverrait de marcher à l'ennemi. Il s'embarqua ensuite pour Saint-Florent, d'où il se rendit à Bastia.

Dans ce court voyage, M. de Maillebois avait jugé, en observant la côte occidentale de Calvi au Cap-Corse, que le point important, pour s'emparer de ce pays, était de s'assurer des défilés qui en commandent l'entrée du côté de l'est, et s'était arrêté à l'idée de s'y essayer tout d'abord. Mais à son arrivée à Bastia il dut s'occuper avant tout de remettre un certain ordre dans l'administration, qui était en désarroi. Il fit fortifier la pieve au-dessus de Saint-Florent, fit ouvrir des routes indispensables pour le passage des troupes et de l'artillerie, et fit les approvisionnements nécessaires pour la campagne. Les avant-postes des nationaux s'opposaient à ces différents travaux, en inquiétant par de continuelles escarmouches les soldats qui y étaient occupés; mais ils ne purent les empêcher, et M. de Maillebois se vit bientôt en état de commencer ses opérations. Comme il manquait de fourrages, il voulut aller s'en procurer en Casinca, et fit construire à Bastia un pont de bateaux, qui fut transporté par mer jusqu'à la Porrajola. Les insurgés, qui avaient été instruits de son projet, avaient pris position aux environs du pont en pierre, dont les accès sont très-difficiles, et ils s'attendaient à remporter une victoire complète, lorsque M. de Maillebois, qui avait bien prévu leur mouvement, fit jeter son pont de bois à une lieue environ au-dessous de leur position, y fit passer toute sa cavalerie, prit en Casinca les fourrages dont il avait besoin, et poussa jusqu'à Saint-Pellegrino, où il laissa M. de Larnage avec huit cents hommes. Cette prudence et cette habileté dans l'exécution déconcertèrent tant soit peu les insurgés, qui s'aperçurent qu'ils avaient affaire à un homme avec lequel il fallait compter.

Cependant les généraux ne désespérèrent point; pensant que M. de Maillebois commencerait son mouvement d'attaque par la Balagne et les Costières, comme avait fait le prince de Wurtemberg, ils portèrent toute leur attention de ce côté. Castineta et le docteur Paul-Marie Paoli furent chargés de la défense de la Balagne. Hyacinthe Paoli alla occuper Leuto et les Costières, tandis que Giafferi prenait position sur le Golo et se tenait prêt à lui porter secours.

On se préparait ainsi de part et d'autre aux combats. M. de Maillebois ayant, sur ces entrefaites, reçu le reste des troupes qu'il attendait et qui portaient son armée à un effectif de plus de douze mille hommes, résolut de marcher à l'ennemi; mais avant de commencer les hostilités, il voulut encore essayer des voies pacifiques, et publia la proclamation suivante:

« Sa Majesté ayant été informée que
« quelques habitants de l'île, oubliant
« ce qu'ils doivent à leur patrie, cher-
« chent à perpétuer les troubles, et que,
« pour mieux réussir dans leurs perni-
« cieux desseins, ils ont usé de toutes
« sortes de moyens pour cacher ou alté-
« rer le règlement que Sa Majesté a fait
« de concert avec l'empereur pour la
« pacification du pays; qu'ils ont même
« affecté de répandre que la garantie
« que Sa Majesté a stipulée en faveur
« des Corses n'était ni réelle ni solide;
« elle veut bien attribuer à cette sé-
« duction la témérité qu'ont eue quel-
« ques habitants de commettre des ac-
« tes d'hostilité sur ses troupes; mais
« comme en même temps elle ne veut
« pas confondre avec les coupables les
« gens de bien qui gémissent sous la
« tyrannie de quelques-uns de ceux qui
« se sont arrogé l'autorité, Sa Majesté
« nous a ordonné de faire connaître,
« pour la dernière fois, qu'elle n'a d'au-
« tre vue que le bonheur et la tranquil-

« lité du pays, et de déclarer derechef
« qu'elle se rend formellement garante
« et en son nom de l'exécution de tous
« les articles qui ont été ou qui seront
« réglés par elle pour la pacification
« de l'île ; et en conséquence, nous ex-
« hortons tous les habitants de prévenir
« par une prompte obéissance les mal-
« heurs dont ils sont menacés, faisant
« savoir que dans le délai de quinze
« jours, à compter de la date du présent
« avertissement, nous recevrons sous
« la protection du roi toutes les com-
« munautés et tous les particuliers qui
« viendront se soumettre à l'équité de
« Sa Majesté ; mais que passé ce temps
« nous agirons par la force et suivant
« les rigueurs de la guerre contre ceux
« qui persisteront dans la révolte. »

CHAPITRE VII.

ENTRÉE DE M. DE MAILLEBOIS EN CAMPAGNE. — SES SUCCÈS EN BALAGNE ET DANS LE NEBBIO. — SOUMISSION DU DEÇA-DES-MONTS. — DÉPART DES CHEFS DES INSURGÉS.

(1739.)

Cette proclamation, répandue dans le Deçà-des-Monts, n'ayant produit aucun effet, M. de Maillebois fixa au 2 juin son entrée en campagne. Son plan était, comme l'avaient prévu les généraux corses, de s'emparer de tout le pays qui se trouve entre Saint-Florent et Caccia, du nord au midi, et entre la mer et le Golo, de l'ouest à l'est. Il se serait trouvé occuper ainsi la Balagne, le Nebbio et les Costières, et se serait par là assuré la soumission de la terre de Commune, qui, voyant l'ennemi si bien placé à sa porte, n'aurait osé résister.

En Balagne le maréchal de camp Duchatel commandait en chef et avait sous ses ordres M. de Villemur. Ainsi qu'il en avait reçu l'ordre, il attaqua, le 2 juin au matin, les villages d'Aregno, de Santa-Reparata et de Monticello. Castineta, qui défendait ces différents points, opposa une vive résistance ; mais lorsqu'il apprit que M. de Villemur s'était emparé de Lavataggio et des Cattari il commença à battre en retraite. Saint-Antonino et le couvent d'Aregno, où s'était renfermé le docteur Paul-Marie Paoli, favorisés par leur position, résistèrent plus longtemps : ils ne se rendirent que le lendemain, lorsqu'ils eurent appris la soumission des autres villages, et fournirent les armes et les otages qu'on leur demanda. En deux jours la Balagne fut ainsi soumise. Dès le 2 M. Duchatel avait fait prévenir M. de Maillebois du succès qu'il avait obtenu, et cette nouvelle, répandue aussi parmi les nationaux des Costières, y avait fait sensation.

Les dispositions de M. de Maillebois étaient prises de manière que les nationaux, attaqués le même jour sur les différents points qu'ils occupaient, ne pussent se porter secours mutuellement : tandis que M. Duchatel forçait les postes de Balagne, les trois divisions aux ordres du maréchal de camp du Rousset, commandant l'avant-garde de M. de Maillebois, attaquaient simultanément les Costières par trois côtés différents ; M. de Lussan, avec le régiment de la Sarre, se porta contre le mont de Tenda ; le marquis de Crussol, avec le régiment de l'île de France, attaqua les hauteurs de Bigorno ; et M. d'Avarey, avec le régiment de Nivernais, celles de Lento. M. de Lussan et le marquis de Crussol, après une première décharge de mousqueterie, forcèrent à la baïonnette les passages, et s'en rendirent maîtres. Quant à M. d'Avarey, qui se trouvait opposé à Hyacinthe Paoli, comme il éprouva plus de difficulté dans l'attaque, il la suspendit quelques heures pour mieux étudier le terrain. Dans cet intervalle Hyacinthe Paoli apprit que les hauteurs de Tenda et de Bigorno étaient déjà au pouvoir des Français, et qu'ils avaient également obtenu des succès en Balagne. Il jugea qu'il ne pouvait opposer de résistance sérieuse, car il allait être attaqué en flanc par M. de Crussol, et peut-être en queue par M. Duchatel. Il résolut dès lors de ne point combattre, et lorsque M. d'Avarey recommença l'attaque, il envoya vers lui le curé de Lento pour proposer sa soumission. M. d'Avarey en ayant référé à M. de Maillebois, celui-ci lui donna l'ordre de l'accepter. Le lendemain Hyacinthe Paoli fit faire le dépôt des armes, donna les otages, et se retira à Rostino, d'où il fit connaître à Giafferi les événements qui venaient de se passer.

Dans sa position, Giafferi ne devait plus songer à combattre ; car il allait être resserré entre les troupes de M. de Maillebois et celles de M. de Larnage, qui occupaient la Casinca ; il le comprit parfaitement, licencia une partie des hommes qui étaient avec lui, envoya sa soumission à M. de Larnage, et s'en alla trouver Paoli à Morosaglia.

Le succès obtenu par M. de Maillebois en si peu de temps lui fit présager qu'il ne tarderait pas à voir toute la Corse pacifiée. En effet, la soumission des deux chefs les plus importants fut d'un salutaire exemple pour ceux qui auraient voulu encore résister, et les populations de la terre de Commune s'empressèrent d'envoyer des députés offrir leur soumission. M. de Maillebois s'avança alors plus avant dans l'intérieur, et se rendit d'abord à Pastoreccia, où il reçut les abbés Zerbi, Astolfi, Rostini, et les deux fils de Dominique Rivarola ; de là il alla au couvent de Morosaglia, où vint le trouver Hyacinthe Paoli avec son jeune fils Pascal. M. de Maillebois accueillit avec déférence et bonté un homme pour lequel il ne pouvait avoir que de l'estime ; ils s'entretinrent longtemps ensemble des affaires du pays ; et ils convinrent que pour assurer davantage la tranquillité et ôter tout prétexte aux calomnies des Génois les chefs les plus influents de l'île iraient habiter quelque temps l'Italie ; qu'on leur délivrerait des passe-ports, et qu'ils seraient transportés à Livourne sur un bâtiment portant pavillon français. Paoli demanda quelques jours pour prévenir ses collègues et faire ses préparatifs. Peu après, Castineta, ayant appris les arrangements conclus par Paoli, se présenta à Corte, à M. de Maillebois, et tous les chefs, s'étant bientôt réunis dans cette ville, prirent congé de lui, et allèrent s'embarquer à la Padulella, sur des felouques de Caprara portant pavillon français. Les Corses qui se résignaient à abandonner ainsi leur patrie pour en assurer le repos étaient au nombre de vingt-deux, parmi lesquels on comptait Hyacinthe Paoli et son plus jeune fils, Pascal, âgé environ de quatorze ans ; Giafferi et son fils ; Castineta et ses frères ; don Marc Pasqualini (1).

Le départ des chefs les plus influents et l'apport des armes effectué par les pièves d'Orezza, Bozio, Alesani, Tavagna, Campolaro, Moriani, etc., etc., qui donnèrent aussi leurs otages, assurèrent la soumission du Deçà-des-Monts. Cependant, il resta pendant longtemps encore des bandes de partisans, à la tête desquelles se trouvaient Félix Cervoni de Soveria, Jules Noël d'Oletta et Muchione de Lento, qui inquiétèrent souvent les Français dans leurs marches, et leur firent éprouver des pertes sensibles. M. de Maillebois mit vainement tout en œuvre pour s'emparer de ces chefs obstinés ; mais comme ce n'était là, après tout, qu'un incident peu considérable dans cette guerre, il ne s'y arrêta pas autrement, et passa dans le Delà-des-Monts, où l'insurrection, entretenue par le baron Frédéric de Neuhoff, neveu de Théodore, était toujours menaçante.

CHAPITRE VIII.

M. DE MAILLEBOIS VA DANS LE DELÀ-DES-MONTS. — SOUMISSIONS. — RÉSISTANCE DE ZICAVO. — POSITION FACHEUSE DES ZICAVESI. — LEUR SOUMISSION.

Tandis que M. de Maillebois était encore à Corte, occupé à arranger les affaires du Deçà-des-Monts, il avait expédié à Ajaccio M. de Comeiras, major du régiment de Bassigny, pour y recevoir les soumissions des pièves du Delà-des-Monts. La plupart de ces pièves, et entre autres celles de Vico, de Cinarca et d'Ornano, s'étaient empressées de se rendre à l'invitation qui leur avait été faite. Sartène les avait imitées ; et Luc d'Ornano, après avoir fait sa soumission à M. de Comeiras, avait été avec sa famille à Corte la renouveler à M. de Maillebois, qu'il assura de son dévouement, ainsi que de celui de l'Istria, dont il répondait. Mais à côté de ces

(1) Paoli et Giafferi allèrent à Naples, où tous deux furent nommés colonels d'état-major. Quant à Castineta, il passa aussi au service du roi des Deux-Siciles, et fut nommé lieutenant-colonel du régiment corse qui se formait à Lungone pour le compte de ce prince.

populations si bien disposées pour la France, tout Talavo, Carbini, Scopamène et une grande partie de la Rocca, où se trouvaient le baron de Drost et son cousin le baron Frédéric de Neuhoff, refusaient obstinément de se soumettre. Le foyer principal de l'insurrection était au gros village de Zicavo, dont le curé, partisan fanatique de Théodore, excitait les paysans à soutenir sa cause. M. de Maillebois, averti par de Comeiras de ce qui se passait, résolut d'aller lui-même essayer de son influence; et, s'il ne pouvait y réussir, d'obtenir par les armes la soumission.

N'ayant pu, après de nombreux efforts, amener les habitants de Zicavo à se soumettre, et craignant que cet exemple de rébellion ne fût imité par d'autres pièves, il se décida à marcher contre eux avec des forces imposantes. Il envoya M. Duchatel, qui l'avait accompagné, occuper Sartène et le couvent de Tallano, pour contenir le centre de la Rocca. Il ordonna à M. de Valence, qui était à Ghisoni, d'aller attaquer la Bocca-de-Verde et le village de Palneca, et ensuite d'aller camper à la Costa, village situé sur la gauche de Zicavo; enfin, à M. de Larnage, qui était à Bastelica, d'attaquer la Bocca-di-Lera, où étaient retranchés les habitants de Ciamanacce et de Tasso; tandis que lui-même, parti du couvent de Sainte-Marie d'Ornano, marcherait sur Frassetto pour les prendre en flanc.

M. de Larnage força la Bocca-di-Lera l'épée à la main, sans éprouver de grandes pertes, et fut rejoint par M. de Maillebois, qui descendit avec lui sur les bords du Talavo, et alla camper en face de Zicavo. M. de Maillebois expédia alors M. de Larnage vers M. de Valence, qui avait opéré son mouvement et que celui-ci trouva à la Costa; il l'informa que le général le chargeait d'attaquer le 20 au matin la gauche du village, dont M. de Lussan devait attaquer la droite, tandis que M. de Maillebois et lui le prendraient de front. Zicavo fut en effet attaqué d'après ces dispositions; mais il n'offrit aucune résistance. Ses habitants l'avaient abandonné pendant la nuit, pour se retirer sur la haute montagne de Coscione, et il n'y restait que quelques femmes et quelques vieillards. Le village fut pillé, et on incendia les maisons des principaux chefs, et entre autres celle du curé, qui fut complétement détruite.

M. de Maillebois aurait bien voulu attaquer les Zicavesi dans la retraite qu'ils s'étaient choisie; mais il dût y renoncer, à cause des difficultés que présentait l'accès des lieux. Il se borna donc à attendre l'effet que devait produire nécessairement leur séjour prolongé dans un lieu où ils manquaient de tout. Il n'attendit pas longtemps; la faim se fit bientôt sentir, et il fallut se rendre. Les principaux habitants du village, le curé en tête, vinrent faire amende honorable et se soumettre. M. de Maillebois eut des paroles sévères pour le curé, qui avait été le principal artisan de la révolte; il traita les autres avec humanité, exigea le dépôt des armes et les otages. Le curé, envoyé d'abord dans les prisons d'Ajaccio, fut bientôt après embarqué pour l'Italie, avec quelques autres meneurs. Quant au baron Frédéric, il tint encore quelque temps la campagne, vivant misérablement dans les bois, et cherchant à échapper aux poursuites dont il était l'objet. Plus tard, voyant sa cause désespérée, et étant à bout de ses forces, il fit parvenir sa soumission à M. de Larnage, et demanda des passe-ports, qui lui furent accordés.

Le curé et les principaux partisans de Théodore ayant quitté le royaume, la tranquillité se rétablit naturellement. Cependant M. de Maillebois crut devoir laisser, pendant quelque temps encore, un assez bon nombre de troupes dans ces contrées, sous le commandement de M. de Larnage. Il retourna ensuite à Ajaccio, où il s'occupa de l'organisation du régiment que la France prenait à sa solde sous le nom de *Royal-Corse*, et dont M. de Vence était déjà nommé colonel; puis il reprit le chemin de Bastia, pour s'entendre avec le commissaire génois sur les mesures qui devaient rendre la pacification certaine et durable.

CHAPITRE IX.

M. DE MAILLEBOIS A BASTIA. — SES DISCUSSIONS AVEC LE GOUVERNEUR MARI. — DEMANDES DES GÉNOIS AU SUJET DU RÈGLEMENT. — ADMINISTRATION DE M. DE MAILLEBOIS. — FORMATION DU RÉGIMENT ROYAL-CORSE ET D'UN AUTRE RÉGIMENT AU SERVICE DU ROI DES DEUX-SICILES.

(1739-1740.)

Pendant l'absence de M. de Maillebois, le marquis Mari avait administré les affaires du Deçà-des-Monts à sa fantaisie, et n'avait cessé de commettre les actes les plus arbitraires. Il n'était pas de vexations ni de tracasseries qu'il ne fît éprouver aux personnes qui s'étaient loyalement soumises. Pour lui, les Corses étaient toujours des rebelles qu'il fallait punir pour avoir osé résister à leur légitime souverain. Il en voulait surtout à ceux qui tenaient par les liens du sang ou par ceux de l'amitié aux chefs expatriés, et qu'il supposait prêts à prendre la défense de leurs compatriotes opprimés. Les prisons se remplirent de suspects. La femme de Castineta fut arrêtée chez elle, et bientôt après relâchée par l'intercession de l'abbé Rostini, dont le zèle pour ses concitoyens ne pouvait être arrêté par la haine persécutrice de Mari. Quand M. de Maillebois fut arrivé à Bastia, il put apprécier par lui-même la conduite du commissaire génois, qui interdisait aux gens de la campagne les marchés de la ville, et les accablait de vexations de toute sorte. M. de Maillebois lui fit de sages remontrances, et à cette occasion il entra en correspondance avec lui sur le concours qu'il devait prêter à sa politique. Dans une de ses lettres il disait : « Je ne puis m'empêcher de vous demander si vous regardez comme vos « peuples ceux que l'armée du roi vous a soumet, ou si vous ne les regardez pas « comme tels, si vous voulez les détruire. Si vous les regardez comme des « hommes qui sont vos sujets, vous « devez leur donner les secours dont ils « ont besoin de toute manière pour leur « subsistance; et vous devez, en minis- « tre sage, faire l'impossible pour y « parvenir. J'ajouterai que si vous vou- « lez les détruire, les armes du roi ne « sont point faites pour cet usage; et « assurément je ne ferai pas massacrer « de sang-froid ceux qui auront recours « à sa protection et à sa garantie, ainsi « qu'il m'a chargé de les en assurer (1). » Mari répondait par des subtilités, et alléguait ses instructions. Cependant M. de Maillebois, sans s'arrêter à ses observations et à ses plaintes, reprit la haute main dans les affaires, et son administration droite et ferme obtint tout le succès qu'il devait en attendre. Les Corses s'empressèrent d'obéir à ses ordres ; et, loin de trouver des esprits rebelles, il s'étonna lui-même de la docilité avec laquelle ce peuple, à qui les Génois avaient fait une si détestable réputation, se conformait aux injonctions équitables qui lui étaient adressées; ce qui lui fit dire : « J'ai trouvé « les Corses des démons, et j'en ai fait « des anges (2). »

Toutefois, les mesures prises par le marquis de Maillebois ne pouvaient être que provisoires; maintenant que la pacification était à peu près complète, il s'agissait d'établir un règlement qui, sanctionné par la France, prévînt par sa sagesse les troubles auxquels avait jusqu'alors donné lieu l'administration arbitraire des gouverneurs génois. La république travailla donc à ce règlement, et le fit parvenir à M. de Maillebois dans le commencement de l'année 1740. Elle crut devoir le faire précéder de considérations générales dans lesquelles elle demandait : 1° D'augmenter les impôts pour pouvoir entretenir un corps nombreux de troupes qui tiendrait en respect les nationaux et les empêcherait de se soulever de nouveau; elle disait qu'augmenter les impôts était un bienfait : car plus un peuple est imposé, plus il s'adonne à l'industrie, pour suffire à ses charges; et qu'ainsi les Corses, défrichant leurs terres incultes, y gagneraient eux-mêmes; 2° De décréter la peine de mort contre les chefs des insurgés qui retourneraient dans l'île, d'exiler leurs familles, et de confisquer

(1) Vincens, t. III, chap. IV.
(2) *Memorie*, t. II.

leurs biens pour donner un salutaire exemple; 3° D'emprisonner et de confiner dans des forteresses tous les prêtres, moines et autres personnes reconnues partisans et fauteurs des chefs de la révolte; 4° D'indemniser avec les biens confisqués ceux qui s'étaient montrés sujets fidèles à leur prince, et avec le surplus d'établir des colonies grecques industrieuses et dociles ; 5° De détruire entièrement Nocetta et Loretto, où avait commencé la révolte, et d'obliger les habitants à aller habiter la plaine, ce qui les rendrait moins hardis à l'avenir; 6° De détruire également les maisons, les bois et le couvent d'Alesani, où s'étaient tenues les consultes des insurgés, et où Théodore avait été élu roi ; 7° De déclarer criminel quiconque ne dénoncerait pas le détenteur d'armes, et de l'égaler à l'homicide ; 8° D'exiler les armuriers d'Orezza, après avoir détruit de fond en comble leurs maisons ; 9° De faire des perquisitions chez les particuliers pour découvrir les correspondances et les écrits des insurgés ; 10° De n'ordonner prêtres que ceux qui présenteraient à cet effet une autorisation de la république, laquelle, pour les besoins du ministère, fournirait des jésuites ; 11° Enfin, d'exiler les habitants suspects et leurs familles, que Sa Majesté pourrait envoyer dans une de ses colonies d'outre-mer.

On comprend sans peine quel dut être l'étonnement du cabinet français en recevant de si sauvages propositions. Cependant il y répondit en les combattant, et déclara à la république que si elle n'apportait pas de notables changements à ce projet, elle pouvait être assurée de ne jamais posséder la Corse. La république ne se hâta pas de se ranger à cet avis, et les choses demeurèrent en cet état d'indécision jusqu'au départ des Français.

Toute l'année 1740 se passa sans apporter de changements notables à la position respective des Français et des Génois. M. de Maillebois continua à diriger d'une manière absolue l'administration du pays, et à ne prêter qu'une attention secondaire aux doléances de la république et de son commissaire. Il s'appliqua à réprimer les désordres qui suivent toujours les moments de troubles ; fit poursuivre avec activité et punir sévèrement les bandits et ceux qui cherchaient à réveiller la révolte. Il s'occupa également de favoriser la levée des soldats qui devaient former le Royal-Corse. Le colonel de ce régiment et les officiers supérieurs étaient Français ; mais les autres officiers, ainsi que les sous-officiers et soldats devaient être tous Corses. Les emplois de capitaine avaient été donnés en majeure partie aux otages transférés à Marseille, et qu'on avait rendus à la liberté dès les premiers succès de M. de Maillebois. Ces capitaines, personnages influents dans leurs provinces, s'étaient empressés, à leur retour en Corse, d'enrôler tous ceux qui, suspects aux Génois et peu rassurés par le pardon général, se tenaient dans un état d'alarme inquiétant pour la tranquillité publique. Dans le Decà-des-Monts, Arrighi, Buttafuoco, Carbuccia, Grimaldi, Orticoni, Marengo, Matra, Salicetti ; dans le Delà-des-Monts, Colonna, Costa, Tavera, Ornano, emmenèrent ainsi un grand nombre d'hommes qu'aurait poursuivis plus tard la haine des Génois. M. de Maillebois, voyant par là diminuer les difficultés de l'occupation, laissa aux capitaines la faculté d'enrôler qui bon leur semblerait, et se débarrassa ainsi du soin de faire poursuivre des hommes qui, comme les Franzini de Croce d'Ampugnani, avaient déjà pris la campagne, et menaçaient de devenir redoutables, lorsque Colonna les enrôla dans sa compagnie.

Mais autant M. de Maillebois favorisait les engagements pour le Royal-Corse, autant aussi il persécutait ceux qui cherchaient à faire des recrues pour un régiment que le roi des Deux-Siciles avait pris à sa solde, et dont Castineta était lieutenant-colonel. Peut-être craignait-il que ces hommes, instruits au métier de la guerre, ne revinssent au premier mouvement en Corse, et n'apportassent à l'insurrection un appui dangereux. A Aleria, il fit pendre le patron d'une felouque napolitaine qui était venu pour recevoir quelques soldats, et il menaça de la même peine le capitaine Dominique Folacci de Bastelica, qu'il fit emprisonner à Corte. Cependant, le roi de Naples, instruit de cette conduite, se plaignit à l'ambassadeur de France, et le cabinet de Versailles ayant fait des observations à M. de Maillebois, il se relâcha de sa sévérité, et beaucoup de Corses purent encore quitter leur pays pour aller à Portolungone.

De cette façon beaucoup d'éléments de troubles disparurent: d'ailleurs quelques hommes considérables, comme le docteur Paul-Marie Paoli, l'abbé Rustini, Luc d'Ornano, qui, à la prière des chefs expatriés, étaient restés afin de protéger leurs concitoyens, employèrent toute leur influence pour ramener les esprits à l'obéissance de la France et rendre la tâche de M. de Maillebois plus facile.

CHAPITRE X.

GÊNES DEMANDE LE RAPPEL DES TROUPES FRANÇAISES. — RÉPONSE DU CABINET DE VERSAILLES. — RAPPEL DE M. DE MAILLEBOIS. — NOMINATION DE DEUX ÉVÊQUES CORSES. — DÉPART DE M. DE MAILLEBOIS.

(1740—1741.)

L'administration sévère, mais juste, de M. de Maillebois, et l'assurance qu'il avait donnée que la France interviendrait désormais dans les affaires du pays, avaient rétabli la tranquillité, et l'on pouvait considérer la Corse comme entièrement pacifiée. La république demanda alors à être rétablie dans les places fortes et à reprendre l'administration : elle y tenait d'autant plus, que le bruit s'était répandu que l'empereur d'Autriche allait, aux termes du traité dont il s'était rendu garant, envoyer six mille hommes pour occuper une partie de l'île; et comme on a pu le voir dans la conduite de Gênes, à différentes époques, dès qu'elle pensait n'avoir plus rien à craindre des Corses, elle commençait à redouter ses auxiliaires, et cherchait par tous les moyens possibles à s'en débarrasser ; elle comptait, une fois maîtresse de l'île, remercier l'empereur de ses bons offices et lui déclarer qu'elle allait elle-même faire ses affaires. Mais le cabinet de Versailles répondit qu'il s'était engagé à pacifier la Corse, et que cette pacification ne lui paraissait pas complète; que d'ailleurs, le règlement dont la France s'était rendue garante n'étant pas encore arrêté, elle ne pouvait abandonner ainsi son œuvre inachevée.

La république n'insista pas; mais les événements dont l'Europe devint bientôt le théâtre la servirent mieux dans ses projets que n'auraient pu le faire ses notes diplomatiques. L'empereur Charles VI mourut dans l'automne de cette année 1740. Il ne fut plus dès lors question de l'intervention allemande, et la France vit bien que les embarras qu'allait faire naître la succession à la couronne impériale l'obligeraient à rappeler ses troupes. Comme cependant elle ne voulait pas abandonner tout à coup les peuples qu'elle avait pris sous sa protection, et que d'ailleurs il importait à ses intérêts de ne point laisser, dans les conjonctures présentes, une autre puissance s'emparer des ports de l'île, que les Génois étaient dans l'impossibilité de défendre, elle demanda à la république de lui fournir six pièces de canon pour la défense de Saint-Florent, et de lui laisser armer les autres ports. La république s'excusa en alléguant qu'elle ne pouvait accéder à ce qu'on lui demandait sans rompre la neutralité qu'elle voulait s'imposer dans la guerre présente, et qu'elle suffirait elle-même à la défense de ses ports. Le cabinet de France voulut bien se contenter de ces raisons, et informa M. de Maillebois, que le roi venait de nommer maréchal, qu'il serait bientôt rappelé, et que dès le mois suivant les troupes commenceraient à quitter la Corse.

M. de Maillebois mit à profit le peu de temps qui lui restait, pour rassurer les esprits, indiquer à M. de Villemur, qui devait lui succéder dans le commandement, la conduite qu'il avait à tenir, et donner aux Corses une nouvelle preuve de l'intérêt qu'il leur portait, en faisant nommer des nationaux aux évêchés devenus vacants.

Depuis cent cinquante ans il n'y avait pas eu en Corse d'évêque du pays. Les siéges épiscopaux avaient été continuellement occupés par des Génois, qui ne venaient jamais dans leurs diocèses et se contentaient de toucher à Gênes les revenus de leurs évêchés. C'était là un des griefs principaux articulés contre la partialité de la république. Dans le règlement proposé par M. de Boissieux il avait été dit que la république ne s'opposerait pas à la nomination des sujets nationaux aux évêchés. M. de Maillebois voulut que cet article eût son exécution. Ayant appris que l'état de la santé de monseigneur Mari, évêque d'Aléria, était désespéré, il s'empressa de dépêcher à Rome son aide-de-camp, O'Sullivan, qui prit le prétexte d'aller rendre hommage à Jacques II, son souverain, afin de ne point éveiller les soupçons des Génois. Cet officier remit au cardinal de Tencin, ambassadeur de France, les dépêches pressantes de M. de Maillebois. M. de Tencin se hâta de faire les démarches nécessaires auprès du pape, qui lui promit d'être agréable au roi de France, et lorsque, après la mort de Mari, les Génois vinrent présenter leur candidat, le pape répondit qu'il s'était engagé vis-à-vis de la France. Les Génois mirent alors tout en œuvre pour le faire revenir sur sa décision, et, n'ayant pu y réussir, ils proposèrent un arrangement, qui consistait à nommer à l'évêché d'Aléria, dont le revenu était de 24,000 livres, un évêque génois, et à ceux de Nebbio et de Sagone, qui ensemble ne rendaient pas 16,000 livres, deux évêques corses. Comme la question d'argent n'était pas la plus importante, et qu'il fallait avant tout établir un précédent, M. de Tencin, craignant d'augmenter les difficultés par un refus, consentit à ce que voulait la république. Ainsi, on nomma à l'évêché d'Aléria monseigneur Curlo, évêque de Nebbio; à celui de Sagone, don Paul Mariotti de la Volpajula, confesseur du couvent de Torre-di-Specchio de Rome; enfin, à celui de Nebbio, le chanoine Romuald Massei de Bastia. M. de Maillebois apprit avant de partir l'heureux résultat de ses démarches; et il put voir, à la reconnaissance que lui témoignèrent les Corses, combien ils appréciaient la justice de la France. Malheureusement l'influence de cette puissance allait bientôt cesser; et il prévit que les choses qu'il avait cherché à mettre dans la bonne voie n'y resteraient pas longtemps. Il fit ses préparatifs, n'épargna pas ses conseils au marquis Spinola, qui avait remplacé Mari, et quitta la Corse, où il laissait des cœurs reconnaissants et attristés. Déjà plusieurs bataillons l'avaient précédé; il emmena avec lui une grande partie de ceux qui restaient, et ne laissa guère à M. de Villemur qu'environ quinze cents hommes (24 mai 1741).

LIVRE X.

Depuis le départ de M. de Maillebois jusqu'à l'arrivée de Paoli.

CHAPITRE PREMIER.

DÉPART DE M. DE VILLEMUR AVEC LE RESTE DES TROUPES FRANÇAISES. — LES CORSES REPRENNENT LES ARMES. — TENTATIVE INUTILE DE L'ÉVÊQUE D'ALÉRIA POUR RÉTABLIR LA PAIX. — RETOUR DE THÉODORE; IL SE REMBARQUE AUSSITÔT, POUR NE PLUS REVENIR.

(1741-1743.)

Le départ de M. de Maillebois était le signe certain de l'intention où était le cabinet français d'abandonner la Corse.

Au mois de septembre suivant, M. de Villemur fut rappelé et s'embarqua avec tout ce qui restait de troupes françaises.

Quoiqu'on s'attendît depuis longtemps à voir les Français quitter la Corse, on ne croyait cependant pas leur départ si prochain, et l'on se berçait de l'espoir de leur voir occuper au moins quelques places maritimes. Mais lorsque les vaisseaux vinrent chercher M. de Villemur et le reste des troupes, on ne put plus douter de l'abandon de la France, et les plaintes devinrent générales. Les provinces du Delà-des-Monts, comme celles du Deçà-des-Monts, envoyèrent des députés vers M. de Villemur pour lui représenter le fâcheux état dans lequel allait se trouver la Corse, désormais à la merci des Génois, qui, n'ayant plus rien à craindre du contrôle des Français, allaient se livrer à l'arbitraire le plus absolu. M. de Villemur écouta ces plaintes, et promit de les exposer à son gouvernement; mais il ne put s'engager davantage, et il partit avec la conviction qu'un nouveau soulèvement allait naître bientôt.

Les Corses ne tardèrent pas, en effet, à reprendre les armes contre la république. Ils avaient trop d'expérience pour se laisser aller à l'idée qu'elle pourrait changer de système et qu'elle exécuterait à la lettre le règlement présenté par M. de Boissieux. Ils prirent donc leurs mesures pour se maintenir dans l'indépendance. On fit prévenir tous les Corses qui étaient sur le continent des dangers qui menaçaient la patrie, et l'abbé Rostini fut dépêché à Naples vers Paoli et Giafferi pour les prier de revenir se mettre à la tête de la nation. Paoli, Giafferi, Salvini, Orticoni et tous les autres patriotes qui se trouvaient en ce moment en Italie, firent leurs efforts pour amener le roi de Naples et celui d'Espagne à leur prêter assistance; mais ils acquirent bien vite la conviction qu'il fallait renoncer à tout appui étranger, et ils prirent dès lors la résolution de ne chercher qu'en eux-mêmes les forces dont ils avaient besoin. Ils se préparèrent donc à rentrer dans leur patrie; et, en attendant, ils firent des provisions d'armes et de munitions.

Cependant l'insurrection éclatait en Corse dans la piève d'Ampugnani, et c'était encore à l'avidité des Génois qu'il fallait l'attribuer. Les Français avaient à peine quitté l'île, que le marquis Dominique Spinola voulut faire lever l'impôt de *deux seini*, cause originaire du soulèvement de 1729. Au lieu de charger les podestats des pièves de ce prélèvement, il expédia des escouades nombreuses de soldats avec ordre de vivre aux dépens des contribuables. L'impôt étant injuste, on refusa de le payer; et l'insolence des soldats de la république ayant porté le comble à l'exaspération des paysans, on courut déterrer quelques fusils soustraits au désarmement; on attaqua les Génois, on les défit et on se saisit de leurs armes.

Ce premier mouvement eut lieu à Croce d'Ampugnani vers la fin de décembre. En janvier 1742, on se réunit en consulte à Orezza. Spinola chercha à entrer en pourparlers, en attendant les troupes qu'il avait demandées à Gênes; il envoya savoir ce qu'on voulait : on lui dit qu'on voulait être déchargé de l'impôt de deux seini. Pour toute réponse il déclara que cela ne se pouvait, qu'il fallait acquitter d'abord l'impôt, et qu'on aviserait ensuite. Les esprits s'en aigrirent encore davantage. Une nouvelle assemblée fut convoquée au couvent de Marcasso en Balagne. Monseigneur Curlo, évêque d'Aléria, fut prié d'y assister; c'était un homme de bien, qui gémissait de voir son gouvernement agir avec tant d'imprévoyance. Il se proposa comme médiateur; on l'accepta, et il fut autorisé à faire un arrangement avec le gouverneur; mais celui-ci prétendit qu'il n'avait aucun pouvoir à cet égard.

En attendant, il levait des compagnies de volontaires, et cherchait à organiser de nouveau les *Oriundi*. Toute l'année 1742 et le commencement de 1743 se passèrent sans événement de quelque importance. Les Corses manquaient d'armes et de munitions pour recommencer la guerre, et, de son côté, la république ne pouvait encore envoyer les secours indispensables pour les combattre.

Vers la fin de janvier 1743, Théodore reparut en Corse. Il vint aborder à l'île Rousse, sur un vaisseau anglais que lui avait fourni l'amiral Mathews; il fit des distributions d'armes et de munitions, et répandit dans la Balagne une proclamation, où il engageait ses fidèles sujets à venir le trouver et à se ranger encore sous son drapeau. Cette proclamation, dans laquelle il traitait de rebelles Paoli, Giafferi, Orticoni et Salavini, dont le patriotisme n'était mis en doute par personne, loin d'obtenir le succès qu'il en attendait, refroidit le peu d'enthousiasme qui aurait pu naître à son arrivée. Cependant, on se porta à bord de son vaisseau pour connaître les ressources dont il disposait. Théodore dit, comme toujours, qu'il était fortement appuyé par des puissances étrangères, qu'il allait disposer de moyens plus que suffisants pour réduire les Génois, et rendre à la Corse la liberté qu'elle désirait; mais il refusa de faire connaître les souverains qui avaient promis de l'assister, ainsi que les traités qu'il disait avoir faits avec eux. Alors on lui répondit que l'on ne pouvait plus se fier à ses promesses ; qu'il avait trop abusé de ce moyen, et qu'on le recevrait à bras ouverts le jour où il viendrait avec autre chose que des paroles. Théodore vit bien que c'en était fait de sa couronne; il repartit pour Livourne, et ne reparut plus dans l'île (1).

CHAPITRE II.

CORTE TOMBÉE AU POUVOIR DES PATRIOTES. — ASSEMBLÉE TENUE DANS CETTE VILLE. — LES GÉNOIS ENVOIENT EN CORSE LE SÉNATEUR P.-M. GIUSTINIANI. — DÉCRET QU'IL PUBLIE. — PACIFICATION DE L'ÎLE.

(1741-1745.)

L'arrivée de Théodore avait éveillé la sollicitude du gouverneur génois. Quoiqu'il n'ignorât pas que cet aventurier ne pouvait disposer de grandes ressources, il craignait cependant quelque manifestation en sa faveur, et il songeait à se mettre à l'abri d'un coup de main ; il ordonna à la garnison de Corte de se replier sur Bastia. Les Corses, instruits de ce mouvement, s'emparèrent aussitôt de la ville abandonnée, et y convoquèrent une assemblée pour le 27 avril. Cette assemblée décréta qu'à l'arrivée du nouveau commissaire qui devait remplacer Spinola, mort récemment à Bastia, on tenterait des moyens honorables pour arriver à un accommodement avec la république.

De leur côté, les Génois ne pouvant, dans les circonstances présentes, agir avec vigueur contre les Corses, se décidèrent à faire quelques concessions, et envoyèrent dans l'île comme gouverneur P.-M. Giustiniani, sénateur plein de mérite et d'un caractère très-conciliant. A son arrivée, le docteur Limperani d'Orezza alla lui présenter les demandes formulées dans l'assemblée du mois d'avril, et, après quelques discussions sans importance, Giustiniani publia le décret qui suit :

« La sérénissime république, en considération de la tranquillité de ses sujets du royaume de Corse, approuve et décrète ce qui suit :

« 1° Elle accorde un pardon général, avec la remise des tailles ; prestations, subsides et autres impositions échues et non prélevées ;

« 2° Elle permet de porter les armes, pourvu toutefois que l'on en paye le port ;

« 3° Elle abolit l'impôt annuel des deux seini, établi pour la prohibition des armes ;

« 4° Nul ne pourra être puni pour les armes prohibées qu'on trouvera sur lui ou dans sa maison ;

« 5° On ne pourra augmenter les charges d'aucune espèce sans le consentement des douze nobles en exercice ;

« 6° Nul ne pourra être emprisonné, ni subir d'autre peine, pour de simples soupçons, comme cela a eu lieu par le passé ;

« 7° On donnera par la suite trois ou quatre évêchés aux nationaux ; on leur conférera tous les bénéfices simples, dont quelques-uns pourront être appliqués à l'érection de nouveaux colléges (août 1744). »

Des concessions aussi larges indiquaient suffisamment le désir où était la république de vivre en paix avec les insurgés; et elle obtint ce qu'elle désirait, car jusque vers le milieu de l'année 1745, aucun incident ne vint troubler le repos de la Corse ; mais à cette époque les inimitiés s'étant considérablement augmentées et menaçant de redevenir un fléau pour le pays, quelques zélés patriotes, à la tête desquels se trouvait l'abbé Venturini, voulurent remédier à de si grands maux en cherchant à rétablir la paix dans les familles divisées. Toutefois, afin qu'on ne pût donner à leur conduite, toute pacifique, une interprétation malveillante, ils envoyèrent demander au gouverneur la permission de parcourir le pays dans le but que nous avons indiqué. Soit que celui-ci

---

(1) De Livourne Théodore alla à Londres, où ses créanciers le firent mettre en prison. Il en sortit plus tard en vertu de l'acte d'insolvabilité, et vécut pendant plusieurs années assez misérablement. En 1753, Horace Walpole ouvrit en sa faveur une souscription, qui lui permit de vivre convenablement jusqu'à la fin de ses jours. Il mourut le 11 décembre 1756, et fut enterré dans le cimetière de Sainte-Anne de Westminster. On lui éleva un tombeau fort modeste, sur lequel on inscrivit, en anglais, une épitaphe qui rappelait sa destinée. Les deux dernières lignes portaient :

Le destin grava des leçons sur sa tête vivante ;
Il lui donna un royaume et lui refusa du pain.

ne crût pas à la sincérité de la démarche qu'on le priait d'autoriser, soit qu'il craignît l'influence que pourraient acquérir les personnages qui auraient opéré les réconciliations, il refusa par deux fois son consentement. Alors ces zélés patriotes, qui n'avaient agi que par déférence pour le caractère de Giustiniani, qu'ils estimaient, résolurent de se passer de son autorisation; et ayant convoqué une assemblée à Corte ils en reçurent le titre de protecteurs de la patrie, avec mission de réconcilier les familles. Les Corses qui reçurent cette honorable marque de confiance de leurs concitoyens furent l'abbé Ignace Venturini, le docteur Gaffori et Alerius Matra. Ils se mirent aussitôt à l'œuvre, et le succès qu'ils obtinrent fut une compensation suffisante aux tracasseries qu'ils avaient éprouvées de la part du gouverneur génois. A leur voix, les inimitiés cessèrent tout à coup. Les pièves où la fureur de la vengeance était le plus enracinée retrouvèrent le calme qu'elles avaient depuis longtemps perdu; et les protecteurs, après une tournée de quelques mois, purent rentrer à Corte avec la conviction que leur œuvre, durable, conserverait à la patrie des enfants pleins de valeur et dont elle pouvait avoir besoin au premier jour (août 1745).

CHAPITRE III.

TENTATIVE DE LA SARDAIGNE POUR EXCITER DE NOUVEAUX TROUBLES EN CORSE. — ARRIVÉE DE RIVAROLA ET DE L'AMIRAL TAUNSHEND. — ILS SE RENDENT MAITRES DE BASTIA. — CETTE VILLE RETOMBE AU POUVOIR DES GÉNOIS. — RIVAROLA ÉCRIT A TURIN POUR DEMANDER DES SECOURS. — DÉCLARATION DU MINISTRE ANGLAIS. — LES GÉNOIS SONT CHASSÉS DE CORTE. — LES PATRIOTES ASSEMBLÉS DANS CETTE VILLE PROCLAMENT L'INDÉPENDANCE DE LA CORSE, ET EN CONFIENT LE GOUVERNEMENT A UNE SUPRÊME MAGISTRATURE, COMPOSÉE DE GAFFORI, MATRA ET VENTURINI.

(1745-1746.)

Le gouverneur Giustiniani avait refusé, comme nous l'avons dit, de sanctionner la démarche des protecteurs; mais il s'était borné à ce refus, et il n'avait pas cherché autrement à s'y opposer. De plus graves soucis le préoccupaient en ce moment; le bruit s'était répandu que la Sardaigne cherchait à s'emparer de la Corse, et toute son attention était portée de ce côté.

La Sardaigne, en effet, était en lutte avec la république à cause de cette longue et interminable affaire du Final, et elle devait nécessairement chercher tous les moyens de frapper son ennemie. Occuper la Corse ou bien y susciter des embarras à la république était chose trop naturelle pour qu'elle n'y songeât pas sérieusement. Elle avait à son service, en qualité de colonel d'un régiment corse, le comte Dominique Rivarola, patriote ardent et ennemi irréconciliable des Génois. Elle crut pouvoir s'en servir utilement dans ses intérêts. Rivarola se mit en rapport avec ses compatriotes, et il acquit bientôt la conviction que l'intervention du roi de Sardaigne serait favorablement accueillie dans un pays où l'on se serait fait turc plutôt que de devenir génois. Le roi de Sardaigne fit connaître aux cours de Londres et de Vienne l'intention où il était de prêter assistance aux insurgés de la Corse, qui pourraient ainsi occuper les Génois entrés dans la ligue formée par la France. Les deux cours répondirent qu'elles voyaient cette diversion avec plaisir, et l'amiral Taunshend, qui croisait dans la Méditerranée, reçut ordre d'appuyer avec sa flotte les opérations des Corses insurgés. En même temps le roi de Sardaigne expédia Rivarola avec quelques troupes et des munitions de bouche et de guerre.

Au moment où Taunshend arrivait devant Bastia, Rivarola était aux portes de cette ville, avec un corps nombreux de nationaux qui s'étaient ralliés à lui. Taunshend somma de se rendre le gouverneur Mari, qui avait succédé à Giustiniani; celui-ci s'y refusa, et l'amiral commença à bombarder la ville. Les habitants alors obligèrent Mari à se retirer, et ouvrirent leurs portes à Rivarola, qui occupa la forteresse et reçut par acclamation le titre de généralissime du royaume (nov. 1745).

Rivarola ne perdit point de temps; et, profitant de la présence de la flotte anglaise, il s'empara de Saint-Florent, de Saint-Pellegrino et de quelques autres points maritimes moins importants. Gaffori et Matra, qui d'abord s'étaient montrés pleins de défiance à son égard et s'étaient refusés à le seconder, convaincus maintenant qu'il n'agissait que dans l'intérêt de la nation, lui prêtèrent l'assistance qu'il devait en attendre.

Cependant la position de Rivarola n'était rien moins que solide; il comprenait parfaitement que si la cour de Sardaigne ne lui envoyait de nouveaux secours, il ne pourrait tenir longtemps contre l'influence des Génois. Quoique Mari eût été obligé de se retirer à Calvi, il ne se regardait néanmoins pas comme battu, et, de loin, il engageait ses partisans de Bastia à se révolter contre le nouveau pouvoir. Bastia était au fond une ville trop génoise pour rester longtemps sous une autre domination que celle de la république; le 15 février 1746, une révolution y renversa le pouvoir de Rivarola; le drapeau de Gênes fut arboré sur la citadelle, et Mari rentra triomphant. Les partisans de Rivarola, livrés au gouverneur sur la promesse qu'on n'attenterait pas à leur vie, furent expédiés à Gênes et pendus, en partie, quelques mois après (1). Rivarola, qui se trouvait à Saint-Florent lorsqu'eut lieu cet événement, accourut mettre le siège devant Bastia; mais il dut bientôt après se retirer, à cause des secours que venait de recevoir Mari, et de la retraite de Matra, que celui-ci avait su gagner.

Retiré à Saint-Florent, Rivarola écrivit au roi de Sardaigne et à ses alliés de venir à son aide; et, comme il n'en recevait point de réponse, il dépêcha son neveu, l'abbé Zerbi, pour représenter à la cour de Turin l'embarras dans lequel il était. Les ministres des différentes puissances résidant dans cette ville furent convoqués à cet effet; mais ils montrèrent peu d'enthousiasme pour soutenir la cause des insurgés. L'ambassadeur d'Angleterre déclara que pour sa part il ne donnerait aucun ordre à l'amiral de sa nation, parce que les Corses, désunis entre eux, montraient peu de zèle dans leur propre cause, et parce que la flotte britannique pouvait recevoir un meilleur emploi en croisant sur les côtes de France, de Naples, de Gênes et d'Espagne; qu'il en écrirait cependant à la cour pour savoir ce qu'il avait à faire à l'avenir; qu'en attendant il ne pouvait qu'engager les Corses à se soutenir par eux-mêmes jusqu'à ce que les puissances alliées vinssent à leur secours.

Cette réponse rapportée par Zerbi fut bientôt connue de toute la Corse. Jusque-là la guerre contre la république n'avait été soutenue que par les partisans de l'intervention sarde; elle le fut bientôt par les nationaux, mis en demeure de se défendre.

A Corte, le commandant génois, craignant une conspiration des habitants contre lui, fit tirer le canon contre les maisons de la ville et surtout contre la maison de Gaffori, qu'on lui avait désigné comme le chef de la conspiration. Gaffori courut aux armes, assiégea le commandant dans la forteresse, l'obligea à se rendre avec sa garnison, et lui permit de se retirer à Bastia (7 juillet 1746).

Le soulèvement de Corte détermina celui du centre de l'île. Une assemblée générale tenue dans cette ville, le 10 août, sous la présidence de Venturini, déclara la Corse indépendante, et nomma pour généraux et protecteurs du royaume Gaffori, Matra et Venturini. On forma, sous le nom de *suprême magistrature*, un conseil composé de douze notables personnages qui devaient, à tour de rôle et par tiers, assister chacun des généraux. On décréta que chaque piève élirait un auditeur pour juger les causes civiles, et un fiscal pour juger les causes criminelles. On confisqua, au profit de la nation et pour l'entretien des troupes, tous les biens possédés par les Génois.

CHAPITRE IV.

CONSULTE D'OREZZA. — DIVISIONS ENTRE LES PATRIOTES. — RIVAROLA S'EMPARE DE NOUVEAU DE BASTIA. — IL EN EST CHASSÉ ET FORCÉ DE SE RETIRER A SAINT-FLORENT, OU IL EST ASSIÉGÉ PAR LES GÉNOIS. — IL EST SECOURU

---

(1) Parmi ceux qui succombèrent ainsi étaient : le major Gentile, l'avocat Marcugo, Rossi, Casella, Sansonetti, Limperani, Guasco, Degiovanni, Raffalli, Morelli. Les autres furent jetés en prison, et n'en sortirent que longtemps après.

PAR L'AMIRAL BINGH, ET S'EMBARQUE POUR LA SAVOIE AVEC GIULIANI. — CONSULTE DE MURATO. — ARRIVÉE D'UN SECOURS DE QUINZE CENTS AUSTRO-SARDES COMMANDÉS PAR CUMIANA.

(1746-1748.)

Une nouvelle consulte fut encore tenue à Orezza le 15 novembre de cette même année 1746 : on y prit différentes mesures d'ordre public, et on informa Rivarola du résultat des délibérations, en l'engageant à aller en personne à Turin demander les secours nécessaires. Mais Rivarola, prévenu par ses amis que c'était là une occasion pour l'éloigner de la Corse, prétexta de ses infirmités, qui l'empêchaient d'entreprendre aucun voyage, et resta à Saint-Florent. Gaffori se formalisa de ce refus, et excita contre Rivarola un soulèvement auquel celui-ci fut obligé de résister par les armes.

On ne peut comprendre comment Gaffori et les autres chefs de l'intérieur se laissèrent aller dans cette circonstance à manifester ainsi leur ressentiment secret contre Rivarola. Ces funestes divisions faisaient à merveille les affaires de Gênes, qui en profitait pour attirer dans son parti les mécontents. Alerius Matra, ayant à se plaindre de Gaffori, accepta le titre de brigadier général de la république, et promit de servir ses intérêts. On chercha également à attirer les autres chefs en leur faisant des offres magnifiques ; mais on ne put les détacher du parti national, et alors on fit courir sur eux les bruits les plus étranges. Gaffori, Venturini et Rivarola n'eurent pas grand peine à éclairer les nationaux sur les intrigues des Génois ; et ceux-ci, furieux d'avoir manqué leur coup, eurent recours à leur moyen favori, et promirent mille genuines de récompense à celui qui livrerait Rivarola mort ou vif.

L'année 1746 se passa ainsi sans avancer beaucoup les affaires des insurgés. Au mois de juillet 1747, Rivarola, s'étant ménagé des intelligences dans Bastia, s'empara de Terra-Vecchia, et en prévint aussitôt le roi de Sardaigne, en lui demandant des secours. Celui-ci ne put que lui manifester son contentement de le voir persévérer dans sa tâche ; toutefois, il lui expédia quelques munitions, et ne lui laissa pas ignorer que la cour de Londres était peu disposée en faveur des Corses, à cause de leurs divisions intestines. Rivarola fit de son mieux pour se maintenir dans Bastia ; mais il dut bientôt céder aux forces supérieures de Mari, qui, ayant reçu un renfort d'Espagnols et de Français, l'obligea à se retirer dans Saint-Florent, où il alla l'assiéger avec quinze cents hommes (12 septembre 1747).

Dans cette position, Rivarola aurait bien pu tomber aux mains des Génois ; mais Giuliani, qui commandait en Balagne, accourut à son secours, et força Mari à se retirer. En même temps, l'amiral anglais Bingh lui expédia de Savone des vaisseaux anglais pour le soutenir. Rivarola et Giuliani profitèrent de cette occasion favorable pour s'embarquer et aller en personne à la cour de Turin (22 octobre 1747).

Le roi de Sardaigne accueillit très bien les généraux corses, et leur fournit des munitions avec lesquelles Giuliani crut à propos de rentrer en Corse, laissant à Rivarola le soin de poursuivre ses démarches.

A son retour, Giuliani trouva les Corses dans la plus grande confusion ; les intrigues des Génois étaient parvenues à les désunir, et cet état de choses pouvant amener une ruine totale, il voulut y remédier : une consulte générale fut convoquée par lui à Murato ; elle dura trois jours, et fut très animée. Matra, accusé publiquement de trahir la patrie, dut se justifier ; on voulut bien croire à ses protestations, mais pour mettre son zèle à l'épreuve on le chargea de lever mille hommes dans le Nebbio et la Balagne, et de punir avec la dernière rigueur ceux qui parleraient de traiter avec la république. En somme, le résultat de la consulte fut tel qu'on devait l'attendre d'une multitude qui n'avait d'autre intérêt que le bien public. On y décida de soutenir la guerre contre Gênes, en attendant les secours qui devaient arriver du continent (5 février 1748).

Sur ces entrefaites, Rivarola, qui, comme nous l'avons vu, était demeuré à Turin pour poursuivre plus activement son but, obtint des puissances alliées qu'elles feraient passer en Corse des hommes et des munitions. En effet, le 3 mai 1748 le général Cumiana y arriva avec quinze cents Austro-Sardes. Venturini, Gaffori, Matra, se réunirent immédiatement à lui, et tous ensemble allèrent assiéger Bastia. Spinola, qui y commandait, avait fait élever plusieurs bastions et fortifier les murs de la ville. Il repoussa avec vigueur les assiégeants, et les obligea, après quelques jours, à se retirer à Saint-Florent (28 mai 1748). On reconnut alors qu'on ne pourrait s'emparer de la ville sans de nouveaux secours; Gaffori se chargea d'aller les demander à la cour de Turin, et les généraux se partagèrent le commandement en attendant son retour. Cumiana resta à Saint-Florent avec ses Austro-Sardes; Matra alla à Aléria; Venturini à Corte, et Giuliani en Balagne. Quant au Delà-des-Monts, il n'y avait pas à s'en occuper, les Génois n'y ayant fait aucune démonstration hostile.

CHAPITRE VI.

LES GÉNOIS DEMANDENT DE NOUVEAU DES SECOURS A LA FRANCE. — ARRIVÉE DE M. DE CURSAY, A LA TÊTE DE DEUX MILLE FRANÇAIS. — CONCLUSION D'UN ARMISTICE. — DÉPART DES TROUPES AUSTRO-SARDES. — NOUVELLE PACIFICATION.

(1748-1751.)

L'inquiétude avait été très-grande à Gênes, lorsqu'on y avait appris l'arrivée des Austro-Sardes. La république était épuisée, et ne pouvait envoyer de secours. Le peuple se désolait, et criait dans les rues qu'il fallait prier le roi de France d'envoyer tous ses vaisseaux en Corse. Le sénat alla se jeter aux pieds du duc de Richelieu et implorer son assistance; le danger était imminent, car si les Génois venaient à être chassés de l'île, il était fort douteux qu'ils pussent y rentrer jamais. Richelieu eut pitié de Gênes; elle était l'alliée de la France, et il fallait la soutenir : il mit donc deux mille hommes à la disposition du général de Cursay, auquel il ordonna d'aller occuper les places de la Corse.

Les vaisseaux français parurent en vue de Bastia le jour où Cumiana allait tenter un nouvel assaut. Leur présence suffit pour faire renoncer le général piémontais à son entreprise, et M. de Cursay ne trouva plus les ennemis aux portes de la ville. Son premier soin fut de faire fortifier Bastia et de s'emparer de la Paludella. Ses troupes firent contre Barbaggio une tentative qui échoua. Bientôt après, Giuliani reprit Nonza, occupée par les Génois, et de Cursay, considérant que la paix générale était assurée par les préliminaires d'Aix-la-Chapelle, crut inutile de pousser plus loin les hostilités, et proposa aux Corses un armistice sous la garantie du roi de France. Cumiana, qui avait le commandement en chef de l'armée nationale, y consentit. L'armistice n'avait pas de durée limitée : il était subordonné aux événements du continent. Il fixait comme limites aux parties belligérantes le fleuve Tegina : l'intérieur de l'île demeurait dans le même état qu'auparavant (12 septembre 1748). Les choses restèrent en cet état jusqu'au mois de novembre. A cette époque, les troupes austro-sardes quittèrent la Corse, qui, aux termes du traité de paix signé par les puissances au mois d'avril de cette même année, faisait retour à la république.

Le roi de Sardaigne s'était empressé quelque temps auparavant de dépêcher Gaffori à ses compatriotes, pour les engager à se soumettre en attendant des jours meilleurs. Ceux-ci, loin de se rendre à cette invitation, adressèrent une demande au congrès de Vienne, pour être affranchis de la domination génoise; et lorsqu'il leur fut répondu que l'équilibre européen s'y opposait ils n'en persévérèrent pas moins dans la résolution de s'affranchir par les armes du joug de la république. Cependant leur position était difficile; car s'ils ne se soumettaient ils allaient avoir de nouveau à combattre les Français, auxiliaires des Génois.

M. de Cursay vit leur embarras, et comme il avait pu, depuis qu'il était en Corse, apprécier la loyauté et le courage de la nation, il s'intéressa vivement à sa cause, et chercha les moyens d'éviter une guerre imminente. Dans une première conférence, qu'il eut à Biguglia avec les chefs des insurgés, il les amena à accepter la médiation du roi de France; puis, peu de temps après, ayant reçu de sa cour une réponse satisfaisante aux dépêches qu'il lui avait adressées, il eut avec les mêmes chefs une seconde conférence à Corte, où il leur exposa les intentions bienveillantes du roi à leur égard, et les détermina à se soumettre à sa propre autorité. Comme les Corses avaient la plus grande estime pour le caractère honorable de M. de Cursay, ils n'hésitèrent pas à se confier à lui, et lui remirent la place de Saint-Florent, qu'ils avaient occupée après le départ de Cumiana, celle de Corte et les forts de l'île Rousse et de Saint-Pellegrino. L'intervention de M. de Cursay pouvait être très-utile à la république, et déjà il avait obtenu sans dépense et sans effusion de sang ce qu'elle n'aurait pu acquérir que par de grands sacrifices. Elle devait donc considérer comme très-avantageuse pour elle l'occupation par ses alliés de positions aussi importantes. Il en fut cependant autrement, et, prenant ombrage de l'influence qu'acquérait chaque jour M. de Cursay sur l'esprit des nationaux, elle se plaignit au cabinet de Versailles de ce qu'il traitait les affaires de la Corse sans la consulter et sans la faire intervenir. M. de Cursay reçut alors de nouvelles instructions, par lesquelles on lui déclarait que l'intention du roi était que les Corses retournassent sous la domination de la république. Il assembla aussitôt une consulte à Corte, y exposa les motifs d'intérêt général qui obligeaient Louis XV et les autres puissances à demander aux Corses de se soumettre à la république, et sut tellement captiver la confiance de l'assemblée, que Gaffori, Venturini et Giuliani, se levant spontanément, signèrent une feuille en blanc, et la lui remirent pour qu'il réglât lui-même les clauses de leur soumission.

CHAPITRE VII.

ADMINISTRATION DE M. DE CURSAY. — ARRIVÉE DE M. DE CHAUVELIN. — CONVENTION DE SAINT-FLORENT. — DIFFICULTÉS ENTRE M. DE CURSAY ET LE MARQUIS GRIMALDI.

— M. DE CURSAY EST RAPPELÉ. — GAFFORI EST NOMMÉ GOUVERNEUR GÉNÉRAL. — IL EST ASSASSINÉ. — NOMINATION D'UNE NOUVELLE MAGISTRATURE SUPRÊME.

(1751-1755.)

M. de Cursay, qui avait dès lors tous les moyens d'arranger les affaires des Génois et des Corses, n'en abusa point; il établit les choses sur un pied d'équité utile aux deux partis; mais les Génois firent naître des difficultés, et il y eut même des rixes sanglantes entre leurs troupes et les Français. « Toutefois, M. de Cursay gouvernait l'île avec une grande sagesse. Il était affable, courtois et très-impartial. Aucun motif d'intérêt privé n'arrêtait son zèle pour le bien général. Il se faisait aimer des bons, craindre des méchants et estimer de tous; il apaisa toutes les inimitiés, et ne craignit point de mettre la main là où il pouvait établir la paix. Lorsqu'il voulut faire rétablir les routes, construire des ponts et faire d'autres travaux d'intérêt général, il vit accourir pour les exécuter les peuples qui jusque-là n'avaient jamais voulu s'en occuper. Il voulut aussi faire construire un port au Macinajo, et prit d'autres dispositions excellentes; mais lorsqu'il était au plus beau de son œuvre, il dut y renoncer, parce que la république, ne pouvant souffrir une influence qui l'empêchait d'exercer son despotisme, fit si bien auprès de M. de Chauvelin, ministre plénipotentiaire de sa majesté très-chrétienne à Gênes, qu'elle le détermina à passer en Corse pour y faire un règlement et en éloigner M. de Cursay et ses troupes (1). »

M. de Chauvelin arriva, en effet, en Corse le 8 juillet 1751. Il convoqua une assemblée générale à Saint-Florent, y parla de la nécessité, pour la Corse, de rentrer sous la domination génoise; et, les esprits y étant préparés, on arrêta les conventions suivantes :

« 1° La république entretiendra dans les villes une garnison aux frais des communes du royaume.

« 2° Le commissaire général résidera à Bastia, et il aura la direction des affaires civiles et militaires.

(1) Cambiagi, t. III, liv. XX.

« 3° Trois évêchés seront toujours attribués aux nationaux.

« 4° Les causes criminelles seront jugées à Bastia, avec l'assistance de neuf assesseurs corses.

« 5° Les causes civiles seront jugées par deux assesseurs, un génois, l'autre corse.

« 6° Tous les juges, podestats et autres employés seront corses.

« 7° Les nationaux pourront commercer avec toute puissance étrangère.

« 8° On pourra introduire dans l'île toutes les sciences et tous les arts. »

Après la signature de ce règlement, M. de Chauvelin retourna à Gênes, laissant à M. de Cursay le soin de s'entendre avec le marquis Grimaldi, commissaire de la république, sur l'exécution de cet acte. Mais des difficultés s'élevèrent bientôt entre eux à ce sujet, et M. de Cursay se retira à Ajaccio pour éviter de plus grandes discussions (janv. 1752); mais les esprits s'étaient déjà aigris. Grimaldi et M. de Cursay rompirent ouvertement. Les Français et les Génois prirent fait et cause pour leur chef respectif; on en vint aux mains, et la Corse fut divisée en deux camps. A Ajaccio, les Génois et leurs partisans, étant en très-grand nombre, mirent en danger les jours de M. de Cursay. Gaffori accourut à son secours, et les Génois ne purent rien faire contre les Français. Mais ils portèrent leurs plaintes à la cour de Versailles, et dénoncèrent M. de Cursay comme l'artisan de tous les troubles. Ils menèrent si bien leurs intrigues, qu'ils fut rappelé et envoyé prisonnier à Antibes (1). Le colonel Curcy, qui le remplaça, n'osa prendre aucune mesure contre les empiétements du gouverneur génois, et les Corses, se voyant abandonnés par le départ de M. de Cursay, résolurent de reprendre l'offensive.

Une assemblée fut à cette fin convoquée à Orezza; Gaffori y fut nommé seul gouverneur et général de la nation, et chargé de veiller au salut de la patrie. Comme le bruit s'était répandu que les Génois allaient occuper les présides, il rassembla quelques troupes,

(1) M. de Cursay ne tarda pas à se justifier des calomnieuses accusations des Génois; et Louis XV, ayant reconnu son innocence, le nomma lieutenant général et gouverneur de Bretagne.

et se porta sur Corte, dont il s'empara. Bientôt toute la Corse, à l'exception de Bastia, Calvi, Saint-Florent et Bonifacio, fut au pouvoir des nationaux. L'insurrection, organisée vigoureusement, et menée par une main habile et ferme, était en ce moment on ne peut plus redoutable. Les Génois virent l'imminence du danger, et crurent s'y soustraire en tramant la mort de Gaffori. Ils gagnèrent les Romei de Corte, ses ennemis personnels, et firent entrer dans la conspiration son propre frère Anton Francesco. Le 3 octobre 1753, comme Gaffori revenait d'une de ses propriétés, les conjurés l'assassinèrent, et coururent se réfugier à Bastia. Le frère de Gaffori ne put cependant s'échapper, et quelques jours après il fut roué vif.

La mort de Gaffori causa une douleur profonde dans toute l'île. Une assemblée générale fut convoquée à Corte pour le 22 du même mois; on y célébra en grande pompe les funérailles de l'un des plus illustres et des plus chers enfants de la Corse; puis l'assemblée s'occupa des intérêts présents. Une nouvelle constitution fut décrétée, et l'exécution en fut remise à une suprême magistrature composée de Clément Paoli, Thomas Santucci, Simon-Pierre Frediani et le docteur Grimaldi.

Pendant deux ans la suprême magistrature exerça ses fonctions avec zèle et intégrité; mais ayant reconnu qu'il fallait, pour diriger avec succès les affaires du royaume, une unité d'action qui lui manquait, elle résolut de résigner son pouvoir entre les mains d'un seul chef. Ses yeux s'arrêtèrent sur Pascal Paoli, alors officier au service de Naples, et elle l'invita à revenir dans sa patrie, pour y prendre le lourd fardeau du gouvernement.

LIVRE XI.

De l'arrivée de Paoli à la prise de possession de la Corse par les Français.

(1755-1769.)

CHAPITRE PREMIER.

ARRIVÉE DE PAOLI. — IL EST PROCLAMÉ GÉNÉRAL DE LA NATION. — RÉVOLTE DE MARIUS EMMANUEL MA-

TRA. — SES SUCCÈS CONTRE PAOLI. — MATRA VA OFFRIR SES SERVICES AUX GÉNOIS.

(1755.)

Pascal Paoli, sur qui se portaient alors les espérances de ses concitoyens, était le plus jeune des fils d'Hyacinthe, qui l'avait emmené avec lui en exil, et l'avait élevé dans le culte de la patrie. Heureusement doué par la nature, le jeune Pascal mit à profit les leçons de ses habiles professeurs, et quand il fut appelé en Corse, il était parfaitement propre à entrer dans la vie politique. Il avait alors environ trente ans; il était d'une haute stature, d'une figure agréable et imposante, et d'une grande élégance de manières; aux qualités du corps il joignait un esprit vif et pénétrant, un jugement solide et une rare intelligence des hommes et des choses. A peine sorti de l'école militaire, il avait fait partie d'une expédition dans les Calabres, et s'y était fait remarquer par sa bravoure. Le vieil Hyacinthe avait toujours entretenu son fils aîné, Clément, des succès de Pascal, et lorsque le fardeau du pouvoir devint trop lourd pour lui et pour ses collègues, Clément sut habilement proposer son frère, qui, par cela même qu'il avait toujours été éloigné de la Corse, pouvait inspirer plus de confiance aux différents partis et imposer à tout le monde.

Sur l'invitation des chefs du gouvernement, Pascal Paoli se rendit en Corse au mois de juillet 1755. Un édit de la suprême magistrature, en date du 15 du même mois, puis une délibération de la consulte nationale de Saint-Antoine de la Casabianca lui conférèrent le titre de général avec des pouvoirs assez étendus. Paoli refusa d'abord cet honneur, s'excusant sur l'importance de la charge; on lui répondit qu'il y aurait plus de mérite à la remplir : il demanda un collègue; mais on avait fait une trop triste expérience du gouvernement partagé pour en vouloir encore, et on dut encore lui refuser.

Paoli, ne pouvant plus alors décliner l'honneur qui lui était offert se résigna de bonne grâce, et commença à prendre la direction des affaires. Assisté d'un conseil d'État consultatif, son premier soin fut de chercher à faire naître la tranquillité, en apaisant les *vendette* qui désolaient certains cantons. Il se mit en tournée à cet effet, s'informa des causes de discordes, ramena les esprits irrités, et parvint, par son éloquence et par la promesse d'une sévère justice, à rétablir la tranquillité perdue. L'application rigoureuse qu'il fit des règlements à un de ses parents, qui s'était rendu coupable d'un meurtre, fut d'un très-bon exemple; et dès que l'on vit que la loi était assez forte pour punir les coupables, on ne songea plus à se faire justice soi-même; les inimitiés diminuèrent, et bientôt même on les vit cesser presque tout à coup.

Rassuré de ce côté, Paoli allait porter son attention sur les autres parties du gouvernement, lorsqu'il en fut distrait par la guerre personnelle que vint lui faire Marius-Emmanuel Matra. D'une ancienne et très-influente famille de caporaux, Matra avait vu avec peine l'élévation de Paoli au généralat. Il croyait que pour les services qu'il avait rendus comme membre du gouvernement, pour sa bravoure incontestée, et enfin à cause de la noblesse de sa maison, cet honneur lui était réservé, ou tout au moins qu'il aurait pu le partager. Mais la consulte ayant déclaré qu'elle ne voulait qu'un chef, et son choix étant tombé sur Paoli, il avait conçu contre celui-ci une haine d'autant plus violente, qu'il pouvait supposer que cette élection avait été faite pour l'écarter. Retiré dans son village de la pièvc de Serra, il se préparait à la révolte, lorsque Thomas Santucci d'Alesani, ancien membre du gouvernement, à qui Paoli venait de refuser la grâce d'un coupable, alla le trouver, et lui offrit de lever en sa faveur l'étendard de la révolte contre le nouveau chef. Matra accepta; Santucci, les Colombani, les Cattoni, les Pauzani et tous leurs adhérents, très-nombreux depuis le Fiumorbo jusqu'à Orezza, se réunirent au couvent d'Alesani, et l'élurent pour leur général.

Cette rébellion, arrivant au commencement d'un gouvernement encore mal assuré, pouvait avoir pour Paoli les conséquences les plus fâcheuses; il chercha donc à la comprimer tout de suite. De

Verde, où il était, il marcha sur Alesani; mais Matra, qui était maître des défilés de Cortello et de Corniale, l'attaqua, lui tua beaucoup de monde, et l'obligea d'abord à se retirer à Campoloro, puis à gagner la Tavagna en passant par Moriani. Paoli, en attendant les secours qu'il avait envoyé quérir de toutes parts, expédia le capitaine Piazzole, à la tête d'un assez bon nombre de fusiliers, pour s'emparer du couvent d'Orezza; mais encore cette fois Matra, qui occupait ce poste, tailla en pièces les soldats envoyés contre lui, et Piazzole ne se sauva qu'avec peine.

La position de Paoli devenait critique. Si son ennemi, moins confiant dans ses forces, se fût porté immédiatement contre lui, il aurait pu être facilement vaincu; il vit le danger, et, cherchant à gagner du temps, il envoya proposer à Matra de suspendre les hostilités et d'en appeler de leur différend à une consulte générale. Matra refusa, persuadé qu'une consulte ne voudrait pas d'un citoyen qui recourait aux armes pour se faire nommer général. En attendant, les populations de la terre de Commune, averties du danger qui menaçait leur général, accouraient à son secours. Bientôt Paoli se vit à la tête d'environ trois mille hommes, et il marcha contre Matra, lequel, abandonnant Orezza, se retira successivement à Alesani, en Serra, et enfin à Aleria. De là, tandis que les paolistes incendiaient ses propriétés et celles de ses amis, il appelait aux armes tous ses partisans de Rogna, de Castello et d'Aleria. Lorsqu'il se crut assez fort, il marcha de nouveau sur Orezza; mais les Ciavaldini gardaient les défilés, et il ne put pénétrer dans cette piève. Il essaya une attaque contre le couvent; il fut encore repoussé, et, Paoli étant accouru avec son monde, il dut se replier sur Aleria.

Jusque-là Matra n'avait agi que pour son propre compte; c'était une querelle à vider entre lui et Paoli, un intérêt personnel, augmenté de celui des mécontents, toujours nombreux au commencement d'une nouvelle administration, et dans un pays où l'indépendance individuelle rendait très-difficile l'application régulière et homogène du gouvernement. La défaite qu'il venait d'éprouver, l'incendie de ses propriétés et de celles de ses amis l'exaspérèrent, et le portèrent à demander à un pouvoir étranger la force qui lui manquait. Il s'embarqua donc pour Bastia avec sa famille et ses amis, et alla auprès du gouverneur génois réclamer l'assistance dont il avait besoin pour poursuivre sa vengeance (septembre 1755).

CHAPITRE II.

GÈNES FOURNIT A MATRA DES SECOURS EN ARGENT ET EN SOLDATS. — IL EST VAINCU ET TUÉ AU COUVENT DE BOSIO. — GÈNES DEMANDE DES SECOURS A LA FRANCE. — ARRIVÉE DE M. DE CASTRIES.

(1755-1756.)

Le commissaire génois, voyant dans ces divisions des nationaux un moyen de rétablir la puissance de la république, fit le meilleur accueil à Matra, et l'engagea à aller lui-même adresser sa demande au sénat. Matra obtint à Gênes tout ce qu'il voulut, et il ne tarda pas à venir à Aleria recommencer la guerre (janvier 1756).

Pendant son absence, Paoli l'avait déclaré rebelle, ainsi que ses partisans; et, comme il prévoyait qu'il reviendrait bientôt avec des forces imposantes, il avait pris ses mesures pour le combattre. Dès qu'il fut informé de son retour, il alla camper à Calviani; mais comme il vit que Matra ne bougeait pas, il laissa au camp Valentini et Piazzole, et s'en alla à Pietra di Verde. Peu après, Matra, ayant reçu huit cents hommes de troupes de Bastia, sortit du fort à l'improviste avec cette troupe et une assez grande quantité de paysans qu'il avait recrutés, et marcha rapidement sur Verde pour y surprendre Paoli. Celui-ci, prévenu du danger qui le menaçait, et ne pouvant opposer de résistance avec le peu de monde qu'il avait, songea à se retirer à Corte, et précipita sa marche de ce côté. Arrivé au couvent de Bosio, il pensa que l'ennemi n'oserait le poursuivre jusque là, et qu'il pourrait y attendre en sûreté Valentini, qui devait avoir quitté Calviani pour prendre Matra en queue. Mais à peine s'était-il renfermé dans le couvent qu'on vit apparaître Matra avec tout son monde;

le couvent fut bientôt cerné de toutes parts, et pour hâter la prise de Paoli on commença à mettre le feu aux portes. La position des assiégés était on ne peut plus critique. Ils ne pouvaient opposer de résistance à un ennemi dix fois plus nombreux. L'incendie allait gagner l'intérieur du couvent et les étouffer, quand tout à coup on entendit résonner le cornet sur les hauteurs de Sermano et la fusillade s'engager entre les troupes des capitaines Valentini et Clément, accourant au secours de leur général, et celles de Matra. Le combat fut court et très-meurtrier; on dit que Matra y fit des prodiges de valeur; mais ayant reçu un coup de feu au genou, la terreur se mit dans ses troupes, qui prirent la fuite, laissant leur capitaine à la merci du vainqueur. Matra, ainsi abandonné, fut achevé d'un coup de fusil; et Paoli, délivré d'un redoutable ennemi, fit retomber sa colère sur ses partisans, qui furent jetés en prison ou envoyés en exil (mars 1756).

L'infructueuse tentative de Matra contrista quelque peu la république, qui en avait espéré un meilleur résultat. Craignant que le succès remporté par Paoli ne le portât à attaquer les villes du littoral, elle se hâta d'en faire augmenter les fortifications; enfin, comme le bruit s'était répandu que les Anglais avaient le projet de s'emparer de quelques-unes de ces villes, elle pria la France d'y envoyer des troupes pour les défendre dans cette éventualité; et la France, qui avait intérêt à ce que les Anglais ne prissent point pied en Corse, ne se fit pas prier : elle y envoya trois mille hommes sous le commandement de M. de Castries (novembre 1756).

CHAPITRE III.

M. DE VAUX, SUCCESSEUR DE M. DE CASTRIES. — DÉPART DES TROUPES FRANÇAISES. — LES HOSTILITÉS RECOMMENCENT.

(1756-1760.)

L'arrivée des troupes françaises donna quelque inquiétude à Paoli; ne voulant pas s'en rapporter à ce qui se disait généralement, que ces troupes n'étaient venues que pour s'opposer aux tentatives que pourraient faire les Anglais, il envoya un député au comte de Vaux, qui avait remplacé M. de Castries, pour connaître la vérité. M. de Vaux répondit que le roi portait un grand intérêt aux Corses; qu'il avait reçu l'ordre de demeurer entièrement neutre entre eux et les Génois, et qu'il ne devait agir que contre les Anglais. Cette déclaration rassura Paoli; bientôt d'excellents rapports s'établirent entre lui et les Français, et ils se maintinrent tant que ceux-ci séjournèrent dans l'île.

Dès le commencement de son généralat, Paoli s'était employé à réorganiser l'administration, qu'il avait trouvée en très-mauvais état. Déjà, en 1756, il avait régularisé les impôts et établi des directeurs des finances; en 1758 il publia de nouvelles lois sur le commerce, qui établissaient des rapports équitables entre les habitants des présides et ceux de l'intérieur; mais lorsqu'il vit que les Bastiais, loin d'être reconnaissants de ce qu'il avait fait pour eux, intriguaient contre lui dans le Cap-Corse, il défendit, sous des peines très-graves, aux habitants de l'intérieur tout trafic avec eux, et fit fortifier Furiani pour les tenir en respect.

En 1759 les Français remirent aux Génois les places qu'ils occupaient, et retournèrent en Provence. Le marquis Grimaldi, commissaire génois, crut alors le moment opportun pour attaquer Furiani, qui l'inquiétait. Il vint l'assiéger avec deux mille hommes, le bombarda pendant quarante jours, et après l'avoir réduit en cendres, il commanda l'assaut, qui fut repoussé. Il ne fut pas plus heureux dans une seconde attaque, et fut obligé de rentrer à Bastia, d'où il fut rappelé par la république, qui renonçait à toute idée de conquête.

Paoli profita du départ de Grimaldi pour relever Furiani de ses ruines. Il chercha aussi à s'emparer de Bastia et de Saint-Florent au moyen des intelligences qu'il avait avec Serpentini et les Gentili; mais ces tentatives échouèrent, et les choses en restèrent là.

CHAPITRE IV.

ARRIVÉE D'UN VISITEUR APOSTOLIQUE EN CORSE. — PAOLI DÉLIVRE

DES LETTRES DE MARQUE CONTRE LES GÉNOIS ET FAIT BATTRE MONNAIE. — LA RÉPUBLIQUE ENVOIE DES COMMISSAIRES AUX CORSES.

(1760-1761.)

Sur ces entrefaites, l'arrivée en Corse d'un visiteur apostolique, chargé par le pape de rétablir l'ordre dans l'administration ecclésiastique, excita au plus haut point la colère des Génois. Depuis longtemps les Corses demandaient au saint-siége d'envoyer un prélat pour remédier aux abus qui s'étaient introduits ; mais les Génois avaient, par leurs intrigues, arrêté l'effet de cette demande. Cependant Paoli parvint à déterminer Clément XII ; la république s'irrita vivement de cette atteinte portée à ses droits, et elle publia un édit par lequel elle faisait défense à ses sujets d'obéir à l'envoyé de Rome, et offrait 6,000 écus de récompense à celui qui le livrerait entre ses mains (avril 1760). La querelle entre le pape et la république s'envenima alors au point que le pape menaça de l'excommunier. En attendant, monseigneur d'Angelis, évêque de Ségni, le visiteur apostolique envoyé par Rome, vivement secondé par Paoli, commença à remettre les choses sur un bon pied, sans s'inquiéter des récriminations et des injures qui lui étaient adressées de Gênes.

De son côté, Paoli poursuivait le cours de ses améliorations ; comme les Génois empêchaient par leurs croisières l'arrivage des marchandises destinées à la Corse, il essaya d'enlever cet obstacle en créant une marine pour les combattre, et offrit des lettres de marque aux nationaux et aux étrangers qui voudraient aller en course contre eux (20 mai 1760). Plus tard, il créa une commission sanitaire, dont la vigilance rassura les habitants des côtes contre les dangers des débarquements fortuits. Peu de temps après avoir repoussé une nouvelle attaque des Génois contre Farinole, il commença à faire battre monnaie ; et comme on manquait d'argent, il fit un appel à tous les vicaires forains, qui lui envoyèrent tous les objets de quelque valeur qu'ils avaient dans leurs églises, ne se réservant que les choses absolument indispensables. Nonza fut relevée, et un lieutenant de la nation y résida pour maintenir le Cap-Corse (septembre 1760).

Au commencement de l'année suivante Paoli se mit en tournée dans le pays, pour voir par lui-même dans quel état étaient les affaires civiles et criminelles. Sa présence leva beaucoup de difficultés, et il eut à s'applaudir du succès de ses visites. Sous son administration sévère et uniforme les affaires de la nation prenaient une tournure qu'elles n'avaient jamais eue. L'intérieur était pacifié ; les tours de Girolato et de l'Imbuto étaient tombées au pouvoir des Corses, et Saint-Pellegrino, bloqué de toutes parts, ne devait pas tarder à être pris ; sur mer, les corsaires donnaient la chasse aux bâtiments marchands de Gênes, et faisaient souvent des prises importantes. La république, craignant que les Corses ne parvinssent, par leurs seules ressources, à s'organiser de manière à rendre sa puissance désormais impossible, décida de traiter avec eux. Elle expédia, à cet effet, avec pompe à Bastia une commission de six sénateurs pour faire des propositions d'arrangement. L'édit que publia cette commission était très-convenable ; mais les Corses, si souvent trompés, ne voulurent entendre à aucune proposition, et dans deux consultes tenues, le 11 et le 14 mai, en Vescovato, ils déclarèrent qu'ils ne traiteraient que lorsque la république aurait entièrement évacué l'île. Après un séjour de quatre mois, les commissaires, voyant l'impossibilité d'arriver à un résultat satisfaisant, retournèrent à Gênes, pour y rendre compte de leur mission.

CHAPITRE V.

LA GUERRE RECOMMENCE. — ANTOINE MATRA SOULÈVE CONTRE PAOLI LES ENVIRONS D'ALÉRIA. — IL EST BATTU ET FORCÉ DE S'ENFUIR. — UNE JUNTE DE GUERRE PERMANENTE EST CRÉÉE. — ALERIUS MATRA, ENVOYÉ PAR LES GÉNOIS DANS LES ENVIRONS D'ALERIA, OBTIENT QUELQUES SUCCÈS, PUIS EST BATTU ET FORCÉ DE FUIR.

(1761-1762.)

La république, résolue alors à recommencer la guerre, chargea Antoine Matra d'aller soulever Aleria, afin d'appeler Paoli de ce côté. Matra, s'étant uni à Martinelli de Fiumorbo, fit revolter Aleria, Castello et une partie de la piève de Serra. Nicodème Pasqualini, qui y commandait, obligé de fuir devant l'insurrection, se réfugia à Luani, où Matra vint l'attaquer. Mais l'arrivée subite de Clément Paoli le força à se retirer. Comme il avait des intelligences à Vivario, il s'y porta rapidement, espérant pouvoir pénétrer jusqu'à Corte et s'emparer de cette ville. Mais, arrivé à Venaco, il trouva le lieu bien fortifié et l'ennemi sur ses gardes ; alors il rétrograda vers Noceta, où Édouard Ciavaldini l'attaqua à la tête des nationaux. Le combat fut très-vif ; Matra y déploya beaucoup de courage, et les nationaux, obligés de fuir, se retirèrent en désordre, laissant sur le terrain plusieurs hommes tués, entre autres leur commandant, Ciavaldini. Matra, mettant à profit la victoire qu'il venait de remporter, s'avança jusqu'à Piedicorte. Mais Paoli, occupé au siége du Macinajo, courut à sa rencontre ; et, soutenu par son frère et par Serpentini, il parvint à le déloger du couvent de Sainte-Marie, où il s'était fortifié, et l'obligea à prendre la fuite.

De retour à Corte, Paoli y assembla une consulte. Les troubles que Gênes faisait naître devenant très-inquiétants et exigeant une active surveillance, on décréta la création d'une junte de guerre permanente, et on chargea tous les magistrats de rechercher les suspects et d'agir contre eux avec rigueur (juin 1762).

De son côté, la république, malgré la défaite d'Antoine Matra, n'abandonna pas le projet d'entretenir la guerre civile en Corse ; et ce fut encore sur un Matra qu'elle jeta ses vues pour réaliser son projet.

Alerius Matra, que nous avons vu figurer comme un des chefs de la nation du temps de Gaffori, avait quitté la Corse pour passer au service de la Sardaigne en qualité de colonel. La république, pensant tirer un grand profit de l'influence qu'il avait conservée dans son pays, ainsi que de ses talents militaires, lui fit des offres magnifiques pour l'engager à servir ses *intérêts*, et l'envoya immédiatement en Corse. Alerius opéra, en effet, quelques soulèvements à Tavagna et à Castello ; mais là se bornèrent pour le moment ses opérations ; et la rigueur qu'on employa envers ses partisans vaincus, ôta aux indifférents toute envie de les imiter (septembre 1762). Toutefois, au commencement de l'année suivante il se mit en campagne avec le major Bustoro, et alla soulever Aleria. Il occupa Tallone, Antisanti, Zalana, Matra jusqu'à la montagne de Verde, et fit éprouver quelques défaites à Buttafuoco et à Serpentini. Mais Paoli ayant rassemblé tout son monde pour courir sur lui, il jugea à propos de ne point l'attendre, et se retira à Bastia. Ce fut la dernière fois que les Matra cherchèrent à soulever les pays avoisinant Aleria. Paoli pardonna aux hommes qu'ils avaient égarés, et la tranquillité commença à renaître dans cette contrée si longtemps agitée.

CHAPITRE VI.

TRAITÉ DE COMPIÈGNE. — M. DE MARBOEUF ARRIVE EN CORSE AVEC SIX BATAILLONS. — ACCUEIL QU'IL REÇOIT DE PAOLI ET DES CORSES. — PROSPÉRITÉ DE LA CORSE SOUS L'ADMINISTRATION DE PAOLI.

(1762-1768.)

Le dernier essai que venait de faire la république lui démontra suffisamment son impuissance. Elle comprit qu'il lui fallait à tout prix avoir un auxiliaire pour conserver les villes qui lui restaient, et elle pressa les négociations qu'elle avait entamées auprès de la cour de France. Le 7 août 1764, son ambassadeur signa à Compiègne un traité par lequel le roi de France s'engageait à faire occuper par ses troupes, pendant quatre ans, les villes du littoral et à garantir les conditions d'une pacification éventuelle. Le roi de France devait entretenir ses troupes ; mais la république devait leur fournir le logement, le chauffage et le fourrage. Les Français étaient parfaitement indépendants de la république, qui ne pouvait avoir de troupes d'aucune espèce là où ils tiendraient garnison. Pour ce service, la république n'avait plus rien à prétendre sur les subsides échus ou à échoir, que la

France s'était engagée à lui payer. Les troupes françaises devaient garder une neutralité parfaite entre les nationaux et les Génois. En conséquence de ce traité, la France envoya en Corse six bataillons sous le commandement du comte de Marbœuf, qui débarqua d'abord à Ajaccio, où il laissa M. de la Tour-du-Pin comme commandant en chef, et alla mettre des garnisons à Calvi, à Saint-Florent et à Bastia.

Paoli avait été instruit à l'avance, par ses amis, du traité qu'avait fait la république. Quoiqu'il y vît une atteinte portée aux droits de la nation, qui, sans l'occupation française, se serait infailliblement emparée de toutes les places et aurait entièrement chassé les Génois, il fit cependant un très-bon accueil aux troupes françaises, dès qu'il sut qu'elles devaient rester neutres, et ouvrit les marchés où elles purent s'approvisionner. Il convint avec M. de Marbœuf d'un règlement à observer des deux côtés pendant la durée de l'occupation, et la bonne harmonie ne cessa de régner entre ses troupes et celles du roi de France. Quant aux Génois, leur rôle devint dès ce moment entièrement passif; la présence des Français amoindrissant encore, s'il était possible, leur influence, et préparant, pour ainsi dire, leur retraite. De 1764 à 1768, époque à laquelle les Français devaient évacuer la Corse, il n'y eut d'autre événement militaire que la prise de l'île de Capraja par les Corses. Cette île, autrefois dépendance de la Corse comme fief des seigneurs da Mare, appartenait depuis longtemps aux Génois, qui l'avaient fortifiée. Les Corses, ne pouvant, à cause de la présence des Français, rien entreprendre contre les Génois dans leur île, tentèrent de porter la guerre ailleurs, et firent passer cinq cents hommes à Capraja, sous le commandement d'Achille Murati. Les Génois, prévenus de cette invasion, employèrent tous les moyens possibles pour ruiner l'expédition; ils envoyèrent des bâtiments de toute grandeur avec des troupes de débarquement pour empêcher les Corses de s'emparer du fort. Mais Murati prit si bien ses mesures, qu'ils ne purent jamais toucher terre, et durent assister de loin à la reddition, d'ailleurs honorable, du commandant de la place, Bernardo Ottone (mai 1767).

Ce succès des nationaux les rendit plus confiants dans leurs forces et leur fit entrevoir, à l'expiration du traité, leur libération certaine. Les rôles, comme on le voit, avaient changé. L'administration intelligente et ferme de Paoli avait renouvelé la face du pays. On ne se contentait plus maintenant d'une guerre défensive; on allait attaquer les mortels ennemis de la Corse hors de l'île. Les Génois, épuisés de toute façon, commençaient à craindre sérieusement cette puissance, à laquelle ils ne pouvaient s'opposer. Leur domination en Corse était à jamais perdue s'ils en étaient réduits pour la défendre à leurs propres forces. Dans cette occurrence difficile, ils ne pouvaient plus songer à de moyens termes, il fallait se résoudre à abandonner une possession si glorieuse et jusque-là si chèrement achetée; cependant, accoutumée à triompher par la lenteur et la complication de sa politique, la république se reposait sur son ambassadeur à Paris du soin de trouver quelque moyen dilatoire, pour conserver encore pendant quelque temps les Français dans l'île, lorsque sa conduite imprudente dans l'affaire des jésuites précipita la marche des événements.

CHAPITRE VII.

LES GÉNOIS ACCUEILLENT LES JÉSUITES CHASSÉS DE FRANCE. — COMMENCEMENT D'ÉVACUATION DE LA PART DES TROUPES FRANÇAISES. — LES GÉNOIS CÈDENT AU ROI DE FRANCE LEURS DROITS SUR LA CORSE. — PAOLI PROTESTE CONTRE CETTE CESSION, ET APPELLE AUX ARMES LA NATION TOUT ENTIÈRE. — ARRIVÉE DE M. DE CHAUVELIN AVEC DES FORCES CONSIDÉRABLES. — M. DE CHAUVELIN EST REMPLACÉ PAR LE COMTE DE VAUX. — DÉFAITE DES CORSES A PONTENOVO. — PAOLI S'EMBARQUE POUR L'ANGLETERRE.

(1768-1769.)

Les jésuites, chassés de France par édit du parlement, chassés en même temps de l'Espagne, trouvèrent un asile auprès des Génois, qui les transportèrent sur leurs vaisseaux dans les villes de la Corse. Le ministère français trouva inconvenante cette conduite d'un allié pour lequel il avait fait de grands sacrifices, s'en plaignit hautement au sénat, et envoya à M. de Marbœuf l'ordre d'évacuer les places de la Corse. Déjà les Français avaient quitté Ajaccio, où les Corses s'étaient immédiatement introduits; ils avaient quitté Calvi et allaient ainsi abandonner toute l'île, lorsque la république parvint à calmer l'indignation de la France, et lui proposa de lui céder ses droits sur la Corse.

M. de Choiseul prêta l'oreille à cette proposition. La situation avantageuse de la Corse, si voisine des côtes de France, les ressources que l'on pouvait tirer de ses forêts, la fertilité et l'excellence de son sol, tout le porta à considérer cette acquisition comme très-importante; et il pensa qu'elle pourrait compenser pour la France la perte récente du Canada. Alors, sans s'inquiéter autrement des droits imprescriptibles des nationaux, sans réfléchir que lui-même, les considérant comme indépendants, avait naguère parlé de traiter avec eux, il accepta l'offre qui lui était faite par la république, et signa avec son ambassadeur, Dominique Sorba, le 15 mai 1768, un traité assez ambigu, par lequel le roi de France se substituait aux droits de la république de Gênes sur l'île de Corse, mais s'engageait néanmoins à lui remettre les places qu'il occuperait, le jour où la république l'indemniserait des frais qu'il aurait faits pour les acquérir.

Ce traité, d'abord tenu secret, fut bientôt connu de Paoli; il s'en indigna, et appela ses concitoyens aux armes: mais avant qu'il eût pris une mesure générale, avant même l'expiration du traité de 1764, les hostilités commencèrent de la part de M. de Marbœuf, qui fit attaquer et occuper une partie du Nebbio et tout le Cap-Corse (juillet 1768). Alors Paoli assembla une consulte générale de la nation, y exposa l'état des affaires, et proposa de protester, par une énergique résistance, contre les injustes prétentions de la France.

La consulte fut unanime pour se ranger de l'avis de son chef, et tous les citoyens de seize à soixante ans furent décrétés propres au service de la guerre.

Sur ces entrefaites, le marquis de Chauvelin, général en chef de l'armée expéditionnaire, arriva à Bastia avec des forces assez considérables. Les opérations furent poussées avec plus de vigueur; la Casinca fut envahie après un sanglant combat au pont de Golo. Dans le Nebbio, Furiani fut occupé par les Français, qui en avaient fait un monceau de ruines. Mais quelques jours après les Français perdaient presque tous ces avantages; Clément Paoli reprenait la Casinca sur M. d'Arcambal; le capitaine Calle s'emparait de Murato, que défendait le général Grand-Maison, lui faisait beaucoup de prisonniers, et lui enlevait ses bagages et ses munitions. Mais le fait d'armes le plus remarquable eut lieu auprès de Borgo, gros village du Nebbio, qu'occupait le colonel de Luvre avec sept cents hommes. Paoli, voulant chasser l'ennemi de cette position et l'obliger à se renfermer dans Bastia et le Cap-Corse, donna ordre à ses capitaines de s'en emparer. De son côté, M. de Chauvelin, comprenant combien il lui importait de conserver cette position, et de réparer en même temps les échecs qu'il venait d'éprouver, sortit de Bastia avec toutes les troupes dont il pouvait disposer, et se porta vers Borgo du côté de Marana, tandis que M. de Grand-Maison opérerait le même mouvement en partant d'Oletta. Paoli, qui avait deviné le plan de M. de Chauvelin, chargea son frère Clément d'arrêter la marche de M. de Grand-Maison, et se porta lui-même, avec ses compagnies régulières et ses miliciens, au-dessous de Borgo. M. de Chauvelin ne tarda pas à arriver et à commencer l'attaque. Des deux parts on se battit avec un grand courage: trois fois les Français cherchèrent à entamer les Corses, et trois fois ils furent vivement repoussés. Le combat dura plusieurs heures et fut très-sanglant; enfin M. de Chauvelin, voyant qu'il avait perdu beaucoup de monde et désespérant de pouvoir forcer les retranchements, donna le signal de la retraite. M. de Luvre, n'ayant pu être dégagé, fut obligé de se rendre avec sa garnison. Les Français perdirent beaucoup de monde dans cette sanglante journée, et eurent grand nombre de blessés (septembre 1768).

La défaite des Français à Borgo eut pour résultat de les restreindre aux places qu'ils occupaient, et de les empêcher d'essayer de pénétrer dans l'intérieur. M. de Chauvelin écrivit à sa cour pour avoir de nouvelles troupes, et ne laissa pas ignorer que la conquête lui paraissait difficile. On lui envoya dix bataillons, avec lesquels il put s'emparer de Morato; mais quelque temps après les Corses reprirent ce village, ainsi que celui de Barbaggio, et M. de Chauvelin faisant connaître au roi le peu de succès qu'il obtenait, on décida de le remplacer et d'employer les moyens nécessaires pour soumettre le pays (décembre 1768).

Le comte de Vaux, dont les talents militaires avaient été appréciés dans la guerre d'Allemagne, et qui avait déjà servi en Corse sous M. de Maillebois, fut nommé général en chef de l'armée d'occupation; on lui fournit tout ce qu'il demanda, et il arriva en Corse au printemps de 1769, avec des forces considérables.

Paoli, convaincu qu'il n'y avait plus à traiter diplomatiquement des affaires de son pays, voulut opposer la plus vive résistance, quoiqu'il comprît que, réduit à ses propres forces, il ne pourrait lutter longtemps; mais il espérait que les cabinets européens, intéressés à ce que la France ne prît pas une trop grande extension dans la Méditerranée, finiraient par se mettre de la partie. Il assembla une consulte au couvent de Casinca, le 26 avril 1769; la résolution de résister jusqu'à la dernière heure y fut prise à l'unanimité, et le premier tiers d'une levée en masse fut appelé sous les armes.

M. de Vaux prit sagement ses mesures; il concentra presque toutes ses forces dans le Nebbio, où Paoli avait établi son quartier général et rassemblé ses milices. Il pensait, non sans raison, que s'il parvenait à écraser les troupes ainsi réunies de son adversaire, le reste du pays ne tiendrait pas longtemps, et qu'il arriverait au résultat obtenu, quelques années auparavant, par M. de Maillebois, dans l'affaire de Leuto.

L'attaque commença de la part des Français le 13 mai. Pendant deux jours il n'y eut guère que des escarmouches; mais le troisième M. de Vaux fit attaquer vivement Paoli dans sa position de Murato, et l'obligea à se retirer au delà du Golo. Paoli alla s'établir à Rostino, confiant à Gaffori le soin de défendre Leuto, et à Giocante Grimaldi celui de défendre Canevaggia, deux positions par lesquelles l'ennemi aurait pu pénétrer dans l'intérieur; mais ces deux officiers ne s'acquittèrent pas loyalement de la mission qu'ils avaient reçue; ils se hâtèrent de céder le terrain à l'ennemi sans combattre. Les autres milices laissées par Paoli pour défendre les gorges avoisinant Pontenovo, poussées par les Français, qui se précipitaient des hauteurs, voulurent passer le pont; mais elles en furent empêchées par ceux à qui la défense en était confiée. Le désordre et la confusion se mirent alors dans leurs rangs. Les Français en profitèrent pour les écraser, et ils leur firent éprouver une déroute complète (9 mai).

Cette défaite jeta le découragement dans l'âme de Paoli; il comprit que c'en était fait de la nationalité corse, et il résolut d'abandonner la partie. Il aurait bien pu résister encore avec les troupes que conservaient ses fidèles capitaines; mais c'eût été descendre au rôle de chef de partisans, après avoir été le chef admiré de toute une nation, et, d'ailleurs, les moyens de défense allaient devenir très-difficiles: les honneurs et les grades offerts par la France lui avaient concilié grand nombre de partisans, qui de toutes parts s'empressaient de faire leur soumission. Le Deçà-des-Monts fut, pour ainsi dire, soumis en quelques jours. Dans le Delà-des-Monts, Abbatucci tenait encore, et n'était point d'avis de se soumettre; mais Paoli ne voulut pas appeler de nouvelles rigueurs sur sa patrie, et être une cause de ruine: il se dirigea sur Vivario, de là gagna Porto-Vecchio, et il s'y embarqua sur un vaisseau anglais, avec son frère et environ trois cents hommes, qui voulurent partager son exil.

CONCLUSION.

M. DE VAUX PUBLIE UNE AMNISTIE. — SOUMISSION PRESQUE COMPLÈTE DE LA CORSE. — M. DE MARBŒUF EST NOMMÉ GOUVERNEUR. — RÉVOLUTION FRANÇAISE. — LA CORSE EST DÉCLARÉE PARTIE INTÉGRANTE DU TERRITOIRE FRANÇAIS. — PAOLI EST RAPPELÉ DE SON EXIL, ET NOMMÉ COMMANDANT GÉNÉRAL DES GARDES NATIONALES DE LA CORSE. — DISSENSIONS CIVILES. — PAOLI, APPELÉ A LA BARRE DE LA CONVENTION, REFUSE D'OBÉIR. — IL EST MIS HORS LA LOI, APPELLE AUX ARMES SES COMPATRIOTES, ET DEMANDE DU SECOURS AUX ANGLAIS. — L'AMIRAL HOOD DÉBARQUE DEUX MILLE HOMMES DEVANT SAINT-FLORENT. — LES FRANÇAIS ÉVACUENT L'ILE — ASSEMBLÉE GÉNÉRALE DE CORTE. — OFFRE DE LA SOUVERAINETÉ DE L'ILE A GEORGE III, QUI ACCEPTE, ET NOMME SIR GILLERT ELLIOT VICE-ROI DE LA CORSE. — MÉCONTENTEMENT DE PAOLI. — IL RETOURNE EN ANGLETERRE. — EXPULSION DES ANGLAIS. — LA CORSE EST DE NOUVEAU RÉUNIE A LA FRANCE.

(1769-1796.)

Le départ de Paoli simplifia beaucoup l'œuvre de soumission entreprise par M. de Vaux. Celui-ci publia une amnistie générale, et offrit des passe-ports à ceux qui voudraient passer sur le continent ; cette conduite noble et digne servit plus que le succès des armes à amener une soumission à peu près complète. Néanmoins, il y eut encore, comme au temps de M. de Maillebois, quelques bandes de partisans qui refusèrent de se soumettre ; mais on les traqua tellement, qu'elles cessèrent bientôt d'être inquiétantes.

M. de Vaux s'occupa alors de l'organisation intérieure. La Corse fut considérée comme pays d'État. Elle conserva, en attendant qu'on pût lui donner des lois, ses statuts civils ; et quant aux lois criminelles, elles furent établies avec une rigueur qui rappelait le code noir. D'ailleurs, comme le régime militaire régit l'île pendant longtemps encore, les officiers généraux y administrèrent la justice arbitrairement ; on rappelle encore aujourd'hui avec terreur les sanglantes exécutions du général Sionville.

M. de Marbœuf, qui succéda à M. de Vaux dans le gouvernement de la Corse, chercha à y encourager l'industrie, et fit faire des travaux de routes et de dessèchements, dont on retrouve encore des traces. Il établit une colonie aux Porettes, fit faire une route royale de Bastia à Corte et de Bastia à Saint-Florent, et employa une fortune considérable à représenter dignement la France. Il gouverna la Corse pendant près de dix-huit ans, et y mourut quelque temps avant 1789.

La révolution française, qui devait ébranler le monde ancien, eut son retentissement en Corse ; elle y fut accueillie avec enthousiasme par une jeunesse ardente et naturellement portée vers les idées libérales ; mais elle y trouva une forte opposition de la part des nobles dont le gouvernement de Louis XV avait reconnu les titres, et de tous ceux qui, par position, tenaient à l'ancien ordre de choses. Cependant on n'eut point à déplorer les funestes désordres qui se manifestèrent ailleurs. L'administration s'y organisa comme sur le continent, et on s'y conforma en tous points aux décrets de l'Assemblée constituante. En 1790, deux événements également remarquables transportèrent de joie la nation corse : le premier fut le décret de l'Assemblée constituante qui déclarait la Corse partie intégrante du territoire français ; le second fut le rappel de Paoli.

Paoli, qui vivait en exil depuis 1769, fut reçu au milieu des acclamations générales de la France, qui honorait en lui un des martyrs de cette liberté dont le règne allait commencer. Une députation alla le chercher à Londres, et l'accompagna jusqu'en Corse, où il rentra en qualité de lieutenant général des gardes nationales du pays. L'année suivante (1791), il était nommé lieutenant général commandant la division. Son nom n'avait rien perdu de son ancien prestige ; il reprit bientôt sur les populations de l'intérieur toute l'influence qu'il avait exercée autrefois ; mais il trouva une opposition sérieuse dans les hommes qui, comme Buttafuoco, Rossi, Gaffori, Perretti, s'étaient fait une position sous le gouvernement de Louis XVI, et dans cette ardente et fougueuse jeunesse, qui, se jetant à corps perdu dans le mouvement révolutionnaire, voulait tout entraîner avec elle, et ne comprenait pas que l'on pût examiner et réfléchir. Les Arena, les Salicetti, les Bonaparte, d'abord partisans effrénés de Paoli, se révoltèrent bientôt contre lui, et le traitèrent de despote. Il y eut d'injustes accusations portées de part et d'autre, et les commissaires envoyés en Corse pour examiner les choses et rétablir la tranquillité, se passionnant à leur tour pour le parti ultra-républicain, ne firent qu'augmenter le désordre. Sur ces entrefaites, l'issue malheureuse de l'expédition de Sardaigne donna lieu à des plaintes graves et assez fondées sur la conduite qu'avait tenue Paoli dans cette circonstance. Le député Salicetti l'accusa formellement de vouloir détacher la Corse de la France, et il fut mandé à la barre de la Convention, avec le procureur général syndic, Pozzo-di-Borgo, pour se justifier.

Paoli avait trop l'expérience des révolutions pour s'aventurer ainsi au milieu d'ennemis puissants. Il s'excusa sur son grand âge, allégua ses infirmités, se justifia des accusations portées contre lui, et resta en Corse, où il se trouvait plus en sûreté qu'à la barre de la Convention. Cette assemblée le déclara alors traître à la patrie, le mit hors la loi, et ordonna au conseil exécutif d'employer les forces de terre et de mer pour mettre l'île à l'abri d'une invasion étrangère. Paoli avait compris que son refus équivalait à une déclaration de guerre, et il avait pris ses mesures en conséquence. Son influence sur les populations de l'intérieur était toujours aussi grande. Il savait qu'il pouvait compter sur elles pour arrêter provisoirement les forces qu'enverrait contre lui la république. Les intelligences qu'il s'était ménagées avec l'amiral Hood, commandant en chef la flotte britannique dans la Méditerranée, le rassuraient complétement sur l'avenir. A sa voix, toute la Corse fut sur pied. Les républicains, resserrés dans les villes de Bastia, Saint-Florent et Calvi, et commandés par l'inhabile Lacombe Saint-Michel, ne purent plus communiquer avec l'intérieur. Ajaccio et Bonifacio étaient occupées par les paolistes. Les partisans de la France, menacés dans leur existence, et voyant toute lutte impossible, se hâtèrent d'émigrer (novembre 1793).

Le 2 février 1794, l'amiral Hood débarqua deux mille hommes aux environs de Saint-Florent, dont il put ainsi former le blocus. Il envoya en même temps ses vaisseaux assiéger Calvi et Bastia. Lacombe Saint-Michel, après avoir confié le commandement de Saint-Florent au général Gentili, celui de Calvi à Raphaël Casabianca, et celui de Bastia aux adjudants généraux Franceschi et Contaud, était parti pour la France. Saint-Florent se rendit, après avoir résisté autant que possible; Bastia capitula ensuite; enfin, Calvi tint jusqu'au 20 juillet, et, à partir de cette époque, les Anglais, unis aux paolistes, ne rencontrèrent plus d'obstacles, et occupèrent tous les points de la Corse.

Paoli en se mettant en état de révolte contre la Convention, avait eu soin d'introduire au conseil général du département ses créatures les plus dévouées, afin de les faire agir selon ses vues. Le 12 septembre 1793, une délibération de ce conseil décida que, la patrie étant en danger, une convocation générale des députés des communes était indispensable pour proposer les moyens de sauver le pays. Cette assemblée devait s'entendre par ses délégués avec le général Paoli sur ce grave sujet, et le conseil général délibérerait ensuite. Les choses se passèrent ainsi; et, comme on pouvait le prévoir, il fut décidé qu'on se mettrait sous la protection de la Grande-Bretagne. Paoli, chargé de cette négociation, écrivit officiellement à sir Gilbert Elliot, membre du parlement et conseiller d'État de sa majesté britannique, pour offrir la souveraineté de la Corse à Georges III. Sir Gilbert Elliot répondit, au nom de son souverain, qu'il acceptait provisoirement cette offre (21 avril 1794).

Une assemblée générale des représentants des communes s'ouvrit à Corte le 10 juin 1794; elle y prononça la séparation de la Corse d'avec la France, et déclara vouloir s'unir à la Grande-Bretagne; on discuta et on arrêta ensuite les différents articles d'une constitution fort libérale, par laquelle la Corse, soumise à la Grande-Bretagne, en était cependant indépendante et devait être gouvernée par un vice-roi. Cette constitution fut envoyée à Londres pour être soumise à la sanction royale; Georges III l'accepta dans sa teneur, et nomma pour son vice-roi dans l'île, sir Gilbert Elliot.

Cette nomination contraria beaucoup Paoli, qui s'attendait, dit-on, à être choisi par le roi; mais, indépendamment de ce motif personnel qui a pu exister, il y en avait un autre, qui était celui de voir le gouvernement d'un pays, où il y avait alors un si grand nombre d'éléments de discorde, aux mains d'un homme qui ne le connaissait pas et qui allait se laisser circonvenir par des influences de toute sorte.

Ce mécontentement de Paoli se manifesta par sa retraite des affaires et par l'isolement dans lequel il affecta de vivre. On insinua à Elliot qu'il serait dangereux de laisser ainsi bouder sous sa tente un homme d'une si grande influence. Elliot écrivit en conséquence à sa cour, et Georges III invita gracieusement Paoli à se rendre à Londres, où on saurait apprécier et récompenser ses services. C'était un ordre d'exil donné par un monarque reconnaissant. Paoli ne pouvait hésiter; il obéit, et abandonna pour la seconde et dernière fois sa patrie (octobre 1795).

L'administration anglaise dura deux ans, et fut signalée par des fautes énormes, dont la plus considérable fut, sans contredit, d'éloigner un homme comme Paoli. Malgré l'or répandu à pleines mains, malgré les places et les honneurs, il y eut toujours des troubles et des soulèvements.

Un an après le départ de Paoli, le général Bonaparte, vainqueur des Autrichiens en Italie, prépara une petite expédition pour reprendre la Corse, où il avait déjà envoyé des émissaires; et il en confia le commandement au général Gentili. Il n'est peut-être pas d'exemple dans l'histoire d'une facilité semblable à celle avec laquelle quelques soldats français occupèrent des places garnies d'une forte artillerie et défendues par beaucoup de soldats. On eût dit que les Anglais, saisis d'une terreur panique, craignaient de manquer leurs vaisseaux, tant leur précipitation à s'embarquer était grande. En quelques jours toute la Corse fut soumise par les généraux Gentili et Casalta, aidés des officiers Bonnelli, Subrini, Barbane, etc. Les chefs principaux du parti anglais s'étaient embarqués sur les vaisseaux qui emmenaient les troupes.

Gentili crut devoir publier un pardon général, et le commissaire ordonnateur Miot, chargé de réorganiser l'administration, fit paraître la proclamation suivante : « Chargé des instructions spé-
« ciales du Directoire, je vous porte en
« son nom des paroles de paix. Je vous
« annonce que son unique désir est de
« vous attacher à la grande famille dont
« vous avez été trop longtemps sépa-
« rés, et de vous faire oublier le plus
« promptement possible les maux in-
« séparables de l'anarchie sous laquelle
« vous avez gémi (novembre 1796). »

Ainsi que l'annonçait Miot, tout fut oublié. L'administration française fut réorganisée; on ne parla plus des Anglais, ou on ne se souvint d'eux que pour vanter leurs largesses.

Miot resta deux ans en Corse; appréciant les malheurs qui avaient désolé ce pays, il le dota de règlements privilégiés, et l'exempta de droits de régie. A son départ, la Corse fut de nouveau partagée en deux départements comme elle l'avait été en 1793 : celui du *Golo* et celui du *Liamone*. Ces deux départements ont été réunis en un seul en 1811.

Ici finit pour nous l'histoire de la Corse. Des événements remarquables s'y sont passés vers la fin de la République et sous l'Empire; mais ces événements appartiennent à l'histoire générale de la France, dont la Corse n'a plus été séparée depuis 1796.

TABLE DES MATIÈRES.

Introduction géographique. 1
De la division territoriale de la Corse jusqu'à l'organisation actuelle. 3

DECA-DES-MONTS.

Arrondissement de Bastia. 4
Arrondissement de Corte. 5
Arrondissement de Calvi. 7

DELA-DES-MONTS.

Arrondissement d'Ajaccio. 8
Arrondissement de Sartène. 10
Mœurs. 11

LIVRE PREMIER.

DEPUIS LES TEMPS LES PLUS ANCIENS JUSQU'AUX INVASIONS DES SARRASINS.

Chap. Ier. La Corse avant les Romains. . . 13
Ch. II. Expéditions des Romains dans la Corse. 13
Ch. III. La Corse romaine. 16
Ch. IV. La Corse sous les barbares. . . . 17
Ch. V. La Corse sous la domination byzantine. 18

LIVRE II.

DEPUIS LES INVASIONS DES SARRASINS JUSQU'AU DÉPART DES PISANS.

Chap. Ier. Invasions des Sarrasins. — Le pape. — Expéditions de Charlemagne. 18
Ch. II. Domination du comte Boniface, marquis de Toscane, et de Béranger, duc d'Ivrée. 19
Ch. III. De l'organisation du pouvoir féodal. 20
Ch. IV. Organisation populaire. — **Sambucuccio** d'Alando. 22
Ch. V. Marquis de Toscane. 22
Ch. VI. Le pape — Les Pisans. 23
Ch. VII. Rivalité de Pise et de Gênes. — Le marquis Isnard Malespina. 24
Ch. VIII. Les Pisans. — Les Génois. — Giudice della Rocca. 24

LIVRE III.

DEPUIS L'ACTE DE CESSION DE 1347 JUSQU'A LA COMPAGNIE DE SAINT-GEORGES.

Chap. Ier. Établissement de la puissance génoise. — Commencement de la lutte avec les seigneurs féodaux. — Arrigo della Rocca. . 25
Ch. II. La Maona. — Arrigo della Rocca. . 27
Ch. III. La république de Gênes. — Arrigo della Rocca. — Le comte Lomellino. . . 28
Ch. IV. La république de Gênes. — Vincentello d'Istria. 29
Ch. V. Arrivée d'Alphonse d'Aragon. . . . 30
Ch. VI. Le comte Vincentello d'Istria. — Les caporaux. Les seigneurs. 31

Ch. VII. Anarchie seigneuriale. — Le comte Polo della Rocca. — Simon de Mare. — Giudice d'Istria. — Les Montalto. 33
Ch. VIII. Les Fregoso. — Les caporaux. — Le comte Giudice d'Istria. 34
Ch. IX. Le pape. — Les Génois. — Marino da Caggio, lieutenant du peuple. 35
Ch. X. Les Campo-Fregoso. — Le roi d'Aragon. 36

LIVRE IV.

DEPUIS LA COMPAGNIE DE SAINT-GEORGES JUSQU'A L'OCCUPATION DE LA CORSE PAR LES TROUPES DE HENRI II, ROI DE FRANCE.

Chap. Ier. La compagnie de Saint-Georges. — Raphaël de Leca. — Le roi d'Aragon. — Les seigneurs. 38
Ch. II. Tomasino Campo-Fregoso. 40
Ch. III. Souveraineté du duc de Milan. — Sambucuccio et Giudicello da Caggio. . . . 40
Ch. IV. Thomas Campo-Fregoso. — Jean-Paul de Leca. — Appien IV, prince de Piombino. — La compagnie de Saint-Georges. . . 41
Ch. V. La compagnie de Saint-Georges. — Jean-Paul de Leca. — Rinuccio della Rocca. 42
Ch. VI. De l'organisation de la justice et des statuts. 44
Ch. VII. Administration de la compagnie de Saint-Georges. — Émigration. — Incursions des Barbaresques. — Désordres intérieurs. — Griefs des Corses contre la compagnie. . 45

LIVRE V.

DEPUIS L'ARRIVÉE DES FRANÇAIS, SOUS LE GÉNÉRAL DE THERMES, JUSQU'A LEUR DÉPART, APRÈS LE TRAITÉ DE CATEAU-CAMBRÉSIS.

Chap. Ier. Arrivée de l'expédition française commandée par le général de Thermes. — Succès des Français. — Influence de Sampiero. — Soumission de l'île. 47
Ch. II. Expédition génoise commandée par André Doria. — Siége de Saint-Florent. — Prise de Bastia. — Prise de Saint-Florent. . . 51
Ch. III. Conséquence de la prise de Saint-Florent. — Affaire de Silvareccio. — Victoire des Génois à Morosaglia. — Corte occupé par les Génois. 54
Ch. IV. Départ de Doria. — Victoire des Corses à Tenda. 58
Ch. V. Position fâcheuse des Génois. — Pallavicino remplace Spinola. — Jourdan Orsini remplace de Thermes. — Siége de Calvi. — Retour de Doria. — De Thermes part pour la France. 60
Ch. VI. Retour de Paulin. — Flotte ottomane. — Siége de Calvi et de Bastia. — Incorporation de la Corse à la France. — Traité de Cateau-Cambrésis. — Les Français quittent l'île. 62

TABLE DES MATIÈRES.

LIVRE VI.

DEPUIS LA REPRISE DE LA CORSE PAR LES GÉNOIS JUSQU'AU DÉPART D'ALPHONSE D'ORNANO.

CHAP. Ier. Conduite des agents de Saint-Georges. — Impôt de 3 p. 100 sur les terres et capitation de 20 sous. — Gaspard de l'Oliva. — Réduction de l'impôt. — Nicolas Cibbà. — Excursions des Barbaresques. 66

Ch. II. Sampiero. — Ses démarches auprès des puissances, — Son retour. — Bataille du Vescovato, — Bataille de Caccia. — Sampiero à Vico. — Défaite des Corses à Pietralba. — Affaires des Caselle.—Excursions de Doria dans le Delà-des-Monts. — Incendie de Bastelica. 70

Ch. III. Nouvelles excursions de Doria. — Système de pillage et d'incendie. — Affaire de la Petrera. — Retraite de Luminanda. — Secours envoyé à Sampiero. — Vivaldi et Fornari succèdent à Doria. — Mort de Sampiero. . . 77

Ch. IV. Alphonse d'Ornano continue la guerre. — Georges Doria remplace Fornari. — Il traite avec Alphonse. — Départ de ce dernier. . 80

LIVRE VII.

DEPUIS LE DÉPART D'ALPHONSE D'ORNANO JUSQU'A LA RÉVOLUTION DE BOZIO EN 1729.

CHAP. Ier. Conduite des Génois après le départ d'Alphonse d'Ornano. — Violations des statuts. — Accroissement des meurtres. — La Vendetta. — Démoralisation et état déplorable du pays. 81

Ch. II. Établissement de la colonie grecque à Paomia. 85

LIVRE VIII.

DEPUIS LA RÉVOLUTION DE BOZIO JUSQU'AU ROI THÉODORE.

CHAP. Ier. Impôt de deux seini. — Soulèvement de Bozio en 1729. — Défaite des troupes de Félix Pinelli. — Pompiliani chef des insurgés. — Ses succès. — Le gouverneur Veneroso. — Gropallo et Camille Doria. 86

Ch. II. Consulte de Saint-Pancrace. — Colonna-Ceccaldi et Giafferi généraux de la nation. — Armistice. — Consulte à Corte. — Nouvelle organisation. — Insurrection du Nebbio et de la Balagne. — Décision des théologiens. . 90

Ch. III. Arrivée des troupes allemandes sous le baron de Wachtendock. — Affaire de Saint-Pellegrino. — Armistice. — Arrivée du prince de Wurtemberg ; il soumet le Deçà-des-Monts. — Traité de paix. — Départ de Wurtemberg ; arrestations de Giafferi, Aïtelli, Raffaelli et Ceccaldi. — Ratification du traité. — Les Allemands quittent la Corse. 94

Ch. IV. Mesures prises par les Corses en l'absence de leurs chefs. — Hyacinthe Paoli lieutenant général. — Pallavicini gouverneur génois. — Sa conduite. — Défaite de Guilardi et de Petriconi. 97

Ch. V. Retour de Giafferi et d'Aïtelli. — Offre de souveraineté faite à l'Espagne. — Organisation nationale. — La Corse se déclare indépendante, et décrète sa constitution. . . 99

Ch. VI. Retour de Pinelli. — Il est défait. — Armistice. — Pinelli est remplacé par Rivarola. — Système politique de ce dernier. — Position fâcheuse des Insulaires. 101

LIVRE IX.

DEPUIS LE ROI THÉODORE JUSQU'AU DÉPART DE M. DE MAILLEBOIS.

CHAP. Ier. Arrivée du baron de Neuhoff. — Nouvelle constitution. — Le baron de Neuhoff est élu roi. — Il organise le royaume. — Ses succès. — Les Oriundi. — Assemblée de Casacconi. — Ordre de la délivrance. — Les Indifférents. — Théodore va à Sartène. — Il s'embarque à Aleria. 103

Ch. II. Les régents du royaume cherchent à traiter de la paix. — Réponse de Rivarola. — Le peuple veut soutenir la guerre. — Succès de Castineta. — Mesures prises par la république contre Théodore. — Sa lettre aux régents. — Mari remplace Rivarola — Ses succès, ses défaites. 107

Ch. IV. La république demande des secours à la France. — Conditions de celle-ci. — Propositions faites par Gênes aux Corses sont rejetées. — Mémoire envoyé au roi de France. — Consulte de Corte. — Résolution de soutenir l'indépendance. 109

Ch. V. Arrivée de M. de Boissieux. — Députés à Bastia et otages à Marseille. — Retour de Théodore. — Publication du règlement de pacification. — Affaire de Borgo et de Luciana. — Naufrage de quatre vaisseaux français. — Mort de M. de Boissieux. 111

Ch. VI. Arrivée de M. de Maillebois, successeur de M. de Boissieux. — Ses préparatifs. — Dispositions des généraux corses. — Proclamation de M. de Maillebois. 114

Ch. VII. Entrée de M. de Maillebois en campagne. — Ses succès en Balagne et dans le Nebbio. — Soumission du Deçà-des-Monts. — Départ des chefs des insurgés. 116

Ch. VIII. M. de Maillebois va dans le Delà-des-Monts. — Soumissions. — Résistance de Zicavo. — Position fâcheuse des Zicavesi. — Leur soumission. 117

Ch. IX. M. de Maillebois à Bastia. — Ses discussions avec le gouverneur Mari. — Demandes des Génois au sujet du règlement. — Administration de M. de Maillebois. — Formation du régiment royal corse et d'un autre régiment au service du roi des Deux-Siciles. 119

Ch. X. Gênes demande le rappel des troupes françaises. — Réponse du cabinet de Versailles. — Rappel de M. de Maillebois. — Nomination de deux évêques corses. — Départ de M. de Maillebois. 121

LIVRE X.

DEPUIS LE DÉPART DE M. DE MAILLEBOIS JUSQU'A L'ARRIVÉE DE PAOLI.

CHAP. Ier. Départ de M. de Villemur avec le reste des troupes françaises. — Les Corses reprennent les armes. — Tentative inutile de l'évêque d'Aleria pour rétablir la paix. — Retour de Théodore ; il se rembarque aussitôt pour ne plus revenir. 122

Ch. II. Corte tombée au pouvoir des patriotes. — Assemblée tenue dans cette ville. — Les Génois envoient en Corse le sénateur P. M. Giustiniani. — Décret qu'il publie. — Pacification de l'île. 124

Ch. III. Tentative de la Sardaigne pour exciter de nouveaux troubles en Corse. — Arrivée de

Rivarola et de l'amiral Taunshend. — Ils se rendent maîtres de Bastia. — Cette ville retombe au pouvoir des Génois. — Rivarola écrit à Turin pour demander des secours. — Déclaration du ministre anglais. — Les Génois sont chassés de Corte. — Les patriotes assemblés dans cette ville proclament l'indépendance de la Corse, et en confient le gouvernement à une suprême magistrature composée de Gaffori, Matra et Venturini. 125

Ch. IV. Consulte d'Orezza. — Divisions entre les patriotes. — Rivarola s'empare de nouveau de Bastia. — Il en est chassé et forcé de se retirer à Saint-Florent, où il est assiégé par les Génois. — Il est secouru par l'amiral Bingh, et s'embarque pour la Savoie avec Giuliani. — Consulte de Murato. — Arrivée d'un secours de quinze cents Austro-Sardes commandés par Cumiana. 127

Ch. VI. Les Génois demandent de nouveau des secours à la France. — Arrivée de M. de Cursay, à la tête de deux mille Français. — Conclusion d'un armistice. — Départ des troupes austro-sardes. — Nouvelle pacification. . 128

Ch. VII. Administration de M. de Cursay. — Arrivée de M. de Chauvelin. — Convention de Saint-Florent. — Difficultés entre M. de Cursay et le marquis Grimaldi. — M. de Cursay est rappelé. — Gaffori est nommé gouverneur général. — Il est assassiné. — Nomination d'une nouvelle magistrature suprême. 129

LIVRE XI.

DE L'ARRIVÉE DE PAOLI A LA PRISE DE POSSESSION DE LA CORSE PAR LES FRANÇAIS.

Ch. Ier. Arrivée de Paoli. — Il est proclamé général de la nation. — Révolte de Marius Emmanuel Matra. Ses succès contre Paoli. — Matra va offrir ses services aux Génois. 131

Ch. II. Gênes fournit à Matra des secours en argent et en soldats. — Il est vaincu et tué au couvent de Bozio. — Gênes demande des secours à la France. — Arrivée de M. de Castries. 132

Ch. III. M. de Vaux successeur de M. de Castries. — Départ des troupes françaises. — Les hostilités recommencent. 133

Ch. IV. Arrivée d'un visiteur apostolique en Corse. — Paoli délivre des lettres de marque contre les Génois, et fait battre monnaie. — La république envoie des commissaires aux Corses. 134

Ch. V. La guerre recommence. — Antoine Matra soulève contre Paoli les environs d'Aleria. — Il est battu et forcé de s'enfuir. — Une junte de guerre permanente est créée. — Alérius Matra, envoyé par les Génois dans les environs d'Aleria, obtient quelques succès, puis est battu et forcé de fuir.

Ch. VI. Traité de Compiègne. — M. de Marbœuf arrive en Corse avec six bataillons. — Accueil qu'il reçoit de Paoli et des Corses. — Prospérité de la Corse sous l'administration de Paoli. 135

Ch. VII. Les Génois accueillent les jésuites chassés de France. — Commencement d'évacuation de la part des troupes françaises. — Les Génois cèdent au roi de France leurs droits sur la Corse. — Paoli proteste contre cette cession, et appelle aux armes la nation tout entière. — Arrivée de M. de Chauvelin avec des forces considérables. — M. de Chauvelin est remplacé par le comte de Vaux. — Défaite des Corses à Ponte-Novo. — Paoli s'embarque pour l'Angleterre. 136

M. de Vaux publie une amnistie. — Soumission presque complète de la Corse. — M. de Marbœuf est nommé gouverneur. — Révolution française. — La Corse est déclarée partie intégrante du territoire français. — Paoli est rappelé de son exil, et nommé commandant général des gardes nationales de la Corse. — Dissensions civiles. — Paoli, appelé à la barre de la convention, refuse d'obéir. — Il est mis hors la loi, appelle aux armes ses compatriotes, et demande du secours aux Anglais. — L'amiral Hood débarque deux mille hommes devant Saint-Florent. — Les Français évacuent l'île. — Assemblée générale de Corte. — Offre de la souveraineté de l'île à George III, qui accepte, et nomme sir Gilbert Elliot vice-roi de la Corse. — Mécontentement de Paoli. — Il retourne en Angleterre. — Expulsion des Anglais. — La Corse est de nouveau réunie à la France. 139

FIN DE LA TABLE DES MATIÈRES.

www.ingramcontent.com/pod-product-compliance
Lightning Source LLC
Chambersburg PA
CBHW050651170426
43200CB00008B/1242